震雄 CHEN HSONG

U0896146

震雄集团创办人—蒋震博士

震雄集

积，建立
营业额最
过65个国

震雄集团
研发基地
人才和最

作为注塑
品一直处
评为“高

随著社会
节能系列
震雄研发
达到国家

震雄集团
业界的最

全球知

位于深圳
发的旗舰
位于顺德

纵向的

震雄深信
铸造到加
制器的无

顺德大良

顺德凤翔

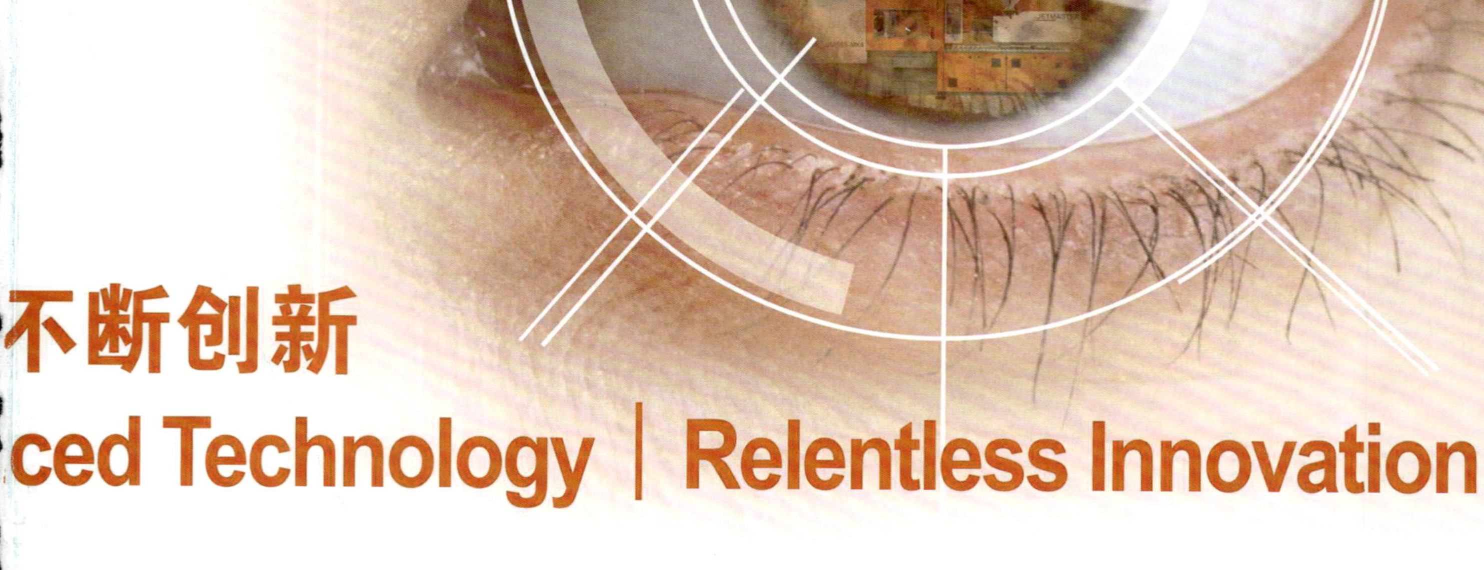

CHEN HSONG
SM700-TP-SVP/2
SUPERMASTER

震雄官方微信

震雄官方网站

绿箭——“塑”造绿色生活

GREENLINE Green up your life

450-900JSe Ⅱ 中小型伺服驱动两板式注塑机

专业汽配注塑解决方案

广告

东华机械
WELLTEC
Servo-driven
450 JSe II

东华官方微信

节能环保
耗能降低50%以上

高重复精度
制品重复精度<0.3%

Technology to the point
技术恰到好处

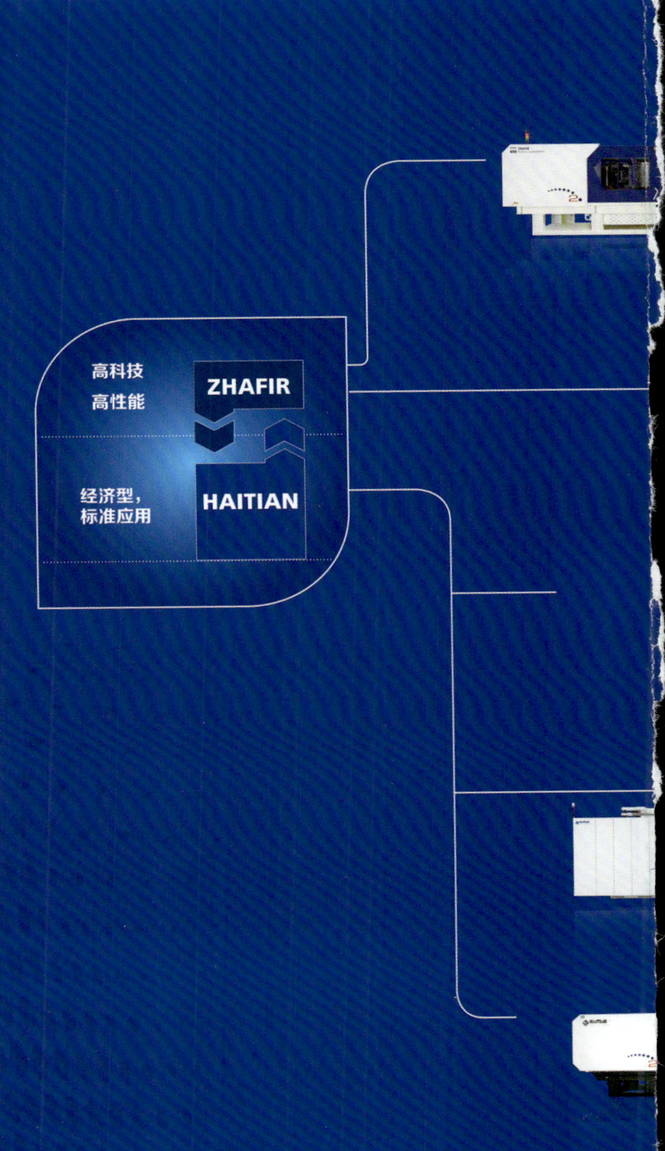

公司总部基地

质量检测中心

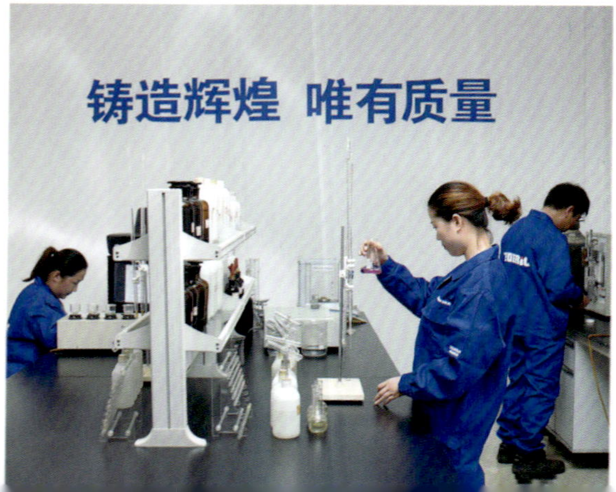

中国机械工业年鉴系列

中国塑料机械工业年鉴

2017

中国机械工业年鉴编辑委员会
中国塑料机械工业协会 编

《中国塑料机械工业年鉴》2017年刊设置了综述、专文、行业与地区发展概况、统计资料、企业概况、产品项目与技术、展会专题、标准与专利、附录等栏目，系统介绍了我国塑料机械工业在2016年至2017年上半年面临的局面及总体发展情况，分析塑料机械工业产品技术发展动向及取得的成果，展现行业骨干企业的新面貌，记录行业发生的大事、科研新产品、新取得的发明专利及各类获奖奖项，直观反映了行业经济发展的新变化和新成就。

《中国塑料机械工业年鉴》的主要发行对象为政府决策机构，塑料机械行业和塑料制品行业相关企业决策者，从事市场分析、企业规划的中高层管理人员。

图书在版编目（CIP）数据

中国塑料机械工业年鉴. 2017/中国机械工业年鉴编辑委员会，中国塑料机械工业协会编. —北京：机械工业出版社，2017.10

（中国机械工业年鉴系列）

ISBN 978-7-111-58094-2

Ⅰ. ①中… Ⅱ. ①中… ②中… Ⅲ. ①塑料—化工机械—中国—2017—年鉴 Ⅳ. ①F426.45-54

中国版本图书馆CIP数据核字（2017）第235450号

机械工业出版社（北京市西城区百万庄大街22号　邮政编码 100037）

责任编辑：董 蕾

责任校对：李 伟

北京宝昌彩色印刷有限公司印制

2017年10月第1版第1次印刷

210mm×285mm · 19.25印张 · 30插页 · 496千字

定价：260.00元

凡购买此书，如有缺页、倒页、脱页，由本社发行部调换

购书热线电话（010）68326643、88379829

封面无机械工业出版社专用防伪标均为盗版

中国机械工业年鉴系列

作为『工业发展报告』
记录企业成长的每一阶段

中国机械工业年鉴

编辑委员会

中国塑料机械工业年鉴

记录历史 塑造品牌

中国塑料机械工业年鉴
执行编辑委员会

中国塑料机械工业年鉴

记录历史 塑造品牌

中国塑料机械工业年鉴 执行编辑委员会

中国塑料机械工业年鉴 编辑出版工作人员

总　编　辑　石　勇

主　　　编　李卫玲

副　主　编　刘世博　曹　军

编辑总监　任智惠

市场总监　赵　敏

责任编辑　董　蕾

编　　　辑　曹春苗

地　　　址　北京市西城区百万庄大街22号（邮编100037）

编辑部　电话（010）68997962　传真（010）68997966

市场部　电话（010）88379812　传真（010）68320642

发行部　电话（010）68326643　传真（010）88379825

E-mail:cmiy_cmp@163.com

http://www.cmiy.com

前　言

随着《中国制造 2025》全面开启中国制造由大变强之路，中国塑料机械工业在发展史上也将翻开崭新的一页，迈上新的台阶。

2016 年是我国“十三五”规划的开局之年，面对错综复杂的国际政治与经济形势，伴随着国内经济结构转型升级，我国塑料机械工业在全行业同仁的共同努力下，各项经济指标均创历史新高。全行业产量、规模继续居世界第一，实现了“十六连冠”的新成就。我国塑料机械制造行业规模以上企业增至 403 家，全行业主营业务收入 595.91 亿元，同比增长 14%；利润总额 56.9 亿元，同比增长 15%；出口交货值 90.57 亿元，同比增长 7%。

已经开启的 2017 年，是实施“十三五”规划承上启下的关键年。作为调结构、去产能、深化供给侧改革的重要时间节点，面对各个先进国家纷纷实施“再工业化”战略带来的竞争压力与挑战，我们应继续以《中国制造 2025》为方针，以智能制造为切入点，紧紧围绕“功能化、轻量化、生态化、微成型”这一技术发展方向，聚焦“新材料、新技术、新装备、新产品”，加快行业转型升级，培育新的经济增长点。

2017 年 5 月，中国塑料机械工业协会选举产生了第六届理事会和第一届监事会。我们要继往开来，本着“团结、诚信、务实、创新”的精神，共同为实现我国塑料机械制造强国的梦想而努力。为此，我们要联合业内同仁，推进塑料机械产品标准的不断完善和提高。当前我们要以普及中国塑料机械安全标准为契机，强化整体制造规范，全面提升制造水平。要在塑料机械行业中加强诚信建设、品牌建设，提升中国塑料机械产品的国际信誉。在推进我国塑料机械制造由大变强之路上，要不断加强科技创新、制度创新、管理创新，在行业中大力提倡和发扬工匠精神，积极推进行业“互联网 +”思维，以智能制造为方向，加快转型升级。

塑料机械产业作为《中国制造 2025》中大力推动实现突破发展的重点领域，承载着国人的期待。我们要齐心协力，共同努力，发扬求真务实的作风，秉持攻坚克难的勇气，同心同德、艰苦奋斗、开拓进取，努力谱写“中国梦”的塑机篇章，为共同实现“中国梦”而拼搏！

中国塑料机械工业协会会长

2017 年 10 月

中国塑料机械工业年鉴

记录历史 塑造品牌

中国塑料机械工业年鉴
特约顾问单位特约顾问

（排名不分先后）

特约顾问单位	特约顾问
海天国际控股有限公司	张静章
山东通佳机械有限公司	张建群
博创智能装备股份有限公司	朱康建
宁波市海达塑料机械有限公司	蒋忠定
震雄集团	蒋志坚
香港力劲集团中山力劲机械有限公司	谢小斯
东华机械有限公司	杜　江
广东伊之密精密机械股份有限公司	廖昌清
广东金明精机股份有限公司	马镇鑫
宁波海星机械制造有限公司	陈兴良
泰瑞机器股份有限公司	郑建国
苏州同大机械有限公司	徐文良
科倍隆（南京）机械有限公司	沈　君
富强鑫（宁波）机器制造有限公司	王俊杰
广东乐善智能装备股份有限公司	郭锡南
四川金石东方新材料设备股份有限公司	陈绍江
宁波华美达机械制造有限公司	刘娟儿
宁波弘讯科技股份有限公司	俞田龙
广东达诚技术股份有限公司	罗庆青
信易电热机械有限公司	吴峻睿
佛山巴顿菲尔辛辛那提塑料设备有限公司	Toni Bernards
广东正茂精机有限公司	李建军
仁兴机械（深圳）有限公司	梁伟祥
上海金纬机械制造有限公司	何海潮
浙江申达机器制造股份有限公司	王　珏
广东佳明机器有限公司	陈镇洪
宁波海太工贸有限公司	俞　冲
宁波海雄塑料机械有限公司	郑　强
爱科机械（杭州）有限公司	徐红亮
江苏贝尔机械有限公司	何德方
浙江金鹰塑料机械有限公司	潘明忠
江苏联冠科技发展有限公司	黄学祥
浙江精诚模具机械有限公司	梁　斌
大连橡胶塑料机械股份有限公司	林　炬
青岛福润德塑料挤出技术有限公司	赵炳仁
舟山市金久机械制造有限公司	顾建军
江苏维达机械有限公司	高学飞
南京艺工电工设备有限公司	赵如平

中国塑料机械工业年鉴

记录历史 塑造品牌

中国塑料机械工业年鉴特约顾问单位特约编辑

（排名不分先后）

特约顾问单位	特约编辑
海天国际控股有限公司	高世权
山东通佳机械有限公司	李　勇
博创智能装备股份有限公司	饶启琛
宁波市海达塑料机械有限公司	刘　维
震雄集团	昝勤先
香港力劲集团中山力劲机械有限公司	黄朝霞
东华机械有限公司	陈玉城
广东伊之密精密机械股份有限公司	张　涛
广东金明精机股份有限公司	陈楚亮
宁波海星机械制造有限公司	孙　坚
泰瑞机器股份有限公司	周　玲
苏州同大机械有限公司	朱建新
科倍隆（南京）机械有限公司	付　晓
富强鑫（宁波）机器制造有限公司	陈晓周
广东乐善智能装备股份有限公司	夏　益
四川金石东方新材料设备股份有限公司	钟　毅
宁波华美达机械制造有限公司	刘娟儿
宁波弘讯科技股份有限公司	郑　琴
广东达诚技术股份有限公司	董骏铭
信易电热机械有限公司	陈彦良
佛山巴顿菲尔辛辛那提塑料设备有限公司	谭玉娟
上海泓阳机械有限公司	邢小花
广东正茂精机有限公司	邓思聪
仁兴机械（深圳）有限公司	梁志健
上海金纬机械制造有限公司	刘惠明
浙江申达机器制造股份有限公司	傅勇敏
广东佳明机器有限公司	方　来
宁波海雄塑料机械有限公司	张卫东
江苏贝尔机械有限公司	仲清锋
浙江金鹰塑料机械有限公司	冯海波
江苏联冠科技发展有限公司	刘卫祥
大连橡胶塑料机械股份有限公司	程　卫
青岛福润德塑料挤出技术有限公司	韩　强
舟山市金久机械制造有限公司	陶家阳
宁波市塑料机械行业协会	陈　栋
张家港市塑料饮料机械协会	顾惠聪
广东省塑料工业协会注塑专业委员会	蔡恒志
胶州市塑料机械行业协会	胡　莹

广告索引

记录历史
塑造品牌

聚焦“中国塑机高端自主数控（智能）装备”创新示范专栏

智能设备层

成型工艺
模腔压力检测
热流道温控器
能源管理
电力计
精密控制
数位尺
开模定位控制
伺服阀
射出闭环控制
HMI控制面板
控制主机
运动控制卡
液压伺服
电动伺服
自动化辅助设备
弘讯网关
Robot / Picker
输送带
SCARA
视觉设备
模具监视器
AOI/光学自动检测
辅机设备
弘讯网关
烘干上料机
冷水机
空压机

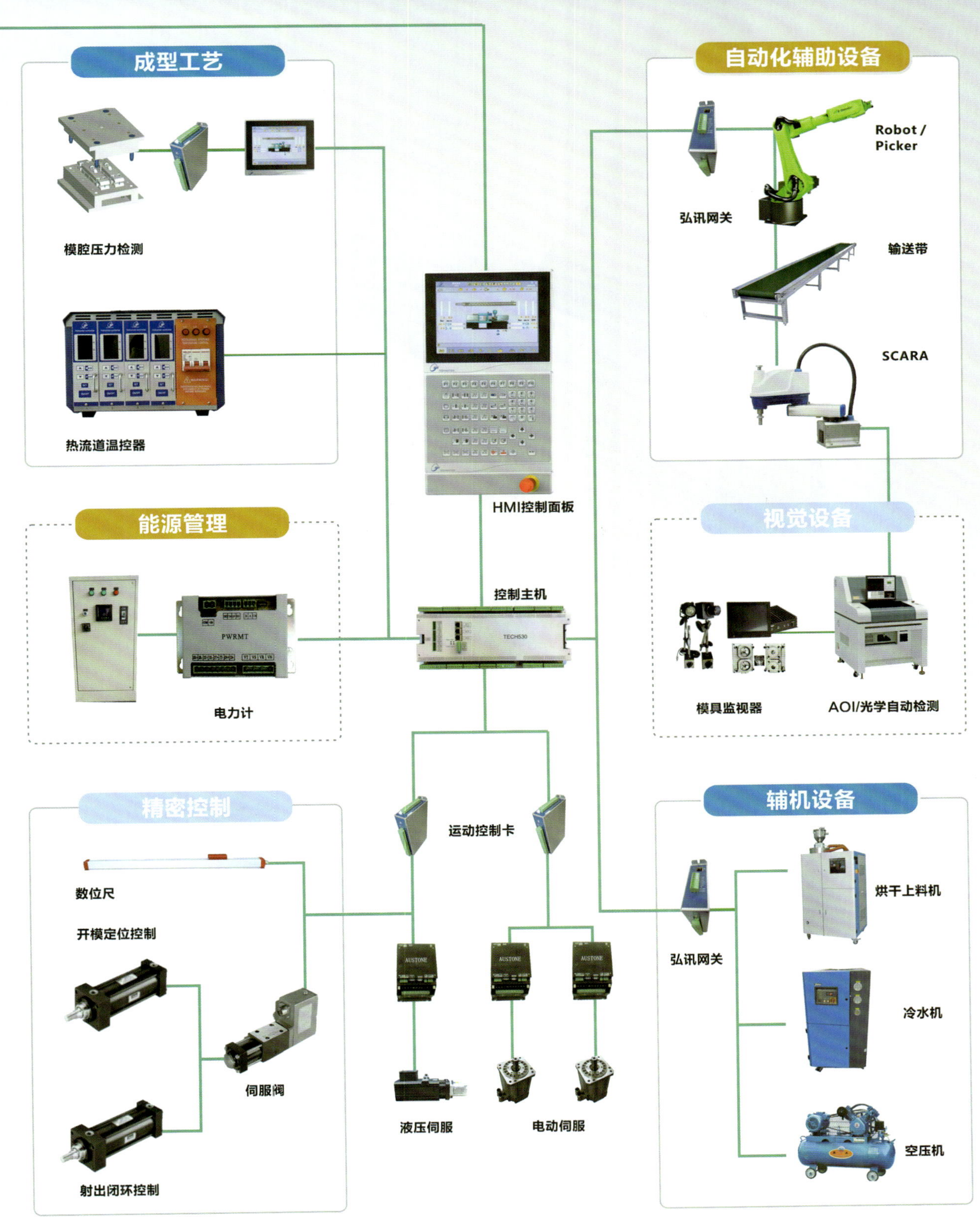

自强不息 务实创新 稳健经营 追求永续

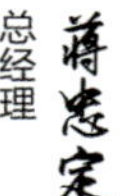

总经理 蒋忠宋

宁波市海达塑料机械有限公司
NINGBO HAIDA PLASTIC MACHINERY CO., LTD.

宁波市海达塑料机械有限公司是专业制造 HDX、HDJL、HDJS系列全自动塑料注射成型机的生产厂家，系中国塑料机械工业协会副会长单位、宁波塑料机械协会副会长单位，公司在行业内享有较高的知名度。近年来，公司陆续获得国家高新技术企业、浙江省著名商标、浙江省名牌产品、浙江省知名商号、浙江省安全生产标准化达标企业等国家、省级荣誉。公司于2000年获批自营进出口权，目前在世界上十几个国家和地区办理商标注册。在管理上，公司自2001年以来通过ISO9001质量认证、ISO14001认证、OHSAS18001认证和CE认证，获得宁波市绿色环保模范工厂、区劳动关系和谐企业、区文明企业和区政府质量奖。公司推行5S管理和ERP企业信息化管理，并取得了不错的成效。

宁波市海达塑料机械有限公司创建于1992年，目前占地面积20余万m^2，总资产5亿元，员工450人，其中具有中高级职称的技术骨干占30%以上，并常年聘请行业知名专家和教授担任技术顾问和管理顾问，并与国内著名学府联合创办了研究中心。自成立以来，公司一直本着自强不息、务实创新、稳健经营、追求永续的企业宗旨，不断为客户提供品质卓越、制造精良的塑机产品，通过与客户长期紧密合作共赢，谋求更高的发展和更好的进步。我们不断进行技改投入、增强企业可持续发展能力。

01

更加强化的锁模机构满足高效和快速的生产需求。

02

优越的开合模特性采用进一步优化的连杆排布机构，运行更快更平稳。

03

专业模板优化设计，模板经有限元分析软件优化设计，高刚性，高强度。

04

专业的塑化单元适合多种原料生产，显著地提高塑化性能。

05

卓越的注射性能，采用双缸注射方式，性能可靠稳定。

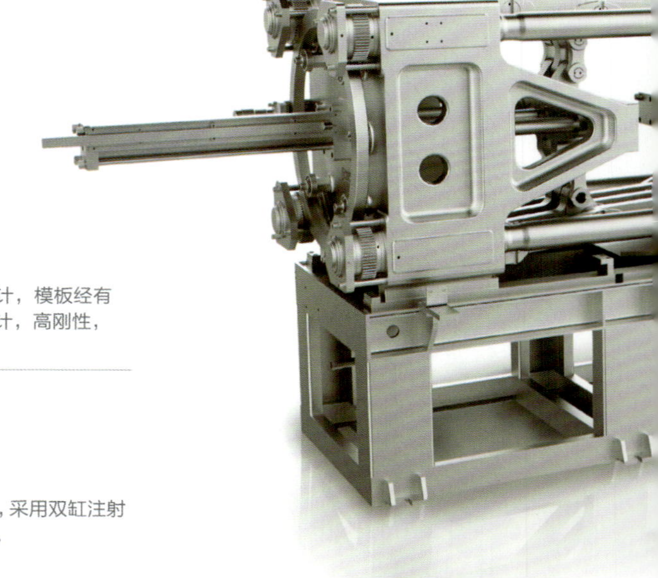

广告

海达

海达塑机

- 中国塑料机械工业协会副会长单位
- 宁波塑料机械协会副会长单位

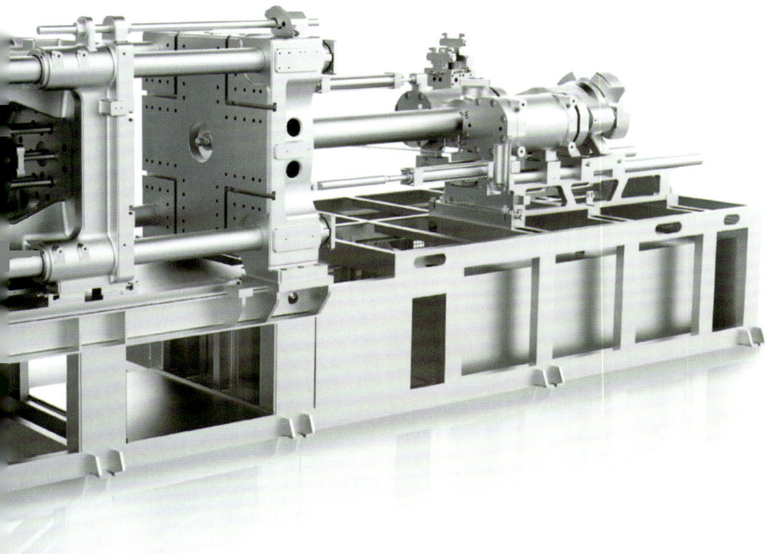

06

集中润滑系统，可靠保护配置定量分配集中润滑，提供更专业、更优良的润滑保护，延长机械寿命。

07

全新框架式结构，外观简洁大方，机身受力更加合理，刚性高。

08

高端注射机专用控制器，双 CPU 控制，控制与显示相对独立，运行稳定可靠，全新的人机界面操作方便，运算速度快，可靠性强，扩展性好。

油电复合
高精度伺服机械系统

海达油电复合高精度伺服节能注射机是根据目前国内塑料产品市场特点而全新开发的注塑机，既具有全电动的优点又比全电动成本更低。填补国内市场行业空白。

高精度

油电复合成型机到现在是精密度超高的机器。它采用压力、流量与位置控制全闭环的复合运算，真正地实现高精度、高重复性的全闭环控制。

提高生产效率

响应迅速、生产效率高；重复精度高、节省原材料。

优异的节能性

节省耗电量：冷却阶段，电机不需工作，耗电为 0。

节水和节油：与传统液压动力系统液压油相比用量减少 1/4~1/3，无需冷却，从而大幅节水。

更长机器寿命、更洁净工作环境

噪声排放更少：液压系统的噪声控制在国家标准范围内。

废热和冷却能量需求低，更适合带空调的生产环境：注塑机工作由开机至进入稳态油温上升 8~10℃。

■ 应用领域

海达油电复合高精度伺服节能注塑机是油压式和电动式的综合，相比传统液压机器更快速、更精准。是目前国内全电动注塑机的理想替代品。

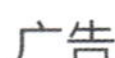

K系列

高性能快速薄壁注射机

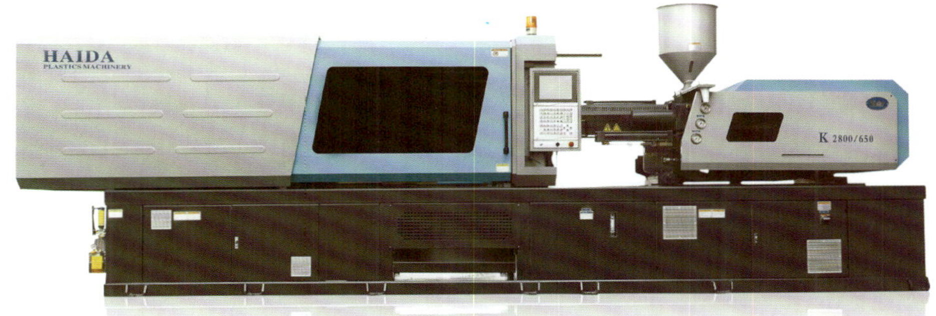

■ 海达 K 系列高性能快速薄壁注射机是针对目前市场高速薄壁制品、多腔类制品及有关民用制品而精心研发的机器。该机型是根据目前国际创新的设计理念结合海达几十年设计制造经验精心打造而成。

FAST 快

更高的工作效率

针对注塑生产的特点，将注塑、合模、液压、控制等一体的优化组合设计，大大缩短生产周期时间。

POWERFUL 强

更完善的机械结构

框架式机架设计，在有限元分析的基础上提高刚度和强度，大幅提升了机架精度，降低了机架的变形，使整机运行更平稳顺畅。

STABLE 稳

更严格的安全标准

符合国家强制安全标准，确保人员操作安全。

ECONOMICAL 省

更低的使用维护成本

多动作复合运行设计，高速低压注塑提高薄壁制品生产效率；高质量材料的使用，高寿命设计的机械结构，大大降低了维护成本。

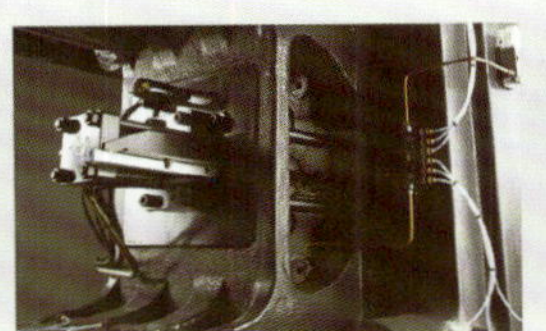

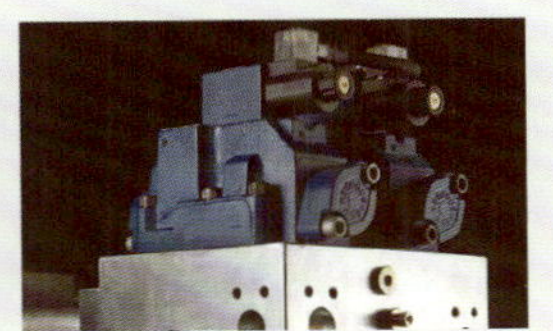

BU800

家

达诚
DESIGNER

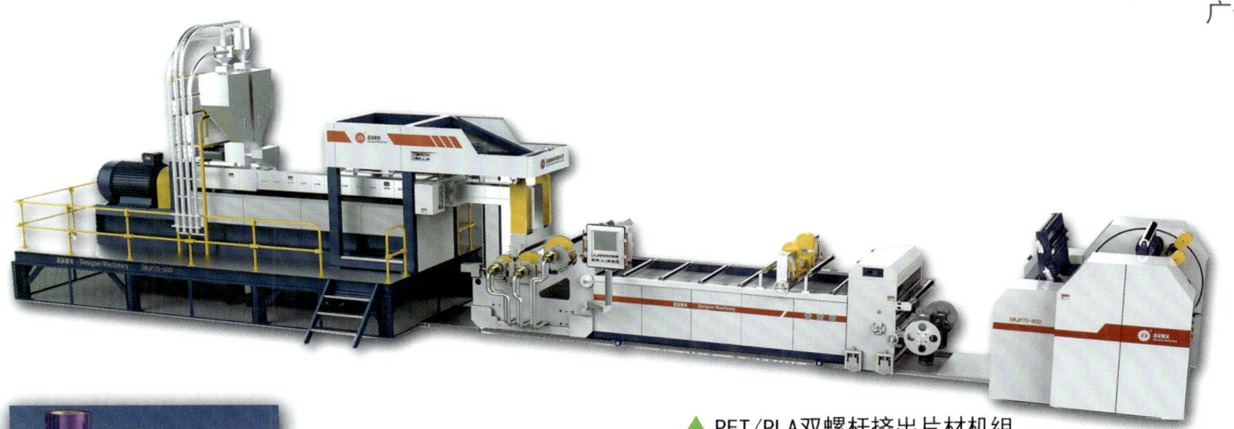

▲PET/PLA双螺杆挤出片材机组

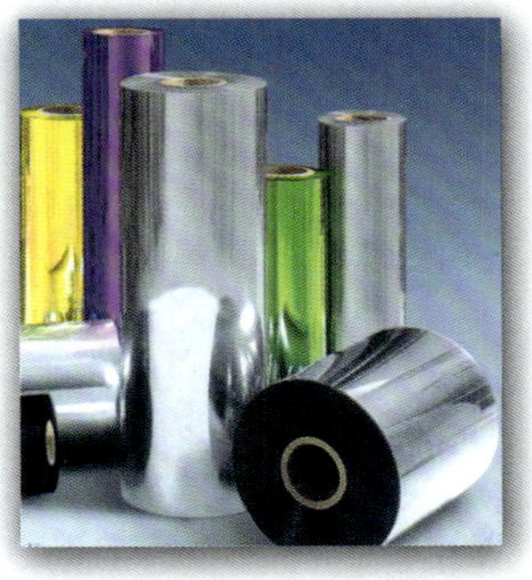

◀ 样品

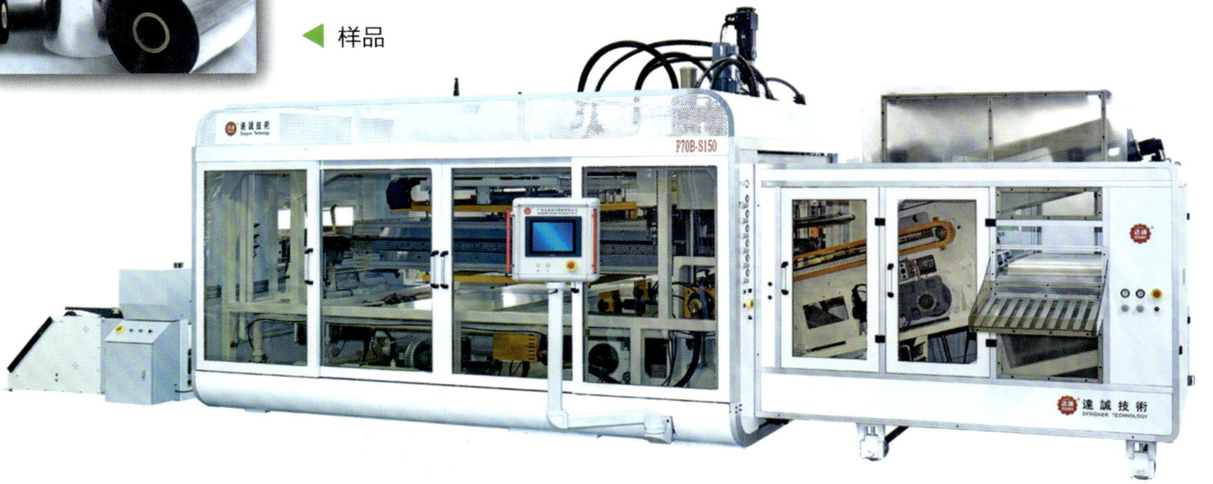

▲ 全自动塑片气压热成型机（配翻转膜）

◀ 样品

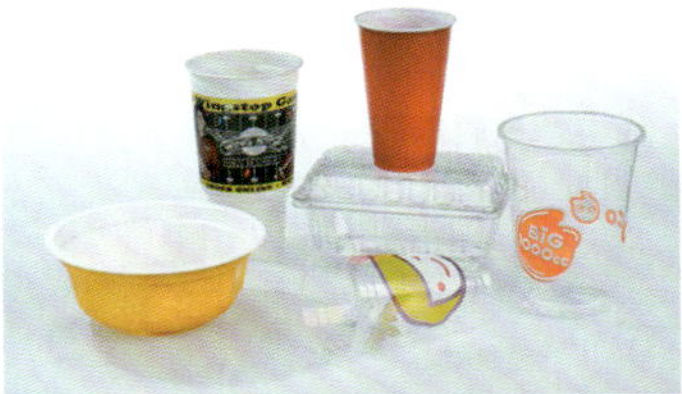

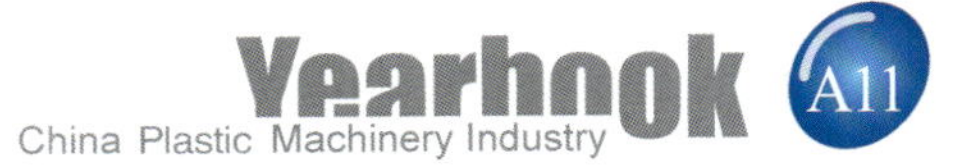

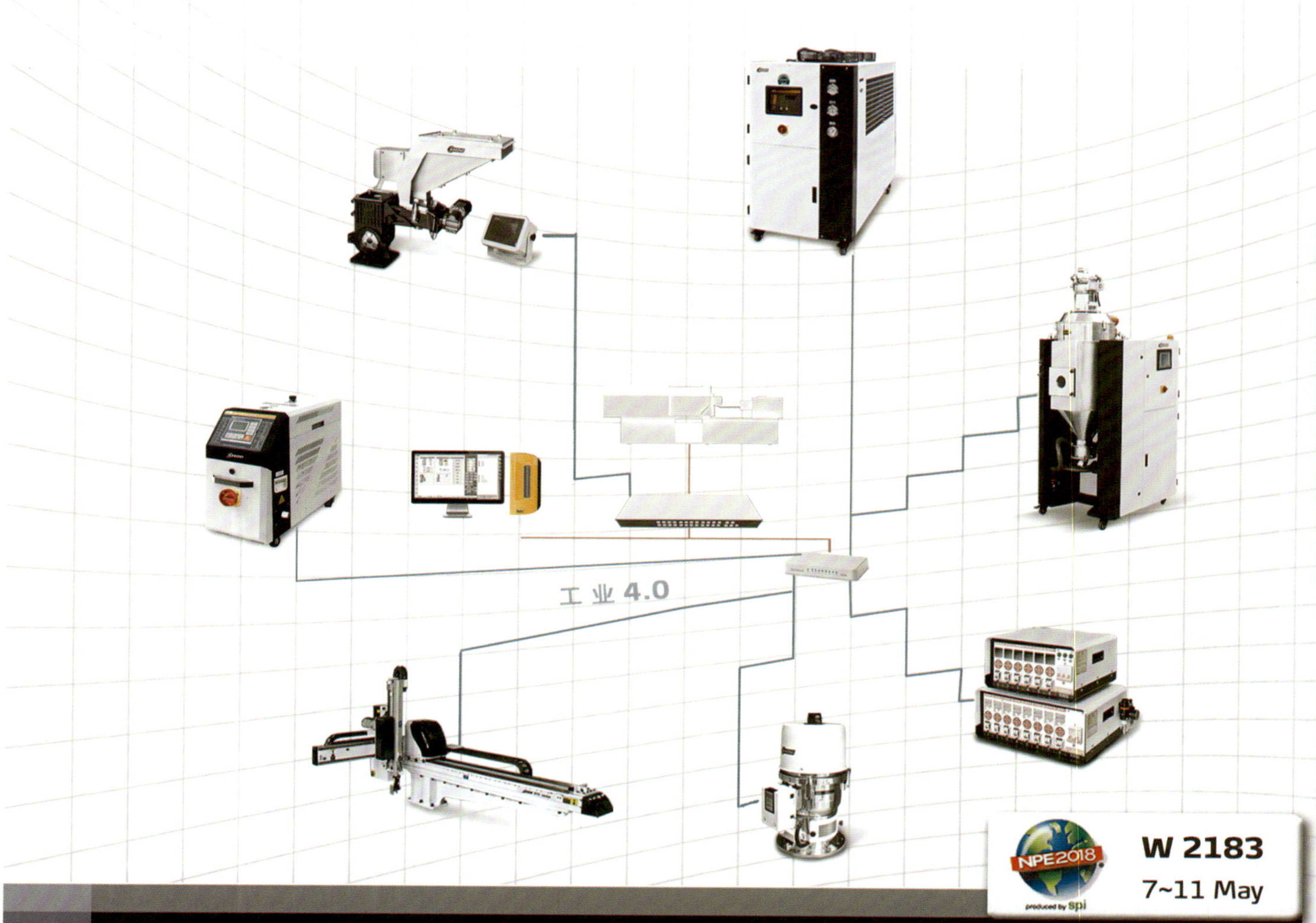

2017年5月，张家港市塑料饮料机械协会第四届全体会员大会在张家港市港城大厦第一会议室隆重召开。会议由秘书长顾惠聪主持，执行会长陈鹤忠致开幕词，会长黄学祥做第三届理事会工作报告，常务副会长徐文良做第三届理事会财务工作报告及第四届会员会费收缴标准和会费使用管理办法。会议选举并产生了第四届理事会领导班子，亿利机械陈鹤忠担任第四届理事会会长。

2017年6月，张家港市塑料饮料机械协会与张家港市工业经济联合会、张家港市机械装备行业协会、张家港市纺织行业协会共同举办“外贸转型路径探索培训会”。参加此次会议的企业58家、70余人，协会15家会员企业、共计21人参加。

2017年7月，张家港市塑料饮料机械协会秘书处关爱“城市美容师”-送清凉慰问环卫工人。协会秘书长顾惠聪带领秘书处成员来到城北城管中队，送来了65箱矿泉水，并详细了解了大家的作息时间，深切的感谢环卫工人的付出，并且关照大家一定要注意防暑降温，最后大家合影留念，顾秘书长表示以后协会每年都会过来看望慰问。

2017年8月，中国塑料机械工业协会会长、海天塑机集团总裁张剑鸣、中国塑料机械工业协会常务副会长兼秘书长粟东平等一行7人走访考察8家张家港塑机制造企业。通过车间现场参观考察、与企业主直接交流、和企业管理人员座谈等方式，为张家港市塑机制造企业把脉问诊。

张家港市塑料饮料机械协会

地址：江苏省张家港市杨舍镇港城大厦1422室　邮编：215600
电话：0512-58689534　传真：0512-58689534
http://www.chinasjyj.com　E-mail:zjgsjyj@163.com

广告

广东省塑料工业协会注塑专业委员会活动集锦

2017

蔡恒志秘书长参加行业会议

参加中国塑料机械工业协会六届一次会员大会

深圳市高分子行业协会

参加广州雅式展

参加全国橡胶塑料机械标准化技术委员会工作会议

参加中国塑料机械工业协会五届九次理事会

深圳市高分子行业协会赴江苏东台投资考察

参加深圳市高分子行业协会八届一次会员大会

参加(SAMT)宣讲论文

与厉有为、符岸会长一起参加深圳市高分子会议

参加第十三届先进成型技术学会（SAMT），论文获奖

参加第十三届先进成型与材料加工技术国际研讨会

代表中国参加国际ISO标准化工作会议

参加行业展会

参加中国（重庆）压铸/注塑装备节能技术应用研讨会

蔡恒志秘书长参加行业技术交流会

注塑机行业部分专家代表中国在加拿大参加国际会议

广东省塑料工业协会注塑专委会一行参加浙江余姚展会

参加台州、余姚塑料展与符岸会长、中塑在线戴总合影

参加余姚塑胶展会，与符岸会长一起出席活动

广东省塑料工业协会注塑专业委员会

负责人：曹阳
秘书长：蔡恒志
地址：广东省深圳市宝安区龙华镇机荷高速公路南侧力劲工业园
邮编：518109
E-mail:zgzs2008@126.com

塑机之心援藏计划

——2017年中国塑料机械工业协会援助草地乡中心小学活动

中国塑料机械工业协会自2016年7月起与四川省阿坝州九寨沟县草地乡中心小学建立直接联系，开启了“塑机之心”援藏活动。为进一步了解草地乡中心小学的实际需求，协会李春燕主任与吴建伦主任于2017年6月15日进行了实地走访，并为孩子们带去了65套画笔、15套跳绳、10套羽毛球拍、10套乒乓球拍、2个足球以及2个篮球，深受孩子们的喜欢。

草地乡中心小学地理位置相对偏僻，公共交通不发达。学校在2008年汶川地震后由眉山市对口援建，现有教学环境相对紧张。操场为水泥地面，无室内场地，配有基础体育设施，部分有不同程度的损坏。学校提供免费宿舍，基本6人一间，被褥由国家统一提供，配有一名宿管阿姨照料孩子们的起居。宿舍无取暖设备，6月份阴天时宿舍阴冷，冬季情况或更为糟糕。

国家实行的九年义务教育，在改善学生学习条件的同时也大幅降低了家庭的经济负担。但是由于这里的学生家长普遍识字程度不高，家里无人辅导功课，学生的课业问题相对较大。此外教师流动性过高，部分教师任职2～3年后便离职，在某种程度上也影响了学生的学习。

此次家访了两个家庭，他们有着共同的特点 — 因病返贫。另外，学校还有更为贫困的学生及家庭，由于距离较远，未能成行。

一年多来，协会集业内人士之力，除物质捐助外，现金捐款达30698元。其中，协会于2016年8月捐助了10000元爱心款项，为学生购置了夏季校服及足球队队服。2017新年伊始，协会又发动业内人士募集到20698元善款，为孩子们购置了秋季校服。2017年9月25日，新校服发放及主题感恩教育活动在欢快而幸福的气氛中举行，草地乡中心小学杨贵成校长首先代表全体师生向中国塑料机械工业协会及中国塑料机械行业的爱心人士表示真诚的感谢和美好的祝福！以“滴水之恩涌泉相报”教育孩子们要好好读书，以优异的成绩回报爱心人士，用善良的品行回报社会。同时他还号召家长做孩子们的榜样，感化和引导孩子，把关爱之心化作前进的动力，好好工作、好好学习，把家乡建设得更加美好，把孩子教育得更好。杨校长还带领全校师生做出庄严承诺：将努力工作、好好学习，不辜负中国塑料机械工业协会全体领导、朋友们的殷切希望，铭记爱心，感恩社会，好好读书，以实际行动报答中国塑料机械工业协会的爱心资助，共筑爱心桥梁，传递千里爱心。

综合索引

记录历史 塑造品牌

中国机械工业年鉴系列

《中国机械工业年鉴》

《中国电器工业年鉴》

《中国工程机械工业年鉴》

《中国机床工具工业年鉴》

《中国通用机械工业年鉴》

《中国机械通用零部件工业年鉴》

《中国模具工业年鉴》

《中国液压气动密封工业年鉴》

《中国重型机械工业年鉴》

《中国农业机械工业年鉴》

《中国石油石化设备工业年鉴》

《中国塑料机械工业年鉴》

《中国齿轮工业年鉴》

《中国磨料磨具工业年鉴》

《中国热处理行业年鉴》

《中国机电产品市场年鉴》

《中国机械工业集团年鉴》

中国工业年鉴出版基地

编辑说明

一、《中国机械工业年鉴》是由中国机械工业联合会主管、机械工业信息研究院主办、机械工业出版社出版的大型资料性、工具性年刊，创刊于 1984 年。

二、根据行业需要，1998 年中国机械工业年鉴编辑委员会开始出版分行业年鉴，逐步形成了中国机械工业年鉴系列。该系列现已出版了《中国电器工业年鉴》《中国工程机械工业年鉴》《中国机床工具工业年鉴》《中国通用机械工业年鉴》《中国机械通用零部件工业年鉴》《中国模具工业年鉴》《中国液压气动密封工业年鉴》《中国重型机械工业年鉴》《中国农业机械工业年鉴》《中国石油石化设备工业年鉴》《中国塑料机械工业年鉴》《中国齿轮工业年鉴》《中国磨料磨具工业年鉴》《中国机电产品市场年鉴》《中国热处理行业年鉴》和《中国机械工业集团年鉴》。

三、《中国塑料机械工业年鉴》由中国机械工业年鉴编辑委员会和中国塑料机械工业协会共同编撰，2009 年创刊。2017 年刊由综述、专文、行业与地区发展概况、统计资料、企业概况、产品项目与技术、展会专题、标准与专利、附录等栏目构成，集中反映了塑料机械行业的发展情况及发展趋势，全面系统地提供了塑料机械行业的主要经济指标。

四、统计资料来源于中国机械工业联合会、中国塑料机械工业协会、国家统计局（年报及快报）和中国海关。由于统计口径不一致，数据间若有出入，选用时请注意数据来源。

五、《中国塑料机械工业年鉴》主要发行对象为政府决策机构、机械工业相关企业决策者和从事市场分析、企业规划的中高层管理人员以及国内外投资机构、贸易公司、银行、证券、咨询服务部门和科研单位等。

六、在编撰过程中得到了中国塑料机械工业协会及行业内众多专家、学者、工程技术人员和企业的大力支持和帮助，在此表示衷心感谢。

八、由于水平有限，难免出现错误和疏漏，敬请批评指正。

中国机械工业年鉴编辑部

2017 年 10 月

目 录

综 述

专 文

行业与地区发展概况

统 计 资 料

企 业 概 况

产品项目与技术

展会专题

标准与专利

附　录

Contents

Overview

Special Articles

Industry and Regional Development Overview

Industry Development Overview

Regional Development Overview

Statistical Data

General Situation of Enterprises

Products and Projects

Exhibition Column

Standards and Patents

Appendix

综　述

以宏观视角，分析 2016—2017 年我国塑料机械工业的经济运行情况；记录 2016 年对塑料机械工业产生重要影响的事件

综述

2016年我国塑料机械工业发展报告

2016年，面对复杂多变的严峻形势，我国塑料机械工业牢牢把握发展主线，稳中求进、同心协力、逆势奋进，克服了诸多困难挑战，取得了来之不易的成绩。2016年塑料加工专用设备制造业规模以上企业达到402家，行业转型升级、提质增效成果显著，行业发展自3月起开始回暖，进入第三季度开启高速增长模式。

今后一段时期，尽管国内外经济环境仍然复杂严峻，但我国塑料机械行业经济发展长期向好的趋势没有改变，大有作为的重要战略机遇期仍然存在。国内外市场对我国塑料机械装备尚有巨大需求，塑料机械工业经济发展的潜力和动力依然较大，行业未来发展信心十分坚定。

一、当前塑料机械工业形势

（一）国际形势

纵观当前国际形势，全球经济面临下行风险。

（1）美国虽然在2015年消费、投资、出口和房地产形势明显好转，失业率有所降低，但增速依然缓慢。据美国塑料工业协会统计，美国塑料工业增长4%左右，位居美国工业发展增速前列。

（2）欧洲正在吸收数以百万计的难民，加之英国脱欧、意大利宪政危机、德法大选等政治因素的影响，欧洲经济的复苏仍具有诸多不确定性。

（3）受日本企业资本支出削减、居民消费支出增长停滞及出口下降等因素的影响，2016年日本经济增长依然缓慢。

（4）受石油等大宗商品价格大幅回落和地缘政治动荡等因素影响，俄罗斯和巴西经济出现衰退，同时还面临资本外流、货币大幅贬值、通胀上升的压力，其他对资源出口依赖程度较高的新兴经济体也普遍面临不同程度的困难与瓶颈。

（5）亚洲新兴经济体虽然总体情况相对较好，但由于结构调整进展缓慢导致内生增长动力不足，而外需疲弱又使得传统的出口拉动型经济增长模式难以为继，经济增速普遍持续放缓。相较之下，印度和越南保持较为强劲的增长。

大国政治关系复杂化进一步加剧，制衡与反制衡不断上演、冲突与合作交叠并存。面对大国之间的战略博弈和频繁的局部动荡与争端，国际安全环境的复杂性、敏感性和不确定性显著增大，塑料机械行业国际市场面临新一轮挑战。发达国家以其技术和人才优势，仍然占据世界塑料机械市场的重要地位。如德国、意大利、日本等国的精密、大型、高端产品，由于具有高技术含量、高附加值的优势，市场份额在世界遥遥领先，对我国塑料机械产业产生较大压力。同时，各国围绕市场、资源、人才、技术、标准等各方面的全球竞争愈演愈烈，各种形式的贸易保护主义使得我国塑料机械行业面临的外部环境更趋复杂多变。面对贸易保护主义的抬头，中国塑料机械工业协会积极引领行业企业了解国际规则，主动维护自身权益。在过去的两年中，中国塑料机械工业协会代表行业积极应诉印度对华注塑机反倾销日落复审，取得显著成效，对于协调国际贸易摩擦、提振整个行业的信心起到重要的促进作用。

“一带一路”沿线上的东南亚、中西亚、中东欧各国均为我国塑料机械的重要出口地，具有鲜明的产业优势互补特征。“一带一路”战略的实施，将为促进中国塑料机械与沿线各国高分子复合材料加工业之间的产能合作提供广阔的市场空间。同时，“一带一路”战略给国内交通运输业、建筑业、基建材料、通信业、能源业、电子信息产业等带来巨大机遇，为这些产业提供装备的中国塑料机械将通过产业链传导效应获得更好的发展前景。

（二）国内形势

在“稳”字当头的宏观调控基础上，我国经济呈现出“经济增速换档期、结构调整阵痛期和刺激政策消化期”三期叠加的态势，宏观经济将在相当长一段时期继续处于增速收缓并面临下行压力的状态。这势必会对为国民经济各领域提供专用装备的塑料机械工业带来一定的冲击。行业更应当充分把握机遇，下苦功夫，促进转型升级，推动自主创新，实施高端发展战略，切实推进我国塑料机械工业由大变强的转变。

我国塑料机械工业的显著特色是民营企业占行业 95% 以上，具有较强的市场敏锐性、自生发展动能、风险防控意识和浓厚的感恩文化。经过 50 多年的自我发展和淘汰，规模企业不断崛起，产业层次逐步升级，经济总量迅猛增长，国际竞争力显著提高，科研水平和自主创新能力不断增强，小行业展现出大气魄。特别是在政府主管部门的不断重视下，支持塑料机械工业的发展上升为国家战略，吸引着国内外广泛关注的目光，行业地位和影响力也显著提升。

（三）我国塑料加工业发展形势

中国塑料加工工业协会的分析表明，虽然我国塑料加工业下行压力持续加大，但通过行业自身的努力和国家对企业实施的系列政策扶持下，特别是结构性减税、减费、降低企业成本负担等政策的实施，塑料加工工业的经济效益呈现稳步提升的趋势。市场优胜劣汰步伐加快，大中型企业赢利能力明显增强，呈现出资源向大企业集聚、市场向品牌集聚、企业向产业集群集聚的趋势，行业生产重心持续向湖北、河南、四川、安徽等中西部地区转移。塑料加工工业未来将坚持高端化、个性化、小批量、私人定制的市场导向，推动新型生产模式和新型业态的快速发展；坚持统筹规划，综合协调资源、区位优势，推动行业有序地梯度转移，进一步优化产品区域布局；以由大变强为目标，大力实施替代战略；加快推进引进吸收创新和集成创新步伐，缩小与国外先进水平的差距。

二、2016 年我国塑料机械工业发展情况

（一）我国塑料机械工业概况

2016 年 1—12 月，我国塑料加工专用设备制造业规模以上企业 403 家，主营业务收入、利润总额和出口交货值于第二季度企稳回升，第三和第四季度增速显著加快。2016 年 1—12 月我国塑料加工专用设备制造业规模以上企业主要经济指标见表 1。2016 年我国塑料加工专用设备规模以上企业主要经济指标季度统计见表 2。2016 年 1—12 月我国塑料加工专用设备制造业主要经济指标月度走势见图 1。

表 1　2016 年 1—12 月我国塑料加工专用设备制造业规模以上企业主要经济指标

序号	指标名称	金额（亿元）	同比增长（%）
1	出口交货值	90.57	7
2	流动资产	432.71	11
3	流动资产中：应收账款	110.04	10
4	存货	109.11	5
5	存货中：产成品	31.27	-8
6	资产总计	660.25	10
7	负债总计	300.95	12
8	主营业务收入	595.91	14
9	主营业务成本	466.97	10
10	销售费用	29.29	9
11	管理费用	43.07	13
12	财务费用	3.63	-10
13	财务费用中：利息支出	3.83	-13
14	利润总额	56.9	15
15	亏损企业数	59	-14
16	亏损额	2.27	-20

注：数据来源于国家统计局。

表 2　2016 年我国塑料加工专用设备规模以上企业主要经济指标季度统计

指标名称		单位	第一季度	第二季度	第三季度	第四季度
主营业务收入	金额	亿元	116.20	144.98	154.34	180.39
	同比增长	%	2	3	24	27
	环比增长	%	-18	25	6	17
利润总额	金额	亿元	8.36	13.23	15.64	19.67
	同比增长	%	0	8	24	21
	环比增长	%	-48	58	18	26
出口交货值	金额	亿元	18.96	22.02	22.74	26.85
	同比增长	%	-4	0	15	18
	环比增长	%	-17	16	3	18

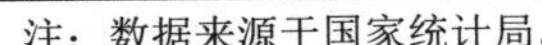
注：数据来源于国家统计局。

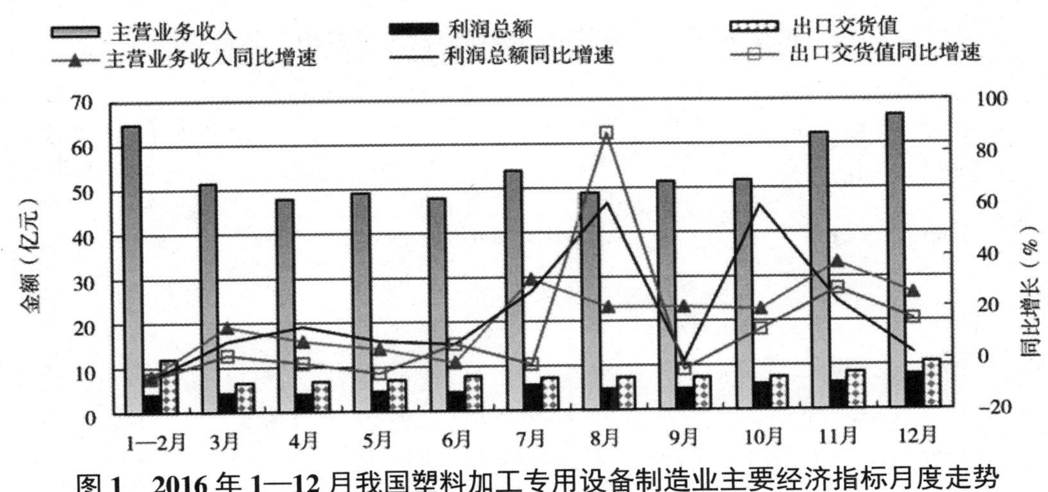

图 1　2016 年 1—12 月我国塑料加工专用设备制造业主要经济指标月度走势

注：数据来源于国家统计局。

进口方面，2016 年 1—12 月我国累计进口塑料机械 28 297 台，进口金额 13.36 亿美元，进口数量同比增长 56.4%，进口金额同比下降 12.4%，进口平均单价由上年同期的 8.48 万美元/台降低至 4.72 万美元/台。

进口数量同比增长源于以下三类产品：塑料造粒机增长 50.9%，塑料中空成型机增长 15%，塑料压延成型机增长 25%。注塑机、挤出机和吹塑机的进口数量和金额出现不同程度的下降：注塑机进口 5 162 台，进口额 5.33 亿美元，同比分别下降 16.2% 和 18.9%；挤出机进口 840 台，进口额 3.15 亿美元，同比分别下降 8.6% 和 15.7%；吹塑机进口 206 台，进口额 1.26 亿美元，同比分别下降 31.8% 和 24.2%。

出口方面，2016 年 1—12 月我国累计出口塑料机械 628 870 台，出口金额 20.01 亿美元，出口数量和金额同比分别增长 30.7% 和 5.8%；实现贸易顺差 6.65 亿美元，其中注塑机顺差 4.89 亿美元。

出口数量的增长主要集中在注塑机、挤出机、塑料压延成型机和 3D 打印机。其中，注塑机出口 26 765 台，出口额 10.22 亿美元，同比分别增长 20.0% 和 4.3%；挤出机出口 43 293 台，出口额 3.91 亿美元，同比分别增长 297.8% 和 4.2%；塑料压延成型机出口 1 112 台，出口 2 805 万美元，同比分别增长 22.6% 和 21.8%。

2016 年 1—12 月我国塑料机械出口平均单价 0.32 万美元/台，主要是由于 3D 打印机和其他模塑成型机出口量大、金额低，拉低整体平均价格水平。其中 3D 打印机出口 354 973 台，占同期出口总量的 56.45%，但金额仅为 7 587 万美元，单价 213.7 美元 / 台。

进口来源地方面，2016 年 1—12 月从亚洲进口塑料机械的数量和金额分别占总进口的 80.31% 和 54.91%，其中从日本、韩国和中国台湾的进口额同比分别下降 10.39%、31.4% 和 17.92%。从欧洲进口塑料机械的数量和金额分别占总进口的 10.8% 和 41.25%，其中从德国的进口额同比下降 11.7%，从意大利和奥地利的进口额同比分别增长 4.12%、46.84%。

1—12 月在我国塑料机械前 10 位出口目的地中，美国、墨西哥、印度、印度尼西亚、土耳其和越南增长较快，而泰国同比下降 29.24%，韩国同比下降 4.48%。

2016 年 1—12 月我国塑料机械产品进出口总量见表 3。2016 年 1—12 月我国塑料机械进出口增速走势见表 4。2016 年 1—12 月我国塑料机械产品进出口分税号统计见表 5。2016 年 1—12 月我国塑料机械前 10 位进口来源地见表 6。2016 年 1—12 月我国塑料机械前 10 位出口目的地见表 7。2016 年 1—12 月我国塑料机械进口额洲际分布见图 2。2016 年 1—12 月我国塑料机械出口额洲际分布见图 3。

表 3　2016 年 1—12 月我国塑料机械产品进出口总量

月份	进口					出口					贸易顺差（万美元）
	数量（台）	金额（万美元）	平均单价（万美元 / 台）	数量同比增长（%）	金额同比增长（%）	数量（台）	金额（万美元）	平均单价（万美元/台）	数量同比增长（%）	金额同比增长（%）	
1	7 192	11 300	1.57	410.8	−2.5	41 909	15 595	0.37	100.9	−12.5	4 295
2	620	7 638	12.32	−17.6	−10.4	20 978	13 005	0.62	18.6	−27.9	5 367
3	2 239	16 718	7.47	17.2	34.2	28 776	13 585	0.47	407.2	7.9	-3 133
4	1 308	13 807	10.56	−11.4	−11.6	63 381	16 273	0.26	90.5	9.0	2 466
5	1 154	9 897	8.58	−31.0	−38.0	62 957	15 626	0.25	41.5	21.1	5 729
6	1 895	10 458	5.52	71.8	−22.5	43 088	18 285	0.42	66.1	17.2	7 827
7	2 800	12 210	4.36	59.2	−15.2	42 627	17 704	0.42	153.0	18.3	5 494
8	1 160	10 324	8.90	−12.4	−29.8	53 592	17 562	0.33	14.0	11.7	7 238
9	5 125	10 389	2.03	287.4	−25.2	73 655	16 711	0.23	30.0	2.9	6 322
10	1 381	8 581	6.21	−49.2	−15.0	69 665	15 833	0.23	35.8	−2.1	7 252
11	1 986	10 896	5.49	60.3	2.1	55 286	18 796	0.34	−22.3	25.1	7 900
12	1 437	11 335	7.89	2.3	2.5	72 956	21 146	0.29	−19.1	10.7	9 811
合计	28 297	133 553	4.72	56.4	−12.4	628 870	200 121	0.32	30.7	5.8	66 568

注：数据来源于中国海关。

表 4　2016 年 1—12 月我国塑料机械进出口增速走势　（%）

月份	进口				出口			
	数量同比增长	数量环比增长	金额同比增长	金额环比增长	数量同比增长	数量环比增长	金额同比增长	金额环比增长
1	410.8	411.9	−2.5	2.2	100.9	−53.5	−12.5	−18.4
2	−17.6	−91.4	−10.4	−32.4	18.6	−49.9	−27.9	−16.6
3	17.2	261.1	34.2	118.9	407.2	37.2	7.9	4.5
4	−11.4	−41.6	−11.6	−17.4	90.5	120.3	9.0	19.8
5	−31.0	−11.8	−38.0	−28.3	41.5	−0.7	21.1	−4.0

（续）

月份	进口				出口			
	数量同比增长	数量环比增长	金额同比增长	金额环比增长	数量同比增长	数量环比增长	金额同比增长	金额环比增长
6	71.8	64.2	-22.5	5.7	66.1	-31.6	17.2	17.0
7	59.2	47.8	-15.2	16.8	153.0	-1.1	18.3	-3.2
8	-12.4	-58.6	-29.8	-15.4	14.0	25.7	11.7	-0.8
9	287.4	341.8	-25.2	0.6	30.0	37.4	2.9	-4.8
10	-49.2	-73.1	-15.0	-17.4	35.8	-5.4	-2.1	-5.3
11	60.3	43.8	2.1	27.0	-22.3	-20.6	25.1	18.7
12	2.3	-27.6	2.5	4.0	-19.1	32.0	10.7	12.5

注：数据来源于中国海关。

表 5　2016 年 1—12 月我国塑料机械产品进出口分税号统计

序号	税号	名称	进口				出口			
			数量（台）	数量占比（%）	金额（万美元）	金额占比（%）	数量（台）	数量占比（%）	金额（万美元）	金额占比（%）
1	84771010	注塑机	5 162	18.24	53 304	39.91	26 765	4.26	102 248	51.09
2	84771090	其他注射机	270	0.95	5 750	4.31	12 846	2.04	4 016	2.01
3	84772010	塑料造粒机	261	0.92	11 950	8.95	3 385	0.54	7 730	3.86
4	84772090	其他挤出机	579	2.05	19 510	14.61	39 908	6.35	31 416	15.70
5	84773010	挤出吹塑机	90	0.32	7 683	5.75	2 374	0.38	8 681	4.34
6	84773020	注射吹塑机	61	0.22	1 991	1.49	350	0.06	1 122	0.56
7	84773090	其他吹塑机	55	0.19	2 950	2.21	5 624	0.89	9 070	4.53
8	84774010	塑料中空成型机	69	0.24	1 558	1.17	1 491	0.24	5 231	2.61
9	84774020	塑料压延成型机	105	0.37	3 061	2.29	1 112	0.18	2 805	1.40
10	84774090	其他真空模塑机器及其他热成型机器	1 904	6.73	12 578	9.42	4 775	0.76	7 654	3.82
11	84775910	3D 打印机	6 664	23.55	4 953	3.71	354 973	56.45	7587	3.79
12	84775990	其他模塑或成型机器	13 077	46.21	8 265	6.19	175 267	27.87	12 560	6.28
合　计			28 297	100.00	133 553	100.00	628 870	100.00	200 121	100.00

注：数据来源于中国海关，由各月数据汇总而得。

表 6　2016 年 1—12 月我国塑料机械前 10 位进口来源地

序号	国家或地区	数量（台）	金额（万美元）	平均单价（万美元 / 台）	数量占比（%）	金额占比（%）	数量同比增长（%）	金额同比增长（%）
1	日本	3 708	50 842	13.71	13.10	38.07	-8.49	-10.39
2	德国	2 324	37 621	16.19	8.21	28.17	91.59	-11.70
3	中国台湾	1 598	12 496	7.82	5.65	9.36	-17.93	-17.92
4	意大利	215	7 656	35.61	0.76	5.73	-7.73	4.12
5	韩国	850	6 213	7.31	3.00	4.65	10.10	-31.40

（续）

序号	国家或地区	数量（台）	金额（万美元）	平均单价（万美元 / 台）	数量占比（%）	金额占比（%）	数量同比增长（%）	金额同比增长（%）
6	美国	2 498	5 018	2.01	8.83	3.76	−25.25	−9.29
7	奥地利	126	4 082	32.40	0.45	3.06	−0.79	46.84
8	克罗地亚	55	1 348	24.51	0.19	1.01	−60.71	−38.99
9	中国	14 511	1 342	0.09	51.28	1.00	476.75	−28.98
10	法国	48	1 053	21.94	0.17	0.79	−15.79	−32.72
合 计		25 933	127 670	4.92	91.65	95.60	80.10	−11.92

注：数据来源于中国海关。

表 7　2016 年 1—12 月我国塑料机械前 10 位出口目的地

序号	国家或地区	数量（台）	金额（万美元）	平均单价（万美元 / 台）	数量占比（%）	金额占比（%）	数量同比增长（%）	金额同比增长（%）
1	越南	8 179	18 977	2.3	1.30	9.48	52.00	7.01
2	美国	161 062	16 641	0.1	25.61	8.32	136.37	48.29
3	印度尼西亚	3 068	11 220	3.7	0.49	5.61	27.14	18.14
4	印度	4 319	10 391	2.4	0.69	5.19	64.85	36.17
5	土耳其	2 190	9 382	4.3	0.35	4.69	15.02	9.02
6	泰国	3 328	9 319	2.8	0.53	4.66	38.61	−29.24
7	墨西哥	1 949	9 280	4.8	0.31	4.64	46.10	44.77
8	伊朗	2 442	8 328	3.4	0.39	4.16	−6.69	3.01
9	韩国	5 277	6 799	1.3	0.84	3.40	101.26	−4.48
10	孟加拉国	1 659	5 265	3.2	0.26	2.63	−2.70	−0.14
合 计		193 473	105 601	0.5	30.77	52.77	112.29	11.46

注：数据来源于中国海关。

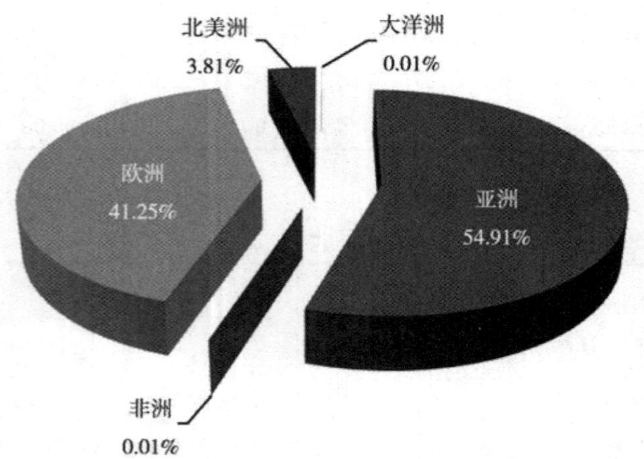

图 2　2016 年 1—12 月我国塑料机械进口额洲际分布

注：数据来源于中国海关。

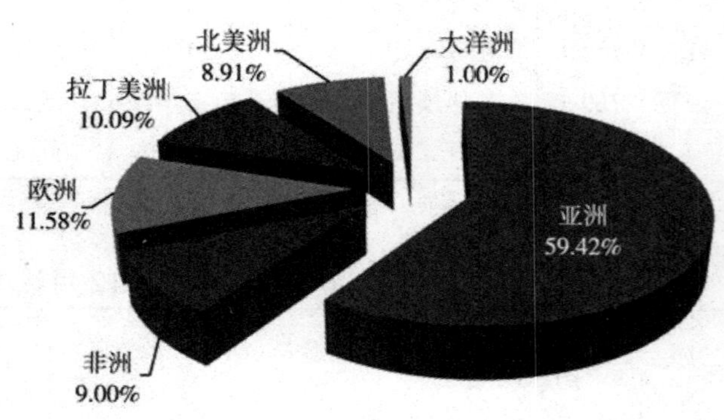

图 3　2016 年 1—12 月我国塑料机械出口额洲际分布

注：数据来源于中国海关。

（二）我国塑料机械工业重点企业发展情况

自 2011 年以来，中国塑料机械工业协会已连续六年推出“中国塑料机械制造业综合实力25强企业”“中国塑料注射成型机行业15强企业”、“中国塑料挤出成型机行业10强企业”“中国塑料中空成型机行业3强企业”和“中国塑料机械辅机及配套件行业5强企业”。入榜企业影响力越来越大，带动作用也越来越强，不仅得到了行业的广泛关注和肯定，也成为国内外塑机相关产业及用户了解中国塑料机械企业发展的风向标。

2011—2016年优势企业的排名整体相对稳定。根据2016中国塑料机械行业优势企业的统计数据，2015年34家上榜企业工业总产值和工业销售产值较2014年同期分别下降9.4%和10.3%，主营业务收入和利润总额同比分别下降0.8%和7.6%；主营业务收入利润率12.1%，高于行业9.5%的平均水平；资产负债率40%，低于行业45%的平均水平。其主要经济指标占行业同期规模以上企业总量的比例分别为：主营业务收入占39%、资产总额占63%、纳税总额占67%、利润总额占50%、出口额占66%，负债占57%。

2011—2015年中国塑料机械行业优势企业主要经济指标及其在行业内的占比见表8。2011—2016年中国塑料机械行业优势企业综合实力25（20）强排名见表9。2014—2016年中国塑料机械行业优势企业综合实力25（20）强按主营业务收入排名印迹图见图4。2014—2016年中国塑料机械行业优势企业综合实力25（20）强按净利润排名印迹图见图5。2014—2016年中国塑料机械注射成型机行业15（10）强按主营业务收入排名印迹图见图6。2014—2016年中国塑料机械注射成型机行业15（10）强按净利润排名印迹图见图7。2014—2016年中国塑料机械挤出成型机行业10（5）强按主营业务收入排名印迹图见图8。2014—2016年中国塑料机械挤出成型机行业10强按净利润排名印迹图见图9。

表8　2011—2015年中国塑料机械行业优势企业主要经济指标及其在行业内的占比

序号	指标名称	金额（亿元）					占比（%）				
		2011年	2012年	2013年	2014年	2015年	2011年	2012年	2013年	2014年	2015年
1	主营业务收入	195.0	194.2	217.3	207.5	205.8	44.2	43.0	43.5	39.0	39.4
2	资产总额	230.9	267.7	314.2	336.2	375.3	52.3	57.0	60.0	59.5	63.2
3	纳税总额	9.1	10.6	12.7	12.8	12.7	75.0	71.4	68.2	68.5	67.1
4	利润总额	23.7	23.1	29.0	26.8	24.8	56.1	55.5	64.7	55.9	50.2
5	出口额	44.9	52.1	51.4	52.1	55.6	67.0	62.0	69.8	57.5	66.0

表9　2011—2016年中国塑料机械行业优势企业综合实力25（20）强排名

序号	企业简称	2016年		2015年		2014年		2013年		2012年	2011年
		按主营业务收入	按净利润	按主营业务收入	按净利润	按主营业务收入	按净利润	按主营业务收入	按净利润	按主营业务收入	按主营业务收入
1	海天塑机	1	1	1	1	1	1	1	1	1	1
2	金纬机械	2	2	2	2	2	2	2	2	3	3
3	伊之密	3	3	6	10	5	4	6	4	8	9
4	震雄集团	4	–	3	22	3	5	4	3	2	2
5	通佳机械	5	4	5	4	6	7	11	12	15	11
6	大橡塑	6	–	4	–	4	22	3	19	4	7
7	博创	7	5	7	9	9	6	5	8	6	8

（续）

序号	企业简称	2016年		2015年		2014年		2013年		2012年	2011年
		按主营业务收入	按净利润	按主营业务收入	按净利润	按主营业务收入	按净利润	按主营业务收入	按净利润	按主营业务收入	按主营业务收入
8	富强鑫	8	14	8	11	8	15	10	–	9	–
9	信易	9	13	15	12	13	13	12	5	–	–
10	力劲集团	10	18	10	5	–	–	–	–	10	5
11	海达塑机	11	10	9	13	10	16	13	14	13	10
12	东华	12	–	12	–	7	–	9	–	7	4
13	泰瑞机器	13	9	14	6	16	10	8	9	11	16
14	弘讯科技	14	6	11	3	12	3	–	–	–	–
15	浙江华业	15	16	16	14	17	14	14	13	16	12
16	金明精机	16	15	17	7	21	8	18	10	19	20
17	浙江申达	17	–	18	–	18	–	17	17	14	13
18	拓斯达	18	7	–	–	–	–	–	–	–	–
19	艾尔发	19	11	19	16	19	17	–	–	–	–
20	双马	20	17	21	15	20	–	–	–	–	–
21	宁波通用塑机	21	19	–	–	–	–	–	–	–	–
22	海雄塑机	22	–	20	25	22	25	19	21	–	–
23	创基	23	22	22	20	–	20	21	22	–	–
24	贝尔机械	24	–	24	–	25	–	24	–	–	–
25	金鹰塑机	25	–	–	–	23	21	25	23	20	18
26	三垒	–	8	–	8	–	9	23	7	17	–
27	金湖	–	12	–	–	–	–	20	16	–	–
28	宁波伊士通	–	20	–	17	–	19	–	–	–	–
29	诚盟装备	–	21	–	–	–	–	–	–	–	–
30	海星	–	23	23	21	24	23	22	20	18	17
31	同大机械	–	24	–	24	–	–	–	–	–	–
32	康润机械	–	25	–	23	–	–	–	24	–	–
33	华宝塑机	–	–	13	19	15	18	15	18	–	14
34	潍坊中云	–	–	25	18	11	11	7	6	5	6
35	顺德塑机	–	–	–	–	14	12	16	11	12	15

注：“–”为没有对应的入榜名次。

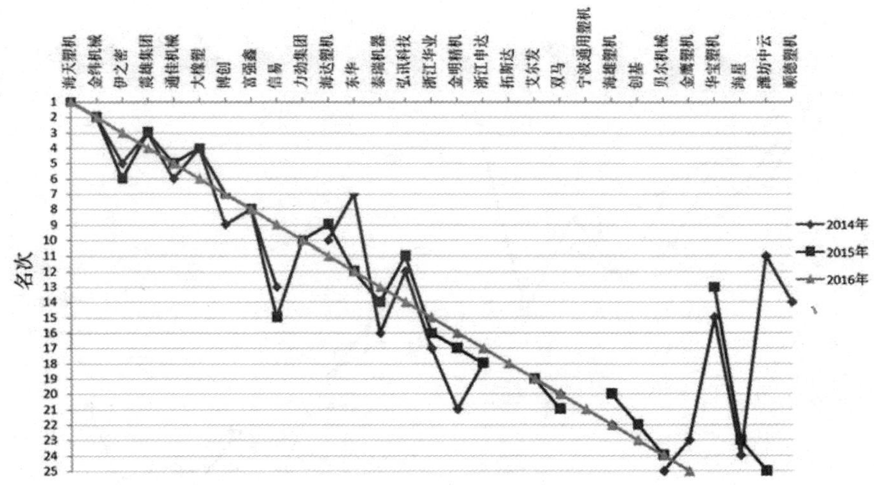

图 4　2014—2016 年中国塑料机械行业优势企业综合实力 25（20）强按主营业务收入排名印迹图

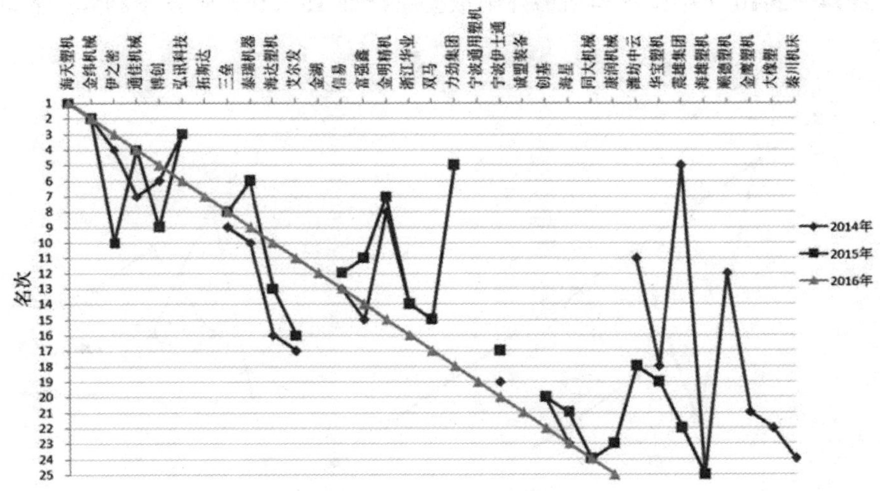

图 5　2014—2016 年中国塑料机械行业优势企业综合实力 25（20）强按净利润排名印迹图

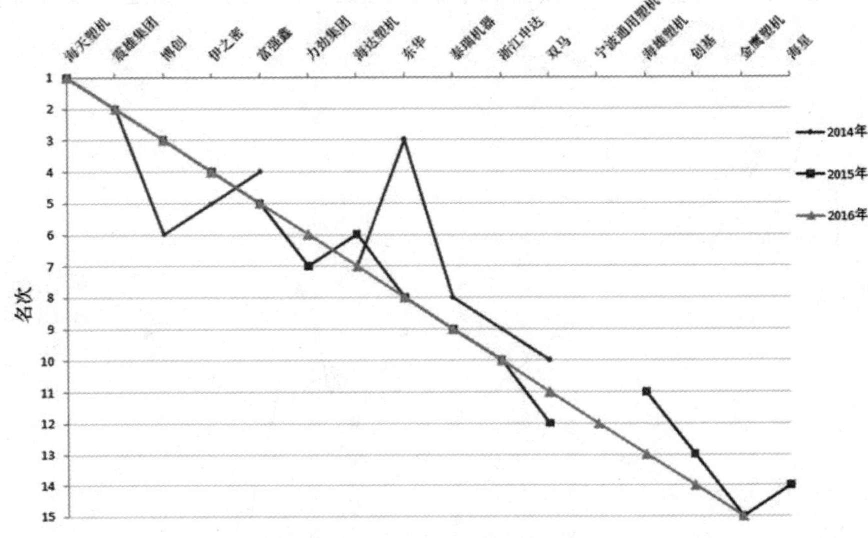

图 6　2014—2016 年中国塑料机械注射成型机行业 15（10）强按主营业务收入排名印迹图

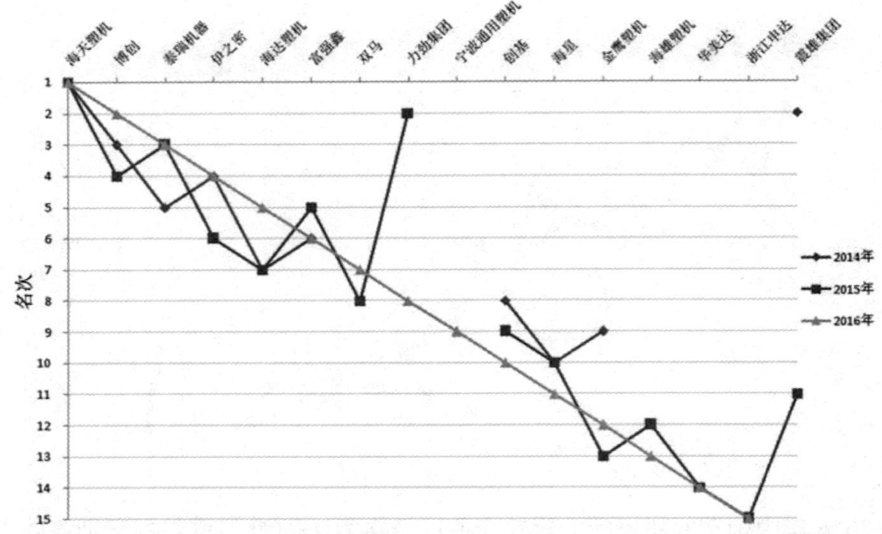

图 7　2014—2016 年中国塑料机械注射成型机行业 15（10）强按净利润排名印迹图

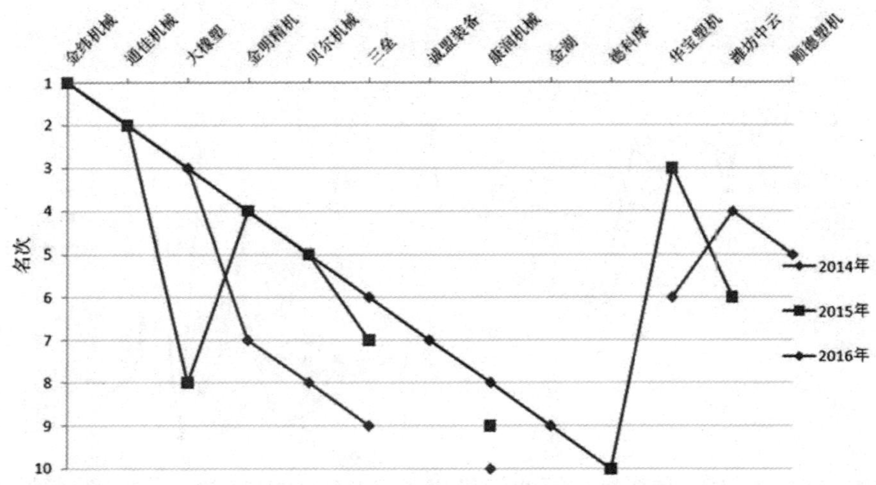

图 8　2014—2016 年中国塑料机械挤出成型机行业 10（5）强按主营业务收入排名印迹图

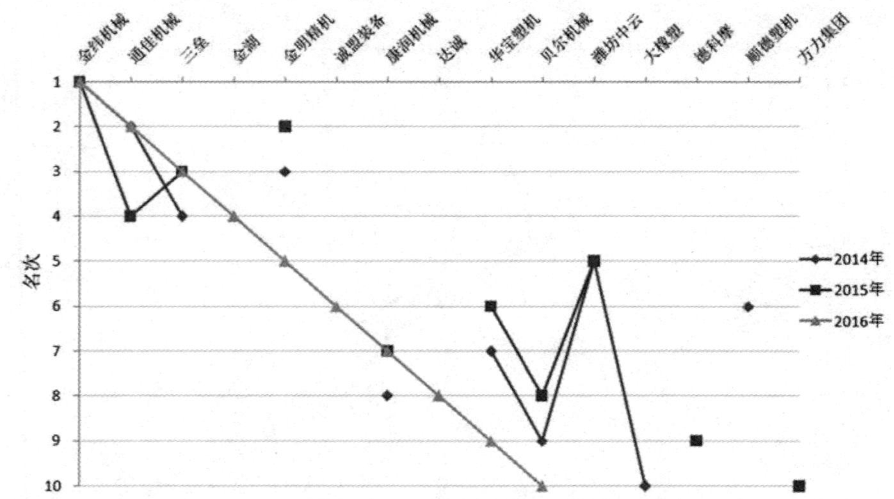

图 9　2014—2016 年中国塑料机械挤出成型机行业 10 强按净利润排名印迹图

三、全球塑料机械市场分析

我国是迄今为止全球最大的机械设备市场，约占全球市场的1/4强，并将继续引领全球市场需求。印度将是全球塑料机械市场增长最快的国家，2013年占据全球约12%的市场份额。从全球区域市场来看，美国的中部和南部市场增速最快，其次是非洲和中东地区。克利夫兰研究集团有限公司的报告显示，全球塑料加工机械市场将以每年6.9%的速度增长，2017年全球市场将达到371亿美元。

（一）美国市场

近年来，美国启动鼓励“制造业回归”政策，塑料工业成为其中受益很大的行业。大批与塑料制品相关的制造业纷纷迁回美国本土，对塑料机械的需求增长迅猛。

塑料工业是美国的第三大制造业，从业人员94万余人，在美国各州共运营16 806套制造设施，2014年美国国内市场需求增长6%，达到创历史新高的2 983亿美元。自20世纪80年代以来的30多年中，美国塑料工业保持了较为持续平稳的发展，高于其他制造业的平均增长水平。1980—2014年美国塑料工业与制造业增长率对比见表10。

表10　1980—2014年美国塑料工业与制造业增长率对比

指标名称	塑料工业增长率（%）	制造业增长率（%）
就业率	0.3	-1.3
实际出货量	2.6	0.8
实际增加值	2.3	0.8
生产力	2.3	2.1

注：数据来源于美国塑料工业协会（SPI）。

在美国，塑料的主要应用领域为包装和建筑施工，其中，包装约占1/3、建筑施工约占1/6。塑料包装以智能节约、可变形、可再次密封、可回收利用为主要发展方向。近年来随着美国制造业回流，汽车、航空、生物医疗、电子电器等行业对塑料的需求量大大增加。

（二）俄罗斯市场

俄罗斯每年大约生产600万t高分子聚合物，人均产量38kg，人均消费量53kg。人均塑料消费量与前苏联相比，尽管已经增长4倍，但依旧低于其他发达国家。目前的需求量是67kg，所以面临着180万～210万t的塑料加工缺口，与此同时，每年进口200万t左右的塑料制品。

俄罗斯大约有7 000家塑料加工企业，从业人员约50万人。其中，只有几家大公司生产高分子板，150家企业生产管道，大约2 000家公司从事塑料包装，超过4 000家的公司生产注射成型制品。从产值分布来看，塑料包装、汽车和工业用途占比超过60%；从用户分布来看，工程和医疗类占36%、建筑类占26%、食品包装类占25%、家居用品类占10%。俄罗斯塑料加工行业产值分布统计见图10。

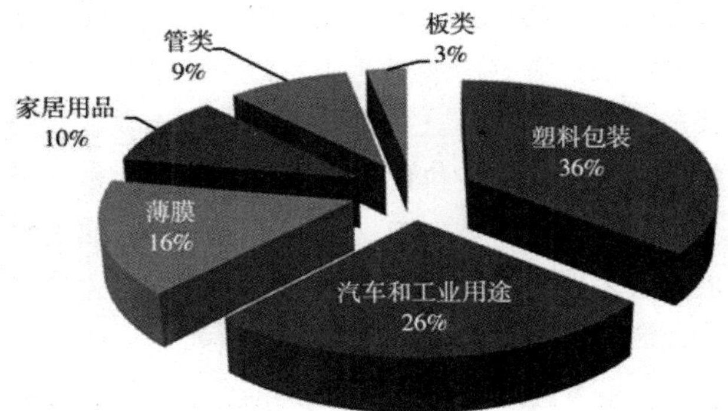

图10　俄罗斯塑料加工行业产值分布统计

注：数据来源于俄罗斯塑料加工协会（RPPA）。

俄罗斯塑料机械制造厂商数量很少，设备和技术主要依赖进口。就机种而言，主要进口注射成型机、中空成型机、真空成型机、塑料挤出机及塑料回收机等。进口方式通常分为三类：购买整厂设备、更新升级设备以及为现行生产线补充设备。市场增长点主要表现为：食品工业的迅速发展带动塑料包装材料的需求相应增长；建筑材料、运动用品、文具用品以及汽车等行业对塑料制品的需求不断增长；陈旧设备的升级换代。

当前，俄罗斯塑料加工业的主要发展任务为：提高通用高分子聚合物产量；振兴建筑工程塑料制造；发展特种工程塑料与生物塑料。与此相关的塑料加工装备需求将随之大量增加，可予以重点关注。

（三）东南亚市场

东南亚国家如印度尼西亚、泰国、马来西亚、越南等是塑料机械传统市场，预计未来的需求仍将呈上升趋势。

1. 印度尼西亚

印度尼西亚是世界第四大人口国，也是东南亚最大的经济体。在印度尼西亚，橡塑胶制品是仅次于食品、服装等基本物资的重要生活必需品，是家电、交通、通信及公共建设等行业不可或缺的材料。印度尼西亚对橡塑胶加工机械需求迫切，需求量也非常大，因此，印度尼西亚政府十分注重鼓励橡塑胶加工机械的进口，目前没有规定配额限制，也没有特殊安全规定或检验手续。印度尼西亚的橡塑胶加工机械产品的进口税率为零，仅需交纳10%的附加税。欧美日等塑料加工机械生产国虽然看好印度尼西亚的市场前景，但由于其产品价格偏高，竞争力受到削弱，而我国的塑料加工机械产品性价比较高，具有一定的竞争优势。我国经过多年努力，已跻身印度尼西亚十大供应国之列，在该国的橡塑胶加工机械市场占据了一定的地位。其中，中国向印度尼西亚出口的注射成型机占该市场的第2位，挤出成型机占第3位。综合来看，我国橡塑胶加工机械已占到印度尼西亚市场的第3位，市场占有率约为8%。随着经济的进一步发展，还将继续上扬。

2. 泰国

2011年，泰国遭遇洪灾，大量塑料机械设备受损。泰国灾后重建及经济全面恢复极大地刺激了当地对塑料机械的需求，2012—2013年增速非常迅猛。随着泰国当地对塑料机械需求的增加及其日渐成熟的投资环境，泰国也成为各塑料机械制造企业投资建厂重点考虑的国家。2013年以来，已有大量欧洲和日本厂商进驻泰国本土，使得泰国对塑料机械的进口需求出现收缩。

3. 越南

越南塑料橡胶产业主要位于胡志明市。迄今，越南塑胶制品的总产量已逾100万t，是越南较有竞争力的产业。越南各超市95%的塑胶日用品是在越南国内生产（比重占塑胶业总产量的30%），粮食食品包装、各类饮料包装、洁净矿泉水包装、水海产品包装等所需原料接近100%已能在越南国内生产。目前许多家越南塑胶公司开始进军出口市场，投资引进高科技设备，如隆城公司投资四色印刷啤酒箱生产技术，大同进公司投资薄膜压胶片等高技术设备，Liksin公司吹制PE复合薄膜技术等。

根据越南塑料协会的数据统计，越南有2 000家塑料加工企业，从业人数约20万人，塑料工业产值年均增长12%。2013年，越南塑料行业营业收入逾90亿美元，出口塑料制品逾24亿美元，主要出口欧洲、南美洲、日本、马来西亚、印度尼西亚和泰国等市场。其中，用于运输包装、食品包装的塑料制品占56%，家用塑料制品占10.6%，工程塑料占8.2%，建筑塑料占2.1%。据越南塑料协会对摩托车和电子行业塑料配套企业的调查：90%的企业技术落后，不能满足生产需求；95%的企业生产成本过高；90%的企业管理水平和设计能力较低，潜在提升的发展空间巨大。

近年来，越南经济发展迅速，消费水平有所提高，不论一般塑料消费品还是工业建材用的塑料制品需求均逐渐提升，如塑胶天花板、地板、嵌板、隔板、门扇、窗扇等塑料建材，高级电力、汽车冷却系统、机车以及电子、通信塑料零配件市场比重也逐渐提高。

（四）印度市场

政治因素在印度塑料工业发展过程中起着至关重要的作用。莫迪执政后带来的稳定政局，使得印度塑料工业市场迎来显著增长。当前，印度正在努力成为世界级塑料加工基地，随着相关基础设施的不断完善以及生产技术的日益提高，未来印度市场的潜能将十分巨大。印度是人口大国，但人均塑料消费量（2013年时约为9.7kg）远低于美国的109kg和中国的45kg，潜在发展空间巨大。塑料行业的兴起为印度提供了很多就业机会，同时意味着印度国内塑料的需求量增加，因此印度的塑料机械需求量也在增加，塑料机械的发展在印度前景相当可观。

汽车业的发展也为印度塑料市场的高速发展提供了良机，客车行业的稳步增长将推动塑料消耗量及塑料机械的增长。食品包装需求的上涨也是拉动印度塑料市场快速增长的主要驱动力。

印度本土的塑料机械制造厂商相对有限。近年来，欧美、日本的主要塑料机械企业纷纷入驻印度投资建厂，抢占印度庞大的塑料市场。在印度塑料机械行业中，注塑机约占60%，挤出机约占30%的份额。为削弱中国注塑机在印度市场的明显性价比优势，这些欧美、日本企业利用其在印度的工厂于2008年发起对华注塑机反倾销，印度政府对从中国进口的注塑机征收高额反倾销税，使得中国注塑机出口印度市场受到严重影响。

中国塑料机械工业协会作为行业利益的维护者，积极组织会员单位、律师团队主动应诉，根据掌握的资料与印度律师对抗辩工作进行了深入的谈论和研究，并在调查过程中从各个可能的角度进行了多轮强烈的抗辩。虽然最终由于种种外部因素影响，印度调查机关于2015年10月终裁仍然建议在未来的五年继续征收反倾销税，但是反倾销税率由60%～174%大幅下降为29%。印度对华注塑机征收反倾销税率日落复审前后对比见表11。

表11　印度对华注塑机征收反倾销税率日落复审前后对比

企业名称	日落复审前税率	日落复审后税率
博创智能装备股份有限公司	60%	29%
泰瑞机器股份有限公司	68%	29%
宁波海天华远机械有限公司	76%	29%
海天塑机集团有限公司	79%	29%
宁波利广机械有限公司	81%	29%
宁波海星机械制造有限公司	100%	29%
徐州海天机械工程有限公司	105%	29%
浙江金鹰塑料机械有限公司	126%	29%
浙江申达机器制造有限公司	135%	29%
其他企业	174%	29%

为规避印度贸易壁垒的不利影响，中国企业也开始尝试在印度直接投资建厂。例如，海天塑机集团有限公司已在印度设厂开工生产，并将继续加大对该市场的投资力度。

（五）中东市场

中东人口众多、市场广阔，丰富的石化资源使其成为世界最大的塑料原料加工集中地。塑料工业已成为中东增速最快的产业之一，这主要来自于工业建设与不断增长的人口、消费和能源需求。沙特阿拉伯、阿拉伯联合酋长国、科威特、卡塔尔、阿曼等都在努力发展当地的石化产业，开发本地需求，提升塑料制品供应能力。

中东塑料加工业的主要市场集中于建筑和包装，这两类产品的需求超过该地区塑料消费的3/4。聚烯烃是当地市场的主导塑料材料，占该地区总需求的60%以上。因为该地区没有汽车加工业，电子电器商品的产量也比较低，工程塑料的需求只占很小一部分。

建筑业的需求主要集中在塑料管材和塑料线缆两方面，主要来自当地高层建筑建设和政府注资的大批基础设施建设。该地区企业普遍都具有复合生产的能力，例如AlWatania是当地主要的塑料管材生产商，坐落于沙特阿拉伯的Riyadh地区，除了塑料管材之外，还从事注塑、吹塑、挤出及热塑包装等产品生产。该地区另外一个主要的塑料管材生产商是Harwal，包括Cosmoplast分支，总部设在阿拉伯联合酋长国，在阿布扎比和迪拜都有分厂，宣称是当地最大的热塑管材生产商。另一个分支是Interplast，生产PVC、PP和PE复合塑料，除用于生产电线电缆产品外还直接出售。

卡塔尔因为将举办2022年世界杯足球赛，基础设施建设将带动消费量激增。沙特阿拉伯因计划在2020年之前建设100万套新增住房，对塑料的需求同样强劲增长。

包装占据中东地区塑料加工业的半壁江山，当地的零售业发展迅猛，超市模式正在被大量复制，预计未来包装市场将继续延续增长态势。中东地区主要的包装塑料生产商包括 GulfPackingSystems、Napco 和 Taghleef 等。GulfPackingSystem 的总部位于沙特阿拉伯的吉达，拥有多个专门的部门包括 PET 瓶盖、PET 料粒、拉伸和收缩膜及热缩性杯子等。Napco 是该地区伸缩膜生产的代表企业，主要生产基地在沙特阿拉伯的达曼；除此外，Napco 还拥有一个 PE 加工部门和一个回收装备部门。Taghleef 是该地区最大的 BOPP 伸缩膜生产商，总部在迪拜，在阿曼和埃及都有生产厂。

从整个中东地区发展来看，目前塑料业比较活跃的是沙特阿拉伯的利雅得、吉达、达曼，阿拉伯联合酋长国的迪拜和沙迦。当地政府鼓励本地塑料加工业的发展以增加出口产值，并建立工业区以期形成集群效应。另外，政府为了吸引投资还采取了一系列的刺激政策，如补贴、免税区和低成本能源等。

（六）拉美市场

拉丁美洲地域辽阔、资源丰富，是全球经济中重要的新兴市场，发展潜力巨大。制造业是拉美经济中发展最快的部门，钢铁、汽车、化工、橡胶、电器、机械设备等已具一定实力。

1. 墨西哥

墨西哥90% 以上的塑料加工机械依赖于进口，是世界各国主要塑机厂商都非常看好的增长市场。

墨西哥目前约有 4 000 多家塑料加工企业（其中 80% 以上属于小型或微型企业），每年可加工 500 万 t 塑料产品。在未来几年里每年可望增长 9% ～ 10%。塑料产品主要用于包装、建筑、家具、玩具及农业。

美国德州和加州的一些塑料加工企业迁入墨西哥，对其塑料工业的增长起到助推作用。与此同时，墨西哥的塑料制品结构也相应发生了很大变化，高附加值产品不断增多，对设备的需求也发生了变化。设备需求以小型设备居多，注塑机以全电动占优，智能、编程、自动、高速机型较受欢迎，用于医疗、消费品和硅材料的专用设备需求很旺。汽车产量的增加也为墨西哥塑料工业，尤其是注塑机行业的发展带来不可估量的市场前景。随着机械、冲压、铸造和锻造的不断发展，注塑机已成为汽车行业急于发展和突破的产品。当地贸易协会称，截至 2020 年，墨西哥每年将生产 500 万辆汽车，这将意味着预计超过 20% 的塑料企业会从中获得丰厚的利润。

2. 巴西

巴西是世界五大塑料原料生产国之一，塑料制品产量位居世界前列。得益于巴西政府的大力扶植以及行业协会的共同努力，巴西塑料机械在世界市场，尤其是拉美市场上的销售业绩有所提升。但巴西塑料机械贸易依旧存在逆差，每年进口 6 亿～ 8 亿美元，充满着巨大的商机。

（七）非洲市场

非洲的经济虽然较为落后，塑料行业也起步较晚，但已成为最重要的新兴市场，快速增长的塑料工业正成为世界各国主要塑料机械制造厂商争夺的新焦点。2013 年，意大利在非洲的销售额增长 23%，总额高达 1.49 亿欧元；德国在非洲市场的销售业绩增长约 20%，总额达 2 000 万欧元。近五年来，中国每年出口到非洲市场的塑料机械从 1.3 亿美元稳步增长到 1.9 亿美元。

南非的塑料生产处于区域领先地位。南非政府战略基础设施项目（SIPs）致力于提升国家基础设施建设，自 SIPs 公告发布以来，南非建筑业对塑料的使用有所增长，塑料工业对南非经济增长的贡献度显著提高。据 2014 年南非塑料联合会数据统计，2013 年南非 GDP 增长 0.9%，但是南非的塑料工业增长 5.4%，塑料制造对南非 GDP 的贡献度约为 1.6%，对制造业的贡献度则高达 14.2%。南非塑料行业综合营业额每年约 500 亿兰特（约合 32 亿美元），未来对塑料回收与循环利用以及创新塑料装备与技术有很大需求。

非洲其他国家随着基础设施建设、能源、通信和制造业等的不断发展，对塑料的需求显著增加。据测算，非洲塑料包装的需求增长率约为 8%。

未来，中国塑料机械工业协会将继续以技术、质量、人才、品牌、标准、知识产权等方面的工作为抓手，推进行业创新、转型、高端、绿色、和谐与持续发展。

〔供稿单位：中国塑料机械工业协会〕

2017年上半年我国塑料机械工业概况

2017年上半年我国塑料机械制造业规模以上企业399家。从整体形势来看，受利好政策影响并随着产业结构调整的推进，行业整体保持快速增长，延续向好的态势。很多企业订单大幅增加，甚至排到一年以后，供不应求。

2017年1—6月塑料机械出口交货值和主营业务收入同比分别增长23%、26%，利润总额同比增长52%，主营业务收入利润率10%。其中，第一季度出口交货值、主营业务收入和利润总额分别为23.26亿元、143.58亿元、14.13亿元，同比分别增长23%、24%、69%；第二季度出口交货值、主营业务收入和利润总额分别为27.16亿元、186.37亿元、18.67亿元，同比分别增长23%、29%、41%，环比分别增长17%、30%、32%。2017年上半年我国塑料机械规模以上企业主要经济指标见表1。

表1　2017年1—6月我国塑料机械规模以上企业主要经济指标

序号	统计指标	金额（亿元）	同比增长（%）	序号	统计指标	金额（亿元）	同比增长（%）
1	出口交货值	50.42	23	9	主营业务成本	259.64	26
2	流动资产	420.39	4	10	销售费用	16.27	19
3	其中：应收账款	117.25	15	11	管理费用	19.96	3.84
4	存货	122.78	19	12	财务费用	2.67	21
5	其中：产成品	32.89	8	13	其中：利息支出	1.71	-9
6	资产总计	666.16	10	14	利润总额	32.80	52
7	负债总计	319.04	11	15	亏损企业数	61家	-32
8	主营业务收入	329.95	26	16	亏损额	0.87	-54

注：数据来源于国家统计局。

进出口方面，2017年1—6月塑料机械贸易顺差约2.17亿美元。进口塑料机械12 120台，进口金额约7.83亿美元，进口数量同比下降16%，进口额同比增长12%，进口平均单价由上年同期的5万美元/台增长至6万美元/台。出口塑料机械312 934台，出口金额近10亿美元，出口量同比增长20%，出口额同比增长9%，出口平均单价0.3万美元/台。其中，注塑机、挤出机、吹塑机、中空成型机和压延成型机的出口总量为31 668台，出口额近8.6亿美元，出口平均单价约3万美元/台。

按贸易产品细分，2017年1—6月我国进口注塑机3 335台、金额3.55亿美元，同比分别增长35%、41%；进口挤出机497台，同比增长19%，进口额约 1.46 亿美元，同比下降 24%；进口吹塑机 127 台，同比增长 12%，金额 7 703 万美元，同比下降 1%。

注塑机出口 12 706 台，同比下降 3%，金额约 5.23 亿美元，同比增长 13%；挤出机出口 8 441 台，同比下降 77%，金额约 1.84 亿美元，与上年基本持平；吹塑机出口 8 367 台，金额 9 338 万美元，同比分别增长 116%、2%；塑料中空成型机出口 716 台，同比增长 2%，出口金额 2 200 万美元，同比下降 13%；塑料压延成型机出口 899 台、1 794 万美元，同比分别增长 20%、35%。

进口来源地方面，2017 年 1—6 月从亚洲进口塑料机械 9 974 台，金额约 4.48 亿美元，分别占同期塑料机械进口的 82.31% 和 57.29%，其中从日本进口的数量和金额同比分别增长 37.78% 和 17.04%；从韩国进口的数量和金额同比分别增长 50.65% 和 18.65%。

从欧洲进口塑料机械 1 235 台，金额约 2.88 亿美元，进口数量和金额分别占同期塑料机械进口的 10.19% 和 36.74%，其中从德国进口的数量同比增长 15.9%、金额下降 9.44%；从意大利进口的数量同比增长 58.12%，金额下降 11.53%；从瑞士和法国进口的金额同比分别增长 144.27%、149.38%；从加拿大进口的金额则由上年同期的 8 万美元增长到 1436 万美元。

2017 年 1—6 月，我国塑料机械出口市场前 10 位中，对美国、印度、泰国和孟加拉国的出口增长较快，而出口至印度尼西亚和土耳其的降幅较大。其中，出口至美国市场的数量为 97 414 台，同比增长 141.62%，主要产品为 3D 打印机，约占出口美国市场总量的 97%。

2017 年 1—6 月我国塑料机械产品进出口总量见表 2。2017 年 1—6 月我国塑料机械产品进出口分税号统计见表 3。2017 年 1—6 月我国塑料机械进口来源地前 10 位见表 4。2017 年 1—6 月我国塑料机械出口目的地排名前 10 位见表 5。2017 年 1—6 月我国塑料机械进口金额洲际分布见图 1。2017 年 1—6 月我国塑料机械出口金额洲际分布见图 2。

表 2　2017 年 1—6 月我国塑料机械产品进出口总量

月份	进口					出口					贸易顺差
	数量（台）	金额（万美元）	平均单价（万美元）	数量同比增长（%）	金额同比增长（%）	数量（台）	金额（万美元）	平均单价（万美元）	数量同比增长（%）	金额同比增长（%）	金额（万美元）
1	1 426	10 616	7.44	-80	-6	52 015	17 467	0.34	24	12	6 851
2	1 349	12 356	9.16	118	62	30 821	12 313	0.40	47	-5	-43
3	3 414	12 736	3.73	52	-24	59 580	16 044	0.27	107	18	3 308
4	1 538	14 269	9.28	18	3	68 389	17 399	0.25	8	7	3 130
5	1 278	14 001	10.96	11	41	51 298	17 757	0.35	-19	14	3 756
6	3 115	14 308	4.59	67	37	50 831	19 007	0.37	20	5	4 699
合计	12 120	78 286	6.46	-16	12	312 934	99 987	0.32	20	9	21 701

注：数据来源于中国海关。

表 3　2017 年 1—6 月我国塑料机械产品进出口分税号统计

税号	名称	进口					出口				
		数量（台）	数量占比（%）	金额（万美元）	金额占比（%）	平均单价（万美元）	数量（台）	数量占比（%）	金额（万美元）	金额占比（%）	平均单价（万美元）
84771010	注塑机	3 335	27.52	35 519	45.37	10.65	12 706	4.06	52 345	52.35	4.12
84771090	其他注射机	235	1.94	3 221	4.11	13.71	539	0.17	1 932	1.93	3.58
84772010	塑料造粒机	138	1.14	5 661	7.23	41.02	2 929	0.94	3 079	3.08	1.05
84772090	其他挤出机	359	2.96	8 934	11.41	24.89	5 512	1.76	15 291	15.29	2.77
84773010	挤出吹塑机	50	0.41	3 705	4.73	74.10	5 173	1.65	4 394	4.39	0.85
84773020	注射吹塑机	38	0.31	1 308	1.67	34.42	173	0.06	494	0.49	2.86
84773090	其他吹塑机	39	0.32	2 691	3.44	68.99	3 021	0.97	4 449	4.45	1.47
84774010	塑料中空成型机	26	0.21	325	0.42	12.51	716	0.23	2 200	2.20	3.07
84774020	塑料压延成型机	96	0.79	2 856	3.65	29.74	899	0.29	1 794	1.79	2.00
84774090	其他真空模塑机器及其他热成型机器	531	4.38	6 979	8.91	13.14	3733	1.19	4 358	4.36	1.17
84775910	3D 打印机	3 255	26.86	1 944	2.48	0.60	241 527	77.18	5 218	5.22	0.02
84775990	其他模塑或成型机器	4 018	33.15	5 143	6.57	1.28	36 006	11.51	4 432	4.43	0.12

注：数据来源于中国海关。

表 4　2017 年 1—6 月我国塑料机械进口来源地前 10 位

序号	国家（地区）	进口量（台）	进口额（万美元）	平均单价（万美元 / 台）	进口量占比（%）	进口额占比（%）
1	日本	2 440	31 552	12.93	20.13	40.30
2	德国	729	19 561	26.83	6.01	24.99
3	中国台湾	902	7 689	8.52	7.44	9.82
4	意大利	185	3 641	19.68	1.53	4.65
5	韩国	464	3 471	7.48	3.83	4.43
6	美国	876	3 232	3.69	7.23	4.13
7	奥地利	78	1 994	25.57	0.64	2.55
8	加拿大	28	1 436	51.29	0.23	1.83
9	瑞士	19	1 156	60.86	0.16	1.48
10	法国	59	878	14.88	0.49	1.12
合 计		5 780	74 611	12.91	47.69	95.31

注：数据来源于中国海关。

表5　2017年1—6月我国塑料机械出口目的地排名前10位

序号	国家（地区）	出口量（台）	出口额（万美元）	平均单价（万美元／台）	出口量占比（%）	出口额占比（%）
1	美国	97 414	10 238	0.11	31.13	10.24
2	越南	3 338	9 034	2.71	1.07	9.03
3	印度	2 162	6 021	2.78	0.69	6.02
4	泰国	2 411	4 626	1.92	0.77	4.63
5	孟加拉国	1 016	4 087	4.02	0.32	4.09
6	土耳其	1 099	4 084	3.72	0.35	4.08
7	墨西哥	1 750	3 841	2.19	0.56	3.84
8	印度尼西亚	1 454	3 735	2.57	0.46	3.74
9	伊朗	2 047	3 310	1.62	0.65	3.31
10	韩国	7 280	3 104	0.43	2.33	3.10
合计		119 971	52 079	0.43	38.34	52.09

注：数据来源于中国海关。

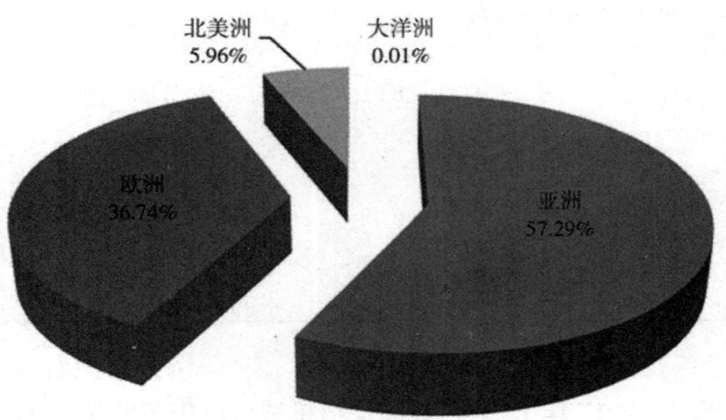

图1　2017年1—6月我国塑料机械进口金额洲际分布

注：数据来源于中国海关。

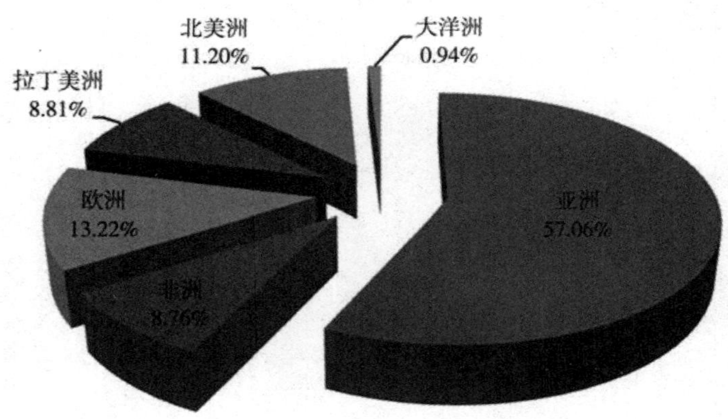

图2　2017年1—6月我国塑料机械出口金额洲际分布

注：数据来源于中国海关。

〔供稿单位：中国塑料机械工业协会〕

2016 年我国塑料工业发展报告

塑料制品广泛应用于国民经济各个行业，经过 60 多年的发展，我国已成为全球塑料制品生产、消费第一大国，拥有全球最大的市场。近几年，塑料加工业发展受市场倒逼、产业政策导向尤其明显，率先进行适应调整，转型升级明显加快，发展速度平稳增长，显现出巨大的发展潜力和良好的前景。2016 年从经济运行情况看，行业回暖趋势明显。

一、产量探底回升，产品结构适度优化

据国家统计局数据，2016 年我国汇总统计企业的塑料制品产量为 7 717.19 万 t，同比增长 2.66%，与 2015 年 0.95% 的增速相比提高了 1.71 个百分点，显示回升迹象。塑料薄膜、日用塑料、塑料零件等产品产销两旺，营收利润大幅增长，而人造革、合成革等产品生产下降，显示部分产品正在适应市场的发展变化，产品结构得到适度调整优化。

1. 产品分类产量

分产品看，增速较高的产品是塑料薄膜和日用塑料，同比分别增长 6.15% 和 5.71%；增速下降的产品是农用薄膜和人造革、合成革，同比分别下降 0.38% 和 0.35%。农用薄膜和泡沫塑料的增幅分别减少 5.63 个百分点和 9.82 个百分点；其他塑料产品的增幅同比均上升，上升幅度较大的是人造革、合成革和日用塑料，分别增加了 5.82 个百分点和 5.04 个百分点。2016 年塑料制品产量见表 1。

表 1　2016 年塑料制品产量

类别	累计产量（万 t）	同比增长（%）	增幅比同期增加（百分点）
塑料制品	7 717.19	2.66	1.71
其中：塑料薄膜	1 419.52	6.15	2.78
其中：农用薄膜	241.86	-0.38	-5.63
泡沫塑料	249.38	1.96	-9.82
人造革、合成革	331.48	-0.35	5.82
日用塑料	634.26	5.71	5.04
其他塑料	5 082.56	1.60	1.17

注：数据来源于国家统计局。

2. 地区产量

分地区看，塑料制品产量主要集中在浙江省、广东省、河南省、湖北省、江苏省、四川省、山东省、福建省、安徽省、河北省等地区。其中浙江省、广东省占比较大，分别为 13.90%、13.03%，广东省、山东省和湖北省等 3 省区产量分别增长 2.63% 和下降 1.83% 和 11.10%，增速低于全国塑料制品行业产量的平均增速。2016 年全国塑料制品行业主要地区产量情况见表 2。

表 2　2016 年全国塑料制品行业主要地区产量情况

地区	2016 年 1—12 月（t）	2015 年 1—12 月（t）	同比增长（%）	占比（%）
四川省	4 863 037	4 165 434	16.75	6.30
江苏省	5 527 077	5 003 984	10.45	7.16
河北省	3 268 935	2 963 616	10.30	4.24
河南省	6 014 962	5 505 878	9.25	7.79
福建省	3 940 489	3 659 952	7.67	5.11
安徽省	3 637 666	3 437 164	5.83	4.71
浙江省	10 729 661	10 246 013	4.72	13.90
全国	**77 171 904**	**75 169 541**	**2.66**	**100.00**
广东省	10 054 609	9 797 144	2.63	13.03
山东省	4 370 430	4 451 801	−1.83	5.66
其他	18 818 240	19 248 874	−2.24	24.38
湖北省	5 946 799	6 689 680	−11.10	7.71

注：数据来源于国家统计局。

3. 东部地区“稳”，西部地区“快”

2016 年东部十省市塑料制品产量 4 226.03 万 t（占比 54.77%），同比增长 4.09%，高于全国 2.66% 平均值。东部地区塑料制品行业稳定增长，并仍然是我国塑料制品主要生产集中区域。其中江苏省、河北省、福建省产量有较大提高，同比分别增长 10.45%、10.30%、7.67%。中部六省塑料制品产量 1 839.63 万 t（占比 23.83%），同比增长 0.15%，比上年略有下降。西部十二省区塑料制品产量 1 330.59 万 t（占比 17.24%），同比增长 14.33%，增速较快。西部部分省区的塑料加工业正以较快速度增长，发展势头迅猛。如四川省产量达到 486.30 万 t（占全国的 6.30%），同比增长 16.75%；贵州省产量达到 132.77 万 t，同比增长 67.35%；广西壮族自治区产量达到 208.78 万 t，同比增长 9.61%。东北地区有所下降。

二、经济指标回暖，效益水平稳步增长

国家统计局数据显示，2016 年塑料加工业工业增加值增速 8.0%，高于轻工业 1.21 个百分点，高于全国工业 2.0 个百分点，在轻工各行业中位居前列。全年完成主营业务收入 22 855.11 亿元，同比增长 6.21%，占轻工行业比重为 9.26%，占全国工业比重为 2%。全年累计实现利润 1 398.60 亿元，同比增长 7.32%，占轻工行业比重为 8.67%，占全国工业比重为 2%。中国轻工业联合会统计发布显示，12 月份中轻塑料景气指数为 88.35，虽运行在蓝色渐冷区间，但已接近绿色稳定区间底部，全年指数走势比较平稳。

1. 主营业务收入增长平稳，增幅略有提高

2016 年全国塑料加工业完成主营业务收入 22 855.11 亿元，同比增长 6.21%，比 2015 年主营业务收入增速提高了 1.61 个百分点。

分产品看，塑料制品主营业务收入中占比最大的产品是塑料板、管、型材，占比 23.68%。而增速最高的产品是其他塑料制品类，同比增长 9.71%，加上塑料零件，日用塑料，塑料板、管、型材以及泡沫塑料 5 个产品的主营业务收入增速高于塑料行业主营业务收入增速平均值。2016 年塑料制品各分行业主营业务收入见表 3。

表 3　2016 年塑料制品各分行业主营业务收入

类别	2016 年 1—12 月（万元）	2015 年 1—12 月（万元）	同比增长（%）	占比（%）
其他塑料制品制造	37 971 731.0	34 610 632.3	9.71	16.61
塑料零件制造	17 589 971.0	16 292 217.6	7.97	7.70
日用塑料制造	19 236 193.0	17 936 421.8	7.25	8.42
塑料板、管、型材的制造	54 119 240.6	50 529 119.0	7.11	23.68
泡沫塑料制造	9 796 949.8	9 168 318.9	6.86	4.29

（续）

类别	2016 年 1—12 月（万元）	2015 年 1—12 月（万元）	同比增长（%）	占比（%）
塑料	228 551 109.2	215 184 333.9	6.21	100.00
塑料包装箱及容器制造	19 172 367.2	18 185 621.5	5.43	8.39
塑料薄膜制造	28 683 240.0	27 298 297.9	5.07	12.55
塑料丝、绳及编织品的制造	29 865 425.6	29 119 063.6	2.56	13.07
塑料人造革、合成革制造	12 115 991.0	12 044 641.3	0.59	5.30

注：数据来源于国家统计局。

2. 利润总额持续稳步增长

2016 年全国塑料制品行业实现利润总额 1 398.60 亿元，同比增长 7.32%，比 2015 年利润总额增速减少 1.48 个百分点。国家对企业实施的一系列扶持政策，特别是结构性减税、减费、降低企业成本负担等政策促使塑料制品行业经济效益水平持续稳步提高。

分产品看，塑料板、管、型材累计完成利润总额最多，为 347.49 亿元，同比增长 2.66%，占比最高，为 24.85%。增速最高的产品是塑料零件，同比增长 19.89%（占比 7.07%），共有塑料零件、其他塑料制品、日用塑料和塑料薄膜等 4 个产品增长率高于塑料制品利润总额平均增速。利润总额下降的产品有塑料丝、绳及编织品和塑料人造革、合成革，同比分别下降 0.18% 和 6.96%（占比分别为 13.10% 和 4.78%）。2016 年全国塑料加工业各分行业利润总额见表 4。

表 4　2016 年全国塑料加工业各分行业利润总额

产品类别	2016 年 1—12 月（万元）	2015 年 1—12 月（万元）	同比增长（%）	占比（%）
塑料零件制造	989 359.6	825 198.3	19.89	7.07
其他塑料制品制造	2 332 819.3	1 951 521.9	19.54	16.68
日用塑料制造	1 121 357.0	1 001 758.2	11.94	8.02
塑料薄膜制造	1 656 912.5	1 499 658.7	10.49	11.85
塑料	13 985 990.7	1 303 2097.1	7.32	100.00
塑料包装箱及容器制造	1 274 691.5	1 200 979.7	6.14	9.11
泡沫塑料制造	635 372.0	614 233.5	3.44	4.54
塑料板、管、型材的制造	3 474 956.0	3 384 806.1	2.66	24.85
塑料丝、绳及编织品的制造	1 831 908.7	1 835 276.6	−0.18	13.10
塑料人造革、合成革制造	668 614.1	718 664.1	−6.96	4.78

注：数据来源于国家统计局。

三、进出口增长低位企稳，呈稳中向好走势

海关总署的统计数据显示，2016 年全国塑料制品出口量为 1 761.08 万 t，比上年同期增长 6.64%，增速增加 3.91 个百分点，出口量增速逐季小幅增高；出口额 579.02 亿美元，比上年同期下降 5.17%，增速减少 6.21 个百分点，出口额增速显现逐季下降的趋势。2016 年塑料制品出口量约占同期全国塑料制品总产量的 22.82%，相比上年同期的 21.84%，提高了 0.98 个百分点。

2016 年，全国塑料制品进口量为 161.62 万 t，

比上年同期下降 2.28%；进口额 175.49 亿美元，比上年同期下降 1.46%，塑料制品进口呈现持续下降的趋势。

2016 年，全国塑料制品进出口总额为 754.52 亿美元，比上年同期下降 4.34%。塑料制品进出口总值占轻工行业进出口总值的比重为 11.11%，其中出口占 10.50%，进口占 13.72%。2016 年，塑料制品贸易顺差为 403.53 亿美元，比上年同期下降 6.7%，塑料制品贸易顺差占轻工产品贸易顺差的比重为 9.53%，占全国进出口贸易顺差的 7.91%。2016 年，塑料制品出口占进出口总额的 76.74%，比上年同期下降 0.88%；进口占进出口总额的 23.26%，比上年同期增长 3%。2016 年塑料制品进出口总额完成情况见表 5。2016 年塑料制品分类产品出口量值见表 6。2016 年塑料制品分类产品进口量值见表 7。2016 年塑料分类产品进出口单价比较见表 8。

表 5　2016 年塑料制品进出口总额完成情况

指标名称	计算单位	2016 年 1—12 月	同比增长（%）
进出口总额	亿美元	754.52	-4.34
其中：出口总额	亿美元	579.02	-5.17
进口总额	亿美元	175.49	-1.46
出口额—进口额	亿美元	403.53	-6.70
出口占进出口总额比重	%	76.74	-0.88
进口占进出口总额比重	%	23.26	3.00

表 6　2016 年塑料制品分类产品出口量值

商品名称	出口量（万 t）	同比增长（%）	出口额（亿美元）	同比增长（%）
塑料制品总计	1 761.08	6.64	579.02	−5.17
1. 塑料单丝、条、杆、型材及异型	23.18	18.66	4.20	3.48
2. 塑料管及其附件	58.22	5.87	21.40	−3.97
3. 塑料板、片、膜、箔、带及扁条	335.54	7.23	95.66	−5.38
4. 塑料人造革、合成革	64.64	5.54	23.33	−8.62
5. 塑料包装箱、容器及其附件	219.99	1.53	77.68	−5.52
6. 塑料零件	5.59	59.22	8.04	50.51
7. 建筑用塑料制品	320.68	20.46	50.35	6.49
8. 日用塑料制品	367.05	−0.56	146.99	−11.71
9. 其他塑料制品	366.19	5.45	151.38	−3.16

表 7　2016 年塑料制品分类产品进口量值

商品名称	进口量（万 t）	同比增长（%）	进口额（亿美元）	同比增长（%）
塑料制品总计	161.62	−2.28	175.49	−1.46
1. 塑料单丝、条、杆、型材及异型	0.98	11.14	1.02	2.40
2. 塑料管及其附件	4. 50	−21.02	6.30	−21.00
3. 塑料板、片、膜、箔、带及扁条	97.64	−4.28	99.88	−5.34
4. 塑料人造革、合成革	4.30	−6.45	5.12	−4.93

（续）

商品名称	进口量（万 t）	同比增长（%）	进口额（亿美元）	同比增长（%）
5. 塑料包装箱、容器及其附件	20.19	3.16	12.16	-0.33
6. 塑料零件	4.62	45.86	15.87	41.61
7. 建筑用塑料制品	4.75	-6.20	1.60	-4.18
8. 日用塑料制品	5.51	12.85	3.00	4.13
9. 其他塑料制品	19.14	-2.00	30.54	0.90

表 8　2016 年塑料分类产品进出口单价比较

商品分类	进口单价（美元 /kg）	出口单价（美元 /kg）	进口单价 / 出口单价
塑料制品总计	10.86	3.29	3.30
1. 塑料单丝、条、杆、型材及异型	10.38	1.81	5.73
2. 塑料管及其附件	14.02	3.68	3.81
3. 塑料板、片、膜、箔、带及扁条	10.23	2.85	3.59
4. 塑料人造革、合成革	11.92	3.61	3.30
5. 塑料包装箱及容器及其附件	6.02	3.53	1.71
6. 塑料零件	34.34	14.37	2.39
7. 建筑用塑料制品	3.38	1.57	2.15
8. 日用塑料制品	5.44	4.00	1.36
9. 其他塑料制品	15.95	4.13	3.86

四、 行业发展亮点不断闪现，产业升级突破口正在打开

1. 积极探索绿色发展之路

2016 年，在环保政策越来越严格的巨大压力下，行业切实贯彻落实“节能降耗”工作，加快绿色、节能、高效新型加工成型工艺的发展，进一步促进行业健康发展。

复合膜软包装行业无溶剂复合和水墨印刷都得到了快速的发展。目前无溶剂复合国内机数量已经突破 1 000 台，技术创新势头强劲；国内首创的双头涂布快干型无溶剂复合机、水墨专用印刷机和国际首创的无溶剂凹印机陆续出台，为从源头削减 VOCs 提供了装备基础。改性塑料制品行业很多企业主动淘汰粉尘飞扬的工艺设备，投入资金更新设备，建成负压操作、密闭输送、布袋集尘的清洁生产线数十条，充分重视绿色环保，在生产过程中努力实现无尘化。2016 年 12 月，聚氨酯泡沫行业获批约 1.4 亿美元联合国多边基金，XPS 泡沫行业获批约 1.1 亿美元联合国多边基金，用以实施聚氨酯（PU）泡沫行业 HCFC-141b 淘汰计划（第二阶段）和挤出聚苯乙烯（XPS）泡沫行业 HCFC 淘汰计划（第二阶段）。未来十年期间，这两个行业将逐步实现 HCFCs 消费量的削减，并最终在 2026 年完成全行业 HCFCs 淘汰。PVC 管材、异型材、板材等制品的铅盐稳定剂替代工作和水性、无溶剂合成革替代工作都在稳步推进。

2. “互联网 +” 助力行业新发展

随着电商平台的发展，通过电商平台销售塑料制品的 B2C 模式在 2016 年得到了发展。2016 年 4 月，获得“中国塑料行业 A 级以上信用等级”的 16 家塑料家居用品企业作为上海诚信联盟首批成员企业集体与阿里巴巴签署了战略合作协议，其品牌产品在“天猫聚划算”“出口优品”等电商平台得到了更好的宣传和推广。

2014 年来，打造塑化行业的一站式 B2B 电商平台纷纷诞生，为客户提供免费撮合交易的服务，并根据撮合交易的大数据来做代售代购、物流等服务，如找塑料网、化塑汇、塑米城等。2016 年 5 月金发科技子公司金发大商旗下的电商平台易塑家正式上线。这类电商平台为国内中小制品生产企业提供一站式的原料采购服务，降低企业生产成本。

3.“智能制造”尝试推广

在原材料和劳动力成本不断上涨的情况下，通过改良工艺以及利用智能设备提高生产效率，以赚取更多利润，是塑料企业智能转型的动力。

沿海地区广东、浙江等地在转型升级上走在行业前列，不少企业开始使用机器人。如浙江省台州市黄岩区作为塑料制品行业“机器换人”的试点，通过加大工业机器人购置奖励，坚持补优补强，搭建“机器换人”技术交流平台，加强人才支撑等措施，取得了阶段性的成效。作为浙江省首批“机器换人”示范企业，永高公司近年来先后投入 6 亿元，用于企业的智能化改造。塑料配线器材行业注塑机取件大部分采用机械手操作；烘料、配料、加料系统基本采用集中加料系统；后期的产品包装作业采用全自动包装机等。一系列的全自动改造，将企业从劳动密集型转向技术创新型。

五、创新发展任重道远

在经济新常态下，塑料加工业既面临自身结构调整的问题，也要承受关联行业需求变化的压力，创新发展任重道远。

1. 进出口量、价分化明显，产品结构急需加快调整

海关总署的统计数据显示，2016 年，全国塑料制品出口量同比增长 6.64%，增速提高了 4 个百分点，但出口额不增反降，同比下降 5.17%，为近几年中首次下降。同时，2016 年塑料制品九大分类产品中，均有高端塑料制品进口，平均进口单价 10.86 美元 /kg，而同期平均出口单价为 3.29 美元 /kg，平均进口单价是平均出口单价的 3.3 倍。这说明低端产品过剩，中高端产品不足，高端产品进口依存度仍居高不下。

2. 原材料市场价格波动大，企业生产成本控制难

由于石油煤炭价格上涨、物流运费上升、人民币贬值等多重因素的叠加，2016 年塑胶原料价格大幅上涨。例如，TDI 价格从 3 月的 11 700 ～ 11 800 元 /t 至 10 月的突破 50 000 元 /t 大关；PE 价格从年初的 7 000 元 /t 一路上涨到 10 月每吨突破万元大关；PVC 现货价格上涨 150% 左右；ABS 原材料价格从年初的 10 000 元 /t 左右上涨到年末的 14 000 元 /t，仍处在供不应求的状态。原料价格上涨使企业成本上升，给下游相关塑料生产企业带来很大的经营困难。

3. 产业集中度低、创新能力不强

塑料加工业 1.5 万家规模以上企业中，大型企业只有 143 家，占 0.97%；中型企业 1 666 家，占 11.28%。前十名企业主营业务收入占比仅 3.1%，最大规模企业的主营业务收入不足 200 亿元。产业集中度低，企业小而分散，专业化水平较低，引发重复建设、相对产能过剩、无序竞争等突出问题。全行业创新体系不健全，协同创新和成果转化存在体制机制约束，行业企业技术科研机构缺乏前瞻性、系统性，且研发投入不足，技术人才匮乏，利润水平不高。这些突出的问题亟待通过创新驱动不断化解，实现突破。

六、把握方向，加快升级，预计 2017 年将有恢复性增长

2017 年及今后一段时间，塑料加工业要依据《塑料加工业“十三五”发展规划指导意见》和《中国制造 2025》，以智能制造为抓手，紧紧围绕“功能化、轻量化、生态化、微成型”这一技术发展方向，从新材料、新技术、新装备、新产品四个方面发力，着力培育新的经济增长点；抓住行业回暖和新材料革命的重要机遇，紧紧把握结构调整方向，加快行业转型升级，预计 2017 年将有恢复性增长。

〔供稿单位：中国塑料加工工业协会〕

中国塑料机械工业大事记（2016年）

1月

13—16日 中国塑料机械工业协会秘书长粟东平带领对汽车轻量化新型装备感兴趣的企业相关人员一行前往芜湖恒信集团合肥工厂、江苏恒神股份有限公司、江苏澳盛科技有限公司、东亚机械铸造有限公司和伊之密精密机械（苏州）有限公司参观、调研。

26—29日 俄罗斯国际塑料橡胶工业展览会（Interplastica 2016）及包装与加工设备展（Upakovka）在莫斯科举办。中国塑料机械工业协会秘书长粟东平和副秘书长王静参加，与俄罗斯、乌克兰、美国、德国、意大利和匈牙利等协会组织沟通橡塑行业发展现状及俄罗斯市场需求与贸易情况。

2月

7—10日 广东伊之密精密机械股份有限公司登陆美国纽约时代广场贺岁。

24日 中国塑料机械工业协会民政部等级评估会在京进行，复评结果为AAA级。

3月

30日 汽车碳纤维应用系统工程交流会在北京召开。来自工信部、发改委、国投创新、中国塑料机械工业协会、中国汽车工程学会、中国汽车工业协会及相关高校和企业代表等30多位人员参会，达成加强合作、信息共享、共拓碳纤维市场、促进产业转型升级的共识。

4月

23—28日 中国塑料机械工业协会组织相关企业参加了由中国机械工业联合会主办、北京信息科技大学承办的“智能制造系统中的智能感知与‘互联网+’高级研修班”。

25—28日 第30届中国国际塑料橡胶工业展览会（CHINAPLAS 2016）在上海新国际博览中心举行。展会面积达24万m^2，3 335家参展商，观众近15万人次，有215个本地及海外买家团。

26日 中国塑料机械工业协会五届七次理事（扩大）会在上海新国际博览中心召开。会议总结行业发展情况及秘书处工作，审议新会员、理事和常务理事申请，审议2015年协会会费收支情况报告，讨论第六届理事会换届方案及行规行约修订意见。

★“2016塑机行业新产品、新技术交流会”在上海新国际博览中心召开。博创智能装备股份有限公司、浙江申达机器制造股份有限公司、广东星联科技有限公司、苏州苏信特钢有限公司、北京启能国际能源管理有限公司、国家塑料机械产品质量监督检验中心、香港科技大学和中国塑料机械工业协会专家委员会常务副主任委员、北京化工大学吴大鸣教授分别对最新产品及技术应用进行了分享。

★“2016中国—印度、中国—土耳其塑料行业供需对接会”在上海浦东星河湾酒店举行，为帮助企业拓展海外市场、节约境外成本、在“家门口”

有效获取订单，提供了针对性强、信息量大、个性化定制的服务平台。

★ “中国注塑业的机遇和挑战”交流会在上海新国际博览中心举行。

5 月

18 日 应北京工商大学邀请，中国塑料机械工业协会秘书长粟东平代表行业到校介绍中国塑料机械工业发展情况。

6 月

4 日 由宁波弘讯科技股份有限公司主办的“SAC/TC231/WG5 塑料机械电气系统标准制定工作组会议”在宁波召开。

17 日 CCTV 发现之旅《工匠精神》栏目组走进金明精机开机仪式在广东汕头隆重举行。

25 日 海天塑机集团商丘分公司正式对外成立。

7 月

16—21 日 中国塑料机械工业协会秘书长粟东平一行走访博创智能装备股份有限公司、东华机械有限公司、广东伊之密精密机械股份有限公司、力劲机械有限公司、广东正茂精机有限公司、信易电热机械股份有限公司、广东乐善机械有限公司和仁兴机械（佛山）有限公司，就行业和协会工作情况进行探讨。

17 日 中国塑料机械工业协会在深圳组织召开由群达模具（深圳）有限公司、深圳市福达智能系统有限公司、香港科大霍英东研究院共同完成的“MUST 高性能注塑控制系统”鉴定会，鉴定结果达国际先进水平。

26—28 日 中国塑料机械工业协会秘书长粟东平一行赴浙江申达机器制造股份有限公司、泰瑞机器股份有限公司、南京越升挤出设备有限公司和南京创博机械设备有限公司走访调研，就企业发展所关心的热点问题及协会换届方案进行充分沟通。

29 日 工信部和中国机械工业联合会在南京共同组织召开“《发展服务型制造专项行动指南》宣贯推进会暨‘服务型制造万里行’活动启动会”，中国塑料机械工业协会秘书长粟东平出席会议。中国塑料机械行业作为重要的“工作母机”，将在本次活动的基础上，进一步认真学习贯彻，充分认识发展服务型制造的战略意义和现实意义并大力推进，加快转型步伐，培育发展新动力。

8 月

9 日 “中国（重庆）国际塑料工业展”合作洽谈会在重庆召开。中国塑料机械工业协会将联合中国塑料加工工业协会、重庆市经信委、重庆国际博览中心有限公司于 2017 年 10 月 26—29 日在重庆国际博览中心举办“2017 中国（重庆）国际塑料工业展”。

16 日 中国塑料机械工业协会发布“2016 中国塑料机械行业优势企业评选结果公告”“2016 中国塑料机械制造业综合实力 25 强企业”“2016 中国塑料注射成型机行业 15 强企业”“2016 中国塑料挤出成型机行业 10 强企业”“2016 中国塑料中空成型机行业 3 强企业”和“2016 中国塑料机械辅机及配套件行业 5 强企业”名单。

20 日 中国塑料机械工业协会发布团体标准管理试行办法，规范团体标准制定程序和要求，促进团体标准健康有序发展。

23—26 日 中国塑料机械工业协会会长朱康建和秘书长粟东平一行走访了苏州同大机械有限公司、江苏联冠科技发展有限公司、江苏维达机械有限公司、江苏贝尔机械有限公司、张家港市繁昌机械有限公司、张家港市塑料饮料机械协会、张家港市亿利机械有限公司、苏州苏信特钢有限公司、苏州金韦尔机械有限公司、苏州金纬机械制造有限公司、上海金纬机械制造有限公司、上海泓阳机械有限公司等12家单位，就行业、企业发展情况进行调研。

24—26日 受中国塑料机械工业协会秘书长粟东平委托，副秘书长李志涛和主任唐子玲前往九寨沟县草地乡中心小学进行调研走访，开启协会以“塑机之心 助学计划”为主题的援藏活动。

8月29日至9月21日 中国塑料机械工业协会召开五届八次理事（通讯）会，确定了中国塑料机械工业协会第六届理事会换届工作领导小组成员、会长候选人预备人选及副会长候选人。

9月

23日 中国机械工业科学技术奖励工作办公室发布“2016年度中国机械工业科学技术奖评奖公告”，中国塑料机械行业7家企业获奖。

26日 宁波创基机械有限公司在余姚举办主题为“九年、超越、蝶变、升华”的经销商大会。

29—30日 “第二届珠江西岸先进装备制造业投资贸易洽谈会”在佛山举办，中山力劲机械有限公司代表先进工作母机企业参加会议，展示了“智能制造一体化解决方案”。

10月

12—15日 “第十六届中国塑料交易会”在浙江台州市国际会展中心举办，展会面积3万m^2，参展企业500多家，专业观众3万多人次。

19—30日 中国塑料机械工业协会组团近60人赴欧洲参观“2016德国杜塞尔多夫国际塑料橡胶工业展览会”，并拜访了亚琛工业大学和科倍隆集团总部、宝马兰茨胡特工厂、布鲁克纳、恩格尔等国际行业巨头工厂。

28日 工信部发布《节能机电设备（产品）推荐目录》（第七批），有12大类432个型号产品入选，其中塑料机械为8个型号产品。

★ 工信部发布《“能效之星”产品目录（2016年）》，有13大类86个型号产品入选，其中塑料机械为2个型号产品。

11月

3日 中国塑料机械工业协会秘书长粟东平一行与美国塑料工业协会SPI副会长Michael Taylor先生共同参观了新乐华宝塑料机械有限公司，听取了新乐华宝关于产品设计以及未来发展规划方面的详细介绍，并对新乐华宝近年发展所取得的成绩给予了充分肯定。

10—11日 由中国塑料机械工业协会支持的“2016全球车用塑料峰会”在上海举办。

18日 中国塑料机械工业协会五届三次常务理事会在汕头召开。会议通报了换届筹备情况，表决通过第六届理事会会长候选人投票工作组成员名单，并就行业发展、协会建设和秘书处工作建言献策。

★ 伊明模具有限公司正式进驻伊之密，这是伊之密继建立注塑机、压铸机、橡胶机、高速包装系统和机器人自动化后的第六个事业部。

19日 中国塑料机械工业协会五届九次理事会在汕头召开，会议以无记名投票方式选举海天塑机集团有限公司张剑鸣总裁为第六届理事会会长候选人。

★ 中国塑料机械工业协会

代表团到访广东金明精机股份有限公司及控股子公司远东轻化装备有限公司参观调研。

★《中国塑料机械工业年鉴 2016》和《中国战略性新兴产业研究与发展·塑料机械》首发仪式在汕头举行。

12 月

7 日 国家知识产权局发布《关于第十八届中国专利奖授奖的决定》，塑机行业有 6 项专利荣获优秀奖。

12 日 “2016 年中国品牌价值评估信息发布会”在北京举行，海天塑机集团有限公司位于机械制造类品牌价值榜第 4 位，震雄集团有限公司、广东金明精机股份有限公司、浙江申达机器制造股份有限公司分别位于自主创新品牌榜第 20 位、第 69 位、第 74 位。

15 日 2016 机械汽车展览联合会年会在重庆国际博览中心召开，重庆国际博览中心有限公司与中国塑料机械工业协会在会上签署了战略合作协议。

15—18 日 信易集团全国总经销年会在北京举行。

26 日 海天成立 50 周年“新的方向，勇气和关怀”主题庆典在宁波洲际酒店举行。

中国塑料机械工业年鉴2017

专文

记录中国塑料机械工业协会第五届理事会的工作情况，介绍选举产生的第六届理事会及第一届监事会人员

综述
专文
行业与地区发展概况
统计资料
企业概况
产品项目与技术
展会专题
标准与专利
附录

中国塑料机械工业协会五届理事会工作报告

中国塑料机械工业协会五届理事会会长　朱康建

中国塑料机械工业协会第五届理事会任期为2013年5月至2017年5月，在国家民政部、国资委、工信部和中国机械工业联合会的领导下，在广大会员单位的支持下，五届理事会继往开来，秉承服务行业宗旨，着力提高服务实效，以技术、质量、人才、品牌、标准、知识产权等方面的工作为抓手，推进行业创新、转型、绿色与可持续发展，为不断开创协会工作新局面、提升行业综合实力与国际影响力，做出了新的贡献。

一、行业发展取得新突破

四年来，协会紧密结合行业发展实际，主动适应国内外形势变化，认真贯彻中央宏观调控政策，围绕加快实现塑料机械制造强国的目标，着力实施“保稳促调、提质增效”的工作方针，带领会员单位齐心合力，积极应对印度对我国注塑机反倾销日落复审，提前完成了“十二五”规划的发展目标，并实现了“十三五”的良好开局。

根据国家统计局和中国海关对我国塑料机械行业统计数据，从“十一五”到“十三五”开年，我国规模以上塑料机械企业工业总产值从2006年的221亿元增长到2016年的约600亿元，年均增速10.5%；工业销售产值从2006年的216亿元增长到2016年的约550亿元，年均增速10%；出口交货值从2006年的43亿元增长到2016年的90.57亿元，年均增速8%；利润总额从2006年的17亿元增长到2016年的56.9亿元，年均增速12.8%。在产品产量方面，保持了全球“16连冠”的纪录。尤其2015—2016年在世界经济低迷、国内经济下行压力较大的背景下，塑料机械行业依然稳中求进，年主营业务收入利润率超过9%，位居全国机械行业前列。

二、科技创新取得新成果

在协会四届理事会确立的行业自主创新目标思路的基础上，五届理事会进一步完善了科技创新推进机制与交流平台，引导企业强化自主创新的主体地位，全面实施创新驱动战略，坚持“自主创新、重点跨越、支撑发展、引领未来”的指导方针，着力构建以企业为主体、市场为导向、产学研用与金融协同合作的技术创新体系，全面实施知识产权战略，强化自主创新能力建设，推进科技成果转化，加大首台套技术装备推广应用，积极培育新的经济增长点，取得了卓著的成效。

2013—2016年，行业获得“中国机械工业科学技术奖”23项，获得“中国专利奖”15项。四年中，行业企业开发新技术、新工艺数量大幅增加，水平显著提高。自2014年以来，在由协会组织的“新技术、新产品成果鉴定”中，达到国际领先水平的1项、国际先进水平的8项、国内领先水平的7项。有37个项目进入工信部《重大技术装备首台（套）推广应用目录》。

三、产业层次实现新提升

四年来，协会积极引导企业瞄准世界先进技术和前沿领域，紧跟国内外市场需求，坚持把转型升级作为主攻方向，作为实现塑料机械强国的必由之路，大力实施高端发展战略，深入推进产业结构调整，加快塑料机械制造向高端攀升的步伐，着力推动信息化与工业化深度融合，努力提升塑料机械产业的竞争力。积极研发和生产具有自主知识产权的专用化、系列化、复合化、精密化、智能化、高速高效化特点的中高端产品。积极培育优势产品、特色产品和名牌产品，提升品牌价值，有力地推进了产品结构优化升级。国产塑料机械设备的市场竞争力逐年稳步提高，在国内市场的占比从2013年的79%上升至2016年的84%。

积极推动实施“中国制造2025”战略指南，着力推进塑料机械行业智能制造，加强智能化管理与服务，开启智造新业态新模式。五届理事会会长单位博创智能装备股份有限公司率先进入首批智能制造试点示范46家企业，以海天、金明、震雄、伊之密、东华、金纬、通佳、同大等为代表的中国塑料机械行业骨干企业，都在智能制造领域进行积极的探索和尝试，并已取得重要突破。

四、节能减排取得新成效

四年来，协会全面实施绿色发展战略，坚持把节能减排和环境友好作为推进塑料机械行业科学持续发展的重点工作，引导企业大力提升节能技术，推广高效节能产品。并以注塑机为试点，积极推进节能技术行业推广服务平台建设，倡导节能技术应用，推广产业联盟，全面促进技术创新和传统塑料机械的节能改造，开展质量品牌和专业培训。

通过会员单位的共同努力，行业涌现出一大批高效节能型塑料机械产品，不仅覆盖了塑料制品加工工业的各个领域，满足了各类生产厂家对批量化塑料制品生产及精密制品生产的不同需求，而且适应了国民经济各行业节能减排和环境治理对塑料机械装备的更高要求，不仅为广大用户显著降低了能耗，而且节约了大量生产成本，取得了良好的经济效益。据协会统计，现已有30家塑料机械企业的56个项目进入工信部《节能机电设备（产品）推荐目录》；自2015年塑料机械行业进入工信部“能效之星”评选范围以来，已有6家企业的6项产品被评为“能效之星”。

五、协会工作实现新作为

四年来，协会继续强化服务意识，践行宗旨，高效务实，不断提高服务能力和水平，树立了新形象。主要表现在以下10个方面：

（1）争取国家产业政策支持。自塑料机械以单列行业纳入国家重点产业振兴和技术改造专项扶持领域以来，协会已为行业企业争取超过上亿元的技术改造扶持资金。

（2）制定行业发展规划，出版专业书刊，引领行业健康持续发展。

（3）加大行业调研，完善会员联系机制，畅通民意表达渠道，真诚倾听会员呼声，积极反映会员诉求，帮助解决会员遇到的问题和困难。

（4）加强信息服务。通过协会网站、qq群、微信群及时传递宏观政策和行业动态，密切跟踪、研判国际国内经济发展态势，每月发布行业概况，每双月出刊《中国塑机》，每年发布《中国塑料机械工业发展报告》及行业年鉴，为企业加强和改善生产经营提供有益参考，同时也为政府职能部门了解行业、关注行业、指导行业，提供了完整性参考资料。

（5）充实行业专家智库，为企业积极提供技术和咨询服务。

（6）加强专业人才培训，为企业发展提供智力支撑。

（7）加强维权工作，代表行业积极应诉印度对华注塑机反倾销日落复审并取得切实的成效。

（8）积极主办有特色的专业展会，为会员企业开拓国内外市场创造了有利条件。

（9）加强国际交流与行业产业链的合作，为中国塑料机械企业实施“走出去”战略，进一步提升知名度与影响力提供平台。

（10）积极推行品牌战略，打造权威刊物《中国塑机》《中国塑料机械工业年鉴》，推动“中国塑料机械行业优势企业”“新产品、新技术鉴定与交流会”“中国国际塑料机械产业论坛”“中国（重庆）国际塑料工业展览会”等多项品牌工作与活动。

六、协会建设迈上新台阶

四年来，协会紧密结合实际工作要求，主动适应新形势、新任务，继续加强自身建设，着力推进重点工作和日常性工作，取得了显著成效。

（1）进一步健全了会员代表大会和理事会制度，并将在下一届协会领导机构中首次设置监事会。坚持科学办会、民主办会的原则，自觉按照协会《章程》办事，先后召开了2次会员代表大会、

9次理事会、3次常务理事会议，民主决定协会的重要事项，研究制订协会工作计划，推进各项工作的顺利实施。

（2）修改了《行规行约》，倡导行业诚信经营与诚信自律。

（3）健全标准工作机制，为加强产品质量安全和更好地开展行业标准工作，进一步提高塑料机械产品的质量和安全性能，发挥了重要作用。为了快速适应行业发展需求，着力加强协会在团体标准中的主导作用。

（4）进一步壮大会员队伍，2013年5月至2016年共发展新会员单位68家。

过去四年，协会所取得的成绩来之不易，在此，我代表中国塑料机械工业协会，对于国家主管部门给予塑料机械行业的高度重视与大力支持，对于中国机械工业联合会给予塑料机械协会的精心指导和关心帮助，表示诚挚的谢意！向各位副会长、常务理事、理事，向协会秘书处的各位同志，向所有关心和支持塑料机械协会和塑料机械行业发展的各级领导、各界朋友们，致以衷心的感谢！

与此同时，我们也清醒地看到，与先进协会相比，我们的工作还存在不小差距，存在一些值得关注的新情况、新问题。例如工作创新力度有待提高，制度建设仍需完善，开展协会工作的资金积累有待继续加强等等，这些都需要我们高度重视、认真研究，并在今后的工作中切实加以解决。

乘风阔步鹏程路，兴业功高有志人！塑料机械行业的光明前景，呼唤着新一届理事会的责任与担当。让我们携手共进、同心同德，以高昂的热情、开阔的视野和务实的作风，谱写协会事业和行业发展新华章！

2016年中国塑料机械工业协会秘书处工作报告

中国塑料机械工业协会秘书长　粟东平

过去的一年，面临经济运行下行的较大压力，中国塑料机械工业协会(简称协会)秉承迎难而上、勇于创新的开拓理念，认真履行协会职能，充分发挥桥梁纽带作用，在会长、副会长的带领下，在各理事单位的大力支持以及广大会员单位的积极参与下，秘书处的各项工作不断推上新的台阶。

一、推动塑料机械在汽车轻量化领域的应用

重点进行了汽车轻量化的相关调研工作，积极为塑料机械装备的应用开拓新的市场空间。自2015年下半年至2016年年初，协会秘书处与发改委和工信部主管部门领导、大连理工大学汽车工程学院老师及相关企业负责人等先后前往数十家碳纤维生产企业、汽车生产厂家和塑料机械装备企业进行调研，了解当前国内碳纤维在汽车轻量化中的生产应用情况，积极推动相关企业和科研院所的共同合作。

2016年3月30日，协会在京组织召开了“汽车碳纤维应用系统工程交流会”，邀请工信部、发改委、大连理工大学、主要塑料机械企业、碳纤维企业、汽车工程学会、汽车工业协会、国投创新投资管理有限公司以及比亚迪汽车中央研究院等30多位相关负责人员参会。与会人员就目前国内外碳纤维行业发展现状、汽车行业对碳纤维的需求以及加工装备所面临的新机遇和挑战进行了热烈的交流讨论，对加强产业链信息共享、加强合作、合力开拓碳纤维市场、弥补国家重大项目短板起到很好的促进作用。

在10月德国杜塞尔多夫国际塑料橡胶工业展览会期间，协会还通过多种渠道，组织中国企业前往宝马工厂参观汽车碳纤维生产线，团组成员获益匪浅。

二、继续争取国家产业政策的支持

1. 重大技术装备首台（套）保险补偿

在工信部装备司的组织下，协会积极对《重大技术装备首台（套）推广应用目录》（2016）进行修订，塑料机械企业共有 37 个项目进入该期目录，符合要求的装备投保保费按照保额的 3% 缴纳，其中 80% 可由中央财政补贴。这对于出口到海外市场风险较大的地区以及与国外进口设备竞争有较大的支持作用。

2. 产业振兴与技术改造

自 2010 年塑料机械以单列行业纳入国家重点产业振兴和技术改造专项扶持领域以来，协会已为行业企业争取到过亿元的技术改造扶持资金。在由国家发改委、工信部下发的“2015—2016 年产业振兴和技术改造专项重点方向”中，“高效节能塑料加工装备”被列入“基于国产智能装备的数字化制造技术能力提升和示范应用”支持方向。

3. 智能制造试点示范

工信部自 2015 年起，聚焦制造的关键环节，在基础条件好和需求迫切的重点地区、行业，优先从符合两化融合管理体系标准要求的企业中选择试点示范项目，分类开展流程制造、离散制造、智能装备和产品、智能制造新业态新模式、智能化管理、智能服务等 6 方面试点示范专项行动。协会会长单位博创智能装备股份有限公司率先进入首批智能制造试点示范 46 家企业。以海天、震雄、伊之密、东华、金纬、金明、通佳等为代表的中国塑料机械行业骨干企业，都在智能制造领域进行积极的探索和尝试。

4. 节能塑料机械广为推荐

自 2011 年协会集中组织塑料机械企业向工信部申报节能机电设备（产品）以来，已有 29 家塑料机械企业的 51 个项目进入工信部《节能机电设备（产品）推荐目录》（第三批、第四批、第五批、第六批），在 2016 年第七批节能推荐目录中，塑料机械有 8 个型号产品入选。

《“能效之星”产品目录（2016 年）》中，塑料机械有 2 个型号产品入选。

三、自主创新与科技进步显著

1. 新技术、新产品鉴定成果颇丰

协会自 2014 年开展科技成果鉴定工作以来，通过对行业重大研究成果及用户需要行业认可的关键产品组织鉴定，推动塑料机械制造领域科技成果转化、首台套应用和产业化推广，从而在行业内更加有针对性地组织开展产、学、研和成果转化对接服务，对行业科技进步起到了积极的促进作用，得到了会员单位、用户企业和相关政府主管部门的广泛肯定和重视。

按照中国塑料机械工业“十三五”产业发展重点与优势安排，继续做好新常态下的科技成果鉴定工作，并结合中国塑料机械工业的实际需要，2016 年协会继续开展“新技术、新产品成果鉴定”工作，由企业根据实际情况进行成果鉴定项目申报。按照鉴定工作程序，协会核实和初审企业申报的技术资料和文件后，根据企业申报时间的先后顺序，组织专家组到企业进行新技术、新产品成果鉴定，确定为行业重大技术科技成果项目后，向工业和信息化部装备工业司直接推荐，以便帮助企业更好地拓展国内外市场。

根据会员单位提出的申请，2014 年至今已完成苏州同大机械有限公司、宁波双马机械工业有限公司、江苏贝尔机械有限公司、广东金明精机股份有限公司（2 次、2 个项目）、汕头市远东轻化装备有限公司（2 次、2 个项目）、北京启能国际能源管理有限公司、广东伊之密精密机械股份有限公司、震德塑料机械有限公司、广州市香港科大霍英东研究院 - 深圳市福达智能系统有限公司等 9 家单位 11 项“新技术、新产品成果鉴定”工作。总体技术水平达到国际领先水平的 1 项，达到国际先进水平的 7 项，达到国内领先水平的 7 项。新技术、新产品成果鉴定统计见表 1。

表 1 “新技术、新产品成果鉴定”统计

序号	单位名称	鉴定项目	鉴定结果
1	苏州同大机械有限公司、江苏科技大学	TDB 系列智能化复合流道中空成型机生产线	总体技术水平达到国际先进水平，其中复合流道技术国际领先
2	宁波双马机械工业有限公司	BL2880EK 高节能伺服控制超大型外曲式合模成型设备	整体技术达到国内领先水平
3	江苏贝尔机械有限公司	第五代高效节能单螺杆挤出生产装备（型号：BRD60-38）	达到国际先进水平
4	广东金明精机股份有限公司	M6L-3000 农用生态型斑马膜智能装备	整体技术处于国内领先水平
5	汕头市远东轻化装备有限公司	SJFMS75-2200 金属卷材双主机塑料挤出覆膜机组	主要性能指标已达到国内领先、国际先进水平
6	汕头市远东轻化装备有限公司	SJ100-LSFM1450 型食品级包装纸多层共挤双面淋膜覆膜机组	主要性能指标已达到国内领先、国际先进水平
7	北京启能国际能源管理有限公司	注塑机机筒气凝胶节能罩	该装备为国内首创，整体技术达到国内领先水平
8	广东伊之密精密机械股份有限公司	UN650MGII 半固态镁合金注射成型机	该项技术和设备各项指标和性能达到国际同类产品的先进水平
9	震德塑料机械有限公司	基于工业 4.0 控制技术的 SVP/3 系列伺服驱动注塑机	项目整体技术达到同类产品国际先进、国内领先水平
10	广东金明精机股份有限公司	M5N-20000 五层共挤超宽幅内添加型 PO 农用薄膜吹塑成套装备	项目产品处于国内领先水平
11	群达模具（深圳）有限公司、深圳市福达智能系统有限公司、广州市香港科大霍英东研究院	注塑机高性能控制系统	该项目整体技术性能达到国际先进水平

2. 中国机械工业科学技术奖

自 2011 年协会集中组织行业企业申报“中国机械工业科学技术奖”以来，越来越多的企业积极参与并荣获多个奖项。2010—2016 年荣获中国机械工业科学技术奖的塑料机械项目见表 2。

表 2 2010—2016 年荣获中国机械工业科学技术奖的塑料机械项目

序号	项目名称	完成单位	获奖等级
2016 年			
1	绿色智能大型纯二板式塑料注射成型装备的研发及产业化	海天塑料机械集团有限公司	一等奖
2	超大型二板式智能注塑装备	博创智能装备股份有限公司	三等奖
3	基于工业 4.0 控制技术的 SVP/3 系列伺服驱动注塑机	震德塑料机械有限公司	三等奖
4	农用生态型斑马膜智能装备	广东金明精机股份有限公司	三等奖
5	UN650MG Ⅱ半固态镁合金注射成型机	广东伊之密精密机械股份有限公司	三等奖
6	节能型 3.3 米幅双轴定向聚苯乙烯薄膜生产线研制	桂林电器科学研究院有限公司	三等奖
7	XMN-320×(5-50)Y 啮合型密闭式炼胶机	大连橡胶塑料机械股份有限公司	三等奖
2015 年			
1	电子业用自粘保护膜专用吹塑装备	广东金明精机股份有限公司	三等奖
2	BH 系列精密快速成型机	博创智能装备股份有限公司	三等奖

（续）

序号	项目名称	完成单位	获奖等级
2014 年			
1	高分子材料双轴拉伸取向增强成套技术及装备	山东通佳机械有限公司、北京化工大学	二等奖
2	BE 全电动系列塑料注射成型机	博创机械股份有限公司	二等奖
3	XY-4S2800A/XYD-F4S2800 橡胶输送带压延生产线	大连橡胶塑料机械股份有限公司	二等奖
4	三层共挤超宽幅外涂布型 PO 农用薄膜吹塑成套装备	广东金明精机股份有限公司	三等奖
5	TDB 系列高效低能耗复合流道中空成型机生产线	苏州同大机械有限公司、江苏科技大学	三等奖
6	BL2880EK 高节能伺服控制超大型外曲式合模成型设备	宁波双马机械工业有限公司	三等奖
7	Ge 系列全电动注塑机关键技术研发与应用	东华机械有限公司	三等奖
8	多层共挤管材挤出成型装备的关键技术研发与应用	德科摩橡塑科技（东莞）有限公司	三等奖
2013 年			
1	聚合物高速挤出成型技术及装备	北京化工大学、潍坊凯德塑料机械有限公司	一等奖
2	TDB-2000L 吹塑托盘专用制造设备生产线	江苏科技大学、苏州同大机械有限公司	二等奖
3	九层共挤智能高阻隔薄膜吹塑成套装备	广东金明精机股份有限公司	二等奖
4	四物料共塑精密成型装备研发及产业化	博创机械股份有限公司	三等奖
5	曲轴式射出全电动注塑机	震德塑料机械有限公司	三等奖
6	3 000 吨大型数控卧式压铸装备	深圳领威科技有限公司、清华大学	三等奖
2012 年			
1	M3B-1300Q 无机粉体环保石头纸专用吹塑装备	广东金明精机股份有限公司	二等奖
2	“0+3”三层共挤橡胶电缆连续硫化生产线	南京艺工电工设备有限公司	二等奖
3	智能化超洁净预制杯灌装成套设备	广东粤东机械实业有限公司	二等奖
4	YL-AT1800L 复合绝缘子橡胶专用注射成型机	佛山伊之密精密橡胶机械有限公司	三等奖
5	PLA 聚乳酸全降解发泡片材生产技术及装备	山东通佳机械有限公司	三等奖
2011 年			
1	XYG-4S1300XYG-F4S1300 钢丝帘布压延生产线	大连橡胶塑料机械股份有限公司	一等奖
2	1 200 吨大型橡胶机	德科摩橡塑科技（东莞）有限公司、华机械有限公司	二等奖
3	新一代伺服节能注塑机	东华机械有限公司	三等奖
4	基于嵌入式系统的实时控制压铸机的研发和产业化	广东伊之密精密机械有限公司、浙江大学、杭州泛康控制技术有限公司	三等奖
5	BU 系列新型锁模结构大型二板式注塑成型机	广州博创机械有限公司	三等奖
2010 年			
1	XY-4S1730CXY-F4S1730C 橡胶四辊压延生产线	大连橡胶塑料机械股份有限公司	一等奖

3. 中国专利奖实现新突破

2016 年，为深入实施国家知识产权战略和创新驱动发展战略，加快推进知识产权强国建设，强化对知识产权创造、运用、保护和管理的工作导向，协会配合国家知识产权局组织行业企业参评第 18 届中国专利奖，只有 6 项专利获得优秀奖。塑料机械行业获中国专利奖情况见表 3。

表3　塑料机械行业获中国专利奖情况

序号	专利号	专利名称	专利权人	发明人	奖项
第十八届中国专利奖					
1	ZL201410135993.3	纳米叠层复合挤出设备	苏州同大机械有限公司、北京化工大学	杨卫民、贾辉、刘程林、邱建成、丁玉梅、何建领	优秀奖
2	ZL201310088020.4	一种吹瓶机	江苏新美星包装机械股份有限公司	董海龙、芮校举、蔡同经、何德平	优秀奖
3	ZL201310356393.5	一种分配器内轴机构的防转装置	广州达意隆包装机械股份有限公司	杨恢光、樊衡益、张聪敏	优秀奖
4	ZL201320044770.7	一种整卷塑料边角料粉碎和定量包装机组	王昌佑	王昌佑	优秀奖
5	ZL201110039891.8	侧面锁紧复合橡胶挤出机头	桂林橡胶设计院有限公司	黄发国、欧安林、周立新、兰新亮	优秀奖
6	ZL201010108545.6	一种高性能杂环芳纶及其制备和应用	中蓝晨光化工研究设计院有限公司	王凤德、彭涛、邱锋、陈超峰	优秀奖
第十七届中国专利奖					
1	ZL201110250342.5	一种塑料注射成型机的锁模机构	宁波双马机械工业有限公司	刘玉鹏、胡宝全、喻鹏、邓俊钧、康晓军、李向明	优秀奖
2	ZL201220429794.X	一种混色注射装置	浙江申达机器制造股份有限公司	施优优、周巨栋、沈雪明	优秀奖
第十六届中国专利奖					
1	ZL200810026054.X	基于拉伸流变的高分子材料塑化输运方法及设备	华南理工大学	瞿金平	金奖
2	ZL200910237622.5	一种纳米叠层复合材料制备装置	北京化工大学	杨卫民、王德喜、丁玉梅	优秀奖
3	ZL201110327527.1	多层共挤吹膜设备的挤出机和模头的清机方法	广东金明精机股份有限公司	马镇鑫、李浩、李子平、陈新辉、林永忠、何二君	优秀奖
4	ZL201010584290.0	塑料吹塑机的口模结构	苏州同大机械有限公司	邱建成	优秀奖

四、行业诚信建设与品牌培育

为强化品牌意识、提升中国塑料机械品牌形象，协会根据国家质检总局的工作部署，组织行业企业申报了“2015品牌价值评价”和“第二届中国质量奖”。此次评审申报企业所有制形式不限，由权威机构出具评价报告，中央电视台进行专题宣传报道、发布评价结果，对于提升企业品牌价值具有重要意义。海天塑料机械集团有限公司、广东伊之密精密机械股份有限公司和苏州同大机械有限公司分别位于企业品牌榜机械制造类第3位、第18位和第30位；广东金明精机股份有限公司位于自主创新品牌榜第45位。2016年品牌价值评价结果于12月12日在京发布，海天塑料机械集团有限公司位于机械制造类品牌价值榜第4位；震雄集团有限公司、广东金明精机股份有限公司、浙江申达机器制造股份有限公司分别位于自主创新品牌榜第20位、第69位、第74位。

为了提高中国塑料机械在国内外用户中的形象，促进行业诚信经营，强化市场有序竞争，提升产品品牌信誉，协会在行业内发出诚信经营倡议书及诚信自律规范公约，以期打造中国塑料机械产业品牌竞争正能量，实现合作共赢。

五、行业信息服务

坚持做好协会会刊《中国塑机》《中国塑料机械工业年鉴》以及网站、微信、QQ群等信息服务平台建设。截至2016年11月，《中国塑机》已连续出刊46期，成为会员单位、上下游企业、政府主管部门及时了解塑料机械行业动态的重要参考资料；“中国塑料机械”微信群也已成为行业及时沟通和交流的重要平台。

坚持做好统计分析工作。根据国家统计局和海关数据按月、季、年做好行业运行及进出口情况，并对近五年来我国塑料机械主要出口市场按国别具体分析；搜集、翻译、整理国内外行业信息；持续跟踪分析行业上市公司运营情况。

持续开展中国塑料机械优势企业评定工作，并印发优势企业宣传册，以更加丰富、立体、多元的形式向国内外用户协会或企业推荐中国塑料机械。

梳理行业大事记，更新中国塑料机械行业发展史。组织撰写了《中国战略性新兴产业研究与发展・塑料机械》，为提升行业在国家装备制造业中的地位“树碑立传”。

六、积极组织国内外展会

1. 国内展会

由中国塑料机械工业协会和重庆国际博览中心有限公司共同主办的第三届“中国（重庆）国际塑料工业展览会”（英文简称 CPLAS2017）将于 2017 年 10 月 26—29 日在重庆国际博览中心举办，招展、招商工作正在筹备中。

中国国际塑料橡胶工业展览会（Chinaplas）是世界第二大、亚洲第一大展会。协会作为其主协办单位之一，积极组织企业参展和邀请观众以及国家主管部门负责人前来参观，并在展会期间组织召开了新产品、新技术交流会以及塑料行业上下游对接会。

与台州市政府和台州市国际会展中心有限公司合作，做好“中国塑料交易会”的组织、宣传及同期行业交流活动。

2. 国外展会

协会与西麦克国际展览有限公司全面战略合作，2016 年重点组织了俄罗斯国际塑料橡胶工业展（Interplastica）、德国杜塞尔多夫国际塑料工业展览会（K 展）、土耳其国际塑料橡胶工业展览会以及 2017 年 1 月印度塑料展的招展与观展工作。

七、加强国际交流合作

协会与德国、美国、日本、意大利、俄罗斯、土耳其、印度、泰国等 20 多个国家和地区的行业组织建立了稳定的联系与合作机制。服务范围包括国际经济技术交流、国际专业展会合作、国际贸易摩擦协调和国际市场供需信息等。

2016 年 1 月，协会在莫斯科国际塑料工业展览会期间与来自俄罗斯、乌克兰、美国、匈牙利、意大利和德国等橡塑行业协会进行交流，共同探讨国际橡塑行业发展现状以及俄罗斯市场需求与贸易情况。与俄罗斯塑料加工者协会组织了中俄塑料工业企业家对接会，互通供需。俄罗斯有 6 000 多家塑料加工企业，塑料机械企业仅 20 多家，规模完全和中国企业无法相比。因此，中国塑料机械在俄有较大的市场潜力，且互补性很强。俄罗斯希望中国企业能够到俄投资建厂，并和中国塑料机械工业协会建立定期信息交流与合作机制，更好地推动中国企业走向俄罗斯市场。

2016 年 4 月 26 日，协会在上海组织召开了“中国—印度、中国—土耳其塑料行业对接会”。会议由中国塑料机械工业协会和西麦克国际展览有限责任公司联合主办，博创智能装备股份有限公司协办，海天塑料机械集团有限公司和苏州苏信特钢有限公司为支持单位，同时还得到了宁波市海达塑料机械有限公司、浙江申达机器制造股份有限公司、广东星联科技有限公司、北京启能国际能源管理有限公司、上海原元康机械设备有限公司、仁兴机械（深圳）有限公司和宁波弘讯科技股份有限公司的倾情赞助。此次对接会还得到了全印度塑料制造厂商协会、土耳其塑料产业基金会的高度重视与大力支持。

此次对接会仍沿用 B2B 洽谈采购模式，按照注塑机、挤出机、吹塑机、模具及辅机、原料等进行细分，匹配度进一步提高。“一对一”的精准配对，充分将“引进来”和“走出去”有机融合，令企业家们面对面地感受“抱团出海”与特制服务。

2016 年 10 月 19—31 日，协会组织了 50 余人前往德国、瑞士和奥地利，参加三年一届的 K 展。

展会期间与美国塑料工业协会、全印度塑料制造厂商协会和俄罗斯塑料加工工业协会等国际组织就行业发展、企业开拓市场与交流合作等事宜进行洽谈，并实地参观亚琛工业大学、科倍隆集团总部、宝马兰茨胡特工厂、布鲁克纳集团总部和恩格尔总部。

八、中国塑料机械优势企业

自2011年以来，协会已连续六年面向社会各界推出了“中国塑料机械制造业综合实力25强企业”“中国塑料注射成型机行业15强企业”“中国塑料挤出成型机行业10强企业”“中国塑料中空成型机行业3强企业”和“中国塑料机械辅机及配套件行业5强企业”。入榜企业的影响力越来越大，带动作用也越来越强，不仅得到了行业的广泛关注和肯定，也成为国内外相关产业及用户了解中国塑料机械企业发展的风向标。

根据2016中国塑料机械行业优势企业的统计数据，34家上榜企业工业总产值和工业销售产值较2014年同期分别下降9.4%和10.3%，主营业务收入和利润总额分别同比下降0.8%和7.6%。主营业务收入利润率为12.1%，高于行业9.5%的平均水平；资产负债率为40%，低于行业45%的平均水平。其主要经济指标占行业同期规模以上企业总量的比例分别为：主营业务收入占39%、资产总额占63%、纳税总额占67%、利润总额占50%、出口额占66%，负债占57%。

九、行业培训

当前，加强本土专业人才培养和创新型人才培育，已成为我国塑料机械行业亟待突破的瓶颈之一。2016年，协会在行业内开展了人才需求与培养情况的调研工作，明确了今后行业培训的主要目标、重点任务与实施路径。

2016年4月23—28日，协会组织相关企业参加了由中国机械工业联合会主办、北京信息科技大学承办的“智能制造系统中的智能感知与‘互联网+’高级研修班”。

十、换届筹备

在2016年4月五届七次理事（扩大）会上，讨论通过了协会第六届理事会换届方案。确定继续采用“公推直选”的方法，做好第六届理事会正、副会长的推荐选举工作。2016年8月29日至9月21日，中国塑料机械工业协会以通讯形式召开了五届八次理事会议，通过理事“公推”，确定海天塑料机械集团有限公司张剑鸣总裁为第六届理事会会长候选人；确定中国塑料机械工业协会粟东平秘书长，上海金纬机械制造有限公司何海潮董事长，广东金明精机股份有限公司马镇鑫董事长，广东伊之密精密机械股份有限公司陈敬财董事长，震雄集团有限公司蒋志坚董事、生产总裁，苏州同大机械有限公司徐文良董事长，东华机械有限公司杜江总经理，山东通佳机械有限公司张建群董事长，宁波市海达塑料机械有限公司蒋忠定总经理，浙江申达机器制造股份有限公司王珏总经理，大连三垒机器股份有限公司俞建模董事长，泰瑞机器股份有限公司郑建国董事长，大连橡胶塑料机械股份有限公司洛少宁董事长，富强鑫（宁波）机器制造有限公司王俊傑总经理，江苏贝尔机械有限公司何德方董事长，南京艺工电工设备有限公司赵如平董事长，东莞信易电热机械有限公司吴峻睿总经理，宁波海星机械制造有限公司陈兴良董事长，宁波康润机械科技有限公司徐新总经理，宁波弘讯科技股份有限公司俞田龙总经理等20位同志为第六届理事会副会长候选人。

十一、全国行业协会评估

开展行业协会评估工作是促进行业协会加强自律、规范管理、持续健康发展的重要举措。2010年协会被民政部评为AAA级中国社会组织，至2015年五年期满。为此，协会于2015年10月启动复评申报工作，由第三方评估机构——中国社会组织促进会于2016年2月24日在京组织完成对协会的现场评估，评估结果为AAA级。

十二、社会公益

以爱心助学的形式进行社会公益活动的有益尝试，通过实地考察，运用援助资金为藏区贫困小学购买校服。

中国塑料机械工业协会第六届理事会会长、副会长简介

会长：海天塑料机械集团有限公司总裁张剑鸣

个人简历

张剑鸣，男，1962年出生，毕业于复旦大学管理学院。1976年入职海天，从最基础的电器装配工做起，先后承担质量管理工作，担任副总经理、常务副总经理，自2000年起担任海天塑料机械集团总裁。1996年，当选宁波市北仑区政协委员。2009年，加入中国共产党，现兼任海天集团党委书记。2011年，被中国机械工业联合会评为“全国机械工业优秀企业家”。2012年，当选宁波市北仑区人大常务委员。2003—2011年，担任宁波市塑料机械协会会长。2016年，被授予“第十届宁波市优秀企业家”称号。

工作期间，曾先后荣获“宁波市优秀团干部”“宁波市劳动模范”等称号，连续被福布斯中文杂志评选为“中国上市公司最佳CEO”。

公司简介

海天塑料机械集团有限公司拥有员工8 000多人，其中科技人员千余名。主业产品为各类系列塑料注射成型机，目前在国内外同行业中，规模世界第一、产量世界第一、销量世界第一。各类系列产品均已达到精密、高效、节能、节材、智能化控制等要求。

会长工作思路

“中国制造2025”示范成果行业共享；

联合业界同仁，完善行业标准；

加强行业交流，提升行业水平；

推动诚信建设，弘扬中国品牌；

携手共拓海外，共创塑料机械强国；

为协会工作的顺利开展保驾护航。

公开承诺

将竭尽自己的全力，与塑料机械企业家一起为振兴中国民族工业，共同发扬“诚信、务实、创新”精神，共同为打造中国塑料机械制造强国而努力！

常务副会长兼秘书长：中国塑料机械工业协会粟东平

个人简历

粟东平，女，汉族，1965年8月出生，中共党员，高级工程师。1987年7月毕业于重庆大学，从事机械制造、工艺管理、信息与产业政策研究等近30年。2009年4月起至今任中国塑料机械工业协会秘书长，是科技部、工信部、发改委“国家专家库”入库专家，中国机械工业联合会系统优秀协会工作者。

协会简介

中国塑料机械工业协会成立于1993年5月，是经中华人民共和国民政部批准、具有法人资格的全国性行业组织。协会坚持以服务会员、服务行业、服务社会、服务政府为宗旨，以科学发展、共创和谐为目标，以振兴中国塑料机械工业为己任，是联系政府与企业的桥梁和纽带，行业共同利益的代表者，会员单位合法权益的维护者，协助政府开展行业工作的参谋和助手。

副会长：广东金明精机股份有限公司总经理马佳圳

个人简历

马佳圳，男，1986年出生，本科学历，工程师。毕业于澳大利亚墨尔本皇家理工大学(RMIT)机械工程专业，获机械工程学士

学位。2011 年 8 月加入广东金明精机股份有限公司，现任公司总经理。通过引进国外专家学者，同时与全球顶级原料商和供应商合作，致力于打造金明的国际化道路。

公司简介

广东金明精机股份有限公司（股票代码：300281）成立于 1987 年，是一家集研发、设计、生产和销售于一体的全球知名的薄膜装备供应商，也是行业内少数具备提供全系列薄膜装备及方案实力的企业，产品涵盖薄膜吹塑机组、薄膜流延机组和薄膜拉伸机组。截至 2016 年，金明已经为全球 40 多个国家和地区的用户提供数千台（套）专业的设备和服务，成为全球生产规模领先的薄膜装备生产企业之一。

金明致力于引领薄膜装备行业的发展方向，在设备设计研发、技术工艺等方面拥有多项核心技术，特别在多层共挤技术领域处于国内领先水平，并被评为国家高新技术企业。经过 28 年的发展，凭借领先的技术优势和丰富的经验，金明设备在食品包装、日用品包装、农业薄膜、医疗包装、汽车薄膜、电子保护膜、建筑以及特殊应用等领域拥有最广泛的应用。

金明也积极寻求上下游产业链的合作，并陆续与埃克森美孚、陶氏化学、巴斯夫、西门子等国际知名的企业开展深度合作。通过与合作伙伴的共同努力，金明将持续为客户提供高附加值产品和服务，推动薄膜装备行业的发展。

副会长：上海金纬机械制造有限公司董事长何海潮

个人简历

何海潮，男，1965 年 5 月出生，党员。1981—1993 年在舟山水产公司船厂、舟山市委办公室工作；1993—1997 年任舟山金海机械制造有限公司总经理；1997 年至今任上海金纬机械制造有限公司董事长。

公司简介

金纬机械是中国塑料机械工业协会第三届、第四届和第五届理事会副会长单位，是中国最大的挤出类塑料机械制造厂家之一。公司拥有高素质的研发队伍和经验丰富的机械、电气调试工程师团队，引进具有世界先进水平的各类加工中心、数控车床等制造加工设备及各类先进检测设备，建立了国内一流的现代化成套设备生产线和组装线。

金纬机械主要产品有：各类塑料管道、塑料异型材、片板材挤出生产线；各种单螺杆、双螺杆挤出机，各种塑料挤出模头、分配器、换网器、镜面辊筒；各种塑料回收辅助设备及各种塑料中空成型机等。

副会长：震德塑料机械有限公司总经理蒋志坚

个人简历

蒋志坚，男，1967 年 3 月出生。2001 年至今任震德塑料机械有限公司董事兼总经理；2009 年至今任震雄集团执行董事兼生产总裁。中国塑料机械工业协会第四届、第五届理事会副会长，广东省海外联谊会理事、佛山市顺德外商投资企业协会常务理事、佛山市顺德区机械装备制造业商会副理事长。

公司简介

震雄集团成立于 1958 年，由香港著名慈善工业家蒋震博士创办，现已成为目前全球注塑机行业规模领先的生产商之一。产品除了在中国本地畅销外，还远销欧洲、美洲、东南亚及中东等 65 个国家和地区。集团遍布全国及海外的办事处和服务点，时刻为用户提供快捷及优质的服务。

副会长：广东伊之密精密机械股份有限公司董事长陈敬财

个人简历

陈敬财，男，1965 年 12 月出生，中山大学 MBA。现担任广东伊之密精密机械股份有限公司董事长，中国塑料机械工业协会第五届理事会副会长。兼任的社会职务有：全国工商联执委、广东省人大代表、佛山市顺德区机械装备制造业商会会长。

公司简介

广东伊之密精密机械股份有限公司始创于2002年，以高精度注射成型机、压铸机为主导产品。公司拥有省级企业技术中心、工程中心并设立了博士后科研工作站，是国家级高新技术企业及国家级火炬计划项目实施企业单位。

伊之密作为行业骨干企业，希望借助中国塑料机械工业协会的平台，为行业的整体健康发展做出自己的贡献，希望更多地参与协会工作，加强与同行交流、合作、互动，互相学习，共同提高，推动中国塑料机械行业国际竞争力的提升。

副会长：苏州同大机械有限公司董事长徐文良

个人简历

徐文良，男，1968年6月出生，中共党员，高级工程师、高级经济师，研究生学历。1999 年 9 月创立同大机械。2007 年任董事长、总经理以来，带领企业成为全国塑料挤出吹塑机行业的排头兵，产品出口世界 50 多个国家和地区。中国塑料机械工业协会第四届理事会理事、第五届理事会副会长，张家港市塑料机械协会常务副会长，中国塑料机械行业协会专家委员会成员，中国塑料加工工业协会专家委员会成员，江苏科技大学客座教授。

公司简介

同大机械成立于 1999 年，是集研发、生产、销售塑料中空成型机械于一体的科技型企业。同大占地面积逾 4.7 万 m^2（70 亩），拥有凤凰、塘桥两个生产基地。现有员工 200 余人，拥有德国、美国及国内多名创新研发工程师。自 2012 年以来，在中国塑料机械行业协会每年评定中排名靠前，设有江苏省挤出中空成型工程技术中心，是江苏省著名商标、省级塑料机械产品出口基地、高新技术企业。

近年来，公司以创新为主导，紧随世界塑料机械创新的时代潮流，不断自主创新。公司产品以塑料挤出中空类为主，尤其是高效高速类挤出中空生产线赶超国际先进技术水平，在国内外很多知名企业的生产过程应用后被广泛认可，获得高度评价，有 40% 以上的产品出口亚、非、欧、拉美等 66 个国家和地区。

副会长：浙江申达机器制造股份有限公司党委书记、总经理林波

个人简历

林波，男，1979 年 3 月出生，中共党员。先后就职于浙江省二轻集团公司、浙江华江科技发展股份有限公司、浙江信联钢铁有限公司，现为浙江申达机器制造股份有限公司党委书记、总经理。

公司简介

浙江申达机器制造股份有限公司是一家创建于 1956 年、专业制造注塑机的老牌企业。近年来，公司多次荣获市、省、部及国家级各种奖励，产品荣获国家科学技术进步奖二等奖，多个产品被列为国家重点新产品，公司品牌入选中国机械工业最具影响力品牌。

公司愿意承担应尽的义务与责任，尽自身最大的努力与可能，充分发挥自身优势与特长，为

我国塑料机械工业发展做出更大贡献。

副会长：大连橡胶塑料机械股份有限公司董事长洛少宁

个人简历

洛少宁，男，1962年4月出生，正高级工程师。任中国塑料机械工业协会第四届和第五届理事会副会长、中国化工装备协会理事、全国橡胶机械标准化技术委员会主任委员，辽宁机械工程学会副理事长、大连机械行业协会副会长、大连市橡胶塑料机械协会会长。

公司简介

拥有百年历史的大连橡胶塑料机械股份有限公司是中国橡胶塑料机械行业主导厂和出口基地，中国机械工业500强。公司占地面积逾40万m^2，已形成营城子主厂区、长兴岛大橡机械制造基地及市区研发销售中心三大功能区域的国内布局。公司坚持科技兴企，重视产品开发和创新，充分发挥人力资源优势，建有国家级博士后科研工作站，院士专家工作站和高校人才培养基地，成为全国企事业知识产权试点单位，企业的核心竞争力得到不断提高。产品销往全国（包括港、澳、台）34个省、市、自治区，远销欧、美、亚、澳、非等70多个国家和地区。

副会长：宁波市海达塑料机械有限公司总经理蒋忠定

个人简历

蒋忠定，男，1951年7月出生，经济师。曾任中国塑料机械工业协会第二届理事会理事、第三届和第四届理事会常务理事、第五届理事会副会长。

公司简介

宁波市海达塑料机械有限公司创建于1992年，是专业制造HDX、HDJL、HDJS系列全自动塑料注射成型机的生产厂家，中国塑料注射成型机行业10强企业。目前公司占地面积逾20万m^2，员工中具有中高级职称的技术骨干占30%以上，常年聘请行业知名专家和教授担任技术顾问和管理顾问，并与国内著名学府联合创办了研究中心。近年来，已陆续获得国家高新技术企业、中国驰名商标、浙江省著名商标、浙江省名牌产品、浙江省知名商号、浙江省安全生产标准化达标企业等称号。

海达塑料机械将一如既往积极配合协会工作，和其他兄弟单位一道努力工作、与时俱进，为中国塑料机械工业的发展贡献力量。

副会长：山东通佳机械有限公司董事长张建群

个人简历

张建群，男，1957年8月出生。中国塑料机械工业协会第三届、第四届和第五届理事会副会长、济宁市工商业联合会副主席、济宁市发明协会会长。

公司简介

山东通佳集团位于山东省济宁国家高新技术产业开发区，是集科、工、贸于一体的现代化大型企业集团，是中国塑料机械工业协会副会长单位、中国塑料加工工业协会副理事长单位，国家重点高新技术企业，中国专利明星企业。

公司全面通过ISO 9001：2008、ISO 14000、ISO 18000国际管理体系认证，设有国家物理发泡塑料机械工程技术研究中心和山东省企业技术中心，不断开发研制出国际先进、国内领先的塑料机械装备，并率先通过欧盟CE认证，主要包括塑料发泡类、塑料包装类、塑料管材、塑料网材、片材类、高效节能注塑机、塑料中空成型机等九大系列200多种规格的塑料机械新产品。其中多项产品填补了国内空白，获得了多项国家发明专利和省部级科技进步奖，并分别列入国家级重点新产品、国家级火炬计划项目、国家技术创新基金项目，产品销售遍及全国各地及世界60多个国家和地区，并在世界46个国家和地区注册了“TONGJIA”商标，设立了“TONGJIA”办事处和售后服务网点。

副会长：大连三垒机器股份有限公司董事长俞建模

个人简历

俞建模，男，1946年出生。主要从事塑料机械设备的研究与开发，曾主持攻克了公司产品创新中的多项重大技术问题，取得了多项专利，产品荣获辽宁省优秀新产品奖、大连市科学技术奖。本人获得了辽宁省劳动模范、大连市劳动模范、中国塑料行业先进工作者称号，获得五一劳动奖章。是中国塑料机械工业协会第四届和第五届理事会常务理事。

公司简介

大连三垒机器股份有限公司2003年8月29日成立于大连高新技术产业园区，2011年9月29日在深圳证券交易所中小企业板成功挂牌上市，股票简称大连三垒，股票代码002621。公司主营塑料管道成套制造装备、高端五轴机床的研发、设计、生产与销售，主要产品包括PE/PP管自动化生产线、PVC管自动化生产线、数控单机、精密模具、五轴高端机床等，目前已发展成为国内规模领先、品种系列齐全、生产工艺处于行业领先地位的双壁波纹管制造装备供应商之一，其生产的高端机床达到了国际领先水平。

副会长：东华机械有限公司总经理杜江

个人简历

杜江，男，汉族，1960年出生。1982年7月毕业于东南大学机械制造工程系，从事生产制造、工艺管理、企业管理等近40年，具有30年以上管理工作经验。曾任无锡格兰机械集团有限公司生产总监、总经理等职务，现任东华机械有限公司总经理、大同机械集团常务副总经理。

公司简介

东华机械有限公司是大同机械有限公司旗下核心子公司，是一家以生产全自动注塑机及其附属设备为主的注塑机厂家，成立于1982年。目前公司在华南和华东地区设有注塑机生产基地，总占地面积近20万m^2，可一次性为客户提供全套注塑机及其配套设备，注塑量43g到300kg，合模力25～4 000t，共有90多个型号、不同规格设计，现年产量达8 000多台。

凭借卓越的品质和优质的服务，公司产品已远销世界40多个国家和地区，在国内外建立了50多个销售与服务机构，能在第一时间内为客户解答疑难，深得广大用户的赞誉。为更好地利用资源，服务于客户，提高对市场反应的灵敏度，公司投入巨资与国外著名IT厂商协作，成功上线ERP、CRM等科学管理系统。东华机械有限公司矢志成为世界最优秀的橡塑料机械械优秀供应商之一。

副会长：泰瑞机器股份有限公司董事长、总经理郑建国

个人简历

郑建国，男，1970年6月出生，中共党员，高级经济师兼工程师。自1991年从事注塑机事业以来，具有长达近30年的技术研发与企业管理经验。曾获得科技部“科技创新创业人才”、现代塑料工业“领军人物”等多项荣誉。是中国塑料机械工业协会第四届理事会理事、第五届理事会常务理事。

公司简介

泰瑞机器股份有限公司，专业致力于高端注塑机的研发和制造，具有年产万台高效、精密、节能注塑机的能力。自2001年成立以来，历经16年的沉淀、积累和发展，已经逐渐跻身于行业前列。凭借产品品种齐全、个性化机型众多、质量

优异和全球无时差服务获得广大用户的超高赞誉。公司三大梦想系列设备及相配套的产品解决方案已遍布全球90多个国家。

以新技术、高精度为起点，以“打造泰瑞精品”为主线，通过先进的技术优化，运用标准化、规范化、精细化管理手段，采用企业信息化管理系统，形成了产品技术先进、生产制造快速、成本控制有效的优势。泰瑞机器秉承“为用户创造更大价值”的核心价值观，力求在不断的发展中，为用户量身定制更专业、更高效、更适合的产品应用解决方案。公司先后被评为国家高新技术企业、国家火炬高新技术企业、浙江省出口名牌、浙江省著名商标及连续6年塑料行业注塑机十强企业等多项荣誉。

副会长：江苏贝尔机械有限公司董事长何德方

个人简历

何德方，男，1962年2月出生，中共党员，张家港市政协委员，现任江苏贝尔机械有限公司董事长。1981年，毕业于南通轻工学院；1981—1985年，在部队服役；1985—1998年，在张家港市三兴轻工机械厂工作。1999年至今，投资兴办江苏贝尔机械有限公司，获得张家港市“创新创业市长奖”等多项荣誉。

公司简介

江苏贝尔机械有限公司成立于1998年，是中国领先的塑料机械设备制造商，国家级高新技术企业。公司主营产品分四大领域：高效、节能挤出生产线；塑料清洗回收生产线；PVC配混、精准计量系统；智能化中空成型吹瓶机生产线。公司位于交通便利的江苏省张家港国家级经济技术开发区，拥有现代化科研楼及标准化车间逾6万m^2，员工350余人。近二十年来，公司以“质为本、诚为信、创双赢”为企业经营理念，坚持走“高效率、低能耗、绿色环保”的可持续发展道路。在全体贝尔人不断拼搏，求质创新的共同努力下，公司位居中国塑料机械挤出成型机行业综合实力10强企业第五名。公司将进一步把智能制造、信息化管理以及科技创新作为发展重点。公司建有江苏省级企业技术中心、废塑料利用机械工程技术研究中心，博士后创新实践基地、千人计划工作站等研发平台。与此同时，公司还从欧洲引进高端专业技术人才团队，对新产品及公司现有老产品进行技术升级与改造，进一步缩小了国产设备与进口设备的技术差距，为更多客户提供了高性价比的解决方案。

副会长：宁波弘讯科技股份有限公司总经理俞田龙

个人简历

俞田龙，男，汉族，1967年3月出生，1989年7月毕业于北京航空航天大学电子工程专业。1993年加入弘讯科技，现任宁波弘讯科技股份有限公司总经理、董事。曾主持、参与多项国家标准、行业标准的制定。中国塑料机械工业协会第四届和第五届理事会理事。

公司简介

宁波弘讯科技股份有限公司于2001年9月成立，技术与管理均承继1984年创立的台湾弘讯科技。2015年3月完成首次公开发行股票，于上海证券交易所挂牌上市。弘讯科技拥有三十余年的积累，持续专注于塑料机械自动化控制领域，为中高端塑料机械制造商提供优质的自动化系统解决方案，是塑料机械自动化行业系统集成供货商，中国注塑机控制系统领域的领先企业之一，市场占有率居国内前列。弘讯科技是《注塑机计算机控制系统　通用技术条件》《机械电气设备　塑料机械计算机控制系统　第1部分：通用技术条件》和《工业机械电气设备及系统　注塑机交流伺服驱动系统技术条件》《工业机械电气设备及系统 塑料机械控制系统接口与通信协议》等标准的起草者。

中国塑料机械工业协会
监事会监事长、监事简介

监事长：博创智能装备股份有限公司董事长朱康建

个人简历

朱康建，男，1965年1月出生。1985 年 7 月无锡轻工大学自动化专业本科毕业，2007 年 12 月获中山大学岭南学院EMBA硕士学位。中国塑料机械工业协会第四届理事会副会长、第五届理事会会长。先后获得机械工业优秀企业家、广东省民营企业创业大奖、广州市优秀企业家、广东省十大经济风云人物提名奖等多项荣誉。

公司简介

博创智能装备股份有限公司创立于 2003 年年初，是中国塑料机械工业协会第五届理事会会长单位，首批入选 2015 年全国 46 家智能制造试点示范项目企业。2009 年博创从广州市整体迁移至增城经济技术开发区，大批量引进了国外先进技术和设备，建成了现代化的数字工厂。现已拥有广州博创总部、杭州博创工厂、广州两板机智能制造示范工厂三大生产基地，员工逾 800 人。

博创拥有保持世界同步领先地位的 BU 二板式注塑机、BH 精密快速成型机、BM 多色多物料注塑机、BE 全电动系列注塑机、BS-III 伺服节能系列等近 100 种规格型号的注塑机；产品主要锁模力 300 ～ 68 000kN，注射量 25 ～ 300 000g，并提供“量体裁衣”式注塑综合解决方案及全方位一站式服务。2013 年自主研发出 68 000kN 超大型伺服节能二板式注塑机。

经过十多年的发展，博创现已成为中国注塑机行业高端产品一线品牌，拥有省级企业技术中心和博创浙大机械研究院、博士后科研工作站。

监事：北京化工大学教授吴大鸣

个人简历

吴大鸣，男，1957 年生，中共党员，教授、博士生导师。曾任北京化工大学机电工程学院副院长、塑料机械及塑料工程研究所所长、高分子材料加工装备教育部工程研究中心主任、北京市新型高分子材料制备与加工重点实验室副主任、中国塑料机械工业协会常务理事等职务，是中国塑料机械工业协会专家委员会副主任委员。

主持包括国家自然科学基金、国家科技支撑计划项目、国家科技成果重点推广计划项目、北京市自然科学基金、教育部重点科技项目、化工部重点科技项目等在内的纵向科技项目以及与企业间的横向科技项目，多次荣获国家科技进步奖和省部级科技进步奖。

学校简介

北京化工大学创办于 1958 年，原名北京化工学院，是新中国为“培养尖端科学技术所需求的高级化工人才”而创建的一所高水平大学。作为教育部直属的全国重点大学，国家“211 工程”和“‘985’优势学科创新平台”重点建设院校，肩负着高层次创新人才培养和基础性、前瞻性科学研究以及原创性高新技术开发的使命。

北京化工大学经过半个多世纪的建设，已经发展成为理科基础坚实，工科实力雄厚，管理学、经济学、法学、文学、教育学、哲学、医学等学科富有特色的多学科重点大学，形成了从本科生教育到硕士研究生、博士研究生、博士后流动站以及留学生教育等多层次人才培养格局。建校以

来，已为国家输送了12万余名各类人才。

监事：江苏维达机械有限公司总经理高松

个人简历

高松，女，汉族，1978年11月出生，中共党员。2004年6月毕业于南京大学商学院国际贸易专业，获经济学硕士学位。曾先后就职于江苏力联集团投资部投资专员、江苏国泰国际集团华盛进出口有限公司业务科长。现就职于江苏维达机械有限公司，历任总经理助理、副总经理，自2015年1月开始出任总经理。

公司简介

江苏维达机械有限公司是一家集研发、生产、销售于一体的科技创新型企业。主营产品注吹中空成型机与精密模具、塑料挤出片材生产线、聚四氟乙烯挤出生产线。作为塑料包装加工设备的专业制造商，维达机械致力于高品质包装材料、产品的研发与生产，是中国塑料机械工业协会理事成员、江苏省高新技术企业，是张家港市塑料饮料机械协会发起、原会长单位。

目前公司注册资本1 000万元，固定资产6 000万元。占地面积逾5万m^2（76亩），现代化标准厂房面积逾3万m^2。拥有先进加工设备100余台。现有员工210人，其中大专以上人员92人，占比44%；技术研发人员52人，占比25%。

公司坚持管理创新，提供的“整厂设备”深受国内外客户好评，产品畅销美国、英国、西班牙、印度等40多个国家和地区。

行业与地区发展概况

分析行业和主要产业集聚地的发展情况

中国塑料机械工业年鉴 2017

行业与地区发展概况

行业概况

塑料注射成型机概况

塑料注射成型机（以下简称注塑机）是塑料加工机械三大主要生产设备之一，是产量最大、使用量最多的塑料加工设备，在塑料成型设备领域占据主导地位，目前产值在整个塑料机械行业中约占50%。汽车、建筑、家用电器、包装、物流等产业对注射制品的需求不断加大，在很大程度上推动了注射成型技术的发展和注塑机的市场需求。

一、我国注塑机行业发展情况

1. 发展概况

2016年，全球注塑机市场规模达到79.36亿美元，预计2022年将达到88.73亿美元，年复合增长率（CAGR）1.88%。其中亚洲市场驱动着全球市场发展，这特别得益于中国、印度以及东南亚国家的快速增长。

近几年，世界工业发达国家的注塑机生产厂家都在不断提高普通注塑机的功能、质量、辅助设备、自动化水平，降低产品能耗，同时也更加注重为注塑机用户提供整体和系统的解决方案和自动化生产方案。

随着“中国制造2025”国家战略的提出，以及市场对于注塑机产品性能要求的不断提高，通过自主创新和引进合作先进技术，我国的注塑机行业在精密注塑成型、智能控制等领域也取得了重大的突破，在管理水平、产品品种、技术水平、产品档次以及高新技术应用等方面，都在缩小与发达国家之间的差距。

理念上也由过去的注塑机生产商向整体解决方案和服务提供商转变，不仅要能根据客户要求设置技术参数生产注塑机，同时也要具备整体方案解决能力，为客户设计和提供以注塑机为核心的自动化和信息化整体生产方案。注塑机技术正朝着节能、高速、精密、环保、网络化、智能化、专用化、特定性、功能化的方向发展，以满足日益发展的塑料制品市场的需求。

2. 生产情况

2016年1—12月，我国塑料机械规模以上企业403家，实现主营业务收入595.91亿元、利润总额56.9亿元，完成出口交货值90.57亿元，同比分别增长14%、15%和7%。主营业务收入、利润总额和出口交货值于第二季度企稳回升，第三和第四季度增速显著加快。

近五年来，我国注塑机的生产和消费呈逐年稳步上升的态势，主要注塑机厂商的生产稳定发展。2012—2016年我国注塑机产量、消费量、进出口量见表1。2015—2016年我国主要厂商注塑机产量及份额见表2。2015—2016年我国主要厂商注塑机产值及份额见表3。

表1 2012—2016年我国注塑机产量、消费量、进出口量

（单位：台）

项目名称	2012年	2013年	2014年	2015年	2016年
产量	66 085	70 343	74 664	79 041	82 605
进口量	6 621	6 027	7 778	6 137	5 162
出口量	24 839	22 976	26 807	22 304	26 765
消费量	47 867	53 394	55 635	62 874	61 002

注：资料来源于第三方咨询及报告整理。

表 2　2015—2016 年我国主要厂商注塑机产量及份额

企业名称	2015 年产量（台）	2015 年占比（%）	2016 年产量（台）	2016 年占比（%）
海天国际	25 997	32.89	29 451	35.65
震雄集团	8 863	11.21	7 501	9.08
泰瑞机器	1 409	1.78	1 461	1.77
伊之密	2 914	3.69	3 954	4.79
大同机械	4 139	5.24	4 196	5.08
力劲集团	3 340	4.23	3 018	3.65
其他	32 379	40.96	33 024	39.98
合计	79 041	100.00	82 605	100.00

注：资料来源于第三方咨询及报告整理。

表 3　2015—2016 年我国主要厂商注塑机产值及份额

企业名称	2015 年产值（万美元）	2015 年占比（%）	2016 产值（万美元）	2016 年占比（%）
海天国际	106 898	39.31	117 911	42.99
震雄集团	20 117	7.40	16 612	6.06
泰瑞机器	5 956	2.19	6 033	2.20
伊之密	9 755	3.59	12 924	4.71
大同机械	9 248	3.40	9 154	3.34
力劲集团	7 253	2.67	6 395	2.33
其他	112 737	41.45	105 261	38.38
合计	271 964	100.00	274 290	100.00

注：资料来源于第三方咨询及报告整理。

二、我国注塑机进出口情况

2016 年 1—12 月我国进口注塑机 5 162 台、5.33 亿美元，同比分别下降 16%、19%，进口量与进口额分别占我国塑料机械进口总值的 18.24% 和 39.91%；出口注塑机 26 765 台、10.22 亿美元，同比分别增长 20%、4%，出口量与出口额分别占我国塑料机械出口总值的 4.26% 和 51.09%。注塑机贸易顺差为 4.89 亿美元。

海关数据显示，2017 年 1—2 月我国注塑机进口 764 台，与上年同期相比增长 36.67%；进口金额 9 439 万美元，与上年同期相比增长 59.44%。2017 年 1—2 月我国注塑机出口 3 400 台，与上年同期相比下降 2.86%。2013—2016 年我国注塑机（海关编码 84771010）出口额年复合增长率 3.44%。

2016 年 1—12 月，在我国注塑机进口来源地前十名中，只有从奥地利、意大利两个国家进口的注塑机实现量额齐增。2016 年 1—12 月我国注塑机进口来源地前十名见表 4。

表 4　2016 年 1—12 月我国注塑机进口来源地前十名

序号	国家或地区	进口额（万美元）	进口量（台）	进口额同比增长（%）	进口量同比增长（%）
1	日本	32 070	3 162	−17.83	−12.41
2	德国	6 595	453	−27.52	−18.96
3	中国台湾	4 940	721	−32.25	−26.43

（续）

序号	国家或地区	进口额（万美元）	进口量（台）	进口额同比增长（%）	进口量同比增长（%）
4	韩国	3 891	362	-17.71	-13.60
5	奥地利	1 999	94	31.62	38.24
6	意大利	1 247	32	387.90	39.13
7	中国	1 156	213	-35.92	-25.26
8	泰国	522	96	-29.83	-25.58
9	美国	211	15	-20.51	-34.78
10	马来西亚	168	2	763.69	-71.43

注：数据来源于中国海关。

2016 年 1—12 月，在我国注塑机出口目的地前十名中，出口至美国、土耳其、墨西哥、印度尼西亚、孟加拉国 5 个国家的金额和数量双双同比增长，其中墨西哥增幅最高，为 68.03%。2016 年 1—12 月我国注塑机出口目的地前十名见表 5。

表 5　2016 年 1—12 月我国注塑机出口目的地前十名

序号	国家或地区	出口额（万美元）	出口量（台）	出口额同比增长（%）	出口量同比增长（%）
1	美国	10 783	962	42.38	11.34
2	越南	8 658	2 675	-0.83	5.19
3	墨西哥	7 193	878	68.03	28.74
4	土耳其	6 796	1 250	5.38	3.99
5	印度尼西亚	5 005	1 204	14.48	5.15
6	韩国	3 819	1 101	-24.64	-14.12
7	伊朗	3 780	1 267	-0.46	5.32
8	泰国	3 236	1 047	-24.37	53.74
9	孟加拉国	3 122	890	2.84	25.53
10	马来西亚	2 809	2 571	-15.70	199.30

注：数据来源于中国海关。

三、我国注塑机行业发展新趋势

注塑机行业正朝着创新、环保、自动化、智能化的方向发展。注塑机的应用行业存在以下发展趋势：汽车行业是轻量化、电动化、智能化等；医疗行业是精密、高效、安全；3C 行业是轻薄化、时尚和环保；包装行业则是高阻隔、环保和轻量化。先进材料及加工技术如碳纤维增强热塑性树脂、双色注射、精密成型、纳米成型技术、光学模具等正促使塑料机械迈向智能高端化。从整个行业看，因为技术进步和节能环保要求，注塑机生产厂家都注重新设备的研发，通过智能化控制，满足当前产品生产的高精度要求。注塑机会不断朝着自动化、节能化、智能化、无人化等方向发展。

由于相关技术的不断发展及注塑生产工艺对注塑机要求的提高，二板式注塑机、全电动注塑机分别成为中大型机和小型机的主流产品。

电液复合化同样是注塑机的发展趋势。电液复合化集合了电动与液压的优势，通过采用电液复合动力，同时拥有高精度、快速、节能、环保、可靠耐用的技术优势。

另外一种新动向还表现为功能化、装备智能化以及数据共享的实现。设备功能多样化，如抽拉杆功能、模板微开微发泡功能等；装备智能化，如提高单机的自动化程度，对多台注塑机的生产注塑车间进行集中控制和集成管理，这些都能有效提高生产效率。同时，注塑机和周边设备、上位机的整合联网通信，实现数据的实时共享，也是目前注塑机发展趋势之一。

经过几十年的发展，我国注塑机工业已经形成了门类齐全、基础牢固、具有世界最大规模和一定技术水平、能够基本满足国民经济的需求、并且具有相当国际竞争力的产业体系，取得了令人瞩目的成就。目前，我国注塑机行业的产量已经连续多年位居世界第一，成为世界注塑机生产大国、消费大国和出口大国，并且具备了由大变强的坚实基础。“中国制造 2025”国家战略的提出，对于我国注塑机的发展将有极大的促进和提升效应。加速产业调整，实现技术升级，将注塑机行业由生产型制造升级为服务型制造，促进我国塑料制品产业提质增效，切实保障我国经济社会发展和国防建设，将是我国注塑机未来的发展方向和重大历史机遇。

〔撰稿人：海天塑机集团有限公司傅南红〕

中空塑料吹塑成型机行业概况

一、中空吹塑机行业基本情况

中空塑料吹塑成型机一般简称中空吹塑机，又称为中空机、吹塑机，是塑料加工行业的三大重要装备之一。

中空塑料吹塑成型机主要由机头、挤出塑化装置（挤出机）、机架、合模机、吹胀装置、液压系统、伺服液压系统、气动系统、电气控制系统以及模具、周边辅助设备等智能化设备组成。

近年来，中空塑料吹塑成型机已经由过去的单一机组向中空吹塑机智能化生产线发展，且发展速度越来越快。中空塑料吹塑机智能化生产线是主要由中空塑料吹塑成型机、全自动上料机、全自动混料机、全自动后冷却去飞边设备（机器人去飞边系统）、全自动贴标机、飞边输送设备、飞边粉碎机、称重设备、气密测试设备、成品打包设备及制成品输送设备等组成的智能化全自动吹塑机生产线，因此，业内人士已经改变对吹塑机的称谓，一般称为中空吹塑机智能化生产线，简称吹塑机生产线。

中空吹塑机智能化生产线的问世与不断发展，极大地减少了生产现场的操作人员，减轻了生产现场操作人员的劳动强度，大幅提高了生产效率与产品质量。预计，在大宗吹塑产品的生产中将出现更多的专业吹塑机智能化生产线。吹塑机智能化生产线的不断进步与发展，将带来塑料吹塑制品的专业化、规模化生产。单机、多机以及生产线的自动化、智能化发展将给挤出吹塑制品行业带来巨大变化，也将影响挤出吹塑机制造行业的发展，希望能够引起吹塑机设备生产厂家与吹塑制品厂家的高度关注与重视，在吹塑机智能化生产线技术领域特别是关键核心技术方面取得更多的技术突破与创新发展。

未来几年，吹塑机智能化生产线核心技术的进步与创新将决定吹塑机生产线制造厂家的生死存亡。同时，由于中空吹塑制品的固有特点以及物流运输成本的攀升，制成品运输距离不可过大，因此，适度规模的中空制品吹塑工厂是未来的主要发展方向，这个主要特点也值得中空吹塑成型机研发与制造企业特别重视。

在一些大宗化工产品、日用化工产品的生产基地附近，建设塑料桶及容器的生产配套企业已经成为一种发展模式，势必影响更多塑料中空吹塑制品企业的发展与重组，这种新的模式也为中空吹塑机制造企业带来了较多的机遇与发展机会。

近年来，吹塑机新技术的研究与应用速度明显加快，得到吹塑制品厂家的广泛重视。另外，售后服务的水平与服务的优劣对吹塑机制造企业信誉度的影响是长期的，只有稳定的客户群才是吹塑机制造企业生存的根本，这值得引起吹塑机制造厂家的高度重视。

2016 年，部分明星企业依然继续保持 2015 年的发展势头，产销仍然保持上年的基本水平。通过进一步加强企业内部管理、产品研发、技术创新、市场开拓等方面的工作，努力克服各种困难，开发市场。产品研发和技术创新有了新进展，设备制造水平与制造质量不断提高，中空塑料吹塑成型机的一些重要技术项目获得重大技术突破，一些重要零部件已打破国外同行的长期垄断，研制出更加适合中国国情和现状的关键部件与设备，并达到更高的技术水平。

明星企业中，苏州同大机械有限公司 2016 年中空塑料吹塑成型机的销售产值达到 2.2 亿元，显著高于 2015 年。陕西秦川机械发展股份有限公司销售产值接近 1.5 亿元，高于上年。香港雅琪集团广东开平塑料机械厂中空塑料吹塑成型机销售产值 1.6 亿元左右，高于上年。

在中国塑料机械工业协会组织的“2016 年度中国塑料机械行业优势企业排序”中，苏州同大机械有限公司、陕西秦川机械发展股份有限公司、广东乐善机械有限公司列中国中空塑料吹塑成型机制造行业前 3 强。

许多吹塑设备与吹塑机智能化生产线已经进入欧美国家，高性能、高效率、高质量、高性价比获得这些国家吹塑制品行业厂家的肯定。部分高端中空塑料吹塑成型机的技术水平与制造质量已经达到世界先进水平。

部分吹塑机制造企业经营状况一般，销售业绩比上年有较大幅度的下降。除国内外经济大环境有较大影响外，企业自身状况的不稳定、新技术研发能力不足、设备制造水平偏低、售后服务跟不上客户要求等诸多原因是影响这些企业销售业绩的重要因素。

总体来看，中空塑料吹塑成型机制造行业的研发、制造及服务水平仍然有待进一步提高与发展。

二、产品生产研发情况

2016 年，中空塑料吹塑成型机制造行业总体发展态势比较平稳，一些明星企业发展速度更快一些，新设备、新产品、新技术的研究与应用速度加快。

特别值得介绍的是，苏州同大机械有限公司成功研制出世界首条 TDB-30W 微层吹塑机智能化生产线。该智能化生产线大胆突破了原有思路，采用四台挤出机挤出塑料原料，经过成型机头的折叠成型为 49 层微层，实现了多种塑料材料的吹塑成型，增强了中空吹塑容器的强度与刚度，为未来高强度中空吹塑容器的技术发展奠定了新的技术基础。该 49 层微层吹塑机生产线经过多次试验与改进，已经能够实现工业化批量生产。

同时，常规中空吹塑成型机智能化生产线的研发与发展速度明显加快，设备的稳定性能、节能性能进一步加强，全电动中空吹塑机生产线的节能效果明显，性能更加稳定。

我国研发的中空吹塑机智能化生产线基本销往国外，国内客户中只有一些中空吹塑制品合资企业部分采用，多数吹塑制品企业采用的仍然是中端或是低端吹塑机设备。在吹塑制品企业操作人员工资普遍上涨的情况下，吹塑设备的先进性与可靠性是降低生产成本的可靠保障，但是国内许多吹塑制品企业的投资不足，难以选择更加高端的吹塑机设备，这是这些年国内许多吹塑制品企业的现状，值得引起整个吹塑制成品行业的关注与重视。

2016 年，这种状况开始有所改变。一些国内的明星吹塑制品生产企业开始主动与吹塑机制造企业紧密合作，研制新的高技术吹塑机生产线，以满足市场变化与快速发展的需要。

1. 苏州同大机械有限公司

苏州同大机械有限公司主要研发、生产 10mL ～ 5 000L 全系列的中空塑料吹塑成型机组与高速、全自动智能化生产线，46% 左右的吹塑机设备销售到海外 68 个国家与地区。2016 年该公司生产销售各种不同规格的中空塑料吹塑成型机组、生产线近 500 台（套），实现销售产值逾 2.2 亿元。

2016 年该公司继续保持 2015 年的发展势头，加快技术创新步伐与新产品研发的速度。公司前些年研制成功的多款新型中空塑料吹塑成型机组和智能化生产线，如 5L、15L、30L 双工位等高速吹塑智能化生产线，技术不断完善，售后服务更加成熟，为中小型塑料桶的高速生产和全自动智能化生产奠定了良好的基础，已经成为国内外吹塑制品制造厂家优先选择的优质中空吹塑机智能化生产线。该公司 2016 年又研制出多种机型并上市，满足了客户的不同需要。

该公司用于生产吹塑托盘的 TDB-600F、TDB-800F、TDB-1200F、TDB-1600F 等多款单层、多层吹塑托盘高速生产线，2016 年有多条销售。

2013 年度该公司开始研制的具有国际领先水平的复合流道技术中空吹塑机生产线，在 2015 年度获得江苏省重大科技成果转化项目资金支持，对公司生产的 TDB-25F~TDB-5000F 系列中空吹塑机实现了关键核心技术的全覆盖，进一步提高了系列中空吹塑机的换色、换料速度，提高了吹塑制品的均匀性和物理力学性能。并且采用该技术开展对老设备的更新改造工作，取得了较好的效果。

2015 年该公司研发成功 TDB-250F×2 双层双 L 环中空吹塑机生产线，专门用于生产双 L 环、单 L 环危包桶。双层储料机头成功实现了多项关键核心技术的突破，型坯控制成功实现芯模径向与轴向同时控制，其准确度与控制水平提高，双 L 环危包桶周向控制绝对误差值小于 0.16mm。配套研制成功 ϕ90mm、长径比 32∶1 高性能挤出机塑化系统，单机产量达到 200kg/h，能效比大幅度提高，对多种高分子量聚乙烯（HMWHDPE）塑化性能良好，共混性能好。同时对下吹装置进行了革命性的改进，采用伺服电动机驱动旋转部件，确保了零部件的稳定可靠运行，提高了设备的可靠性能，延长了设备的无故障时间。该智能化生产线已经生产了多条，销往国内外多个客户使用，客户反映使用效果很好。该生产线在 2016 年销售多套，各种性能进一步稳定提高。

2015 年度该公司与北京化工大学机电学院杨卫民教授团队合作，深入开展微层吹塑成型技术与设备的研究，研制成功世界首台 TDB-30W 双工位 30L 微层吹塑成型机智能化生产线，成功实现了 30L 系列 49 层微层吹塑成型，微层吹塑中空成型机生产线的研制成功，有利于大幅度提高吹塑制品的物理力学性能，大幅度降低塑料原料的消耗，可望生产出高抗冲、耐低温、耐高温、耐候性能优越的各种特殊吹塑容器。这项研究工作代表了中国创造、创新在中空成型机研制领域的最新技术成果，将给未来吹塑技术的研究与发展带来深远的影响。该生产线 2016 年在多次试验中继续改进，49 层微层吹塑制品已可实现工业化的批量生产，对制品各种性能的测试工作在继续进行中。该项目获得中国专利局第 18 届专利优秀奖。

2016 年度该公司进一步加大对精密加工设备的资金投入，确保一些精密零部件的加工质量与精度要求。同时对所有大型零部件与结构件应用时效处理与表面喷砂处理技术，在进一步提升大型、超大型中空塑料吹塑成型机的内部质量，消除零部件的残余应力方面取得了很好的效果。扩建塑料与机电实验室，添置了多种测试、试验设备、仪器，使用资金超 130 万元，并且积极开展塑料配方研究与测试工作，已形成了较为全面的机电、塑料测试、试验能力。

2016 年该公司继续深化与科研院所的合作，与南京航空航天大学、江苏科技大学、北京化工大学、华东理工大学、华南理工大学、江苏工业大学、东北工业大学等多所大学的专业研究院所深入开展了多个专业技术研究项目的合作，同时还开展了与海外多个著名专业研究人员的技术合作，对中空吹塑机领域的重点、关键核心技术开展合作研究，已经取得许多阶段性的技术成果。

2016 年该公司继续深入开展吹塑技术培训，

为国内外客户培训吹塑技术人才，新培训吹塑技术人才 100 多人。

2016 年度该公司的江苏省级机电技术研究中心、吹塑技术研究中心运行良好，在独立研发与合作研究方面均取得较大的进步，申请专利 20 多项，获得多项研究成果与专利。

2. 陕西秦川机械发展股份有限公司

陕西秦川机械发展股份有限公司 2016 年基本保持了 2015 年的平稳发展势头，实现销售产值约 1.0 亿元，制造、销售各种较大型规格的中空塑料吹塑成型机组 100 台（套）。主要吹塑机产品 SCJ230×2 双层双 L 环危包桶设备仍然是该公司的主导产品，技术更加成熟，客户群稳定。

2016 年度该公司进一步研究改进的新产品有：

（1）SCJC200×6 六层汽车塑料燃油箱专用设备。主要用于加工 100L 以内，以高密度聚乙烯（HDPE）为基层、高阻隔性树脂（EVOH）为功能层的具有高阻隔性、形状复杂的六层汽车塑料燃油箱。SCJC200×6 作为原先产品的更新换代产品，继承原有的成熟技术与成功经验，并进行大量改进。研发了先进的小型化机头，效率大幅提高，挤出机配置更优化，功能更全，省时节能，设备更加宜人化。

该产品主要由 6 台塑化不同性能材料的高效挤出机组成的挤出系统、连续式共挤机头、成型机、吹胀装置、机械手、预夹机构、机架、安全防护装置、冷却系统、集中供料系统、电气控制系统、液压系统、气动系统等组成。

而该设备生产的多层塑料燃油箱，按其功能从里到外分别为：内基层、粘结层、阻隔层、粘合层、回收料层和装饰层（外层）。该设备生产的塑料燃油箱安全性能达到国家标准的相关要求，污染物排放达到国Ⅳ、国Ⅴ要求以及欧Ⅲ、欧Ⅳ标准要求，且完全满足目前高档轿车燃油箱 55 ～ 88L 的规格要求，单机可年产 20 万只燃油箱，更好地适应了汽车工业大批量、高效生产的需求特点。

（2）SCJ-350 塑料挤出吹塑中空成型机。主要用于加工高分子量聚乙烯（HMWHDPE），专门针对 IBC 容器内胆、单面吹塑托盘的生产需求，如 1 200mm×1 000mm 单面托盘，也可生产 1 000mm×800mm 双面托盘。中空吹塑单面托盘因其比常用的注塑单面托盘性能更优、更耐用的优点，广泛应用于轻工产品的长途运输。

储料机头采用了复式流道，使得熔体在机头流道内周向分布更均匀，消除了熔体汇合线及其带来的缺点，而且可以做出直径大、厚度薄的料坯，更适于薄壁制品的生产。伺服液压缸配以 100 点型坯壁厚伺服控制系统，可实现型坯的轴向壁厚控制。挤出机采用 IKV 进料结构，塑化效率高，混炼质量好。关键零部件采用有限元优化设计，液压系统采用比例伺服控制技术，主要元件选用国际名牌产品。整机动作采用高功能 PLC 控制，人机界面采用触摸式显示器，独创的型坯壁厚控制系统实现系统的高可靠性、多功能和智能化。

（3）SCJC120×2 双层中空成型机。该机主要用于加工以 HDPE、HMWPE 为原料的各种中空容器及汽车燃油箱等。制品最大容积 120L。机头流道采用双层流道，双层流道层与层之间壁厚分布均匀，熔料先进先出，提高型坯强度，换色快捷。液压系统拟采用伺服节能液压系统。型坯壁厚采用伺服液压控制技术；合模速度采用比例液压控制技术，节能效果明显。

（4）SCJC50×2 塑料中空挤出吹塑成型机。该产品电气控制系统采用高功能 PLC 进行动作顺序控制，型坯壁厚控制系统采用秦川独创的 64 点轴向壁厚控制系统。机头采用内外双层流道，流道由 CAD/CAE 设计，换色快，型坯强度高，制品壁厚均匀，制品内层可为纯色，外层可根据要求配色。挤出系统采用高效挤出机，塑化效率高，塑化质量好。液压控制系统采用伺服控制技术，系统节能、可靠、稳定性好。气动控制系统采用秦川独创的吹气工艺原理，气量、气压控制稳定。

SCJC50×2 塑料中空挤出吹塑成型机具有生产连续稳定、高效、节能等特点。生产的制品壁厚均匀，合格率高，在国内具有先进水平。该产品主要用于生产以高密度聚乙烯（HDPE）为原料的最大制品容积为 50L 的双层中空塑料制品。生产的制品适用于包装洁净度和卫生性能要求较高的食品及化工产品。

2016 年，该公司还对 SCJ230 等其他吹塑机设备进行了改进。

3. 香港雅琪集团广东开平塑料机械厂

香港雅琪集团广东开平塑料机械厂 2016 年继续保持平稳发展势头，实现销售产值约 1.6 亿元，制造、销售多种型号、规格的中空塑料吹塑成型智能化机组、生产线 100 多台（套），产品主要销往海外市场。

该公司在 LIN-90-TSI 中空塑料吹塑成型机高速生产线的基础上，2016 年加大移模行程、改进外观设计、采用全电动驱动，可实现单模头、双模头生产。这些生产线设计合理，制造工艺精良，设备运行稳定可靠，外观美观大方。部分生产线采用伺服电动机液压系统，节能明显，各运行动作平稳，噪声低。这些生产线为全自动生产线，可以实现无人化或少人化全自动智能化生产，其技术达到了世界领先水平。此外该公司已经成功研制出多种规格的全电动智能化生产线。

该公司 2016 年进一步改进第二代全电动吹瓶机。新一代雅琪全电动机共有四个系列，分别是 AE-480-TS（双工位、移模行程 480mm）、AE-590-TS（移模行程 590mm）、AE-700-TS（移模行程 700mm）、AE-900-TS（移模行程 900mm），应客户要求年底将推出同类单工位系列设备。该系列产品完全满足 100 ～ 5 000mL 中空吹塑容器不同类型、不同规模的生产需求，实现高效节能、全面自动化、低成本运行和低成本维护，为塑料容器制造行业带来前所未有的竞争优势。

该公司研制的全电动吹塑机生产线，采用德国 BECKHOFF 中央控制系统、西门子伺服电动机及驱动、SEW 减速机、Rexroth 直线导轨，应用美国 EXLAR 专利技术的滚柱丝杠传动电动缸，独立模车机构及独特的横向移动转移瓶坯方案，拥有多项自主知识产权和专利技术。该公司研制的 AE-900-TS 8+8 吹塑机生产线，经过一年测试，在节能、噪声、寿命、稳定性等方面取得可喜的成绩。

该公司 2016 年除了研发、制造多款先进可靠的中小型中空塑料吹塑成型机组、生产线以外，还制造、销售了多款大型中空塑料吹塑成型机组、生产线，研发与制造水平及设备质量均有较大的提高。

4. 苏州金纬中空技术有限公司

该公司是上海金纬机械制造有限公司在江苏苏州的又一重要战略发展中心，坐落于苏州市太仓城厢工业园，是一家致力于中空吹塑成型设备研发与生产的高新技术企业，机型覆盖 5mL ～ 1 000L 的各种塑料瓶、壶、罐、桶、箱包、汽车座椅、桌面板、托盘和汽车零部件等中空制品。

苏州金纬中空技术有限公司 2016 年生产 150 余台中空成型机，销售产值 8 000 余万元。公司产品已遍布全国各地，并出口到日本、韩国、澳大利亚、波兰、希腊、俄罗斯、印度、印度尼西亚、伊朗、墨西哥、沙特阿拉伯、埃及、智利、巴西、阿根廷等多个国家和地区。

三、中空塑料吹塑机生产线关键配套技术与关键零部件的研发现状与进展

1. 塑料型坯控制系统

塑料型坯控制系统主要有轴向型坯控制系统（AWDS）和径向型坯控制系统（PWDS）。国内中空塑料吹塑成型机已经普遍采用轴向型坯控制系统，径向型坯控制系统采用较少。多年来国内一些中空塑料吹塑成型机的研发、制造优势企业投入了较大的人力、财力进行了相关技术的研究与试验，国产径向型坯控制系统的新技术已经获得非常可喜的进步，并且已经将这些技术应用到中空吹塑机上，开始形成新的市场竞争力。

径向型坯控制系统主要有 3 种控制模式，它们包括：柔性曲环径向型坯控制系统（又称弹性环径向型坯控制系统）、口缘修形径向型坯控制系统、飘移口模径向型坯控制系统。

柔性曲环径向型坯控制系统主要技术由德国

的一些厂家掌握，市场售价较高，多数应用只局限于200L危包桶的吹塑机的柔性环口模控制，国内进口设备时配套较少。近几年来，苏州同大机械有限公司对柔性环口模、柔性环芯模进行了深入的研究与试验，在柔性环的材料、计算机设计、计算机模拟试验、柔性环热处理、精密加工、装机试验等方面进行了大量的工作，已经初步形成了适合中国国情的系列化的柔性环口模、芯模型坯控制系统。与德国同类产品比较，具有制造成本较低、操作维护方便、控制精度高、耐用度高、应用机型广泛等特点。2016年，在柔性环口模、芯模的精确控制与调整技术方面，苏州同大机械有限公司有了新的技术突破与创新，并且已经应用到多套TDB-250F×2双层双L环危包桶吹塑机生产线上，进一步提高了塑料型坯的均匀性。

口缘修形径向型坯控制系统由陕西秦川机械发展股份有限公司研发成功，经过多年的使用，技术已经基本成熟。该技术主要应用于该公司生产的SCJ-230的吹塑机上，主要用于生产200L的双L环塑料桶。

飘移口模径向型坯控制系统主要技术目前为德国相关厂家掌握，主要用于生产汽车塑料风管的吹塑机组，对型坯壁厚相差较大的风管类吹塑制品有独特的控制优势。苏州同大机械有限公司2013年开展对这一高难、高新技术的研究工作，并且在机械实体制造方面取得重大技术突破，今后将主要研究飘移口模的精准控制与控制性能的提高。目前这项技术的一些关键零部件仍然在试验中，预计试验时间会较长。这项技术将可能实现汽车塑料风管吹塑生产中的径向壁厚的精准控制，将使国产中空塑料吹塑成型机的型坯控制技术跨上一个新的高度。

用于轴向与径向型坯控制的液压伺服阀，国内已有多家研究所、厂家研发与生产。上海衡拓实业发展有限公司（上海704所）研发、制造的射流管式伺服阀具有抗污染能力强，反应速度快，耐用度高，规格、型号较多，维护方便等特点，已经完全可以取代进口伺服阀。

用于多点型坯控制使用的伺服阀控制器，国内已有厂家研制成功30点的塑料型坯控制器，其他更多点数的控制器技术研发工作还没有更多突破。目前多数中空塑料吹塑成型机制造厂家采用MOOG控制器与相关配套产品。苏州同大机械有限公司电气部研究人员采用以太网技术，将型坯壁厚控制技术与触摸屏技术完美结合，实现了触摸屏技术与PLC的高速控制，提高了运算速度、控制精度与速度，简化了型坯壁厚控制技术并大幅度提高控制精度。

2. 电动型坯壁厚控制系统

深圳一家公司研究了一种DK-500电动型坯壁厚控制系统，采用伺服电动机驱动来调整控制型坯壁厚。该项产品还需要进一步的应用试验与观察。

苏州同大机械有限公司2016年研发多款电动伺服控制系统，应用于中型、大型中空吹塑机的塑料型坯精密控制，在改善型坯的控制方式以及节能方面均有较好的效果。这些研究项目仍然在进一步的创新中。

3. 可编程序控制器（PLC）

目前中空塑料吹塑成型机企业普遍采用日本、德国产PLC，还没有合适的国产PLC可供吹塑机采用，值得引起相关控制器研发厂家的重视。2016年应用于注塑机的控制器已经实现国产化。随着中空吹塑机的发展，或许未来几年适用于中空吹塑机的国产化PLC将获得技术上的突破与发展。

4. 伺服电动机液压控制系统

目前已有多家中空塑料吹塑成型机研发、制造厂家在中小型吹塑机上推广使用伺服电动机液压系统，节能效果明显，单项节能可达40%左右，设备的技术档次明显提升。2016年伺服电动机液压控制系统在吹塑机的应用机型方面进一步扩大，已经取得较好的应用效果。

5. 高效、节能挤出机塑化系统

高效、节能挤出机塑化系统一直是中空塑料吹塑成型机的主要部件，对于提高吹塑机的产能和工作效率起到非常关键的作用，一直是各个吹塑机研发、制造厂家技术研发的重点之一。近几年来，随着不同品种HMWHDPE材料的广泛应用，能够顺利加工这些材料的挤出机塑化系统成为吹塑机技术进步的一个重要方向。苏州同大机械有限公司2016年加大资金与技术投入力度，研制出多种不同规格的高效、节能挤出机塑化系统，如直径80mm、90mm、100mm、120mm、150mm，长径比32∶1的挤出机系统，可加工DMDY1158、5420、TR571、TR580、TR550等高分子量聚乙烯，在提高塑化效果与能力的同时，在降低能耗、提高设备稳定性、延长设备使用寿命等方面取得了较好的效果。

6. 多层吹塑成型机头

多层吹塑成型机头是中空塑料吹塑成型机的重要部件之一，对于塑料型坯的有效形成与制品壁厚的均匀分布起到非常关键的作用。

陕西秦川机械发展股份有限公司研制的汽车六层塑料燃油箱的成型机头、200L塑料桶的双层成型机头以及苏州同大机械有限公司研制的四层带液位线成型机头，多层顺序挤出机头，双层、多层大型、超大型储料机头，超大型扁平储料机头等高效吹塑成型机头，代表了近年来中空吹塑机制造行业的技术创新水平。该公司2016年研制了多种大型、超大型多层储料机头，获得多项专利，并加大公司内精密制造多层储料机头方面数控精密加工设备的资金投入，取得了较好的效果。

江苏大道科技有限公司研制成功多种类型的六层燃油箱机头与智能化生产线。

山东华玉机械研制成功四层超大型储料机头与吹塑机组，生产制品可达10 000L。

四、2016年度重点新产品、新技术

1. 世界首台TDB-30W双工位49层微层吹塑机生产线

苏州同大机械有限公司与北京化工大学杨卫民教授团队合作，2014—2015年度研制成功世界首台TDB-30W双工位49层微层吹塑机生产线，2016年成功实现批量化生产，但许多性能参数的测试工作仍然在继续进行。经过多次试验与测试，采用微纳层折叠流道技术的智能化吹塑机生产线具有以下特点：

（1）连续挤出机头采用微纳层折叠流道技术，采用交错互包络的方式创造性地解决了微纳层流道汇流处的中空吹塑世界难题，保证了微纳层的折叠成功并成功实现清晰分层。

（2）创造性地提出了微纳层（达3种49层）中空吹塑折叠流道的设计方案，解决了微纳层中空吹塑的技术难题，有效保证了聚合物在成型过程中的均匀性，扩大了设备对原料的适应范围，大幅度提高了塑料吹塑制品的综合性能。

（3）提出了微纳层折叠流道的多种拓扑结构形式，找出了塑料原料在折叠流道中的流动规律，总结了结构、尺寸参数等对中空成型机性能影响的经验公式，为进一步推广使用该项国内外首创技术奠定了基础。

2. TDB-250F×2双层双L环危包桶中空吹塑机生产线

苏州同大机械有限公司独立研制的TDB-250F×2双层双L环危包桶中空吹塑机生产线，主要有如下特点：

（1）双层储料机头采用自适应复合流道技术，机头流道系统设计独特，确保双层型坯分层清晰，塑化均匀，对原料的适应性好。

（2）采用两套ϕ90mm、长径比32∶1的高性能挤出塑化系统，挤出效率高、塑化性能好，对高分子量聚乙烯（HMWHDPE）适应性强，节能效果好。

（3）创新设计了芯模径向型坯控制系统，确保了塑料型坯控制的精准。

（4）创新设计了下吹装置，旋转部件采用伺服电动机驱动，确保了控制的精准与使用寿命，提高了设备的运行效率。

（5）生产的200L危包桶质量稳定，桶体周边厚度绝对误差值小于0.16mm。

3. IBC塑料桶专用吹塑机生产线TDB-1200F

苏州同大机械有限公司研制成功IBC塑料桶专用吹塑机生产线TDB-1200F。该生产线具有如下特点：

（1）采用公司研发的150mm高强度塑料挤出系统，长径比32∶1，塑化产量550kg/h。

（2）储料机头采用复合流道技术，塑料型坯均匀，IBC塑料桶八角壁厚均匀，塑料桶重量15.5kg时，八角最小壁厚≥1.6mm。

（3）主液压系统采用伺服电动机控制，节能，控制准确。

（4）配套公司研发的自动上料机、高强度粉碎机，生产线运行稳定可靠。

4. 深拉伸吹塑技术问世

苏州同大机械有限公司与南京航空航天大学合作，针对吹塑制品中需要的深拉伸吹塑技术难题进行了深入研究，创新性地提出了深拉伸吹塑技术的解决方案，解决了一些采用普通吹塑方法难于成型的技术难题。该技术仍然在继续深入研究之中。

5. 微发泡吹塑技术研究成功

苏州同大机械有限公司吹塑技术研究中心多年来开展了微发泡吹塑技术的研究，并且将该项技术应用于吹塑托盘的生产，取得了较好的效果。

6. 负压牵引中空吹塑机与配套模具等技术研究成功

苏州同大机械有限公司在2016年研究成功多款负压牵引吹塑机生产线，实现多种不同TPE类塑料的3D吹塑成型，取得了较好的使用效果。

五、吹塑技术研发趋势分析与建议

随着国内经济发展进入常态化，国内各省区间的发展不均衡也会造成市场需求的不同，各种吹塑制品的提档升级给中空塑料成型机制造行业提供了机遇和机会，值得国内相关设备制造厂家加以重视，进一步做好市场细分工作，采用不同档次的设备去满足国内外吹塑制品厂家的不同需求与需要。

但是，任何类型的吹塑机设备，运行稳定可靠是最基本的条件。吹塑机设备的高可靠性仍然应该是我国中空塑料吹塑成型机研制时应特别重视的环节。

在欧美等发达国家与地区的中空塑料吹塑成型机的需求市场上，20世纪八九十年代投入使用的吹塑机设备已经陆续进入更新换代期，这一趋势仍未改变。这些市场对技术先进，设备运行稳定可靠、产量高、节能效率高、自动化程度高、可实现无人化、少人化操作的高速全电动、电液混合驱动等智能化中空塑料吹塑成型机组、生产线的需求较为迫切。中国产吹塑机设备的配套生产线方面的改进重点建议放在以下几方面：高效塑化系统，高性能机头，高度节能的合模系统，具有长期稳定性和高质量的模具，高稳定性的去飞边系统以及高质量、高可靠性的周边辅助设备等。

一些发展中国家对中空塑料吹塑成型机组、生产线的市场需求不同，主要看重：稳定可靠，换色、换料时间周期短，节能、操作简单，调试、调整简单快捷，使用方便，设备价格相对较低等。

国民经济进入发展新常态以后，国内吹塑制品行业也悄然发生了较大的变化，用工成本、水电价格、塑料原料价格的不断攀升，对中空塑料吹塑成型机组、生产线已经产生了许多新的技术要求。

国内物流业近几年发展迅速，对耐用型吹塑托盘的需求量将有较快的增长；大型冻库的建设使用以及冷链物流的发展，对抗低温的吹塑托盘、吹塑型储物箱、冷藏箱的需求将有较快的增长，特别是适应一些生产线要求的吹塑托盘将是这类吹塑托盘产品与吹塑成型设备的重要研究领域。张家港市同大机械有限公司已经研制出多款1210单面吹塑托盘可应用于这些场所与生产线。

在国内物流市场托盘租赁运输与托盘对流运输发展不完全的情况下，免人工卸货吹塑托盘会有较大的市场发展空间，特别是应用于大宗货物铁路、公路运输的免人工卸货吹塑托盘将是未来几年的发展重点之一。免人工卸货吹塑托盘方面，张家港市同大机械有限公司已有多款吹塑托盘可用于不同物理场所。同时，随着标准化托盘的推广与对流运输、托盘租赁等的大力推行，耐用型标准化吹塑托盘生产线将获得较快发展。

传统农业使用的大型、超大型储水罐，抢险救灾需要的小型救生设备，塑料担架，应急物流需要的吹塑型塑料集装箱等，旅游、休闲用的许多吹塑制品均对中空塑料吹塑成型机组提出了许多不同的要求。此外，随着军民融合步伐的加快，军民两用的一些物流用品，以及军用的专门用品也将会有较大需求，值得一些具有较好经济实力的厂家关注。这些市场的不同需求，必然将带动中空塑料吹塑成型机的技术创新与技术进步，值得引起中空塑料吹塑成型机设备研发、制造厂家重视。

1. 自动化程度更高的大型、超大型中空塑料吹塑成型机组、生产线

（1）大型、超大型多层塑料储水罐、储水箱生产线。随着现代化设施农业的推进，以及缺水地区改善生产、生活环境的需要，大型、超大型塑料储水罐、储水箱在国内外市场均有一定的需求。从目前的情况看，需要提高这类设备的设计水平和制造质量，不断提高设备运行的稳定性和可靠性。技术上，主要应该在挤出机塑化系统、储料机头、合模机、液压系统等方面做进一步的提高和改进，中间层进行结构发泡（微发泡）的多层大型、超大型储水罐将是发展方向。

国产大型、超大型多层中空吹塑机生产线研制技术已经日趋成熟，完全可以与发达国家研制的大型吹塑机设备媲美。

（2）各种不同规格的吹塑托盘生产线。吹塑托盘随着国内外物流业、冷链物流、大型冷冻库、高位货架、化工、化肥、粮食加工等许多行业高速发展，特别是在环境温度较低的工作状态下，吹塑托盘具有独特的优势，在未来多年内将有一个稳定发展期；多种不同规格的吹塑托盘专用生产线将会获得长足的发展。

随着托盘标准化的推进与托盘周转运输的推进，以及托盘租赁业的发展，标准化通用吹塑托盘将获得更多的市场份额。新型吹塑托盘生产线将主要集中在 600 型、800 型、1200 型、1600 型这几种设备型号。

随着对环境保护要求的提高和降低吹塑托盘成本的市场迫切需要，多层吹塑托盘将是未来吹塑托盘发展的主流，多层吹塑托盘里、外层采用全新料，内层采用回用料、回收料吹塑成型。因此，研发多层吹塑托盘中空塑料成型机组、生产线是未来几年吹塑托盘成型设备的主要重点之一。此外，由于企业用工成本的不断上升和吹塑托盘生产规模的扩大，采用机器人操作系统、自动化去飞边、智能化的吹塑托盘生产线的研制将受到重视。吹塑托盘高效、节能回收设备也将是研发重点之一，这一发展趋势将可能加速。

苏州同大机械有限公司近年内已经研制成功 TDB-600F、TDB-800F、TDB-1200F、TDB-1600F、TDB-2000F 等系列化吹塑托盘智能化生产线，并且研制了多款货架、生产线、冷库使用的单面川字形吹塑托盘。该公司采用生产线、模具、配套技术、多种配方配套输出的方式，为客户解决了各种技术上的难题。

（3）特种大型、超大型吹塑制品成型机组与生产线。随着各种不同用途吹塑制品的不断开发，一些特种大型、超大型吹塑制品的生产有了市场需求，与之配套的吹塑成型设备有了研制的市场基础，因此，一些专用吹塑制品的成型设备或生产线将是研发的内容之一。

2. 全自动智能化中空塑料吹塑成型机组、生产线

（1）随着中空塑料吹塑成型机组、生产线的更新换代，市场需要各种不同规格的全自动化吹塑机进行技术创新与档次升级，高速、节能、无人化、少人化、操作智能化的全自动化吹塑生产线将受到更多的重视。全自动吹塑成型，全自动去飞边、自动计量、自动检测、自动打包、全自动粉碎边料等吹塑成型全自动智能化生产线将是未来几年的重点发展方向之一；中小型吹塑机高速生产线将以全电动驱动、电液混合驱动为主。

（2）多维吹塑成型机组、生产线。我国已经成为汽车制造大国，随着汽车制造业的升级换代，

与汽车配套的多种塑料风管及其他塑料管道将采用更多的多维吹塑成型设备，以确保风管与管道的吹塑成型质量。未来几年不同配置的多维吹塑成型设备也是研发重点之一。

负压牵引吹塑成型技术、机器人牵引吹塑成型技术以及移模牵引吹塑成型技术将在不同吹塑管道的生产中得到更多的应用。

（3）专用特种工程塑料吹塑机。目前国内中空吹塑成型机研制企业还没有对专用特种工程塑料吹塑机进行相关的技术研究。吹塑制品行业的产品升级与其他应用行业对工程塑料吹塑制品需求的升级，将带来工程塑料专用吹塑机研制的需求，值得相关企业重视。

目前用于ABS等常规工程塑料吹塑的吹塑机及生产线已经国产化，其中苏州同大机械有限公司已有多款ABS、TPE、TPU、SBS等工程塑料吹塑机。

（4）汽车燃油箱吹塑机生产线。用于轿车塑料燃油箱生产的六层燃油箱吹塑机生产线国内已有两家公司可以生产，一家为秦川塑料机械厂，一家为江苏大道科技有限公司。两家公司研发的六层燃油箱吹塑机生产线智能化程度较高，已经可以满足国内燃油箱制品生产商的生产需要。

六、行业发展趋势分析

中空塑料吹塑成型机的制造企业目前虽然较多，随着一些明星企业技术创新工作和各项管理创新工作的推进，研发能力与创新能力不断提高，近几年一些明星企业的销售产值与二线厂家的距离已经明显拉大。随着国内外市场认可度进一步提高，这种研发、制造、销售能力的集中将会更加凸显。明星企业的品牌效应已经开始显现与形成，其研发、制造的中空塑料吹塑成型机组、生产线已经获得国内外诸多客户的认可，2016年这种情况更为明显，并将进一步加快发展。随着明星企业管理创新、技术创新、市场细分等工作不断深入，我国中空塑料吹塑成型机制造行业的市场竞争规则正在逐步形成；未来几年仍然将是国内中空塑料吹塑成型机优势、明星制造企业的重要发展机遇期，将可能获得更加快速、稳定的发展。

专用中空塑料吹塑成型机型的研发与生产将会更为专业化。吹塑机新设备的技术创新工作需要一个较长时间周期，许多创新经验不是短期内可以取得的。专机的研发与制造、销售将向一些厂家富集，有利于逐步形成中空吹塑机市场的分工。

新技术、新设备、新材料、新工艺等的研究与应用将加快进行，以满足不同行业对塑料吹塑制品的需求。

产学研的合作步伐将明显加快。新型吹塑机的研发周期将进一步缩短，技术创新的水平将进一步提高，一些具有高度技术创新的吹塑机生产线将获得技术上的突破，许多新的吹塑制品将可能应用于更多领域。一般性的制造将向精细化、高速化制造转化，更为专业化的研发、制造、调试、销售、服务技术队伍将在这一进程中更加壮大。重要零部件、控制器的研发、制造将进一步实现国产化与优质化。吹塑机生产线的安全规范与创新设计将会更加受到重视。

创新服务意识与模式将促使中空吹塑成型机制造行业形成一种新的工作习惯，配套服务、一揽子解决客户需求是未来多年中空吹塑机制造厂家应该积极发展的服务项目，同时也是一些吹塑制品企业的需求。抓住这些商机并且做好这些工作，客户群就会更加稳定和壮大。

中空吹塑机组、生产线的智能化程度将更加深入发展。无人化、少人化操作的智能化中空吹塑机生产线将发展更快，吹塑制品的智能化生产将会更加普遍，吹塑机设备的稳定性、耐用性、调整的简捷化也是未来多年的主要发展方向。

东部沿海化工产品开发区的陆续建成，对化工包装桶的需求将有较大的增长，对塑料包装桶生产线设备的要求将进一步提高。无人化、少人化操作的高效、节能、稳定、可靠的专用塑料包装桶吹塑机智能生产线将会成为新需求，预计对高效生产IBC专用包装桶的吹塑机生产线、200L危包桶的专用吹塑机生产线在智能化、高可靠性、高效节能等方面将有更高的要求。这类包装桶的多层结构可能将成为新的需求，值得一些包装制品厂家与吹塑机制造厂家提前关注。

吹塑成型机理的研究将获得重大技术突破，以微纳层吹塑成型技术、深拉伸吹塑成型技术、多重壁吹塑成型技术、多种复合塑料材料吹塑成型技术、特种工程塑料吹塑成型技术、塑料吹塑过程中控制结晶改性技术为代表的许多相关重要技术创新将达到国际领先水平。

〔撰稿人：苏州同大机械有限公司邱建成〕

高分子材料 3D 打印 / 复印智能制造研究进展

在基于高分子材料加工成型的智能制造技术领域，“3D 打印”技术的出现，使产品设计可以实现快速更新并满足个性化需求，对现代制造业生产流程产生日益显著的影响。然而，“3D 打印”以逐层堆积的方式构造产品，制品精度和成型效率还相对较低。基于目标产品的虚拟设计或三维扫描建模、模具结构智能规划三维打印、智能化注射模塑成型集成创新发展起来的“3D 复印”技术可望成为现代制造业智能化发展的新趋势，有着广阔的应用前景。本文报告作者团队在国家自然科学基金和重点研发计划项目的支持下，集成高分子材料精密注射模塑成型和熔体微分 3D 打印技术应用基础研究成果，并结合智能制造的重大需求和背景知识，创新提出并初步探索开展 3D 打印 / 复印智能制造的核心原理和技术路线，并探讨三个关键环节的科学技术问题和初步解决方案。

3D 复印技术，是相较于 3D 打印技术而提出的概念。顾名思义，是指大批量精确复制三维实体的技术，通过将熔融的高分子材料注入特定型腔进行冷却固化成型制品，是一种“从一到多”的等材制造方法。与传统的纸质复印机一样，需要经过数据采集及处理、“硒鼓”制作、样本复制三个步骤，能够实现样本的快速、高精度、大批量复制。3D 复印工艺大致分为三个阶段：基于目标产品的虚拟设计或三维扫描建模、模具结构智能规划三维打印、智能化注射模塑成型。

一、基于目标产品的虚拟设计或三维扫描建模

在进行 3D 打印或 3D 复印之前，都需要获取实体模型的信息，包括尺寸信息、轮廓信息、结构信息等。因此需要对三维物体进行测绘、扫描、建模，从而得到实体样本。

基于目标产品的虚拟设计是指以数字化为导向，通过三维建模软件进行产品设计并利用模拟仿真软件进行产品优化的产品设计方法。可以根据目标产品的设计与使用要求，运用三维建模软件对其进行模型构建和结构设计，然后通过模流分析软件（如 Moldex3D、Moldflow 等）及结构分析软件（如 ABAQUS、ANSYS 等）对其进行优化。

基于目标产品的三维扫描建模是指以实物化为导向，对已有产品进行三维数据采集，通过计算机系统分析处理得到产品三维模型。常用仪器为 3D 扫描仪，通过对物体进行高速高密度测量，创建物体几何表面的点云（point cloud）用于插补物体表面形状，对实体产品进行三维重建。Geomagic Studio 是常用的专门处理三维点云的软件，可以把三维点云数据处理成各种需要的格式，然后导入 3Dmax、CAD、PORE、UG、CATIA 等三维建模软件进一步处理。

二、模具结构智能规划三维打印

纸质复印机非常重要的一个部件就是“硒鼓”。硒鼓，也称为感光鼓，一般由铝制成的基本基材以及基材上涂上的感光材料所组成。在激光打印机中，70% 以上的成像部件集中在硒鼓中，打印质量的好坏实际上在很大程度上是由硒鼓决定的。

而模具便是 3D 复印机的“硒鼓”，在产品结构设计完成后，就需要对其成型模具进行设计加工。传统的模具往往通过 CNC 数控中心加工制造，存在加工周期长、模具结构灵活性低、价格昂贵等问题。随着3D打印技术的兴起和发展，模具制造的这些问题正在不断被解决。3D打印模具快速制造为3D复印奠定了坚实的基础。金属模具或塑料模具3D打印可以明显缩短模具生产周期，降低模具制造成本，同时使模具结构设计更加灵活，例如3D打印随形冷却水路、模具分型面智能规划。3D打印模具见图1。

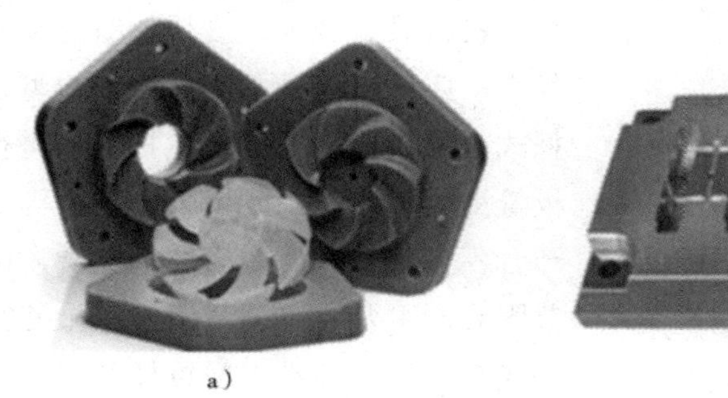
a）

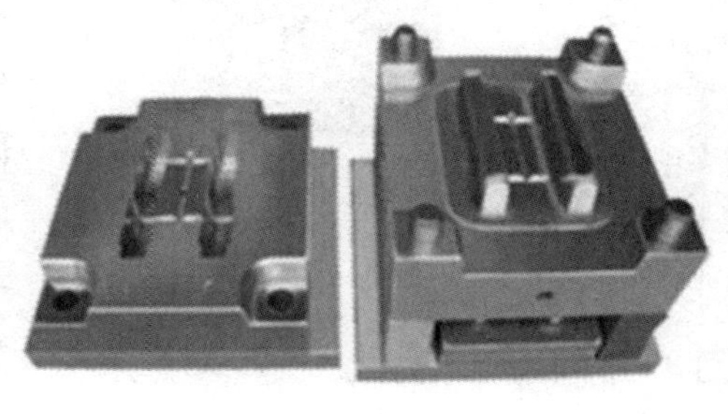
b）

图1　3D打印模具

a）3D打印塑料模具　b）3D打印金属模具

目前基于3D打印的快速模具制造技术主要有高性能金属模具3D打印技术、无焙烧陶瓷型精密铸造快速模具技术、铸造用蜡模和砂型的SLS成形制造、高性能塑料模具3D打印技术等。

本文报告作者团队根据高分子材料加工成型的“微积分思想”提出的熔体微分3D打印技术是将聚合物粒料直接放入螺杆塑化系统中熔融塑化，然后经过开关式喷头按一定频率挤出，层层堆叠成型制品，它拓宽了耗材选用范围的同时降低了耗材成本，为3D打印高性能塑料模具奠定了技术基础。熔体微分3D打印是基于熔融沉积成型方法的一种成型工艺，其成型过程包括耗材熔融、按需挤出、堆积成型三部分。熔体微分3D打印工作原理图见图2。

热塑性粒料在机筒中加热熔融塑化后，并由螺杆建压、输送至热流道；熔体经热流道均匀分配至各阀腔中，阀针在外力作用下开合，将熔体按需挤出喷嘴，形成熔体“微单元”。此外，制品电子模型除按层分割外，在同一层内均匀划分成多个填充区域。在堆积过程中，熔体“微单元”按需填充相关区域，并层层堆积，最终形成三维制品。根据熔体微分3D打印基本成型原理，设计并制造了熔体微分3D打印机，如图3所示。根据驱动方式的不同可分为电磁式和气动式两种，如图4所示。

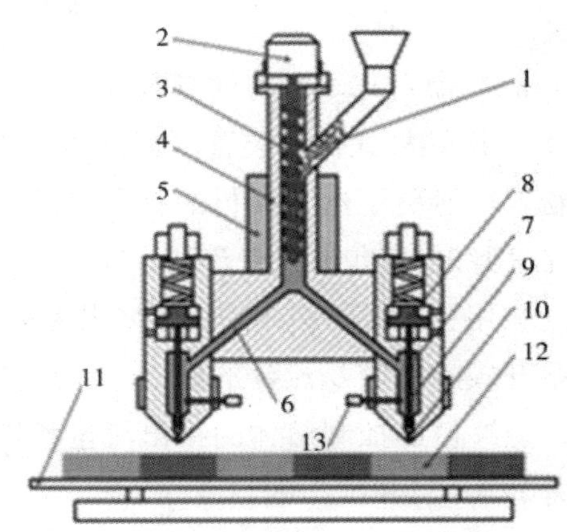

图2　熔体微分3D打印工作原理图

1—粒料　2—驱动电动机　3—螺杆　4—机筒　5—加热套　6—热流道　7—阀腔　8—阀针驱动装置　9—阀针　10—喷嘴　11—基板　12—制品　13—压力检测装置

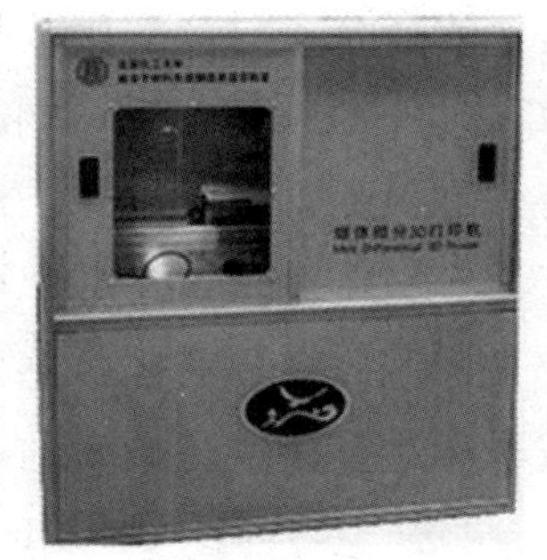

图3　不同规格的熔体微分3D打印机

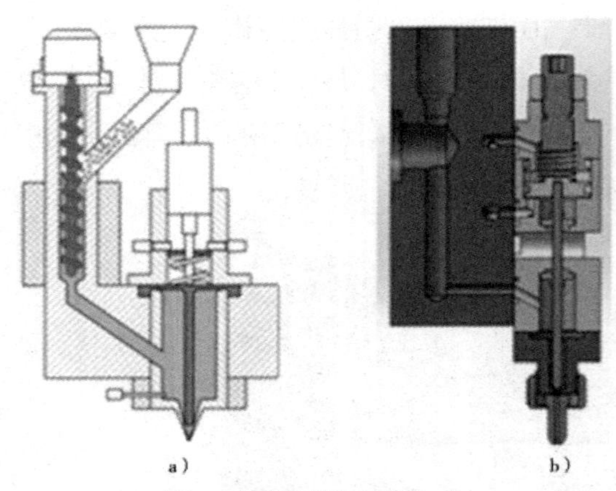

图 4 不同的驱动方式

a) 电磁式按需挤出装置 b) 气动式按需挤出装置

熔体微分 3D 打印系统包括结构单元和控制单元两部分，其中结构单元包括耗材塑化装置、按需挤出装置、堆积成型装置，控制单元包括运动控制装置、温度调节装置、耗材检测装置、压力反馈装置。

熔体微分 3D 打印成型方法具有以下特点：

（1）采用螺杆式供料装置，可以加工热塑性粒料及粉料，避免了丝状耗材的打印局限，扩展了熔融堆积类 3D 打印的应用范围。

（2）采用针阀式结构作为熔体挤出控制装置，避免了敞开式喷嘴容易流延的缺点；通过控制阀针开合，能够精确控制熔体的挤出流量和挤出时间，提高熔体“微单元”的精度。

（3）通过打印模型的区域划分，在制备大型制品时，通过多喷头同时打印的方法，可以成倍提高 3D 打印效率。

三、智能化注射模塑成型

注射成型机作为典型的高分子材料模塑成型“3D 复印机”，能够实现复杂结构特征塑料制品的三维立体复制，具有生产效率高、速度快、制品精确度高等特点。特别是在“工业 4.0”和“中国制造 2025”国家战略的背景下，以智能传感为基础、以大数据为承载，通过模塑成型装备与智能制造和云终端相融合，将进一步提升“3D 复印”的智能化应用水平。

目前，现有的注塑机行业一般都采用三板式合模机构，即双肘杆式合模机构。因其本身的结构特点具有以下 3 个显著的优势：锁模过程无需能源，具有自锁作用；合模过程肘杆机构具有力的放大作用；运动性能好，具有“慢 - 快 - 慢”的运动特性，符合注射工艺要求，因此，肘杆式合模机构具有合模速度快、节能高效、低成本等优点，广泛应用于中小型注射成型机。然而，肘杆式合模机构主要依靠拉杆变形进行锁模，使模板等受力不均；同时销轴、拉杆等零件易磨损，开合模精度较低；调模结构复杂，模板平行度调节困难，主要通过调节调模螺母使得拉杆变形的方式来实现，容易出现拉杆及模板断裂等问题，对模具的损伤也较大，无法成型精密制品。随着制品壁厚日益变薄，制品形状日益复杂，制品精度日益提高，模具日益复杂，产量日益提高，对注射成型的性能要求和精度要求越来越高，现有的三板肘杆式注塑机显然无法满足精密注射的要求。因此，为了提高注塑机的合模精度，出现了结构更加紧凑的二板式注塑机。相比于三板肘杆式注塑机，二板机由于取消了后模板，使结构更加紧凑、整机重量减轻，节材；4 个锁模液压缸可以自适应浮动调模，使开合模精度高，无需调模，零件磨损少，模板受力均衡，可用于成型光盘等薄壁精密制品。但是相对于三板机，二板机依靠 4 个锁模液压缸进行锁模，能耗增加，且合模速度慢；动模板的结构设计以及运动导向装置等要求较高，设计、制造、安装、维护要求较高；液压系统要完成开模、合模、高压锁模等动作，较肘杆式更加复杂。这些都增加了注塑机的成本，使二板机的性价比不高，因此在小型机中的应用较少，主要往“大型机”方向发展。

本文报告作者团队长期致力于注射成型智能制造技术的研究，综合考虑肘杆式三板机的优劣势以及二板机性价比低的劣势，提出了第二代精密三板式注塑机（G2.0 精密注塑机），对塑化系统、合模系统和控制系统进行了改良，具有高效塑化、精密合模、智能控制等特点，能够实现注塑制品缺陷在线诊断和自愈调控，为快速、高效、大批量精确复印高分子制品创造了条件。第二代精密三板式注塑机见图 5。

图 5 第二代精密三板式注塑机

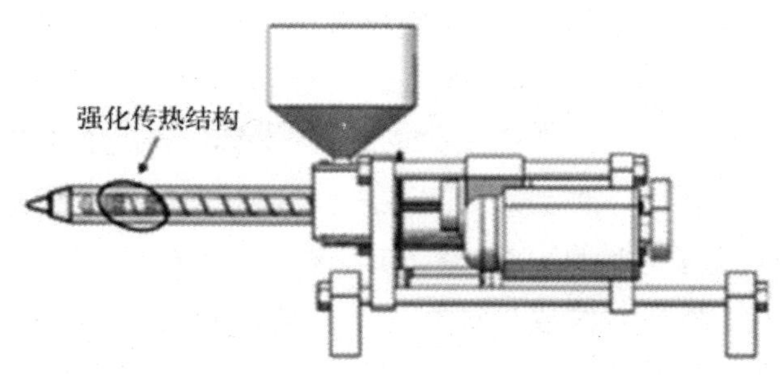

图 6 第二代精密三板机的塑化系统

1. 基于场协同理论的协同塑化系统

聚合物塑化不均往往导致各种注塑制品缺陷，例如缩痕、焦痕、白化、色差、翘曲变形等。以导光板为例，如果塑化过程部分熔料温度过低，就会使熔料中存在固体，在制品上产生“白点”缺陷；如果塑化过程部分熔料温度过高，就会使熔料分解炭化，在制品上产生“黑点”缺陷。

场协同原理是由能量守恒方程得到的速度场与温度梯度场的协同作用对边界层型流动问题中对流换热的影响，证明了减小速度矢量与温度梯度之间的夹角是强化对流换热的有效措施。作者所在团队从传热学的角度重新审视聚合物塑化过程，基于场协同原理开发了一种高效塑化螺杆——场协同螺杆，并将其应用到注射成型装备的塑化系统中。该塑化系统具有强化传热传质、高效混炼塑化的特点，能够显著提高升温速率，改善熔料塑化质量，节约能源。第二代精密三板机的塑化系统见图 6。

场协同螺杆的核心结构为强化传热结构。该强化传热结构能够像“翻烙饼”一样将聚合物熔体在螺槽内实现翻转，使靠近机筒内壁的熔体翻到螺槽底部，靠近螺槽底部的熔体翻到机筒内壁，实现聚合物熔体的径向传质，提高了速度矢量与温度梯度之间的协同性，更好地接收来自机筒的热量，达到强化传热的目的，提高聚合物熔体的温度均匀性和塑化质量。

2. 对传统三板机合模系统的改进

新型三板机的合模装置仍然为双肘杆机构，保留了肘杆机构的三大优势。与传统三板机不同之处在于，在动模板处设置动模板平行度自动调节装置，可以有效地消除运行过程中合模时动模板与静模板之间的间隙，实现自适应“零间隙”合模，提高合模精度；受力均衡，能有效地保护拉杆、模具等，提高拉杆、模具等的使用寿命。调模主要分为上下方向自适应调模和左右方向自适应调模。动模板平行度自动调节装置见图 7。

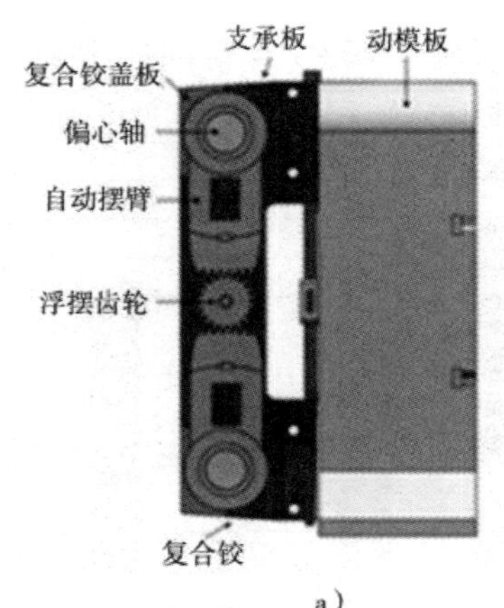

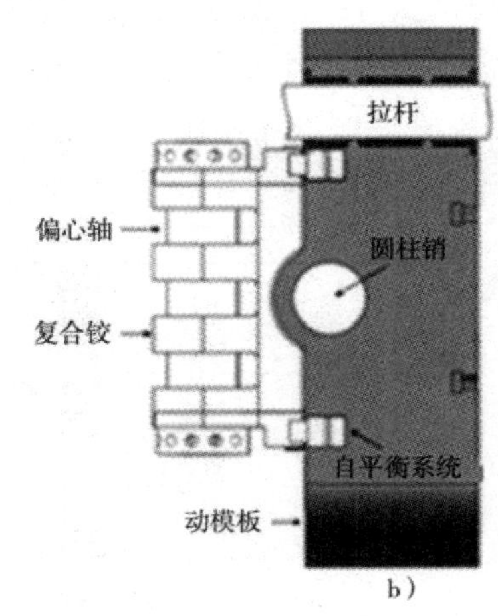

图 7 动模板平行度自动调节装置

a）上下方向自适应调模 b）左右方向自适应调模

3. 注塑缺陷在线诊断及自愈调控系统

聚合物的 PVT 特性是描述材料比容积随温度和压力的改变而变化的情况，是高分子材料的固有属性，对制品的尺寸重复精度和质量重复精度具有重要的影响。换句话说，掌握了聚合物的 PVT 特性并对成型过程进行有效控制，便能够提高制品的精度。基于聚合物的 PVT 特性，开发了注塑制品缺陷在线诊断及自愈调控系统，在聚合物 PVT 特性曲线图上定义制品质量标准工艺路径，通过实时在线监测模具型腔内熔体温度（*T*）、压力（*P*）、比体积（*V*）的变化，自动识别因环境条件变化或黏性变化引发的工艺波动，并与制品质量标准成型工艺路径进行对比，如果发生偏离，程序将会自动根据该聚合物熔体的 PVT 特性进行调整，采取相应的应对措施。该系统可以显著提高制品的重复率，降低废品率，真正意义上实现注塑制品缺陷的在线诊断和自愈调控。

综上，本文报告作者团队集成高分子材料精密注射模塑成型和熔体微分 3D 打印技术应用基础研究成果，创新提出的 3D 打印／复印智能制造技术，具有生产效率高、速度快、制品精确高等特点，在高精度产品制造与大批量生产方面具有很好的应用前景。

〔撰稿人：北京化工大学机电工程学院杨卫民、鉴冉冉〕

废旧塑料再生利用行业与装备概况

废旧塑料再生利用是以废旧塑料为原材料，经过破碎（撕碎）、清洗干燥、材质分选、颜色分选等多种预处理工艺得到塑料原材料，从而实现废塑料的再生循环利用。

再生塑料是指通过预处理、熔融造粒、改性等物理或化学的方法对废旧塑料进行加工处理后重新得到的塑料原料。

一、我国废旧塑料再生与利用行业的发展现状及特点

1. 区域分布

我国废旧塑料再生利用行业经过几十年的粗犷式发展模式，目前已经全面进入环保升级阶段。前几年，废弃塑料交易场所遍布中国，已经形成一批较大规模的废弃塑料回收交易场集散地和加工聚集地，主要分布在广东、浙江、江苏、山东、河北、辽宁等塑料加工业发达省份。目前，全国各地都在对废旧塑料再生利用聚集区、生产制造企业进行全面整顿，并推行园区化管理模式。

2. 主要来源

国内加工利用企业的废塑料主要来源于国外进口和国内回收。根据中国再生资源回收利用协会再生塑料分会统计，自 2008 年以来，我国每年进口的废塑料维持在 700 万～ 800 万 t。2015 年废塑料进口 735.4 万 t，较 2014 年同比下降 10.9%，而 2014 年较 2013 年同比增长 4.7%。2008—2015 年我国废塑料进口总量见图 1。

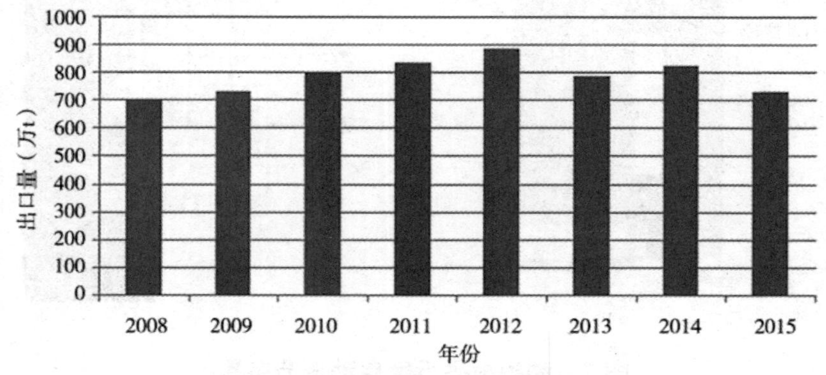

图 1　2008—2015 年我国废塑料进口总量

在国内废塑料回收方面，我国废塑料产生量每年约 3 413 万 t，回收利用达到 2 488 万 t，塑料制品年总产量约 7 718 万 t，回收利用量约占我国塑料制品年总产量的 32%。

3. 产业政策

近年来，我国逐步从单纯的资源再生利用层面向环保绿色再生处理转变。2012 年以来，环保部相继出台了《废塑料加工利用污染防治管理规定》和《进口废塑料环境保护管理规定》等文件，提高废旧塑料加工市场的准入门槛，严格禁止不负责任的废料再生加工，同时规范了废旧塑料进口加工利用企业类型，并对加工利用企业环境保护要求做出了具体规定。

与此同时，国家其他部委的《废塑料综合利用行业规范条件》和“圈区管理”等政策、海关商检的“绿篱行动”及“国门利剑 2017”专项整治等对我国再生塑料行业产生了巨大的影响。

国家政策层面的变化，直接导致了我国再生塑料行业的中小企业遭受洗牌，或关停取缔或兼并重组，而一大批央企国企和上市公司则强势进军再生塑料行业，整个行业呈现出产业格局变动、企业总数锐减、装备与技术水平大幅度提升的新趋势。

4. 处理方式

多年以来，国内废弃塑料主要以人工从垃圾或其他渠道回收，集中后再进行分类、加工处理的模式为主，回收利用率相对比较高。但是，随着改性塑料制品日渐增加，采取新的回收处理方式和技术变得越来越重要，绿色环保处理废塑料成为行业升级转型的重要推动力。

5. 现状与未来

一是产业格局发生重大转变。以前行业的主力军 —— 家庭作坊、小微企业面临被迫退出的狂潮，一批央企国企、上市公司正在跨界进军再生塑料行业。

二是“圈区管理”正在各地落地开花，中再生园区、天津子牙园区、河北定州园区等多种产业园模式正在经历洗礼。虽然目前国内各再生资源产业园区仍然处于艰苦挣扎阶段，但是在园区化发展的大趋势下，因地制宜地打造园区的核心竞争力、做好招商引资之后的持续服务是关键所在。

三是我国再生塑料行业的技术装备水平正在不断提升。传统的手工作业模式正在快速向机械化、自动化、集成化方向发展，并涌现出一批自动化程度高、环保清洁化生产的示范工厂和领军企业。

四是我国再生塑料行业发展步入科技化、规模化和差异化发展的道路，全行业正在由低质量、高能耗、高污染向高质量、低能耗、低污染、高技术的方向转型。

五是再生塑料的应用领域正在不断扩大，以塑代钢、以塑代木、汽车轻量化的趋势愈发明显。再生塑料作为一种基础原材料正在包装材料、家电、汽车、管材建材等领域被广泛使用，且具有庞大的市场容量。

六是在供给侧改革和去产能的宏观调控之下，国家积极推动的“一带一路”战略将为行业相关企业提供战略纵深地，积极拓展海外市场，与沿线各国深入开展项目合作，带动产品、设计、装备等的海外开拓已经成为业内有识人士关注的重点，我国再生塑料行业的全球化步伐不断加快。

七是再生资源和环卫系统两网融合的兴起和国内回收体系建设被热议，为再生塑料行业拓展废塑料的来源提供了更加广阔的新渠道，废塑料回收处理总量将迅速增长，废塑料再生利用将向高质高值化利用和低残值环保化利用两极化发展。

八是“互联网 +”概念的融入为再生塑料行业提供了新的驱动力。经过近两年的摸索与研究，互联网技术已经具备了深度融合再生塑料行业的条件和基础，“互联网 + 再生塑料”的新业务平台和运营模式正在不断涌现，这也将推动我国再生塑料行业快步进入互联网经济时代。

九是长期缺乏行业标准的再生塑料行业面临逐步制定、推行标准化的新局面。由于长期缺乏行业标准，业内的贸易纠纷、质量检测、行业监管等乱象丛生。2017 年下半年，中国再生资源回收利用协会联合废弃物资源化国家工程研究中心、北京石油化工学院等一批科研院所，组织行业上下游一批大型标杆企业及技术领先的装备制造企业，并邀请美国塑料协会（SPI）和美国废料回收工业协会（ISRI）等国际组织共同组建了再生塑料行业标准工作委员会，着手组织编制再生塑料行业相关的产品、技术、装备等领域的团体标准，积极承担中华全国供销合作总社、发改委、工信部、商务部、环保部等政府相关部门以及国家标准化管理委员会等相关机构制定与修订再生塑料行业标准与国家标准的工作，并积极推动与国际接轨，全面推动我国再生塑料行业的标准化建设。

再生塑料行业前景良好。预计全球塑料消耗量将以每年 8% 的速度增长，2030 年塑料的年消耗量将超过 7 亿 t，而每年塑料废弃量大概在 2.6 亿～3 亿 t，再生塑料行业的市场容量相当惊人。

二、我国废旧塑料再生与利用行业需求的设备特点

1. 废塑料回收领域设备

在废塑料回收领域，打包机正在由传统的占地面积大、笨重型、高能耗向轻便型、智能型、节能型转变。

2. 塑料再生之预处理设备

废旧塑料预处理是指废旧塑料的筛选分类、破碎、清洗、脱水干燥、材质提纯等。每个环节都有其对应的机械设备，即预处理设备，如塑料破碎撕碎机、塑料清洗生产线、塑料脱水机、材质分选机、颜色分选机等。当然，每种设备也都有各种不同的型号和特点，主要是根据塑料原料和产量来选择相对应的机械。

（1）废塑料前端处理之分选设备。在废塑料前端处理方面，分选设备是关键核心设备。目前，分选设备又分为磁选、光电分选、静电分选、色选等多种不同功能的系列设备。在各类分选设备上，技术领先的设备目前还是依赖于从欧美先进国家进口。近年来，我国国产设备的技术含量也在迅速提高，虽然与国际一流设备还有一定的差距，但是在性价比方面却远胜于进口设备，同时也大量出口海外，在全球市场的占有率逐年上升。

（2）废塑料前端处理之清洗设备。塑料清洗线通常也叫作废旧塑料清洗线设备，主要分为两大类：一种是软质塑料清洗线设备，主要处理农膜、薄膜、遮阴网、渔网、PP 编织袋、塑料袋、水泥袋等废塑料；另一种是硬质塑料清洗线设备，主要处理家电塑料外壳、塑料瓶、塑料水桶、塑料安全帽、电脑外壳、电视机塑料外壳、塑料桌凳、塑料管材等废塑料。

在废塑料前端处理设备中，清洗线是主要设备。有些项目的一字排开式的清洗生产线总长度可达百米以上，占地面积大；清洗生产线又需要与污水处理系统衔接，环保要求比较高。

目前国内的废塑料清洗线专业化程度越来越高，主要分为 PET 清洗线、杂膜清洗线、日杂废塑料清洗线、电子杂废塑料清洗线以及农地膜清洗线等。

国外废塑料清洗线装备制造企业主要有意大利 AMUT、SOREMA 等。

国内废塑料清洗线装备制造企业主要集中在广东、江苏和浙江等地区，知名企业主要有浙江宝绿特环保技术工程有限公司、广东隽诺环保科技股份有限公司、广州市联冠机械有限公司、江苏贝尔机械有限公司、张家港联冠环保科技有限公司等。

（3）废塑料前端处理之破（撕）碎设备。塑料破（撕）碎机用于破碎废旧塑料和工厂塑料边角料，在废塑料再生和工厂边角料的回收上有着广泛的应用。

目前，我国废塑料再生利用企业采用的进口破（撕）碎机主要有 Herbold Meckesheim USA、Hosokawa Polymer Systems、Rapid Granulator、Jordan Reduction Solutions、Pallmann Pulverizers Company 等。

近年来，我国本土化生产的各类破（撕）碎机的技术含量也在不断提升。目前，国内破（撕）碎机主要以中外合资背景的上海骁马机械有限公司、埃维恩（上海）机械有限公司以及吸收消化国外技术的本土化企业（广东隽诺环保科技股份有限公司、江苏贝尔机械有限公司、天奇股份无锡帝格曼环保科技有限公司、广州市联冠机械有限公司、中山斯瑞德环保设备科技有限公司等）为主。

（4）废塑料前端处理的辅助配套设备。开包机、脱标机、脱水机、振动筛、挤干机、团粒机、摩擦机、干燥机、均料仓以及输送带等都是废塑料前端处理生产过程中常用的辅助配套设备。

3. 塑料再生之造粒设备

再生塑料造粒是指把破碎的塑料经塑化挤出拉丝切粒，主要设备是塑化挤出设备和拉丝切粒设备，即塑料造粒机（塑料颗粒机）和塑料切粒机。同样，根椐不同的塑料原料和产量所采用的塑料造粒设备又有所不同。

近年来，我国塑料造粒机的生产专业化大幅提高，且生产的产品品种向多样化发展。塑料造粒机的分类方法没有统一规定，可按螺杆的数量分，也可按挤出机的功能分。按螺杆的数量，挤出机可分为单螺杆挤出机、双螺杆挤出机和多螺杆挤出机；按挤出机的功能，可分为通用型挤出机、排气型挤出机、发泡挤出机、喂料挤出机和反应挤出机等。

目前，在再生塑料颗粒造粒生产中多采用单螺杆挤出机和双螺杆挤出机。再生塑料基础料颗粒的造粒以单螺杆挤出机为主，以再生塑料作为原材料的改性颗粒造粒则以双螺杆挤出机为主。

三、我国废旧塑料再生与利用设备的发展现状

中国再生资源回收利用协会再生塑料分会的政策分析报告显示，国家政策将大力推进废塑料回收利用体系建设，支持不同品质废塑料的多元化、高值化利用。以当前资源量大、再生利用率高的品种为重点，鼓励开展废塑料重点品种再生利用示范，推广规模化的废塑料破碎-分选-改性-造粒先进高效生产线，培育一批龙头企业。积极推动低品质、易污染环境的废塑料资源化利用，鼓励对生活垃圾塑料进行无污染的能源化利用，逐步减少废塑料填埋。由此可见，再生塑料行业具有较好的发展前景。

由于再生塑料来源广泛，包括塑料薄膜、塑料包装箱、塑料容器、日用塑料制品、塑料袋、塑料丝等，质量参差不齐，在统一回收再塑的过程中，可能由于原材料的差异导致新产品在批次间存在较大的性能差异。无论是从国家环保政策的要求来看，还是从百姓对食品安全的高关注度来说，再生塑料行业转型升级已势在必行。总体来看，再生塑料行业中的一些不规范行为确实存在污染，但污染整体可控。事物都有两面性，需要用辩证的眼光来看待。再生塑料行业内众多优秀的企业和从业者正积极按照国家和地方政府的要求，不断规范企业的经营行为，包括污水处理及除烟除尘设备的投入及更新。再生塑料的发展必将逐渐走向规范化、规模化、集约化和无害化，相信在国家政策日趋完善和社会各界环保意识不断增强的情况下，再生塑料行业终将带给社会积极有利的影响。

自2016年以来，再生塑料行业在国家环保严管政策之下，呈现出“小微企业基本关停、中型企业勉强维持、大型企业及巨无霸企业风起云涌、产业多方向跨界延伸、‘互联网+’概念备受追捧”的新格局。

现阶段，我国再生塑料行业的五大特点和趋势如下：

一是家庭作坊式小企业在环保整治下被强力淘汰出局，虽有“圈区管理”政策的出台，但是小企业入驻园区的成功案例不多。

二是中型企业在环保整改后尚能开工生产，但是受到上下游市场行情跌宕起伏的影响，多为勉强维持，等待市场的复苏及政策的扶持。

三是随着再生资源行业纳入环保产业，一批实力雄厚的央企、国企、上市公司已经或者即将强势跨行进入再生塑料行业，如葛洲坝环嘉、中国节能、航天资源、金发科技、启迪桑德、天奇股份等。

四是随着再生资源行业传统的废钢、废纸等

大宗商品价格过山车式的波动以及废旧家电拆解行业的竞争加剧，一大批报废汽车拆解企业、造纸厂、家电拆解企业已经越来越重视以前被忽视的废塑料的增值再生利用。而随着国内城市垃圾处理行业的快速发展，城市垃圾处理过程中大量废塑料的增值再利用也逐渐成为热点。可以预见，我国再生塑料行业正在步入产业多方向跨界延伸的新格局。

五是随着“互联网 +”概念的迅速升温，互联网在再生资源行业也逐渐成为被追捧的热点，业内多家企业正在尝试互联网回收、互联网在线交易平台等新模式。如：中再互联（天津）供应链管理有限公司创建的集供应链金融、仓储物流服务、再生塑料基础原材料和改性专用料行业标准开发、第三方质量检测服务为一体的天塑在线交易平台等。

中国再生资源回收利用协会再生塑料分会的行业调研报告显示，我国再生塑料产业在“十一五”“十二五”期间取得了突飞猛进的发展，不仅加工利用规模位居前列，而且部分关键技术及装备已经跃居国际先进水平。

因此，在新形势下，传统的塑料回收模式与产业供应链服务、电子商务相结合将是重要发展方向，建设在线交易平台和区域交易中心，提供供应链金融服务、仓储物流服务、技术与信息等综合服务，对于升级传统回收模式，聚集回收量将发挥重要作用。

同时，国家将以当前资源量大、再生利用率高的品种为重点，鼓励开展废塑料重点品种再生利用示范，推广规模化的废塑料“破碎 - 分选 - 改性 - 造粒”先进高效生产线，培育一批龙头企业。因此，废塑料再生利用行业从作坊式向规模化企业升级是必由之路，同时也给拥有先进技术的废塑料再生利用装备制造企业带来了巨大商机。在规模化和节能环保的大背景下，再生利用企业的生产设备配置模式正在逐步从传统的“单机采购—自我拼装”向专业技术集成商的“废塑料破碎 - 分选 - 改性 - 造粒先进高效一体化生产线”转变。

四、国内外先进技术与设备的研发动向与成果

1. 废塑料前端处理装备的智能化设备成为关注焦点，从原始的手工作业向自动化、智能化装备运营是一个大跨度的前进。

推荐之一：美国 BHS 集团正式发布的人工智能 Max-AI™ 技术。

2017 年 4 月 18 日，全球最大的固废处理系统集成技术公司 —— 美国 BHS 集团正式发布 Max-AI™ 技术。这是一种识别可回收物和其他物品进行回收的人工智能，通过深入地自主学习技术，Max-AI ™采用多层神经网络和视觉系统以类似于人的方式来查看和识别目标。Max-AI™ 技术将推动物料回收设备（MRF）设计、运营效率、物料回收、系统优化、维护等方面的改进。

第一台使用 Max-AI™ 技术的可用机器人用于自动质量控制（QC）单元，可在光学分选后对容器类进行分类。该机器人分拣机使用视觉系统来查看材料，人工智能思考和识别每一种物品，以及选择目标物品。该系统能够自动地执行多个分选方案，分离各种材料，例如热成型托盘、铝和纤维，同时从 PET 瓶类中除去其他材质的残留物。这一切都是以超过人工的速度完成的。

第一套商用 Max-AI™ 自动质量控制单元已

在加利福尼亚太阳谷 AthensServices' Materials Recovery Facility(MRF) 上运行。作为 2016 年度北美固体废物协会（SWANA）卓越奖的获得者，Athens 在适合的位置首次安装 Max-AI 机器人分拣机以配合已经在使用的先进的筛分、风选和光学分离技术。Max 与公司现有的 NRT 光学分选机无缝集成，提供完全自主的 PET 分选解决方案。

Max-AI™ 技术发展前景广阔，是 BHS 在未来几年内为 MRFs 提供自主优化技术方案的核心，从而为运营该系统的企业提高绩效和盈利能力。这个突破性的机器学习平台是建立在计算机处理能力的最新发展之上。Max-AI™ 不仅仅是机器人分拣机，Max-AI™ 技术将很快成为 MRF 自动化装备的主动脑，控制各种机器人、光学和其他分选设备，提供实时材料组成分析，并自主做出系统运营的各项决定。这是再生资源行业革命性的技术创新，它将促使业内企业运营成本大幅度下降，而生产系统正常运行时间、处理产能、回收率和分选材质的纯度均会得到提升。

2. 废塑料前端处理装备的系统集成化成为发展趋势，从“单机采购 + 自我拼装生产线”模式向“系统集成 + 项目总包”模式转变已经逐步被业内大企业、大项目接受和采用。

推荐之二：广东隽诺环保科技股份有限公司（股票代码 839923）研发的全球首套电子混杂废塑料自动化处理系统。

广东隽诺环保科技股份有限公司（股票代码 839923）是一家再生资源回收再利用装备研发、制造及装备技术系统集成的现代化企业，产品主要销往欧美、大洋洲、东南亚、中东及非洲等 90 多个国家和地区，并不断拓展国内市场。

2016 年，广东隽诺环保科技股份有限公司研发的全球首套电子混杂废塑料自动化处理系统在洲豪（福建）再生资源材料有限公司安装并投入生产。该套系统的技术特点是整线自动化程度高，对废旧家电外壳实现一站式破碎回收。通过装备系统配套与衔接的技术优化与组合，以自动化程度较高的生产设备替代大量的人工作业，做到了再生塑料前端处理的高效、低能耗、低污染、高回收率和分选材料的高纯度。

该系统的生产工艺流程如下：

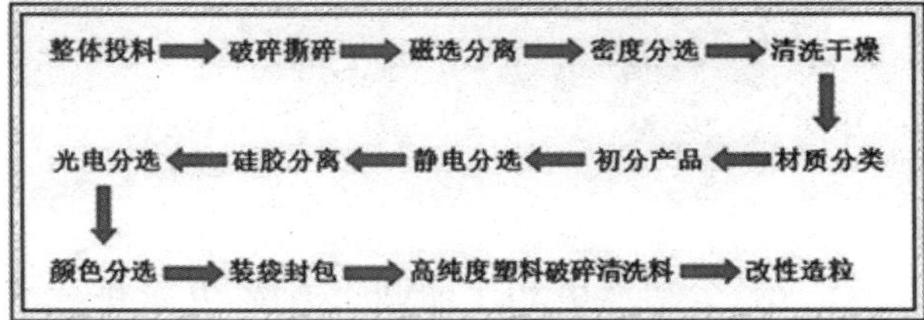

在该集成系统中，广东隽诺环保科技股份有限公司自主研发的立式破碎机和单轴撕碎机对家电外壳进行破碎，破碎过程中不同的物料也被剥离。

在后续工序中，该生产系统采用的磁选机将磁性物料分离回收。

在之后采用的密度分选法生产工艺中，该系统通过多条装有不同浓度盐水的分离清洗槽将不同密度的物料清洗分离。该系统建立了循环用水的水池，将整线工作过程中产生的污水通过循环水系统净化后继续使用，既节约了用水又防止了污水外排，基本实现了污水零排放的目标。

在之后的干燥工序中，该系统采用了广东隽诺环保科技股份有限公司自主研发的立式脱水机，其特点是物料损耗少、干燥效果佳。

在随后的清洁物料提纯系统中，该系统采用了全球领先的德国 HAMOS 静电分选机、硅胶分离机以及光电分选机、颜色分选机等，让最终产品具有清洁、高纯度的质量。

推荐之三：浙江宝绿特环保技术工程有限公司（简称宝绿特公司）研发的 PET 再生瓶片智能化处理系统。

PET 瓶的再生技术就是将消费后再收集起来的 PET 瓶通过特定的回收清洗机构，将瓶子经过各个工序的除杂（包含标签分离、瓶子表面净化、瓶子分类、金属剔除等），减容为碎片后，再一次对瓶片进行清洗净化处理，最终获得的成品碎片用作再生 PET 原料，应用于纺织、包装甚至是再生吹瓶等方面。现阶段，全球的 PET 回收清洗产业正在朝大型化、高自动化、清洁型方向发展。

宝绿特公司从事 PET 瓶回收清洗 20 余年，至今有超过 120 套设备在世界各地运行。近年来，宝绿特公司大力推进智能化高等级的 PET 瓶回收清洗设备在全球的推广与应用。宝绿特公司研发的 PET 再生瓶片智能化处理系统具有大产能、高效率、低成本的优质特性，依托公司自行研发的 IAS 控制系统，可实现生产全程自动监测和设备运行情况的记录，实时将数据反馈给工厂管理者，以便工作的安排。该系统同时配备在线污水处理系统，达到零污水排放，低噪声。同时，宝绿特公司也是亚洲唯一能提供瓶到瓶设备的装备制造企业，其产品接近于欧洲设备的特性，但自动化处理系统的投资成本较低，具有高产能、高品质、更经济的特点。

与此同时，宝绿特公司集二十多年设备研制经验，研发了粉末清洗机。粉末清洗机是一种先进、环保的 PET 混杂碎屑处理设备，在今后的再生聚酯化纤行业中具有不可替代的地位。设备针对 PET 瓶片清洗厂开发，特别适合于大中型 PET 碎片清洗装置或PET碎片粉末集中回收处理厂家，目的是提高再生 PET 成品回收率，增加产品的附加值。该设备突破传统设计，结构简单且紧凑，构思巧妙，绿色环保，无污水排放。生产能力为 500kg/h，可以实现 24 小时连续生产。

下面以宝绿特清洗线各单元做分部介绍：

（1）解包单元。解包就是将瓶砖变成一个个散瓶的制程，主要通过破坏瓶砖打包面来进行。现阶段宝绿特公司主要有两种类型的解包方式，根据解包轴的放置方向，可分为立式解包和卧式解包。采用高自动化工艺，操作工艺简单，低电耗和低设备磨损可解决行业的瓶颈问题，最大单机产能可达 6t/h。

（2）热收缩标签分离单元。具有热收缩标签（主要材料为 PVC、PET 或 OPS）的 PET 瓶无法通过整瓶清洗来去除标签，是非常困扰 PET 瓶回收行业的问题。拥有专利的宝绿特高效率脱标单元能彻底解决此问题。该单元由脱标机与吹标机组合而成，脱标率可达 95%。

（3）整瓶清洗单元。在瓶子粉碎前尽可能去除外部杂质，是保障最终 PET 瓶片质量和降低生产成本的重要基础。该单元的主机分两段：第一段为清洗段，物料与药剂水在清洗筒体内翻滚并相互摩擦达到清洗的效果；第二段为分离段，利用重力，药剂水可以从分离筒体的网板上带走主要的标签以及其他污染物，从而达到分离的效果。同时可根据不同需求配备自动温控、药剂水过滤系统和加药系统。

宝绿特的整瓶清洗单元分为连续型清洗和间歇式清洗两种。连续型清洗的最大工艺特色在于连续进料、连续清洗、自动化的水循环过滤系统，可保证设备的大产能产出。间歇式清洗能保证瓶子与药剂水长时间接触，更适用于油壶料的清洗。

（4）自动分拣单元。自动分拣设备针对分拣的原料不同，可分为塑料分拣机和金属分离机。

塑料分拣机是基于 NIR（近红外）和可见光技术鉴别不同颜色或材质的塑料，并通过高压空气将要的物料（正选）或不要的物料喷射出来（负选）。根据塑料的形态不同，分为挑瓶机和挑片机。

（5）金属分离单元。金属分离机根据金属的铁磁性，分为除铁器、自动翻板装置和涡电流分拣机，后两者可去除铝、铜等有色金属。其中自动翻板装置由金属检测器和气动翻板系统构成，也可单独使用金属探测器，通过探测器的信号来控制挑选带的起停，以便人工移除金属。

（6）人工分拣单元。作为瓶子进入粉碎机前的最后一道质量把关，通过人工辨别并捡除的方式，剔除非 PET 瓶、杂色瓶、其他塑料、金属、带 PVC 标签的瓶子和有无法判断的异物的瓶子。

（7）粉碎单元。物料进入粉碎机后，动刀和定刀相对运动对其进行剪切。在机体的底部安装了一定尺寸的网板，在经过若干次剪切后，小于网板孔径的物料会通过网板而到下道工艺，一部分略大于网板孔径的物料因为挤压的原因也会排出粉碎室。一部分小于网板孔径的物料因为重复剪切，尺寸在 2 ～ 12mm 之间。因为摩擦的原因，也产生微量的粉末。

宝绿特特殊结构设计的粉碎机可以在粉碎过程中加入水，让瓶片进行第一道摩擦清洗，同时降低粉碎室内温度，减少对刀具的磨损，最重要的是可减少粉末的产生。

（8）瓶片热洗与浮洗单元。为了让最终产品的杂质含量降低到 1/10 000（100ppm），甚至更低至 1/20 000（50ppm），将粉碎后的瓶片进行二次清洗是非常重要的。该单元由热水清洗、涡轮摩擦清洗、水媒介分离配套的自动药剂水过滤系统和自动加药系统组成，紧密的衔接和功能的合理搭配，可以有效地去除瓶盖、瓶圈、残留在瓶内的油和饮料、外部的黏胶和其他杂质。

（9）瓶片漂洗单元。瓶片经过热洗后，表面还会残留些药剂，通过连续的清水漂洗，瓶片表面的 PH 酸碱度趋于中性。同时，残留在瓶片中的悬浮物也将在此单元被进一步浮除，确保瓶片的洁净度和透明度。

（10）干燥单元。瓶片在经过热洗和冷洗后，通过高速机械式离心脱水，将含水率降至 1.5% 以下。如果后端再辅以热能干燥，即通过热能的传递，热风将瓶片上的水分进一步带离，瓶片的含水率降至 1% 以下。

（11）混料单元。废料的处理无法避免地会有杂质混入成品，为了降低杂质对成品的质量影响，可通过均化一定数量的瓶片内的杂质含量，提高瓶片的平均等级率。宝绿特混料仓将一定数量的瓶片进行混合搅拌，最终达到均化成品品质的目的。

（12）粉尘分离单元。瓶片无论在输送、清洗、混料时都会产生粉末，而 PET 粉末会对下道产品的生产产生重要影响，尤其是在 POY、PET 薄片的生产过程中。宝绿特的 Z 型风选机利用重力与特殊设计的内部结构可以有效分离瓶片中 70% 以上的游离粉尘、细小塑料标签或薄膜。

（13）灌包单元。宝绿特的灌包料仓，利用特殊设计的震动甩包装置，可以实现瓶片包装的定量和最大堆积密度，有效地节省大量的场地面积与运输成本。

推荐之四：江苏贝尔机械废膜农地膜清洗回收生产线。

江苏贝尔机械集团成立于 1998 年，是我国先进的塑料清洗回收机械设备制造商，专业为客户提供节能高效的塑料制造及回收解决方案。

农地膜回收被日益重视，有些国家已经出台了严格的法规来限定农地膜产业的闭环式使用和回收。通常意义上的农地膜主要包含两类产品：大棚膜，低杂质、高降解度；地膜，高质量、低降解度、高杂质含量。

江苏贝尔机械的农地膜回收生产线针对复杂难处理的地膜进行了特别设计，利用特殊技术在前道对地膜进行杂质分离，比如一些难以处理的秸秆等轻质杂质的有效剥离，从而保证了最终清洗的质量。江苏贝尔机械废膜 / 农地膜清洗回收生产线还具有以下优势：每小时高处理量；节能，省水省电；自动化，节省人工；具有多种物料适应处理能力；智能控制系统。

〔撰稿人：中国再生资源回收利用协会再生塑料分会、再生塑料行业标准工作委员会盛敏〕

塑料挤出发泡成型机械概况

一、行业发展概况

聚合物发泡材料是指以聚合物为基础，内部具有无数气泡的微孔材料，也可以视为以气体为填料的复合材料。由于有大量气体均匀分散其中，所以发泡材料具有比重低、比强度高、缓冲效果佳、隔热保温效果好、隔音效果好等一系列优良性能。近 20 年来，国内外泡沫塑料工业发展很快，应用面也越来越宽，在航空航天、轨道交通、包装、家装材料、防撞防震、汽车等众多领域都得到了广泛的应用。特别是在汽车轻量化上，发泡塑料的运用已成为降低汽车排放、提高燃烧效率的有效措施，发泡塑料在汽车中的用量迅速上升。

为满足国内外市场对发泡塑料的巨大需求，国内塑料发泡机械生产企业不断加大新产品研发投入和引进吸收国际先进技术力度，努力开发新型塑料发泡技术，大力更新塑料发泡加工装备，以科技创新为企业发展的原动力，使塑料发泡机械成为具有自主知识产权和较强国际核心竞争力的朝阳产业。塑料发泡机械产品符合我国资源节约、循环利用的产业政策，是国家支持发展的新兴产业之一，不仅在塑料机械领域中的地位日益提高，在国民经济中也扮演着越来越重要的角色。

经过几十年的发展，我国塑料挤出发泡成型机械行业拥有规模以上生产企业 100 多家，可生产板、片、膜、网、异型材、管、棒等 9 大系列 200 多个品种的塑料发泡机械，具有年产 5 000 多台 (套) 的生产能力，产品远销 200 多个国家和地区。

二、生产发展情况

十几年来，国内外发泡塑料工业发展速度迅猛，发泡产品种类繁多，分类方法也多种多样。按硬度分类，可分为软质、硬质和半硬质泡沫塑料；按发泡密度分类，分为低发泡塑料、中发泡塑料和高发泡塑料；按泡孔结构分类，可分为开孔泡沫材料和闭孔泡沫材料；按照发泡原理不同，可分为物理发泡塑料、化学发泡塑料和机械发泡塑料三种，其中机械发泡塑料由于发泡率低、泡孔分布不均匀、生产耗能较大，应用范围并不广。当前，国内主要生产物理发泡塑料和化学发泡塑料的挤出成型设备。

1. 物理发泡挤出机械

（1）市场应用及分布情况。塑料物理发泡是在挤出成型过程中利用发泡剂的物理相态变化，形成大量气体并均匀分布于高分子材料的过程。近年来随着环保要求的提高，环境友好型材料越来越受重视，新型可循环利用、可降解的一次性发泡材料挤出机械也在研制中，聚乳酸（PLA）型、聚羟基脂肪酸酯（PHA）型等发泡挤出设备已经成功问世。物理发泡塑料挤出机械主要用于生产发泡倍率在 4 倍以上的产品，由于发泡倍率较高（一般达到 20 ～ 60 倍）、质轻，广泛应用于保温、隔热、包装等领域，主要产品有 XPS 型、PSP 型、EPE 型、EPP 型物理发泡塑料挤出机械等。

初步统计，我国专业从事物理发泡塑料挤出机械生产的厂家共计50余家，但规模以上企业不到10家，已经形成一定规模并且在国内外市场具有一定影响力的企业有山东通佳机械有限公司、河北广兴泡塑机械有限公司、青岛德意利塑料机械有限公司、南京法宁格机械有限公司等。汽车轻量化发展要求轻质高强度的材料，以及高倍率发泡材料在减震包装和建筑节能保温等领域的广泛应用，促使我国塑料挤出物理发泡机械行业较快发展，产业规模迅速扩大，已经形成山东地区和长三角地区两大产业基地，每年产值在10亿元以上，产品种类齐全、市场竞争力强，有效替代进口，年生产能力达到3 000多台（套），每年为下游用户创造社会产值500多亿元，新增就业岗位30多万个。

目前XPS型、PSP型、EPE型、EPP型等塑料挤出物理发泡机械，除在国内市场占有绝对优势外，国际市场竞争力也不断增强，已出口近200个国家和地区，销售市场从原来的以发展中国家市场为主，到现阶段的工业发达国家和发展中国家市场协调发展，市场份额稳步上升。最近几年，我国物理发泡塑料挤出机械的出口量呈快速上升趋势，由2005年的不足1 000万美元，上升至2010年的近1.14亿美元，2014年达到1.63亿美元，2016年达到1.74亿美元。2008—2016年物理发泡塑料挤出机械出口创汇情况见表1。

表1　2008—2016年物理发泡塑料挤出机械出口创汇情况　（单位：万美元）

项　目	XPS型	EPE型	PSP型	其他	累计
2008年	3 700	1 200	980	1 520	7 400
2009年	4 600	1 800	1 200	1 600	9 200
2010年	5 800	2 000	1 600	2 000	11 400
2011年	7 000	3 600	2 200	2 200	15 000
2012年	6 000	3 500	2 500	2 600	14 600
2013年	7 000	3 600	2 500	2 600	15 700
2014年	7 100	3 800	2 600	2 800	16 300
2015年	7 300	3 900	2 700	2 900	16 800
2016年	7 600	4 000	2 800	3 000	17 400

（2）产品技术创新与国际市场竞争能力。

1）可循环利用生物基高分子材料发泡技术及装备制造技术。PLA是一种生物质高分子材料，来源于木薯等非农经济作物和农作物剩余物，是通过发酵产生发酵糖，进行聚合反应生产制造的新型非石化高分子聚合物，是可再生绿色环保材料。诸如PLA、PHA具有理化性能优良、生物及化学降解性能好，且降解时间可控、无毒无味、耐酸碱、防病菌、防紫外线、降解后生成对环境无害的二氧化碳和水等诸多优良的性能，被视为继金属材料、无机材料、高分子材料之后的“第四类最具广泛应用价值和环保应用价值的新型高分子材料”。

针对PLA、PHA生物质高分子材料的流变特性和物理发泡材料的加工性能要求，华南理工大学、北京化工大学、山东物理发泡塑料机械工程技术研究中心等单位围绕相关加工技术开展研究，现已具备工业化生产条件。新型生物质高分子发泡材料加工技术和装备制造技术的成功开发，为我国发展循环经济和提高环境保护水平提供了良好的技术支撑。

山东通佳机械有限公司承担的“PLA聚乳酸全降解发泡片材生产技术及装备”项目被列入国家“火炬计划”和山东省技术创新项目，并获得山东省科技进步奖。该项目已通过省科技厅和经信委的科技成果和新产品鉴定，目前已形成年产40台（套）的生产能力。按照每台年生产能力1 000t的保守产量计算，可年生产新型生物质发泡高分子材料40 000t，减少白色污染效果显著。

近年来，山东通佳机械有限公司又改进了PLA聚乳酸全降解发泡片材生产线，使发泡倍率更为可控，可以生产6～50倍PLA聚乳酸全降解发泡制品。

2）一次性淀粉发泡材料生产技术及设备。近几年随着网购的兴起，物流包装业异军突起。我国每年用掉将近100亿只包装袋，包装所使用的材料多以聚烯烃为主，具有材料体积大、回收困难、难以降解等诸多缺陷。如此巨大数量的包装袋的回收以及循环使用成为一大棘手难题。淀粉类包装材料作为一种新型包装材料，是传统包装材料的理想替代品，应用在包装行业有诸多优点：淀粉包装材料质轻体积小，同时还是一种可再生资源，不构成资源威胁；淀粉类也是天然材料，其本身及降解产物都不会对环境造成污染；淀粉类包装材料可进行一些特性包装，最主要就是用于可食性包装。近年来淀粉类包装材料是包装材料的研究热点。

淀粉是一种廉价的农产品，在包装材料中的应用具有广泛前景。然而天然淀粉以结晶的珠状存在，不具有良好的加工性，应用于包装材料时需要对其进行变性处理或与其他材料进行复合加工。山东通佳机械有限公司与国内知名高校合作立项，共同研发聚乙烯醇（PVA）- 淀粉共聚物复合发泡包装材料及其生产设备。该材料具有很好的力学性能，也易于加工，但是对水比较敏感，用它制成的包装材料吸水后会变脆，影响包装性能。目前淀粉类包装材料的应用只停留在初级阶段，相关发泡机械成型设备的研究也不多见，相信随着进一步的研究，发泡类淀粉包装材料机械设备的生产制造技术必然会更加成熟，淀粉基包装材料也会逐渐占领包装市场。

3）全自动聚苯乙烯泡沫塑料（简称 XPS）发泡生产技术和装备。由于 XPS 发泡材料具有高热阻、低线性、低膨胀比的特点，其结构的闭孔率达到 99% 以上，相对于发泡聚氨酯 80% 的闭孔率，领先优势明显。实践证明 20mm 厚的 XPS 挤塑保温板，其保温效果相当于 50mm 厚发泡聚苯乙烯、120mm 厚水泥珍珠岩。吸水率是衡量保温材料的重要参数，保温材料吸水后保温性能随之下降，在低温情况下，吸入的水极易结冰，破坏了保温材料的结构，从而使板材的抗压及保温性能下降。由于聚苯乙烯分子结构本身不吸水，板材分子结构稳定、无间隙，解决了其他材料漏水、渗透、结霜、冷凝等问题。因此 XPS 是目前建筑保温的最佳之选。

XPS 完美的闭孔蜂窝结构让 XPS 板具有极低的吸水性、低热导系数、高抗压性、抗老化性（正常使用几乎无老化分解现象），其抗压强度达到 150 ～ 500kPa，广泛应用于地热工程、高速公路、机场跑道、广场地面、大型冷库及车内装饰保温等领域。

山东通佳机械有限公司大力推出 75 平行双螺杆挤出塑化、200 单螺杆混合冷却的全自动 CO_2 发泡 XPS 板材生产线，139/170 CO_2 发泡 XPS 板材生产线。这两种生产线从失重式喂料、精密注入、高效挤出到翻转式冷却、四边边缘成型、堆垛、打包，全部实现集中自动控制，产量大、高效、节能、环保。

4）EPE 泡沫塑料大幅宽发泡膜、片生产线。EPE 发泡材料是一种新型的环保包装、填充材料，特别是在包装和其他工业用材方面优势明显，在农副产品包装用材方面也市场广阔。同时 EPE 发泡片材还可以进行深加工，复合后的片材可广泛应用于箱内衬、救生衣、隔热、防潮帐篷等的内衬垫料等，经济效益随之翻倍增长。当前 EPE 发泡材料生产已较为发达，但还远不能满足市场需求。

山东通佳机械有限公司成立专业课题组对该类设备进行设计开发，开发出了螺杆直径 250mm、幅宽 3m 以上的 EPE 发泡膜生产线。该公司继续改进宽幅 EPE 发泡膜生产线，使之成为牵引自动引膜、收卷自动划片、自动卷轴、自动翻转的全自动生产线。

5）超临界 CO_2 发泡技术与装备。国内塑料物理发泡生产企业大都采用氟利昂 -22（HCFC-22）或氟利昂 142B（HCFC142B）做发泡剂，其含有氟氯分子，对大气环境和臭氧层具有一定的破坏作用。根据蒙特利尔议定书，我国在 2013 年开始冻结 HCFC 的产量，并在 2030 年完全禁止氟利昂的生产和应用。CO_2 将成为氟利昂的理想替代产品。经空气分离产生 CO_2 并对之进行有效利用，每年可为物理发泡塑料挤出机械产业减少氟利昂排放近千万吨。但是由于 CO_2 活性较强，随着压力和温度的变化，其密度也会变化，容易在挤出机内部产生气相和气液相分离，不利于发泡过程的稳定控制。

山东省物理发泡塑料机械工程技术研究中心立项开发的“环保多元共混物理发泡板材技术及

装备”通过了省级鉴定。产品采用超临界CO_2和共沸体系的水溶性多组分发泡剂替代传统的氟利昂发泡剂，新型发泡剂成本低廉、来源广泛，是氟利昂发泡剂的理想替代品。2016年山东通佳机械有限公司推出两条以CO_2为发泡气体的生产线，每条生产线每年可以减少氟利昂排放600t，对环境保护起到积极的作用。

6）PET发泡工艺技术。PET泡沫主要成分是聚对苯二甲酸乙二醇酯，俗称涤纶树脂，具有良好的抗剪切性能、隔热性能、电绝缘性、耐化学药品腐蚀性及环保性能等优良特性，常用于建筑隔热材料、夹层结构材料芯材、运动器材、风机叶片、船舶、航空航天等领域。近年来，PET发泡材料正逐渐引起国内外关注。

由于普通PET树脂的黏性范围较窄，熔体强度不足，不能直接发泡成型，需要通过聚合新技术、加工改性等方法来提高其熔体黏度。提高熔体强度以防止泡孔破裂是PET发泡成型的前提，国内外已经研究出几种PET扩链的方法，包括固相缩聚法、增黏改性法等。目前，挤出发泡法能实现连续化生产，可成型各类制品，是发泡PET工业化生产的主要方法。欧美一些先进国家已经掌握了PET挤出发泡的生产技术并实现了工业化生产，而我国在这一领域还处在起步阶段，因此，需要从配方、工艺、设备等各方面开展研究工作，尽快实现PET发泡成型的工业化生产。

7）乙烯－乙酸乙烯酯共聚物(EVA)挤出低发泡高弹性型材生产技术及设备。EVA低发泡型材是以EVA为主要原料加上其他辅助材料，通过高精密计量、高压注入发泡剂，然后挤出成型制造的弹性发泡体。EVA低发泡体具有微细的独立气泡结构，导热系数低，是保温隔热的理想材料；此外它还具有优越的抗压性能、极低的吸水率和透湿系数、耐低温、难燃、防腐蚀，以及可靠的尺寸稳定性、柔软的质地、良好的减震性和弹性等物理性能，可应用于各种电器、电子、精密仪器、汽车、包装、室内家具等领域。

目前，国内外EVA低发泡型材企业大都采用偶氮二甲酰胺（AC）为发泡剂进行化学填充与发泡，这种发泡剂不能完全分解，成本也比较高。山东通佳机械有限公司研发出高压注入物理发泡剂（丁烷、CO_2等）来生产EVA低发泡型材，性能完全超过国外化学发泡生产的EVA低发泡体，并且成本低、环保，手感外观也非常好。

8）PVC连续挤出微孔发泡技术。微孔发泡塑料被广泛应用于工业、农业、交通运输、军事、航天等领域，具有比强度高、冲击韧性高、吸能抗震性强、隔音隔热性能好等优点。PVC微孔发泡塑料的泡孔直径为1～10μm、泡孔密度10^9～10^{12}个/cm^3。PVC微孔塑料是一种新型的材料，具有卓越的仿木性能，可以用于木材替代，具有很大的开发潜力。PVC微孔塑料的发泡成型方法也由最初的间歇成型法，发展到现在的连续挤出成型法。但是，我国对PVC微孔塑料的研究起步很晚，到目前为止，也只有少数几个单位从事PVC微孔塑料试验和理论方面的研究。连续挤出成型法为PVC微孔塑料的工业化生产提供了可能性，将振动力场引入微孔发泡过程为PVC微孔塑料连续挤出成型提供了新的思路和研究方向。

9）聚苯乙烯（PS）高发泡、高尺寸精度装饰异型材的生产技术。PS高发泡、高尺寸精度装饰异型材不仅具有极低的吸水率、可靠的尺寸稳定性，而且质量轻、造型美观，可广泛应用于各种电器、电子、室内装饰等领域，在俄罗斯、哈萨克斯坦、吉尔吉斯斯坦、塔吉克斯坦等国家和地区，作为室内装饰材料颇受欢迎。

PS高发泡、高尺寸精度装饰异型材发泡倍率高、材料强度低，定型极为困难。山东通佳机械有限公司针对其普通定型模无法定型，一拉就断或被牵引履带压变形，无法保证型材尺寸的问题，开发出PS高发泡、高尺寸精度装饰异型材生产线，克服了定型模的摩擦问题。该生产线以PS为主要原料加上其他辅助材料，通过高精密计量泵高压注入发泡剂，由PS发泡专用螺杆挤出、混合、冷却，再由口模挤出，通过特殊定型模定型、冷却打印、伺服切割、堆码而成，操作方便，成型精确高。

10）聚烯烃水发泡技术。水作为一种新型较理想的绿色发泡剂，是今后泡沫塑料研究的一个重要方向。但是水作为物理发泡剂制备泡沫塑料具有一定的难度，还处于探索阶段，以水为物理发泡剂挤出发泡聚烯烃更是鲜见报道。

山东通佳机械有限公司通过自主立项，着手开发研究以水为物理发泡剂挤出发泡聚烯烃，目前已经取得阶段性的成功，水发泡聚烯烃可以达到五十多倍的发泡倍率。但由于开孔率的控制难度较大，导致材料弹性不足，有待进一步优化配方、改进生产工艺和升级生产设备，提高发泡质量，为我国挤出发泡领域提供有力技术支持。

2. 化学发泡塑料挤出机械

（1）市场应用及分布情况。塑料化学发泡是指将发泡剂均匀地分散在树脂中，化学发泡剂在一定的温度下迅速分解产生气体，以形成的气体为填充的复合材料。由于化学发泡剂产生气体一般为 N_2 和 CO_2，而 N_2 和 CO_2 在塑料熔体中的溶解度远没有物理发泡剂大，所以化学发泡剂添加剂量一般较少，而发泡率则只有 0.5 ～ 5 倍。化学发泡材料的密度较大，富有优良的力学性能，产品一般应用于装饰、家装等领域，如PVC发泡材料、PVC 木塑发泡材料、PE 低发泡材料、PS 低发泡装饰材料等。

目前，生产化学发泡塑料挤出机械的厂家较多，主要以生产 PVC 化学发泡板材和 PVC 木塑发泡装饰型材与建筑模板为主，PS 发泡镜框和 PE/EVA 低发泡密封片材生产设备市场需求量也呈逐年上升趋势。化学发泡塑料产品种类繁多，生产设备也多种多样，机械装备与模具生产企业分布较广，主要集中在山东省、长江三角洲和珠江三角洲地区，具有代表性的企业有山东通佳机械有限公司、上海金纬塑料机械有限公司等。

（2）产品技术创新情况。

1）PE/PP 聚烯烃木塑芯层发泡技术。木塑复合材料虽具有很多优点，但是树脂和木粉的复合会使其延展性和耐冲击性下降，材料脆，密度也比传统的木制品大 3 ～ 4 倍，其力学强度（拉伸和弯曲）比未填充的塑料要小，限制了它的广泛应用。为了克服上述缺点，扩大木塑复合材料的使用范围，将发泡技术引用到木塑复合材料的加工过程中并取得了良好的效果。经发泡的木塑复合材料由于良好的泡孔结构，可钝化裂纹尖端并有效地阻止裂纹的扩张，从而显著提高了材料的抗冲击性和延展性，大大降低了制品的密度，不仅节约原料，而且隔音、隔热性能也较好，在建筑结构材料、汽车内饰、航天、物流、园林、室内装潢等方面得到极为广泛的应用。

2）PVC 系列化学发泡板材生产技术及设备。随着化学发泡工艺技术的进步，PVC 化学发泡板材的应用也日益广泛，特别是在家装和以塑代木等领域，已经得到了市场认可，并呈逐年上升的态势。采用结皮发泡技术和共挤复合芯层发泡技术制备的 PVC 发泡板和 PVC 木塑发泡板材，由于具有优越的物理性能，在替代木材方面优势突出，因此具有广阔的市场空间。

三、塑料挤出发泡成型机械市场的发展

环境问题一直是社会发展过程中面临的突出问题，这对塑料挤出发泡成型机械提出了新的要求 —— 发泡原料环保化、生产过程高效节能化、发泡产品环境友好化和轻量化。

发泡原料环保化即淘汰使用氟利昂等作为发泡气体的原料；生产过程高效节能化主要体现在高产出、低能耗、低制造成本方面；发泡产品环境友好化最主要的是指生产的发泡产品多为可降解或可循环利用的生物基高分子材料；轻量化则是在降低机械设备重量的基础上，生产高强度、低比重的发泡产品，特别是应用于汽车行业，达到节能减排的目的。发展环境友好型发泡材料对发泡挤出机械行业在设备设计上提出了更高的要求，实现高效化、节能化、人工智能化也是发泡挤出机械行业未来的发展方向。

积极发展高效、节能、环保型发泡挤出成型装置，限制发展生产能力过剩的长线产品，淘汰耗能耗材高和污染环境严重的产品，必须要立足于科技创新，以人工智能化为具体手段，实现塑料挤出发泡成型机械的环保化、节能化、高效化以及人工智能化。

〔撰稿人：山东通佳机械有限公司李勇〕

地 区 概 况

张家港市塑料饮料机械行业2016年发展情况

2016年，塑料饮料机械行业在极其艰难的市场环境中运行，整体情况较2015年有所回升。饮料机械有一家企业在深圳上市，另有两家塑料机械制造企业在新三板挂牌。2016年整个塑料机械制造行业实现销售收入50亿元，中空成型注吹机和挤吹机行业有了突破性发展，增幅在25%以上；饮料机械基本与2015年持平，全年销售收入30亿元以上。2016年塑料饮料机械全行业实现利税6亿元，出口额超3亿美元，较2015年稍有增长。

一、2016年张家港市塑饮机行业基本情况

2016年，张家港市塑料机械制造方面大致呈现强者更强、弱者更弱的局面。特别是行业中的一些骨干企业，市场销售形势相当乐观，订单到2017年4月份之前都完成不了，效益也成倍增长，这主要集中在中空成型机制造方面。2016年中空成型机制造业整体增幅较大，好的企业增幅在30%以上，一般的企业增幅也在20%左右，特别是在原辅材料大幅下跌的情况下，企业效益较2015年提升30%以上。

挤出机制造方面，一些大的企业生产销售也较2015年有所增长，效益也有较大幅度提高。特别是国家提出供给侧改革后，这些企业不断积累经验，生产出市场需求量大的高效节能的单螺杆挤出机，用户反映良好，企业改革创新的积极性较高，发展很快。但也有部分企业一直延续几十年的老产品，市场越来越萎缩，企业的日子也越来越不好过，虽然还没有走到破产的边缘，但已连续亏损几年。生产废塑料回收造粒机的企业也受市场大环境——主要是世界石油价格下跌的影响，生产销售大幅下降。有些企业降幅40%以上，日子十分艰难。生产混合机的企业基本与2015年持平，未有根本性的改变。塑机行业整体的外贸销售也困难重重，市场竞争相当激烈，主要原因是世界经济复苏缓慢，金砖国家经济增长乏力，货币大幅贬值。

2016年饮料机械制造业生产和销售基本与2015年持平，大型罐装机需求不旺，外贸出口迟迟不来提货，导致行业企业资金周转困难。大型灌装机械市场已处于饱和状态，主要是一些下游大型企业在前几年大幅扩产后，市场对饮料要求未有大的增长，饮品中未有大的增长亮点，除纯净水和矿泉水之外，只有几家外资品牌饮料独占市场。国内除娃哈哈外，大多数为小型灌装生产企业，所以对大的灌装生产线需求不旺。但中国市场巨大，一地一品的小型灌装生产企业很多，而且中小型灌装机生产线投资不大，所以对其的社会需求量仍旧很大。目前饮机行业主要以生产中小型灌装机械为主。外贸出口方面，虽然一些欠发达国家对灌装机需求量很大，但这些国家结汇比较困难，所以有些设备已付了定金，但迟迟不来提货，严重影响了生产企业的资金周转。总体情况看，饮料机械经过前几年的跨越式发展后，市场相对处于稳定的状态，饮机制造企业降本节支、提升产品质量将是第一要务。

2016年，张家港市塑料饮料机械行业在转型升级、科技创新方面取得了新成果。张家港市联达机械有限公司首次获得江苏省首台（套）项目，并通过了新产品鉴定。江苏飞鸽友联机械有限公司的高科技产品被邀请上了 CCTV-10《我爱发明》节目，并且申报了 2017 年新产品鉴定；企业在 2016 年 5 月 17 日在“新三板”成功挂牌上市。2016 年 4 月 25 日江苏新美星包装机械股份有限公司在深圳成功上市。

2016 年张家港市塑饮机行业新增授权实用专利 268 项、发明专利 106 项，新获得苏州市工程中心 2 家、省高新技术企业 2 家、研究生工作站 2 家。

二、2016 年张家港市塑料饮料机械协会的主要工作与存在的困难

1. 及时向会员企业传达党中央的声音

2016 年全国“两会”期间，习近平总书记在政协联组会议上就深化改革开放、鼓励支持民营经济发展发表了重要讲话。协会在三届十五次会议上及时进行了传达。秘书处还将中央有关的方针政策上传张家港市塑饮机微信群，让大家随时随地了解到党中央关于深化改革开放以及简政放权、优化产业结构等方面的方针政策，特别在供给侧改革上，鼓励企业走创新之路，开发社会需求广泛、节能高效、绿色环保的产品。

2. 鼓励企业开源节流、降本节支

2012 年之前，市场需求旺盛。出口贸易顺利，有些企业积累了一定的资本，积极走扩张之路，招收了好多职工作为用工储备。进入 2013 年之后，市场形势开始由盛转衰，出口环境也进一步恶化，企业效益下滑，有些企业已连续亏损多年。协会一方面帮助企业积极拓展市场，另一方面帮助企业协调好劳资纠纷，并鼓励企业积极开展降本节支活动。2016 年年底，经协会初步统计，行业的用工数量较 2012 年下降 25% 以上，有些企业职工人数甚至下降 50% 以上，企业也逐步缩小职工食堂和办公室等非生产人员，甚至门卫人数也下降了一半以上。通过积极的开源节流活动，会员企业总体生产经营情况尚好。

3. 通过组团参展，帮助企业降低参展费用

2016 年，协会促成了张家港市塑饮机企业参加俄罗斯塑机展会由省财政补贴 70% 摊位费的申请，并对参展设备运费也给予相同标准补贴，这既为张家港市外贸出口补贴省下了资金，同时也给参展企业带来经济实惠。此外，协会还和中国贸促会机电商会在浙江义乌举办的中国国际装备工业博览会上签订了协议，统一给予张家港参展企业 50% 的优惠。另外，对参加中东迪拜以及印度孟买塑机展会的企业，协会也正在争取摊位费 70% 的省财政补贴。2016 年在新疆乌鲁木齐举办的亚欧博览会，为省财政全额补贴。总之，协会秘书处在降低企业参展费用上也做了很多努力，并取得了一定成果。

4. 继续推进集中招标采购，为企业降低生产成本

2016 年，协会秘书处得知浙江宁波东力股份有限公司有合作意向，当即组织会员企业一行 22 人去宁波东力公司考察了解情况。在全体参观考察人员的一致认同下，协会和宁波东力公司订立了集体招标采购合作协议书。宁波东力公司在张家港市场以最优惠的价格向协会会员企业供货。

在五金配件的集中招标采购上，协会秘书处最终选定两家五金配件供应商作为协会会员企业的供应商。供应商在协会三届十六次理事会上明确表态，只要承诺守信，在三个月之内付款，将按同一规格、同一品牌产品全市最低价供货。虽然协会在降低会员企业生产经营成本上想了很多办法，但仍有许多未尽人意的地方，需要进一步探索，并在实际操作中逐步完善。

5. 完善产品检测手段，降低产品检测费用

为全面提升张家港市塑料饮料机械产品质量，协会和质监局产品检测中心合作，建立了张家港市塑料饮料机械质量检测平台，由检测平台负责对塑饮机生产企业实行不定期的抽检。对抽检中发现产品质量不合格的企业实行限期整改，对整改不到位的企业进行网上通报，并对企业负责人进行产品质量意识的培训。为进一步减轻企业负担，协会秘书处还就降低企业产品检测收费标准和市产品检测中心进行了沟通，最终在 2015 年收费标准的基础上下降 30%，实实在在为会员企业

降低了生产经营成本。享受30%优惠检测费的会员企业每年由协会统一呈报市产品检测中心。

6. 会员队伍不断发展壮大

协会通过努力工作，不断完备行规行约，会员队伍由最初的36家企业（其中已退会或停办的企业16家），发展至今已有75家会员企业。会员队伍的壮大，根本原因在于协会的社会影响力不断扩大，为会员企业服务的功能不断完善，组织机构不断健全。协会秘书处在长期的协会工作中，深切感受到：要增强会员企业对协会组织的凝聚力和吸引力，最关键的工作是协会组织要与时俱进，给会员企业带来实实在在的好处，使会员企业切实感受到加入这个组织对企业来说是完全必要的。因此，协会秘书处首先将增强会员企业的凝聚力放在为企业的减负增效上，并通过行规行约为行业的健康有序发展创造一个公平合理的竞争环境。协会实行的塑机重大部件集中招标采购、组团参展，和中国贸促会、省贸促会合作，争取国外展会费由省财政统一补贴，以及降低产品检测费用等都是为企业减负，为企业降本节支。

2015年和2016年，有些企业为渡过难关进一步缩减员工队伍。这些人员按原先制定的行规行约是不能在企业间流动的，为了使其尽快找到工作，协会与时俱进，在三届十八次理事会上就行规行约中规定的“对会员企业中部分跳槽的技术人员、销售人员和熟练工人原则上不得接收录用，如确需录用的，应征得原企业主同意后方可录用”，修改为“求职人员如能提供原企业老板签字同意离职并已办理离职手续的文件，便可接收录用”，大大提高了下岗人员的求职选择面。协会也对会员企业实行评估考核，对两年以上不交会费、不参与协会活动的企业实行除名处理。2016年，协会除名了5家会员企业，批准了2家理事单位因单位改制改名退出协会的申请，新增补了3家理事单位，并通过走访考察新发展了13家会员企业。

7. 行业工资集体协商取得新成果

协会自2011年成立行业工会联合会以来，从2012年开始开展行业工资集体协商，劳资双方已经连续五年成功举行了签约仪式。2016年3月31日，张家港市塑饮机协会工资工价集体协商签约仪式在沙洲宾馆举行。张家港市总工会以行业工资工价集体协商观摩会的形式让各镇、各行业协会工会负责人共150多人参加了，对于推进企业与行业的工资工价集体协商起了较好的推动作用。协会已通过行业工资工价集体协商，为劳动方搭建了一个在工资定位上有一定话语权的平台。劳资双方虽然在每年工资具体增幅上有不同意见，但当企业发展遇到困难时，职工还是比较体谅企业，认为劳资双方是一个命运共同体，职工有义务有责任帮助企业渡过难关。

8. 存在的问题和困难

2016年协会工作虽取得了一定成绩，但也存在许多不尽如人意的地方。最突出的问题是：当协会工作与企业主的时间安排发生冲突时，企业主不能顾全大局，考虑协会的整体工作。其次，行业中许多企业主对开展社会公益活动态度冷淡，如2016年10月市总商会积极倡导开展“为爱行走”活动，企业主中只有一家企业积极参与。第三，个别企业主只对协会形成的符合自己利益的决议有积极性，个别理事不能以行业整体利益为重，有些业主干脆我行我素，严重影响了协会整体工作的正常开展。第四，集中招标采购中还存在许多不完善的地方，特别在付款方式以及价格透明程度上双方互不信任，对供货方的产品质量缺乏直接监督检查。

三、2017年工作展望

2017年，塑料饮料机械行业将继续经受国际市场需求不旺、国内市场经济继续下行的考验，根本出路要找准市场的需求点组织生产，在开发节能、高效、绿色环保的产品上继续下功夫。

第一，继续走改革创新之路，不管是老产品还是新产品都要进行降低能耗、提高效益的改造，特别是对于市场销售比较成熟的老产品，更要进行节能方面的改造，使其更加符合国家产业政策的要求。

第二，继续推进集中招标采购的工作。对原

先已招标的产品要做好跟踪调研，充分听取供需双方的意见和建议，进一步完善集中招标采购的方法和思路，巩固集体招标采购的成果。

第三，对行业中存在的不和谐声音要做好深入细致的思想工作，要继续发挥行规行约的自律和约束作用，通过吐故纳新做好会员队伍的建设。

第四，继续开拓创新工作思路，继续组织对同行业中管理有特色的企业进行参观学习考察。

第五，继续为提升张家港市塑料饮料机械整体产品质量而努力。协会与市场管理局、市产品检测中心沟通协调后，将在全市范围内对塑饮机生产厂家的产品进行一次全方位的抽检，并坚决打击不正当竞争行为，使整个行业步入健康发展的轨道。

第六，认真部署，做好2017年协会的换届工作。

〔供稿单位：张家港市塑料饮料机械协会〕

宁波市塑料机械行业 2016 年经济运行概况

一、行业概况

2016 年，宁波市塑料机械行业完成工业销售产值 158.59 亿元，同比增长 3.80%；工业总产值 141.47 亿元，同比增长 12.97%；主营业务收入完成 160.44 亿元，同比增长 11.71%；工业资产总计 297.71 亿元，同比增长 12.21%；行业整体经济效益呈明显增长态势。2012—2016 年宁波市塑料机械行业产值收入变化情况见表 1。

表 1　2012—2016 年宁波市塑料机械行业产值收入变化情况　（%）

指标	2012 年	2013 年	2014 年	2015 年	2016 年
主营业务收入	-12.77	12.89	5.57	-3.14	11.71
工业总产值	-12.56	13.85	7.84	-21.25	12.97

行业新产品产值达 63.42 亿元，新产品产值率为 44.83%，比 2015 年明显下降。2012—2016 年宁波市塑料机械行业新产品产值变化见图 1。

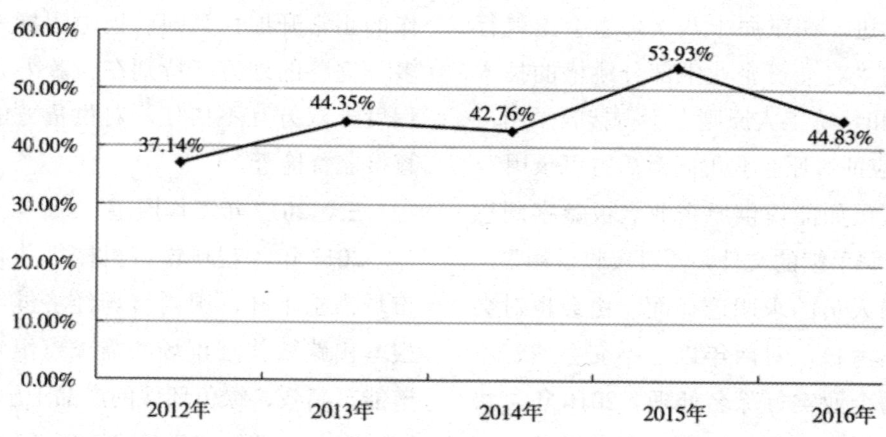

图 1　2012—2016 年宁波市塑料机械行业新产品产值变化

2016 年，宁波市塑料机械行业出口交货值完成 44.53 亿元，出口增幅 7.03%，比 2015 年略有减少，出口交货值占销售产值比重为 28.08%，略高于上年同期。2012—2016 年宁波市塑料机械行业出口交货值增幅及比重见图 2。

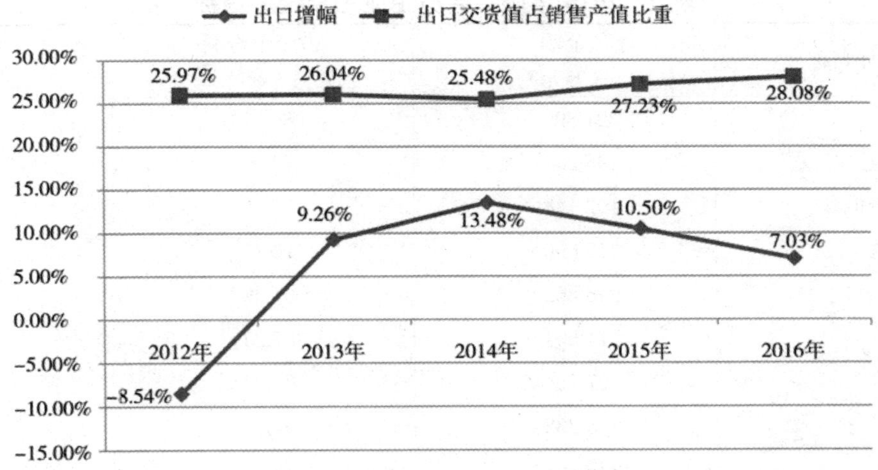

图 2　2012—2016 年宁波市塑料机械行业出口交货值增幅及比重

塑料机械行业实现利润总额 30.09 亿元，比上年同期增长 30.5%，利润增幅明显。2012—2016 年宁波市塑料机械行业利润增幅及主营业务利润率见图 3。

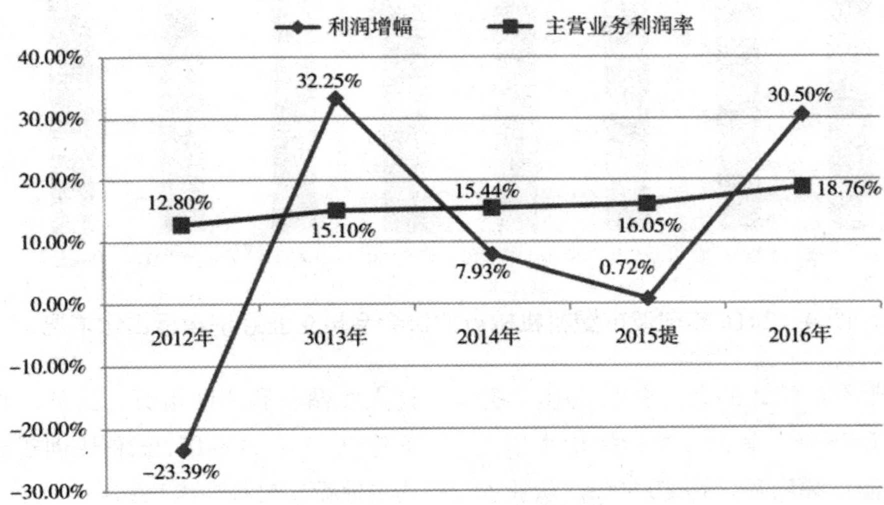

图 3　2012—2016 年宁波市塑料机械行业利润增幅及主营业务利润率

2016 年，宁波市塑料机械工业资产总计 297.71 亿元，同比增长 12.21%。企业资产增加，大部分属于固定资产投资，部分项目建成投产。中高档机型大量投放市场，核心零部件的自给率也逐步提高，企业的技术能力、产品档次和盈利水平不断提升。

二、协会会员企业情况

协会秘书处自 2017 年 1 月向协会企业发送“宁波市塑机行业整机生产企业主要指标统计表”，于 2 月开始对上报的企业进行梳理分析。2016 年协会会员企业主要经济指标见表 2。

统计的会员企业 2016 年共实现工业总产值 122.19 亿元，占全市工业总产值的 86.37%；新产品产值、工业销售产值、出口交货值、产品销售收入、利润总额五项指标均占全市 70% 以上；资产总计和负债总计两项指标占全市 65% 以上；利税总额占比最高，达 94.20%。2016 年宁波市塑料机械行业协会会员企业经济指标占比情况见图 4。

表 2　2016 年协会会员企业主要经济指标

序号	指标名称	金额（万元）	占全市份额（%）	同比增长（%）
1	工业总产值	1 221 896	86.37	12.97
2	新产品产值	495 280	78.09	-6.08
3	工业销售产值	1 192 148	75.17	3.80
4	出口交货值	313 690	70.45	7.03
5	资产总计	1 946 862	65.39	12.21
6	负债总计	711 504	67.24	10.10
7	产品销售收入	1 207 701	75.27	11.71
8	利税总额	285 232	94.20	25.04
9	利润总额	236 868	78.72	30.50

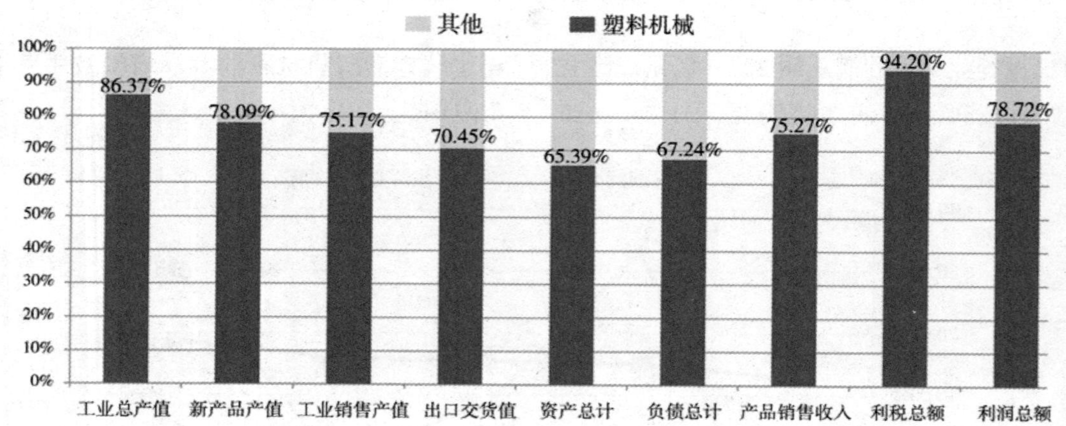

图 4　2016 年宁波市塑料机械行业协会会员企业经济指标占比情况

从整体比较来看，统计的会员企业 2016 年除了新产品产值有所下降，其余 9 项指标均小幅上升。其中利润总额增幅明显，达 30.50%，从业人员人数基本与上年相当。协会内企业整体发展较平稳，基本保持与 2015 年度相同水平，未出现大幅度增加投资情况。

三、2016 年发展情况

2016 年，“十三五”规划、“中国制造 2025”等惠及行业的政策也为行业发展带来了有力支撑。市场需求形势喜人，宁波市塑料机械企业生产经营情况良好，特别是大中型企业订单比较充足。但同时也应理性看待市场变化，为将来把控市场做好准备。

以精细思维迎接“十三五”。“十三五”期间，企业应加强“产品、服务、管理”三个创新，重视人才储备和团队培育。此外，必须大力推进诚信建设。当前的中国，诚信比创新更紧迫、更重要，这也值得塑机行业深思。

注重注塑机产品的个性化发展。个性化发展表现为过去的成批生产甚至是大批量生产模式的淡化，同时促使注塑机产品模块化设计、技术集成、专业化生产、国际采购能力与水平的提高。这既要求注塑机厂家在技术人才、技术创新方面要具有雄厚的实力，也要求企业能在第一时间内准确把握客户的个性化需求。

加强精益化、模块化、网络化思维。粗放式发展的时代已经结束，跨入“十三五”后，不仅产品、销售要创新，管理更要创新，要加强精益化、模块化、网络化等思维，用高质量的产品吸引客户。在严峻的经济形势下，必须树立“相对平衡”

的红线思维，谨慎稳定地发展。

完善技术标准。组织实施装备制造业标准化和质量提升计划。加快制定智能制造共性关键技术和行业标准，完成智能制造标准的制定工作。

〔撰稿人：宁波市塑料机械工业协会贺诗然〕

深圳市塑料机械行业发展现状

一、广东省塑料工业发展情况

1. 产业规模

2016 年全省规模以上企业 2 908 家，比上年增加 35 家；从业人员 72 万人，比上年增加 1.7 万人。规模以上企业总资产 2 804.2 亿元；企业平均资产 9 643 万元，同比增长 1.9%。行业企业盈利面 86.62%，比上年提升 1.59 个百分点。

2. 主要塑料制品产量

广东仍是塑料加工业重要的省份。2016 年，广东省塑料制品总产量 1 005 万 t，同比增长 2.6%，比上年提升 4.08 个百分点。总产量占全国塑料制品总产量的 13.03%，同比增长 0.12%。产值总量约占全国 1/5。广东省塑料制品产量增幅略小于全国增幅，但总产量及比重仍居全国前列，为我国塑料制品第二生产大省，仅次于浙江省的 13.7%。2016 年广东省塑料制品分类产品产量见表 1。

表 1　2016 年广东省塑料制品分类产品产量

产品种类	产量（万 t）	同比增长（%）	占广东省塑料制品总产量（%）	占全国塑料制品总产量（%）	在全国范围内的排名
塑料薄膜	183.2	6.5	18.23	12.90	2
泡沫塑料	45.4	6.6	4.52	18.19	1
人造革合成革	26.0	6.6	2.59	7.80	4
日用塑料	132.1	-4.0	13.14	20.83	1
其他塑料制品	619.0	2.6	61.59	12.17	1

3. 产品进出口

2016 年广东省塑料制品累计实现出口交货值 1 004 亿元，同比增长 0.5%，占全国塑料制品出口交货值的 44.56%。2016 年广东省塑料制品主要产品出口交货值见表 2。

表 2　2016 年广东省塑料制品主要产品出口交货值

产 品 种 类	出口交货值（亿元）	同比增长（%）	占全国同类产品比重（%）
塑料薄膜	82.00	1.74	32.00
塑料板、管、型材	95.30	16.20	39.30
塑料丝绳及编织品	23.47	-1.30	22.10
泡沫塑料	17.57	-7.80	48.96
人造革合成革	18.97	10.70	30.66
塑料包装箱及容器	48.24	5.50	33.59
日用塑料	179.00	-4.2	38.20
塑料零件	198.80	1.38	58.00
其他塑料	340.70	5.50	56.90

2016 年广东省塑料制品出口交货值出现正增长，但幅度低于全国平均。广东塑料制品出口交货值仍是全国最大省份，有 6 个分类产品出口交货值占全国同类产品的 30% 以上。

4. 行业经济效益

2016 年，广东省塑料制品企业累计实现主营业务收入 4 500.2 亿元，同比增长 7.5%，占全国主营业务收入的 19.69%，同比增长 4.67%；实现利润总额 247.8 亿元，同比增长 23.2%，增速比上年提升 21.4 个百分点，占全国利润总额的 17.72%，同比增长 0.95%。2016 年广东省主要类别塑料制品企业经济效益见表 3。2016 年广东省主要类别塑料制品企业利润率和亏损面见表 4。

表 3　2016 年广东省主要类别塑料制品企业经济效益

企业类别	总收入（亿元）	同比增长（%）	占全国同类企业收入比例（%）	利润（亿元）	同比增长（%）
塑料薄膜	575.5	6.8	20.1	31.0	13.0
塑料板、管、型材	455.0	16.4	8.4	20.1	15.3
塑料零件	605.7	11.3	34.4	27.2	66.9
日用塑料	609.3	6.4	31.7	31.5	21.6
其他塑料制品	1 506.1	7.7	39.7	92.5	21.9
塑料包装箱及容器	318.3	4.5	16.6	18.7	21.4
塑料丝绳及编织品	160.4	11.5	5.37	12.8	32.0
泡沫塑料	144.3	4.5	14.73	5.6	-
人造革合成革	125.5	1.5	10.36	8.4	1.2

表 4　2016 年广东省主要类别塑料制品企业利润率和亏损面

企业类别	利润率（%）	亏损面（%）	亏损额（亿元）	同比增长（%）
塑料薄膜	5.39	11.76	14.3	-26.3
塑料板、管、型材	4.42	13.33	0.5	-37.2
塑料零件	4.49	13.90	4.3	-35.8
日用塑料	5.17	12.17	1.0	-44.4
其他塑料制品	6.14	14.05	5.3	-
塑料包装箱及容器	5.87	15.81	1.0	-28.6
塑料丝绳及编织品	7.98	13.08	0.3	-25.0
泡沫塑料	3.88	12.88	0.3	-50.0
人造革合成革	6.69	10.36	6.8	-

5. 企业资产

2016 年，广东省塑料制品规模以上企业资产总计 2 804.2 亿元；企业平均资产 9 643 万元，同比增长 1.9%。按产品分类的企业平均资产居前的是：人造革合成革类企业、塑料板管型材类企业、塑料薄膜类企业、塑料零件类企业。2016 年广东省主要类别塑料制品企业资产数据见表 5。

表 5 2016 年广东省主要类别塑料制品企业资产数据

企业类别	企业数（家）	从业人员（万人）	资产总额（亿元）	同比增长（%）	平均资产（万元）
塑料薄膜	323	5.7	410.3	2.0	12 703
塑料板、管、型材	210	5.7	272.1	6.7	12 957
塑料零件	374	13	459.1	5.6	12 275
日用塑料	452	10.4	269.8	0.9	5 969
其他塑料制品	982	26.4	937.4	6.9	9 546
塑料包装箱及容器	253	5.2	210.8	6.8	8 332
塑料丝绳及编织品	107	2.2	88.4	19.0	8 263
泡沫塑料	163	2.3	83.3	-2.0	5 110
人造革合成革	44	1.1	73.0	5.0	16 591

广东省塑料加工业 2016 年数据表明，广东塑料加工业处于从产量快速发展、规模快速扩张时期，进入产量增幅下降、总量平稳、综合经济指标提升、发展质量向好的转型期。

二、深圳市塑机行业发展情况

广东省是塑料加工设备制造大省。2016 年，全国塑料加工设备规模以上企业 403 家，广东占 42 家；全国该行业实现工业总产值 600 亿元，广东占 120.6 亿元；塑料加工专用设备全国产量 274 003 台，广东完成 64 423 台。

2016 年，深圳市塑料机械销售总额约为 30 亿元，其中震雄集团、力劲科技集团、仁兴集团几家龙头企业在深圳市场发展非常理想。深圳的许多大企业，如比亚迪股份有限公司、富士康科技集团、深圳市永高塑业发展有限公司等都采用该类企业的注塑机。过去，深圳的塑料制品行业对精度要求并不是特别高，对装备更多的要求是价位适中、有品牌保证；而如今，深圳生产工业水平的不断提高，特别是电子制造业的快速发展，对高精度以及大型塑机的要求不断提高，为更多的企业提供了良好的商机。深圳的汽车和电子信息业是目前各大塑机厂家追逐的主要市场。就市场反应程度来看，汽车产业的塑胶行业生产链已经比较成熟，是对大型机械的需求非常大；电子产业的塑胶产业链正在逐渐完善，预计在未来 3 ～ 5 年内会有大的飞跃，对塑料机械的需求也会迅速增长。

三、深圳市规模以上塑料机械生产企业

1. 震雄机械（深圳）有限公司

震雄集团于 1958 年由蒋震博士在香港成立，已成为世界注塑机产量最大的生产商，1998 年迁入深圳市龙岗区坑梓镇震雄工业园。在“2016 年中国塑料机械制造业综合实力 25 强企业”名单中，震雄集团排名第四；在“2016 年中国塑料注射成型机行业 15 强企业”名单中，震雄集团排名第二。震雄集团秉承“精益求精”的精神、价值理念和团队精神，勇于改革，努力创新，产品从单一的注塑机发展到机械臂、球墨铸铁、精密模具、液压配件、震雄 PET 瓶坯注射配套系统等，客户网络已遍及全球 60 多个国家和地区。集团下属的震雄机械（深圳）有限公司被深圳市科技局认定为第七批高新技术企业，深圳震雄精密设备有限公司被确认为“深圳市先进技术企业”。震雄机械（深圳）有限公司生产能力见表 6。

表 6 震雄机械（深圳）有限公司生产能力

序号	主要数控产品	产能（台 / 月）	先进性
1	Ai-02 注塑机控制器	800	国内领先
2	Ai-12 注塑机控制器	200	国内领先
3	Ai 系列伺服注塑机	200	国内领先
4	C2 系列伺服注塑机	100	国内领先
5	二板式伺服注塑机	20	国内领先
6	PET 瓶坯机系统	5	国内领先
7	PET 专用二轴重型机械手	5	国内领先
8	ichen 网络监控管理系统	50	国内领先

2. 力劲科技集团深圳领威科技有限公司

在“2016 年中国塑料机械制造业综合实力 25 强企业”名单中，力劲集团排名第十；在“2016 年中国塑料注射成型机行业 15 强企业”名单中，力劲集团排名第七。力劲科技集团深圳领威科技有限公司成立于 1991 年，是力劲集团在内地投资建设的首家工厂，位于深圳市龙华力劲高新技术工业园。占地面积 12 万 m^2，由主厂房、办公楼、清华力劲压铸高新技术研究中心、镁合金产业化示范基地构成，是一家集科技、研发、生产于一体的大型机械制造企业。拥有各种大型进口先进加工设备 90 余台（套），以制造、销售热室压铸机、冷室压铸机、精密注塑机、镁合金压铸机、高精密数控加工中心为主。深圳力劲荣获“深圳高新技术企业”“全国外商投资双优企业”“外商投资先进技术企业”等称号，是深圳机械行业副会长企业。力劲 PT80、PT130、PT160、PT200、PT250、PT320、PT400、PT480、PT560、PT650、PT850、PT1000、PT1300 注塑机已列入《工业和信息化部节能机电设备（产品）推荐目录（第三批）》，并已通过国家级节能认证。力劲科技集团深圳领威科技有限公司生产能力见表 7。

表 7　力劲科技集团深圳领威科技有限公司生产能力

序号	主要数控产品	产能（台 / 月）	先进性
1	压铸机	650	国际先进
2	注塑机	420	国内领先
3	数控加工中心	450	国内领先

3. 仁兴机械（深圳）有限公司

仁兴集团成员内历史最悠久的仁兴机器厂有限公司，于 20 世纪 50 年代成立于香港，是香港塑料注射成型机行业的始创者之一。20 世纪 90 年代初，仁兴集团在深圳市成立仁兴机械（深圳）有限公司，自筹资金兴建厂房及购置进口生产设备，更获 ISO 9001 质量管理体系证书。

为了满足注塑成型发展及各种塑料产品的不同需要，该公司已设计和制造出七大系列产品，分别为：SP-A 优质注塑机系列、SP-i 优质节能注塑机系列、SK 高速精密注塑机系列、MM 双色成型注塑机系列、JS 高级注塑成型机系列、HC 直液压锁模大型机系列、EM 全电动注塑机系列。产品锁模力 300 ～ 20 000kN，可依照市场和客户需求“量身定做”。

仁兴充分研究了世界压铸行业发展趋势，将行业高质量压铸件对设备的特殊要求融入压铸机械设计理念中，开发锌、铝及镁合金专用压铸机及压铸技术，已设计和制造出镁铝合金冷室压铸机 AMC 系列、锌合金热室压铸机 AMH 系列、镁锌合金热室压铸机 AMH-M 系列。

四、塑料机械最新技术进展及发展趋势

全球塑料机械伴随着科技发展的趋势，重点呈现出如下特点：高效节能化、绿色环保化、产品研发应用和制造过程的信息化、数字化、精密化、智能化、网络化、柔性化以及制造业与服务业的相互促进和融合发展等。

1. 伺服节能塑料注射成型技术

主要技术内容：研发 0.75 ～ 110kW 注塑机专用伺服电动机，0.75 ～ 30kW 水冷、35 ～ 110kW 风冷伺服驱动器；研发快速油缸配合比例方向阀的注塑机专用液压系统；研发具有国际先进水平的螺杆优化软件和高耐磨机筒；研发高效、高精度连杆结构。其中转矩控制精度 ±1%，频率响应 ≥ 200Hz，液压压力控制误差 ±1bar（1bar=0.1MPa）；全硬化螺杆硬度 58 ～ 61HRC，机筒内孔浇注双合金，有效厚度 2 ～ 2.2mm，硬度 57 ～ 59HRC；开合模定位误差 ≤ ±1mm，制品重量重复精度≤ 0.5%；能耗指标 0.35kW・h/kg。

2. 塑料微尺度制造技术

主要技术内容：塑料微注射成型装备技术、塑料微挤出成型装备技术。其中，微型注射成型机，合模力 10 ～ 300kN, 注射速度≥ 300mm/s, 注射压力≥ 200MPa，温度控制精度 ±1℃，制品重量重复精度≤ 0.5‰；微结构成型注射机，合模力 200 ～ 800kN，注射速度≥ 500mm/s，注射压力

≥ 250MPa，温度控制精度 ±1℃，制品重量重复精度≤ 0.3‰。

3. 塑料精密挤出成型技术

主要技术内容：研发以精密驱动、精密塑化、高热惯性机筒、稳流螺杆和精密控制为特征的精密挤出成型主机；研发塑料熔体泵、并联式稳压装置等稳压稳流关键部件；研发塑料精密挤出成型模具设计和制造技术；研发基于等时到温控制系统、统计过程控制系统、DCS 控制系统、Web 智能远程控制系统的精密挤出成型先进控制技术。技术参数：螺杆直径 16 ～ 65mm，螺杆转速 15 ～ 150r/min, 流量波动＜ 5%，熔体压力波动＜ 4%，熔体控温精度 ±1℃；制品轴向几何波动＜ 5%, 横向几何波动＜ 5%。

4. 精密控制

超精密塑料制品的精度控制非常关键，可以采用以下解决方案。

（1）注射动作的控制。采用当前世界上最先进的 MOOG 伺服闭环阀或德国力士乐的伺服闭环阀予以控制。该类型的油阀除了可以实现闭环控制外，还具有控制精度高、响应速度快、性能稳定等一系列优点，以确保在注射开始时快速获得最大加速度和最大注射速度，在注射动作完成时快速获得最大减速度，从而获得最佳的位置控制。

（2）熔胶塑化。传统上利用液压马达熔胶，但由于油液具有可压缩性以及液压马达存在内泄、运动惯性等特点，很难对熔胶动作实现精确控制，因而采用伺服电动熔胶。采用伺服电动熔胶后，伺服电动机的转速及转数可以通过伺服驱动系统实现闭环监测控制，而转数的控制可以达到 1/1 024 转，从而实现精确计量。

（3）位置监测装置。多数采用电子尺或编码，但传统的电子尺分辨率都比较低，国内同行采用的电子尺，其监测精度只有 0.1mm。采用悬浮式不接触电子尺的监测精度可以达到 0.01mm, 精度提高 10 倍，同时不接触式结构确保运行中不磨损，性能长期稳定可靠。

（4）螺杆的止逆元件。采用特殊结构的止逆件，在熔胶完成后，通过伺服电动机的微量反转（可控），将通道提前主动封死，避免了注射过程中胶料回流的现象，从而实现非常精确的注射控制，确保产品的尺寸精度及重量偏差。

5. 微结构注塑

判定微结构注塑的依据是制成品的精度，即成品的尺寸公差、形位公差和表面粗糙度。要进行微结构注塑必须有很多相关的条件，而最基本的是注射设备、模具、塑料材料和注射工艺这四项基本因素。

作为微结构注塑机开发的核心技术，控制系统是提升注塑机整体技术水平的关键。传统的注塑机一般采用简单的开环控制，即按照预先设定值进行控制。在设备制造过程中，预先设定好参数值，例如锁模力、循环时间、温度等，由机器在生产过程中加以保持。例如模具温度可以通过控制加热流体的温度加以保持，塑化温度可以通过控制外加热装置的功率保持。这种控制方式结构简单，但抗干扰能力差，控制效果也比较差。

微结构塑料制品的成型质量是微型注射成型技术的最终目标，然而影响成型质量精度的因素较多，如浇口位置设计、流道设计、注射压力、注射速度、保压压力、型腔内的压力场、型腔内的温度场、熔料温度、模具温度、制品壁厚与形状、充模时间和保压时间等。在加工同一塑料制品时，也会因上述条件的不同而有很大差异，微结构塑料制品在成型工艺中很容易出现如短射、飞边、翘曲、熔接痕和尺寸超差等质量问题，因此，从成型工艺角度精密控制微结构制品成型质量是微结构注射的关键技术之一。

6. 基于拉伸流变的塑料高效节能加工关键技术

主要技术内容：研发拉伸形变支配的高效节能塑料挤出成型关键技术及基础装备，包括拉伸形变支配的叶片塑化挤压系统，负载感应型低速大扭矩驱动与传动技术，拉伸形变支配的塑化挤出成型过程智能化控制技术。研究开发塑料短热机械历程塑化注射成型关键技术及基础装备，包括叶片式短热机械历程塑化注射系统，负载感应型液压驱动与传动技术，塑料无螺杆塑化注射成型过程智能化控制技术。与国际先进的常规螺杆加工技术与设备比较，塑化挤压、塑化注射系统的能耗降低 20% 左右，体积重量减少 20% 以上，整机能耗降低 25% 以上。其中，拉伸形变支配的叶片塑化挤压系统在保证塑化质量的前提下，最大挤出产量≥ 100kg/h, 比热耗≤ 0.22kW•h/kg（测试物料为低密度聚乙烯，挤出压力≥ 15MPa），有效热机械历程≤ 650mm；塑料短热机械历程塑化注射系统在保证塑化质量的前提下，最大塑化能力≥ 120g/s，比热耗≤ 0.18kW • h/kg（测试物料为聚苯乙烯），理论注射容积≥ 2 600cm^3，有效热机械历程≤ 1 000mm。

随着装备制造业向自动化、智能化转型升级，塑料机械数字化制造技术列入《产业关键共性技术发展指南（2015 年）》。主要技术内容包括：驱动传动系统数控化与效能提升技术、成型过程复杂参数传感与信息融合技术、成型过程智能化控制与预测技术、嵌入式机器人与生产过程协同技术、生产过程综合决策与信息化管理技术等。

〔供稿单位：深圳市机械工程学会、广东省塑料工业协会注塑专业委员会〕

台湾塑料橡胶机械 2016 年发展情况

台湾塑料橡胶机械的产值和出口金额仅次于工具机产业，位居台湾机械产业第二名。八成以上的塑料橡胶机械是外销，年产值近 500 亿台币，主要种类分别是射出成型机、挤出机、吹制成型机、真空成型机及其他热定型机。

根据海关进出口统计数据，台湾塑料橡胶机械依种类位列出口额前三名的分别是注塑机、押（挤）出机和吹塑成型机等。但是，因为全世界经济景气不佳，主力产品注塑机衰退，年出口额下降 9.2%。2016 年台湾塑料橡胶机械出口统计见表 1。

表 1　2016 年台湾塑料橡胶机械出口统计

产 品 名 称	2016 年（万美元）	2015 年（万美元）	2016 年比 2015 年增加（万美元）	2016 年比 2015 年增长（%）
注塑机	26 447.1	29 124.9	−2 677.8	−9.2
挤出机	11 263.8	9 941.4	1 322.4	13.3
吹制成型机	8 679.4	9 341.6	−662.2	−7.1
真空成型机及其他热定型机	6 833.9	6 537.4	296.5	4.5
轮胎新制或翻修或内胎制造机	2 591.4	4 167.2	−1 575.8	−37.8
其他模制橡塑料机	5 422.3	6 417.0	−994.7	−15.5
其他橡塑料机机械	28 944.9	32 283.9	−3 339.0	−10.3
橡塑料机械零件	13 043.4	14 483.3	−1 439.9	−9.9
橡塑料机械	103 226.1	112 296.7	−9 070.6	−8.1

塑料橡胶机械应用范围广泛，可以说是包罗万象，且与石化工业、模具工业、精密加工、自动控制等关系密切。二十多年来，大陆一直是台湾塑料橡胶机械最大的出口市场。塑料橡胶机械的客户、订单主要来自在大陆从事智能型手机、平板计算机、通信、电子制造的台湾商人以及大陆本地家电、手机、建材、汽车制造行业；其次来源于以越南、泰国、印度尼西亚、印度、日本等为主的东南亚国家。近年来，在大陆的商人有往低成本的越南转移的现象，2016 年向越南的出口额增长 10.5%，向印度的出口额增长 10.0%。2016 年台湾塑料橡胶机械前 15 大出口目的地见表 2。2016 年台湾塑料橡胶机械不同产品主要出口目的地及增幅见表 3。

表 2　2016 年台湾塑料橡胶机械前 15 大出口目的地

排名	出口目的地	2016 年出口额（万美元）	占出口比例（%）	比上年增长（%）
1	中国大陆	19 506.8	18.9	−12.5
2	越南	13 633.8	13.2	10.5
3	印度尼西亚	7 094.6	6.9	−11.9
4	泰国	6 389.8	6.2	−2.9
5	印度	6 364.9	6.2	10.0
6	美国	5 672.5	5.5	−32.1
7	日本	4 805.7	4.7	−1.1
8	马来西亚	2 870.3	2.8	−23.5
9	土耳其	2 516.9	2.4	9.1
10	墨西哥	2 422.1	2.3	13.7
11	菲律宾	1 988.3	1.9	20.8
12	沙特阿拉伯	1 731.9	1.7	−10.1
13	孟加拉国	1 620.4	1.6	2.7
14	俄罗斯	1 561.6	1.5	−10.5
15	韩国	1 006.8	1.0	86.4
	其他	24 039.8	23.3	−15.4
	合计	103 226.1	100.0	−8.1

注：数据来源于台湾海关进出口数据库，PMC 整理。

表 3　2016 年台湾塑料橡胶机械不同产品主要出口目的地及增幅

产品类别	第一位	第二位	第三位	第四位	第五位
注塑机	越南（8.1%）	中国大陆（−8.2%）	印度尼西亚（−0.3%）	泰国（−0.6%）	印度（−28.6%）
挤出机	中国大陆（101.2%）	越南（119.5%）	印度（174.7%）	印度尼西亚（10.4%）	马来西亚（−14.4%）
吹制成型机	美国（53.7%）	印度尼西亚（−39.7%）	越南（−8.4%）	沙特阿拉伯（125.6%）	中国大陆（−51.5%）
真空成型机	中国大陆（−12.8%）	印度尼西亚（111.4%）	越南（−14.9%）	印度（238.4%）	泰国（−1.9%）
轮胎制造机	美国（−60.7%）	越南（264.4%）	印度（−26.7%）	巴基斯坦（217.9%）	印度尼西亚（−32.2%）

（续）

产品类别	第一位	第二位	第三位	第四位	第五位
其他模制橡塑料机	中国大陆 （-44.4%）	越南 （4.8%）	美国 （10.4%）	日本 （62.5%）	印度 （-4.7%）
其他橡塑料机机械	中国大陆 （-12.3%）	越南 （11.1%）	印度尼西亚 （-28.7%）	印度 （29.8%）	泰国 （-16.5%）
橡塑料机械零件	中国大陆 （-30.0%）	日本 （12.4%）	泰国 （16.0%）	美国 （-18.7%）	印度尼西亚 （2.1%）
橡塑料机械	中国大陆 （-12.5%）	越南 （10.5%）	印度尼西亚 （-11.9%）	泰国 （-2.9%）	印度 （10.0%）

台湾塑料橡胶机械厂商多属中小型工厂，而厂商总量依业界名单约 200 家，其中九成是中小企业，平均雇用员工 30 余人，而又 90% 集中在台南、台中、桃园地区，是该地区颇具代表性的产业。塑料橡胶机械大厂，如富强鑫集团、全立发机械、凤记国际机械、桦钦机械、棕伟机械等多集中在台南地区；台中地区代表性的厂商是台中精机、盘石油压、鍑鑫塑料机械；桃园地区的大厂则是百塑、台湾震雄；而吹袋机制造厂商则集中在嘉义地区，主要代表企业是鼎坤塑料机械、光兴塑料机械。在业界间亦常有老板、员工或兄弟亲属等关系，其协力工厂也相近，再加上少部分新成立的塑料橡胶机械厂，协力厂及客户群与原先老厂同构型颇高，有集中化现象，形成产业聚集。另外，部分老厂亦甚为担心由于新厂的成立，将导致原已狭小的市场竞争加剧，期望业界能逐步整合，经由产品分类、功能差异、质量提升及市场区隔后，减少业界以杀价为唯一竞争的市场形态，此点仍有待业界多沟通以达成共识。

台湾塑料橡胶机械制造商或使用者参考和学习日本的技术，业界亦有与日本同业在生产制造方面的合作。日本同业为了降低成本，亦有部分零组件向台湾厂商采购，如铸件、加工件、料管组、齿轮箱等。

〔撰稿人：台湾机械工业同业公会塑橡胶机械专业委员会荣誉会长吴正炜〕

塑料机械行业经济指标及产品进出口数据

统计资料

1990—2016 年塑料机械行业主要经济指标汇总

年份	企业数（家）	工业总产值（当年价）（亿元）	工业销售产值（亿元）	出口交货值（亿元）	工业增加值（亿元）	主营业务收入（亿元）	利润总额（亿元）	利税总额（亿元）	资产合计（亿元）	负债合计（亿元）	从业人员年平均人数（万人）	全员劳动生产率（元／人）
1990	259	11.16			3.21	10.05	0.47	0.98			5.19	6 185
1991	258	15.37			4.39	15.10	0.91	1.65			5.39	8 145
1992	252	23.41	22.27		7.07	30.94	0.09	1.22			5.79	12 214
1993	326	35.52	27.35		10.59	31.36	2.48	3.83	35.63	23.97	5.81	18 242
1994	316	38.20	33.97		10.85	27.17	1.56	3.01	42.76	27.28	4.71	18 962
1995	349	35.64			10.58	32.63	1.17	2.81	49.66	32.50	5.46	19 383
1996	379	47.29	43.86		11.60	39.92	1.82	3.57	55.31	34.86	6.04	19 205
1997	344	55.27	50.91		16.02	44.78	2.36	4.93	62.73	38.62	6.26	25 574
1998	166	53.69	48.81		13.79	47.23	2.63	4.74	69.51	45.47	3.87	35 608
1999	158	58.75	56.39		15.66	53.54	3.99	6.47	72.69	45.45	3.49	44 890
2000	170	73.25	69.24	5.30	19.29	66.44	5.74	8.78	94.02	57.53	3.99	48 312
2001	185	81.60	77.68	6.80	21.39	74.71	5.89	9.24	106.69	65.71	4.15	51 605
2002	215	116.40	111.27	10.00	30.66	105.79	10.43	14.70	130.69	79.77	4.14	74 092
2003	253	130.70	125.49	11.70	34.19	124.79	10.03	14.69	139.65	87.71	4.21	81 291
2004	410	184.98	187.02	28.04	45.71	180.84	16.40	22.35	197.55	111.78	5.46	83 718
2005	379	193.07	181.88	30.15	50.01	183.25	14.60	21.16	192.62	115.34	4.79	104 437
2006	413	221.33	216.08	42.82	57.68	215.66	18.18	25.58	212.12	128.15	5.05	114 102
2007	454	267.73	260.61	53.04	74.25	256.51	22.34	31.14	255.77	147.23	5.39	137 705
2008	473	280.43	262.98	54.83		247.78	16.25	23.74	286.78	165.49	6.07	
2009	521	258.48	250.85	36.46		259.70	18.20	27.15	315.39	170.79	5.60	
2010	564	421.06	400.65	59.57		415.81	39.50	51.99	390.75	202.98	6.49	
2011	330	464.51	444.46	80.59		441.04	42.23		441.68	207.64	6.11	
2012	365	462.06	444.73	75.66		451.79	41.58		469.38	231.82		
2013	376	526.00	490.00	73.61		498.93	44.79		524.04	250.93		
2014	397	571.00	528.00	90.49		531.99	48.04		565.18	267.25		
2015	389	580.00	530.00	84.27		521.78	49.46		593.61	267.15		
2016	403	600.00	550.00	90.57		595.51	56.90		660.25	300.95		

注：1.1998 年以前全国机械工业企业单位的统计口径分为两种，即产值产量部分为全国乡及乡以上工业企业，财务指标部分为全部独立核算工业企业资料；1998 年年报国家统计局将上述两种口径统一调整为全部国有和年产品销售收入 500 万元以上的非国有工业企业；2007 年调整为辖区内全部主营业务收入 500 万元及以上的工业法人企业；2011 年调整为辖区内全部年主营业务收入 2 000 万元及以上的工业法人企业。

2. 工业增加值指标在 1993 年以前为工业净产值。

3. 数据来源于中国机械工业联合会。

2016 年 1—12 月单个税号塑料机械进口价格指数（以 2014 年 1 月为基期）

月份	项目	注塑机	其他注射机	塑料造粒机	其他挤出机	挤出吹塑机	注射吹塑机	其他吹塑机	塑料中空成型机	塑料压延成型机	其他真空模塑机器及其他热成型机器	3D打印机	其他模塑或成型机器
1	平均进口单价(万美元)	10	19	63	50	140	38	73	41	26	17	1	0.1
	定基价格指数	67	58	29	68	128	83	99	164	87	113	83	0.4
	环比价格指数	91	271	394	161	147	165	166	52	39	131	200	1
2	平均进口单价(万美元)	12	11	12	62	127	40	47	33	34	16	1	7
	定基价格指数	80	33	6	85	117	87	64	132	113	107	83	28
	环比价格指数	120	58	19	124	91	105	64	80	131	94	100	7 000
3	平均进口单价(万美元)	12	22	112	30	141	26	62	10	57	12	1	2
	定基价格指数	80	67	51	41	129	57	84	40	190	80	83	8
	环比价格指数	100	200	933	48	111	65	132	30	168	75	100	29
4	平均进口单价(万美元)	10	19	235	24	85	38	27	17	53	19	1	9
	定基价格指数	67	58	108	33	78	83	36	68	177	127	83	36
	环比价格指数	83	86	210	80	60	146	44	170	93	158	100	450
5	平均进口单价(万美元)	10	11	62	18	105	28	39	26	28	12	2.1	2
	定基价格指数	67	33	28	25	96	61	53	104	93	80	175	8
	环比价格指数	100	58	26	75	124	74	144	153	53	63	210	22
6	平均进口单价(万美元)	9	16	5	21	41	35	79	14	9	18	0.4	17
	定基价格指数	60	48	2	29	38	76	107	56	30	120	33	68
	环比价格指数	90	145	8	117	39	125	203	54	32	150	19	850
7	平均进口单价(万美元)	11	24	25	51	80	32	116	15	24	19	0.5	1
	定基价格指数	73	73	11	70	73	70	157	60	80	127	42	4
	环比价格指数	122	150	500	243	195	91	147	107	267	106	125	6
8	平均进口单价(万美元)	10	13	50	35	63	39	28	22	40	22	1	6
	定基价格指数	67	39	23	48	58	85	38	88	133	147	83	24
	环比价格指数	91	54	200	69	79	122	24	147	167	116	200	600
9	平均进口单价(万美元)	12	27	3	22	41	36	38	9	37	11	1	0.2
	定基价格指数	80	82	1	30	38	78	51	36	123	73	83	1
	环比价格指数	120	208	6	63	65	92	136	41	93	50	100	3

（续）

月份	项目	注塑机	其他注射机	塑料造粒机	其他挤出机	挤出吹塑机	注射吹塑机	其他吹塑机	塑料中空成型机	塑料压延成型机	其他真空模塑机器及其他热成型机器	3D打印机	其他模塑或成型机器
10	平均进口单价（万美元）	10	35	37	42	128	26	36	18	49	10	1	0.4
	定基价格指数	67	106	17	58	117	57	49	72	163	67	83	2
	环比价格指数	83	130	1 233	191	312	72	95	200	132	91	100	200
11	平均进口单价（万美元）	12	14	19	35	78	37	56	34	84	1	1	15
	定基价格指数	80	42	9	48	72	80	76	136	280	7	83	60
	环比价格指数	120	40	51	83	61	142	156	189	171	10	100	3 750
12	平均进口单价（万美元）	8	62	13	33	31	34	43	18	27	9	1	17
	定基价格指数	53	188	6	45	28	74	58	72	90	60	83	68
	环比价格指数	67	443	68	94	40	92	77	53	32	900	100	113

2016 年 1—12 月单个税号塑料机械出口价格指数（以 2014 年 1 月为基期）

月份	项目	注塑机	其他注射机	塑料造粒机	其他挤出机	挤出吹塑机	注射吹塑机	其他吹塑机	塑料中空成型机	塑料压延成型机	其他真空模塑机器及其他热成型机器	3D打印机	其他模塑或成型机器
1	平均出口单价（万美元）	4	4	3	5	4	2	2	4	3	2	0.02	0.07
	定基价格指数	100	200	100	167	133	67	200	80	750	200	10	70
	环比价格指数	80	100	100	100	80	67	100	100	150	67	200	140
2	平均出口单价（万美元）	3	4	3	4	3	4	2	3	1	3	0.03	0.34
	定基价格指数	75	200	100	133	100	133	200	60	250	300	15	340
	环比价格指数	75	100	100	80	75	200	100	75	33	150	150	486
3	平均出口单价（万美元）	5	3	3	4	3	3	2	4	1	2	0.01	0.43
	定基价格指数	125	150	100	133	100	100	200	80	250	200	5	430
	环比价格指数	167	75	100	100	100	75	100	133	100	67	33	126
4	平均出口单价（万美元）	5	3	1	0.09	5	2	2	4	2	2	0.03	0.08
	定基价格指数	125	150	33	3	167	67	200	80	500	200	15	80
	环比价格指数	100	100	33	2	167	67	100	100	200	100	300	19

（续）

月份	项目	注塑机	其他注射机	塑料造粒机	其他挤出机	挤出吹塑机	注射吹塑机	其他吹塑机	塑料中空成型机	塑料压延成型机	其他真空模塑机器及其他热成型机器	3D打印机	其他模塑或成型机器
5	平均出口单价（万美元）	2	3	2	3	3	4	1	3	3	0.5	0.02	0.04
	定基价格指数	50	150	67	100	100	133	100	60	750	50	10	40
	环比价格指数	40	100	200	3333	60	200	50	75	150	25	67	50
6	平均出口单价（万美元）	4	4	2	3	3	5	2	4	3	2	0.02	0.2
	定基价格指数	100	200	67	100	100	167	170	80	700	200	10	200
	环比价格指数	200	133	100	100	100	125	170	133	93	400	100	500
7	平均出口单价（万美元）	4	5	2	3	4	2	1	4	4	1	0.03	0.1
	定基价格指数	100	250	67	110	133	67	100	80	1 000	100	15	100
	环比价格指数	100	125	100	110	133	40	59	100	143	50	150	50
8	平均出口单价（万美元）	4	4	2	3	3	3	1	3	8	2	0.02	0.1
	定基价格指数	100	200	67	100	100	100	100	60	2 000	200	10	100
	环比价格指数	100	80	100	91	75	150	100	75	200	200	67	100
9	平均出口单价（万美元）	3	4	3	5	3	4	1	4	4	2	0.02	0.03
	定基价格指数	75	200	100	167	100	133	100	80	1 000	200	10	30
	环比价格指数	75	100	150	167	100	133	100	133	50	100	100	30
10	平均出口单价（万美元）	5	5	2	3	3	5	1	2	3	3	0.03	0.03
	定基价格指数	125	250	67	100	100	167	100	40	750	300	15	30
	环比价格指数	167	125	67	60	100	125	100	50	75	150	150	100
11	平均出口单价（万美元）	5	4	2	3	3	3	2	7	3	2	0.02	0.09
	定基价格指数	125	200	67	100	100	100	200	140	750	200	10	90
	环比价格指数	100	80	100	100	100	60	200	350	100	67	67	300
12	平均出口单价（万美元）	5	0.02	2	3	6	4	2	3	4	1	0.02	0.18
	定基价格指数	125	1	67	100	200	133	200	60	1 000	100	10	180
	环比价格指数	100	1	100	100	200	133	100	43	133	50	100	200

2016年1—12月塑料机械进出口综合价格指数（以2014年1月为基期）

月份	进口		出口	
	Paasche价格指数	Laspeyres价格指数	Paasche价格指数	Laspeyres价格指数
1	6	65	85	121
2	42	70	76	113
3	37	63	88	139
4	70	64	13	102
5	39	48	53	76
6	50	48	84	115
7	31	65	80	109
8	59	56	77	126
9	8	48	65	103
10	33	59	70	115
11	28	59	82	120
12	54	54	38	130

2016年我国塑料机械出口情况

税号	产品	出口目的地	出口量（台）	出口额（万美元）
	总计		819 899	289 294
84771010	注塑机		26 176	100 093
		阿富汗	15	51
		巴林	8	37
		孟加拉国	890	3122
		文莱	3	8
		缅甸	177	826
		柬埔寨	100	202
		塞浦路斯	3	14

（续）

税号	产品	出口目的地	出口量（台）	出口额（万美元）
84771010	注塑机	朝鲜	32	110
		中国香港	494	1 267
		印度	784	2 238
		印度尼西亚	1 204	5 005
		伊朗	1 267	3 780
		伊拉克	35	202
		以色列	93	500
		日本	522	1 949
		约旦	86	262
		科威特	5	7
		老挝	5	21
		黎巴嫩	32	159
		中国澳门	2	0.06
		马来西亚	2 571	2 809
		马尔代夫	1	28
		尼泊尔	21	49
		阿曼	14	56
		巴基斯坦	568	1 713
		巴勒斯坦	3	7
		菲律宾	599	2 771
		卡塔尔	11	298
		沙特阿拉伯	205	886
		新加坡	214	429
		韩国	1 101	3 819
		斯里兰卡	142	450
		叙利亚	20	62
		泰国	1 047	3 236
		土耳其	1 250	6 796
		阿拉伯联合酋长国	119	456
		也门共和国	25	94
		越南	2 675	8 658
		中国台湾	391	1 662
		东帝汶	1	2
		哈萨克斯坦	50	226
		吉尔吉斯斯坦	5	26
		塔吉克斯坦	22	45
		土库曼斯坦	2	5

（续）

税号	产品	出口目的地	出口量（台）	出口额（万美元）
84771010	注塑机	乌兹别克斯坦	247	648
		阿尔及利亚	328	1 252
		安哥拉	20	97
		贝宁	4	10
		喀麦隆	8	39
		刚果（布）	4	31
		吉布提	381	72
		埃及	481	1 500
		埃塞俄比亚	87	403
		加蓬	1	6
		加纳	43	123
		几内亚	5	21
		科特迪瓦共和国	60	244
		肯尼亚	113	261
		利比亚	17	90
		马达加斯加	1	3
		马拉维	26	81
		马里	7	30
		毛里求斯	9	43
		摩洛哥	81	572
		莫桑比克	30	135
		纳米比亚	1	3
		尼日利亚	972	508
		卢旺达	2	7
		塞内加尔	8	27
		南非	220	1 183
		苏丹	113	462
		坦桑尼亚	94	265
		多哥	4	30
		突尼斯	57	206
		乌干达	25	99
		刚果（金）	4	15
		赞比亚	5	17
		津巴布韦	5	17
		莱索托	1	2
		南苏丹共和国	2	3
		比利时	13	45

（续）

税号	产品	出口目的地	出口量（台）	出口额（万美元）
84771010	注塑机	丹麦	16	41
		英国	87	477
		德国	312	1 289
		法国	71	697
		意大利	132	859
		卢森堡	25	1013
		荷兰	49	329
		希腊	8	13
		葡萄牙	55	317
		西班牙	132	855
		阿尔巴尼亚	6	19
		奥地利	2	71
		保加利亚	29	76
		芬兰	6	38
		匈牙利	50	326
		波兰	188	836
		罗马尼亚	23	164
		瑞典	12	74
		瑞士	1	19
		爱沙尼亚	10	26
		拉脱维亚	25	63
		立陶宛	22	37
		格鲁吉亚	5	11
		亚美尼亚	2	2
		阿塞拜疆	5	8
		白俄罗斯	11	50
		俄罗斯联邦	802	2 495
		乌克兰	132	339
		斯洛文尼亚	17	85
		克罗地亚	9	52
		捷克	111	1027
		斯洛伐克	3	58
		塞尔维亚	70	356
		黑山	3	8
		阿根廷	329	1 146
		玻利维亚	16	131
		巴西	374	1 493

（续）

税号	产品	出口目的地	出口量（台）	出口额（万美元）
84771010	注塑机	智利	49	202
		哥伦比亚	337	856
		哥斯达黎加	9	95
		古巴	7	53
		多米尼加共和国	25	153
		厄瓜多尔	66	306
		危地马拉	19	63
		洪都拉斯	14	99
		牙买加	1	2
		墨西哥	878	7 193
		巴拿马	2	5
		巴拉圭	3	5
		秘鲁	125	585
		萨尔瓦多	24	106
		苏里南	1	8
		特立尼达和多巴哥	1	6
		乌拉圭	4	16
		委内瑞拉	47	331
		加拿大	42	377
		美国	962	10 783
		澳大利亚	100	852
		斐济	4	8
		瓦努阿图	1	4
		新西兰	8	171
		巴布亚新几内亚	4	20
84771090	其他注射机		12 820	3 998
		阿富汗	1	2
		孟加拉国	20	55
		柬埔寨	8	8
		朝鲜	2	2
		中国香港	6	20
		印度	27	76
		印度尼西亚	73	336
		伊朗	44	134
		伊拉克	1	3
		以色列	4	19
		中国澳门	3	0.11

（续）

税号	产品	出口目的地	出口量（台）	出口额（万美元）
84771090	其他注射机	马来西亚	16	20
		尼泊尔	2	15
		巴基斯坦	97	203
		巴勒斯坦	2	5
		菲律宾	11	19
		沙特阿拉伯	2	5
		新加坡	11 788	145
		韩国	6	24
		斯里兰卡	2	0.03
		叙利亚	4	15
		泰国	28	125
		土耳其	27	114
		越南	143	694
		中国台湾	5	8
		吉尔吉斯斯坦	1	10
		塔吉克斯坦	2	7
		乌兹别克斯坦	18	44
		阿尔及利亚	11	79
		喀麦隆	5	16
		吉布提	26	126
		埃及	49	67
		埃塞俄比亚	8	42
		加纳	2	12
		几内亚	1	6
		科特迪瓦共和国	8	34
		肯尼亚	11	48
		马达加斯加	1	1
		马拉维	9	42
		摩洛哥	14	30
		莫桑比克	12	39
		尼日利亚	6	23
		塞内加尔	2	6
		南非	3	19
		苏丹	16	142
		坦桑尼亚	10	9
		刚果（金）	1	7
		津巴布韦	2	4

（续）

税号	产品	出口目的地	出口量（台）	出口额（万美元）
84771090	其他注射机	德国	1	8
		意大利	2	18
		希腊	58	7
		葡萄牙	5	25
		西班牙	18	72
		芬兰	9	83
		马耳他	1	18
		波兰	37	155
		拉脱维亚	2	2
		立陶宛	2	0.09
		阿塞拜疆	1	6
		俄罗斯联邦	10	67
		乌克兰	4	26
		阿根廷	16	72
		玻利维亚	1	5
		巴西	1	7
		智利	2	9
		哥伦比亚	10	58
		多米尼加共和国	6	9
		厄瓜多尔	2	4
		危地马拉	1	6
		墨西哥	54	305
		秘鲁	19	48
		萨尔瓦多	1	5
		加拿大	3	16
		美国	13	99
		巴布亚新几内亚	1	6
84772010	塑料造粒机		3 254	7 547
		阿富汗	1	4
		巴林	1	15
		孟加拉国	17	65
		文莱	11	4
		缅甸	14	58
		柬埔寨	8	19
		塞浦路斯	1	1
		朝鲜	5	6
		中国香港	79	209

（续）

税号	产品	出口目的地	出口量（台）	出口额（万美元）
84772010	塑料造粒机	印度	175	884
		印度尼西亚	99	212
		伊朗	36	180
		伊拉克	32	20
		以色列	8	6
		日本	47	153
		约旦	4	9
		科威特	6	198
		老挝	1	2
		黎巴嫩	6	8
		马来西亚	126	248
		蒙古	1	0.05
		尼泊尔	1	1
		阿曼	8	5
		巴基斯坦	53	126
		菲律宾	45	90
		卡塔尔	1	6
		沙特阿拉伯	55	138
		新加坡	12	49
		韩国	134	295
		斯里兰卡	12	11
		叙利亚	8	46
		泰国	106	552
		土耳其	15	77
		阿拉伯联合酋长国	32	83
		也门共和国	8	12
		越南	464	616
		中国台湾	28	64
		哈萨克斯坦	31	37
		吉尔吉斯斯坦	11	3
		塔吉克斯坦	6	3
		土库曼斯坦	10	5
		乌兹别克斯坦	35	43
		阿尔及利亚	239	186
		安哥拉	9	2
		贝宁	4	3
		博茨瓦纳	1	3

（续）

税号	产品	出口目的地	出口量（台）	出口额（万美元）
84772010	塑料造粒机	喀麦隆	6	7
		吉布提	11	19
		埃及	51	77
		埃塞俄比亚	62	57
		加蓬	1	3
		加纳	37	36
		几内亚	2	5
		科特迪瓦共和国	5	10
		肯尼亚	13	12
		利比里亚	1	1
		利比亚	1	3
		马拉维	3	3
		毛里塔尼亚	2	4
		摩洛哥	9	19
		莫桑比克	28	4
		尼日利亚	121	104
		塞内加尔	1	1
		索马里	1	1
		南非	66	111
		苏丹	37	36
		坦桑尼亚	19	18
		多哥	5	8
		突尼斯	9	24
		乌干达	7	10
		赞比亚	9	4
		津巴布韦	5	3
		莱索托	2	5
		南苏丹共和国	1	2
		比利时	5	1
		丹麦	1	5
		英国	16	43
		德国	10	56
		法国	3	21
		意大利	16	70
		荷兰	44	4
		希腊	2	11
		葡萄牙	1	5

（续）

税号	产品	出口目的地	出口量（台）	出口额（万美元）
84772010	塑料造粒机	西班牙	4	21
		阿尔巴尼亚	2	8
		保加利亚	3	3
		芬兰	3	30
		匈牙利	5	26
		波兰	16	67
		罗马尼亚	21	34
		拉脱维亚	9	87
		立陶宛	1	2
		格鲁吉亚	1	2
		亚美尼亚	1	1
		阿塞拜疆	1	1
		白俄罗斯	2	4
		摩尔多瓦	1	1
		俄罗斯联邦	191	531
		乌克兰	28	111
		捷克	4	21
		马其顿	1	16
		塞尔维亚	6	29
		黑山	1	1
		阿根廷	51	136
		玻利维亚	2	3
		巴西	21	70
		智利	20	21
		哥伦比亚	12	38
		多米尼加共和国	21	8
		厄瓜多尔	8	19
		危地马拉	3	17
		海地	2	3
		洪都拉斯	1	1
		墨西哥	96	325
		巴拉圭	5	5
		秘鲁	16	47
		乌拉圭	2	13
		委内瑞拉	18	48
		加拿大	3	7
		美国	40	206

（续）

税号	产品	出口目的地	出口量（台）	出口额（万美元）
84772010	塑料造粒机	澳大利亚	13	25
84772090	其他挤出机		39 374	30 585
		阿富汗	7	20
		巴林	2	6
		孟加拉国	335	1 131
		文莱	4	4
		缅甸	51	137
		柬埔寨	97	178
		塞浦路斯	1	2
		朝鲜	14	55
		中国香港	494	85
		印度	655	3 052
		印度尼西亚	341	1 571
		伊朗	289	1 925
		伊拉克	54	65
		以色列	24	83
		日本	28	183
		约旦	22	58
		科威特	2	19
		老挝	31 003	8
		黎巴嫩	8	64
		马来西亚	233	660
		蒙古	2	18
		尼泊尔	17	4
		阿曼	5	21
		巴基斯坦	189	754
		巴勒斯坦	7	52
		菲律宾	129	444
		卡塔尔	4	13
		沙特阿拉伯	133	516
		新加坡	23	119
		韩国	160	1 267
		斯里兰卡	27	143
		叙利亚	5	15
		泰国	383	2 249
		土耳其	155	1 380
		阿拉伯联合酋长国	105	168

（续）

税号	产品	出口目的地	出口量（台）	出口额（万美元）
84772090	其他挤出机	也门共和国	14	8
		越南	775	3 712
		中国台湾	178	806
		哈萨克斯坦	29	142
		吉尔吉斯斯坦	14	30
		塔吉克斯坦	1	4
		土库曼斯坦	60	100
		乌兹别克斯坦	78	330
		阿尔及利亚	135	482
		贝宁	7	87
		布隆迪	1	2
		喀麦隆	8	17
		乍得	2	5
		刚果（布）	4	20
		吉布提	93	77
		埃及	115	508
		埃塞俄比亚	34	160
		加蓬	2	6
		加纳	14	35
		几内亚	3	7
		科特迪瓦共和国	4	15
		肯尼亚	52	143
		利比亚	13	15
		马达加斯加	2	6
		马拉维	3	5
		马里	1	21
		毛里塔尼亚	8	107
		毛里求斯	1	2
		摩洛哥	14	40
		莫桑比克	13	41
		纳米比亚	1	24
		尼日利亚	107	382
		塞拉利昂	1	6
		南非	63	316
		苏丹	10	34
		坦桑尼亚	38	81
		多哥	19	3

（续）

税号	产品	出口目的地	出口量（台）	出口额（万美元）
84772090	其他挤出机	突尼斯	64	135
		乌干达	4	15
		刚果（金）	5	139
		赞比亚	6	27
		津巴布韦	4	19
		比利时	5	11
		丹麦	2	7
		英国	320	217
		德国	334	367
		法国	21	1
		爱尔兰	1	16
		意大利	32	146
		荷兰	5	31
		希腊	5	32
		葡萄牙	2	3
		西班牙	56	39
		阿尔巴尼亚	16	48
		奥地利	21	10
		保加利亚	8	40
		芬兰	9	41
		匈牙利	7	8
		挪威	1	5
		波兰	41	177
		罗马尼亚	2	2
		瑞典	6	45
		瑞士	2	9
		爱沙尼亚	7	27
		拉脱维亚	10	25
		立陶宛	5	17
		格鲁吉亚	8	19
		亚美尼亚	2	15
		阿塞拜疆	7	26
		白俄罗斯	7	27
		摩尔多瓦	3	25
		俄罗斯联邦	405	1 127
		乌克兰	97	279
		斯洛文尼亚	2	6

（续）

税号	产品	出口目的地	出口量（台）	出口额（万美元）
84772090	其他挤出机	克罗地亚	1	4
		捷克	3	9
		斯洛伐克	4	7
		马其顿	2	21
		塞尔维亚	17	59
		黑山	1	11
		阿根廷	65	302
		巴巴多斯	1	5
		玻利维亚	5	2
		巴西	51	269
		智利	38	163
		哥伦比亚	15	37
		哥斯达黎加	2	10
		古巴	1	1
		多米尼加共和国	26	58
		厄瓜多尔	28	108
		危地马拉	14	106
		圭亚那	16	25
		海地	1	4
		洪都拉斯	1	5
		牙买加	1	5
		墨西哥	94	492
		尼加拉瓜	1	4
		巴拿马	3	3
		巴拉圭	8	38
		秘鲁	22	83
		萨尔瓦多	1	1
		委内瑞拉	17	106
		加拿大	58	38
		美国	296	1 060
		澳大利亚	122	108
		新西兰	2	3
84773010	挤出吹塑机		2 272	8 444
		阿富汗	5	4
		巴林	1	2
		孟加拉国	68	165
		文莱	1	4

（续）

税号	产品	出口目的地	出口量（台）	出口额（万美元）
84773010	挤出吹塑机	缅甸	38	127
		柬埔寨	5	15
		朝鲜	29	32
		中国香港	24	387
		印度	56	1 031
		印度尼西亚	99	408
		伊朗	79	295
		伊拉克	19	88
		以色列	26	132
		日本	1	7
		约旦	9	31
		科威特	3	5
		老挝	4	4
		黎巴嫩	13	19
		马来西亚	67	217
		蒙古	3	15
		尼泊尔	1	2
		阿曼	4	3
		巴基斯坦	19	175
		巴勒斯坦	4	7
		菲律宾	44	147
		卡塔尔	7	15
		沙特阿拉伯	71	849
		新加坡	5	18
		韩国	12	70
		斯里兰卡	17	68
		叙利亚	4	5
		泰国	76	333
		土耳其	16	129
		阿拉伯联合酋长国	15	35
		也门共和国	16	19
		越南	253	653
		中国台湾	14	56
		哈萨克斯坦	38	42
		吉尔吉斯斯坦	6	10
		塔吉克斯坦	3	2
		土库曼斯坦	5	15

（续）

税号	产品	出口目的地	出口量（台）	出口额（万美元）
84773010	挤出吹塑机	乌兹别克斯坦	34	74
		阿尔及利亚	21	50
		安哥拉	1	1
		贝宁	5	8
		博茨瓦纳	1	1
		喀麦隆	3	10
		佛得角	2	4
		吉布提	4	7
		埃及	65	104
		赤道几内亚	1	1
		埃塞俄比亚	34	59
		冈比亚	1	2
		加纳	28	57
		几内亚	2	1
		科特迪瓦共和国	74	34
		肯尼亚	35	63
		利比里亚	4	4
		利比亚	2	5
		马达加斯加	6	17
		马拉维	3	3
		马里	3	6
		毛里求斯	1	10
		摩洛哥	12	30
		莫桑比克	2	9
		纳米比亚	1	0.43
		尼日利亚	40	183
		塞内加尔	4	10
		索马里	2	2
		南非	23	59
		苏丹	11	59
		坦桑尼亚	84	13
		多哥	7	18
		突尼斯	10	23
		乌干达	7	12
		刚果（金）	79	28
		赞比亚	10	41
		津巴布韦	5	14

（续）

税号	产品	出口目的地	出口量（台）	出口额（万美元）
84773010	挤出吹塑机	莱索托	2	2
		英国	7	33
		德国	4	171
		爱尔兰	1	1
		意大利	6	24
		荷兰	4	18
		希腊	3	6
		葡萄牙	2	2
		西班牙	7	25
		保加利亚	10	28
		匈牙利	2	8
		马耳他	2	5
		波兰	4	65
		罗马尼亚	7	14
		瑞典	1	1
		格鲁吉亚	5	7
		亚美尼亚	3	4
		阿塞拜疆	3	4
		白俄罗斯	4	35
		俄罗斯联邦	61	184
		乌克兰	18	65
		斯洛文尼亚	2	4
		克罗地亚	1	3
		斯洛伐克	1	2
		马其顿	2	2
		波黑	2	8
		塞尔维亚	1	2
		黑山	1	1
		阿根廷	17	38
		玻利维亚	1	2
		巴西	4	9
		智利	13	35
		哥伦比亚	16	41
		多米尼克	1	2
		多米尼加共和国	18	31
		厄瓜多尔	24	63
		危地马拉	15	24

（续）

税号	产品	出口目的地	出口量（台）	出口额（万美元）
84773010	挤出吹塑机	圭亚那	2	6
		洪都拉斯	1	1
		墨西哥	77	228
		巴拿马	2	12
		巴拉圭	15	17
		秘鲁	21	83
		萨尔瓦多	1	1
		乌拉圭	5	8
		委内瑞拉	13	28
		加拿大	9	42
		美国	22	140
		澳大利亚	20	238
		斐济	1	2
		巴布亚新几内亚	1	2
84773020	注射吹塑机		327	1 093
		孟加拉国	3	9
		缅甸	6	17
		塞浦路斯	1	1
		朝鲜	2	2
		印度	63	305
		印度尼西亚	16	47
		伊朗	5	16
		伊拉克	2	1
		黎巴嫩	1	1
		马来西亚	5	6
		尼泊尔	9	3
		阿曼	2	2
		巴基斯坦	22	91
		新加坡	5	1
		韩国	4	90
		斯里兰卡	1	1
		泰国	19	25
		土耳其	2	24
		阿拉伯联合酋长国	5	9
		越南	37	93
		中国台湾	3	24
		哈萨克斯坦	2	8

（续）

税号	产品	出口目的地	出口量 （台）	出口额 （万美元）
84773020	注射吹塑机	塔吉克斯坦	5	0.35
		乌兹别克斯坦	3	3
		阿尔及利亚	2	11
		安哥拉	2	11
		佛得角	1	1
		埃及	2	1
		埃塞俄比亚	1	5
		加纳	2	3
		肯尼亚	3	4
		马拉维	1	3
		摩洛哥	10	6
		尼日利亚	6	23
		塞内加尔	1	8
		南非	5	22
		坦桑尼亚	5	29
		乌干达	2	16
		刚果（金）	1	3
		德国	2	4
		法国	1	0.46
		意大利	1	1
		希腊	1	3
		葡萄牙	5	16
		西班牙	3	14
		波兰	2	11
		俄罗斯联邦	16	46
		乌克兰	1	6
		捷克	1	9
		阿根廷	6	12
		哥斯达黎加	1	4
		海地	1	3
		墨西哥	9	20
		巴拿马	4	6
		乌拉圭	1	6
		委内瑞拉	1	1
		澳大利亚	4	6
84773090	其他吹塑机		5 433	8 856
		阿富汗	5	4

（续）

税号	产品	出口目的地	出口量（台）	出口额（万美元）
84773090	其他吹塑机	巴林	6	44
		孟加拉国	142	265
		不丹	6	2
		文莱	2	2
		缅甸	62	120
		柬埔寨	178	77
		塞浦路斯	6	17
		朝鲜	23	16
		中国香港	29	1
		印度	153	402
		印度尼西亚	194	484
		伊朗	372	430
		伊拉克	58	58
		以色列	52	20
		日本	19	53
		约旦	52	65
		科威特	5	5
		老挝	1	2
		黎巴嫩	34	54
		马来西亚	135	279
		马尔代夫	1	1
		蒙古	6	9
		尼泊尔	25	18
		阿曼	31	64
		巴基斯坦	151	176
		菲律宾	101	134
		卡塔尔	3	43
		沙特阿拉伯	154	392
		新加坡	13	55
		韩国	24	196
		斯里兰卡	54	71
		叙利亚	17	17
		泰国	223	560
		土耳其	23	92
		阿拉伯联合酋长国	166	158
		也门共和国	84	67
		越南	354	523

（续）

税号	产品	出口目的地	出口量（台）	出口额（万美元）
84773090	其他吹塑机	中国台湾	31	102
		哈萨克斯坦	12	13
		吉尔吉斯斯坦	7	24
		土库曼斯坦	4	33
		乌兹别克斯坦	56	47
		阿尔及利亚	59	85
		安哥拉	16	37
		贝宁	3	3
		博茨瓦纳	2	2
		布隆迪	1	1
		喀麦隆	14	23
		科摩罗	1	3
		刚果（布）	5	5
		吉布提	29	20
		埃及	187	145
		赤道几内亚	1	1
		埃塞俄比亚	76	178
		加蓬	14	8
		加纳	82	73
		几内亚	9	10
		科特迪瓦共和国	16	20
		肯尼亚	61	69
		利比里亚	10	18
		利比亚	24	52
		马达加斯加	2	12
		马拉维	25	38
		马里	2	1
		毛里塔尼亚	14	6
		毛里求斯	6	9
		摩洛哥	23	50
		莫桑比克	22	11
		纳米比亚	4	6
		尼日尔	1	4
		尼日利亚	390	422
		塞内加尔	15	26
		塞舌尔	1	4
		塞拉利昂	16	23

（续）

税号	产品	出口目的地	出口量（台）	出口额（万美元）
84773090	其他吹塑机	索马里	14	15
		南非	68	145
		苏丹	64	61
		坦桑尼亚	38	30
		多哥	10	18
		突尼斯	19	34
		乌干达	3	16
		布基纳法索	1	1
		刚果（金）	22	40
		赞比亚	6	15
		津巴布韦	8	24
		斯威士兰	1	3
		比利时	11	28
		英国	2	10
		德国	8	5
		法国	11	8
		意大利	8	96
		荷兰	12	40
		希腊	6	38
		葡萄牙	1	1
		西班牙	3	4
		阿尔巴尼亚	4	12
		保加利亚	12	9
		芬兰	2	13
		匈牙利	5	33
		波兰	8	12
		罗马尼亚	20	25
		瑞典	1	1
		爱沙尼亚	1	4
		立陶宛	5	10
		亚美尼亚	3	2
		俄罗斯联邦	117	181
		乌克兰	23	28
		斯洛文尼亚	64	15
		捷克	2	4
		斯洛伐克	2	3
		马其顿	5	3

（续）

税号	产品	出口目的地	出口量（台）	出口额（万美元）
84773090	其他吹塑机	波斯尼亚一黑塞哥维那	3	13
		塞尔维亚	4	6
		安提瓜和巴布达	1	0.32
		阿根廷	40	61
		巴哈马	1	6
		巴巴多斯	2	1
		伯里兹	7	2
		玻利维亚	20	51
		巴西	16	25
		智利	58	89
		哥伦比亚	83	139
		哥斯达黎加	5	6
		库腊索岛	1	3
		多米尼加共和国	22	38
		厄瓜多尔	18	6
		格林纳达	1	5
		危地马拉	14	23
		圭亚那	3	8
		海地	5	10
		洪都拉斯	3	4
		牙买加	6	11
		墨西哥	107	218
		尼加拉瓜	2	2
		巴拿马	7	15
		巴拉圭	11	11
		秘鲁	50	62
		波多黎各	1	1
		圣卢西亚	3	3
		萨尔瓦多	4	6
		特立尼达和多巴哥	5	28
		乌拉圭	8	9
		委内瑞拉	25	43
		加拿大	9	69
		美国	52	275
		澳大利亚	13	34
		斐济	3	12
		瓦努阿图	3	2

（续）

税号	产品	出口目的地	出口量（台）	出口额（万美元）
84773090	其他吹塑机	新西兰	5	5
		所罗门群岛	14	1
		汤加	1	2
		萨摩亚	2	2
84774010	塑料中空成型机		1 254	4 852
		巴林	4	8
		孟加拉国	25	117
		缅甸	7	28
		柬埔寨	5	21
		塞浦路斯	1	1
		朝鲜	9	31
		中国香港	1	1
		印度	86	374
		印度尼西亚	52	206
		伊朗	17	134
		伊拉克	4	29
		以色列	5	21
		日本	7	66
		约旦	10	51
		科威特	6	3
		老挝	1	7
		黎巴嫩	7	14
		马来西亚	31	219
		阿曼	4	9
		巴基斯坦	29	97
		菲律宾	21	49
		卡塔尔	3	16
		沙特阿拉伯	52	189
		新加坡	6	5
		韩国	103	39
		斯里兰卡	4	11
		叙利亚	3	10
		泰国	49	123
		土耳其	15	99
		阿拉伯联合酋长国	31	83
		越南	92	266
		中国台湾	8	35

（续）

税号	产品	出口目的地	出口量（台）	出口额（万美元）
84774010	塑料中空成型机	哈萨克斯坦	9	17
		吉尔吉斯斯坦	1	0.34
		土库曼斯坦	7	4
		乌兹别克斯坦	10	38
		阿尔及利亚	16	53
		安哥拉	2	3
		贝宁	1	4
		喀麦隆	2	8
		埃及	37	167
		埃塞俄比亚	13	64
		加纳	2	7
		科特迪瓦共和国	8	20
		肯尼亚	6	25
		利比里亚	12	6
		利比亚	1	1
		马达加斯加	1	0.25
		马拉维	1	2
		马里	1	5
		毛里塔尼亚	1	1
		摩洛哥	14	7
		尼日利亚	40	121
		塞内加尔	1	1
		塞拉利昂	4	12
		索马里	2	2
		南非	13	26
		苏丹	20	141
		坦桑尼亚	13	34
		多哥	1	5
		突尼斯	11	30
		乌干达	2	3
		赞比亚	10	4
		莱索托	4	11
		丹麦	1	15
		英国	7	17
		德国	41	316
		法国	5	47
		葡萄牙	1	2

（续）

税号	产品	出口目的地	出口量（台）	出口额（万美元）
84774010	塑料中空成型机	西班牙	2	0.48
		保加利亚	2	16
		匈牙利	3	17
		波兰	2	17
		罗马尼亚	1	5
		俄罗斯	27	122
		乌克兰	4	18
		克罗地亚	2	1
		波斯尼亚一黑塞哥维那	1	6
		阿根廷	5	35
		巴哈马	3	9
		玻利维亚	11	25
		巴西	1	5
		智利	13	66
		哥伦比亚	8	33
		哥斯达黎加	2	5
		多米尼加共和国	4	16
		厄瓜多尔	2	7
		危地马拉	6	37
		墨西哥	20	158
		巴拿马	4	13
		秘鲁	15	55
		萨尔瓦多	1	5
		特立尼达和多巴哥	3	6
		乌拉圭	2	11
		委内瑞拉	1	0.48
		加拿大	4	36
		美国	70	471
		澳大利亚	11	53
		新西兰	4	17
		所罗门群岛	1	2
84774020	塑料压延成型机		964	2 728
		孟加拉国	11	28
		缅甸	2	8
		柬埔寨	2	13
		朝鲜	1	3
		中国香港	298	125

（续）

税号	产品	出口目的地	出口量（台）	出口额（万美元）
84774020	塑料压延成型机	印度	41	256
		印度尼西亚	73	282
		伊朗	30	278
		伊拉克	5	4
		日本	2	2
		约旦	12	11
		科威特	1	49
		马来西亚	16	70
		蒙古	2	0.09
		巴基斯坦	10	49
		菲律宾	26	125
		沙特阿拉伯	8	22
		新加坡	17	48
		韩国	27	199
		斯里兰卡	2	1
		泰国	16	83
		土耳其	12	226
		阿拉伯联合酋长国	12	60
		越南	115	429
		中国台湾	8	10
		哈萨克斯坦	10	10
		吉尔吉斯斯坦	3	0.15
		土库曼斯坦	1	3
		乌兹别克斯坦	7	20
		阿尔及利亚	48	7
		埃及	6	25
		利比亚	10	0.12
		马拉维	1	0.03
		摩洛哥	1	7
		莫桑比克	3	0.04
		尼日利亚	3	12
		南非	1	88
		坦桑尼亚	1	14
		丹麦	1	1
		英国	2	0.04
		意大利	1	0.24
		荷兰	2	0.17

（续）

税号	产品	出口目的地	出口量（台）	出口额（万美元）
84774020	塑料压延成型机	保加利亚	2	17
		波兰	1	0.06
		俄罗斯联邦	3	27
		乌克兰	11	22
		黑山	1	5
		阿根廷	5	20
		智利	2	5
		哥伦比亚	7	0.19
		多米尼加共和国	20	0.18
		厄瓜多尔	2	7
		危地马拉	26	7
		墨西哥	5	10
		巴拉圭	13	6
		秘鲁	3	7
		委内瑞拉	1	1
		加拿大	3	5
		美国	6	20
		澳大利亚	1	3
		新西兰	2	1
84774090	其他真空模塑机及其他热成型机器		4 405	7 329
		阿富汗	5	11
		巴林	1	1
		孟加拉国	109	234
		缅甸	12	40
		柬埔寨	4	4
		塞浦路斯	3	10
		朝鲜	9	9
		中国香港	80	49
		印度	343	433
		印度尼西亚	171	687
		伊朗	139	109
		伊拉克	6	4
		以色列	8	4
		日本	54	218
		约旦	10	34
		科威特	7	270
		老挝	5	7

（续）

税号	产品	出口目的地	出口量（台）	出口额（万美元）
84774090	其他真空模塑机及其他热成型机器	黎巴嫩	6	2
		中国澳门	4	4
		马来西亚	61	193
		马尔代夫	1	0.30
		蒙古	5	0.23
		尼泊尔	1	1
		阿曼	5	6
		巴基斯坦	59	155
		菲律宾	130	147
		卡塔尔	1	0.48
		沙特阿拉伯	45	183
		新加坡	38	45
		韩国	166	174
		斯里兰卡	13	57
		叙利亚	2	5
		泰国	215	901
		土耳其	46	138
		阿拉伯联合酋长国	27	50
		也门共和国	6	1
		越南	562	943
		中国台湾	224	187
		哈萨克斯坦	11	17
		吉尔吉斯斯坦	10	9
		塔吉克斯坦	5	9
		土库曼斯坦	4	9
		乌兹别克斯坦	23	45
		阿尔及利亚	654	70
		安哥拉	2	9
		喀麦隆	8	25
		刚果（布）	1	0.43
		吉布提	18	7
		埃及	127	81
		埃塞俄比亚	13	8
		加纳	11	21
		科特迪瓦共和国	2	7
		肯尼亚	7	15
		利比亚	11	13

（续）

税号	产品	出口目的地	出口量（台）	出口额（万美元）
84774090	其他真空模塑机及其他热成型机器	马达加斯加	1	1
		马拉维	3	0.25
		毛里塔尼亚	1	1
		毛里求斯	1	0.32
		摩洛哥	7	6
		莫桑比克	5	8
		纳米比亚	1	1
		尼日利亚	25	61
		塞内加尔	9	2
		南非	23	47
		苏丹	5	11
		坦桑尼亚	5	5
		突尼斯	5	54
		乌干达	2	23
		津巴布韦	2	5
		比利时	2	21
		丹麦	1	67
		英国	19	5
		德国	25	69
		意大利	9	1
		荷兰	4	13
		希腊	3	27
		西班牙	4	6
		阿尔巴尼亚	2	2
		奥地利	2	0.08
		保加利亚	4	27
		匈牙利	4	22
		波兰	4	1
		罗马尼亚	1	69
		爱沙尼亚	1	0.03
		立陶宛	1	1
		格鲁吉亚	2	1
		亚美尼亚	4	2
		阿塞拜疆	1	3
		俄罗斯	53	213
		乌克兰	11	24
		斯洛文尼亚	1	1

（续）

税号	产品	出口目的地	出口量（台）	出口额（万美元）
84774090	其他真空模塑机及其他热成型机器	克罗地亚	3	18
		捷克	1	4
		塞尔维亚	9	18
		阿根廷	14	48
		玻利维亚	2	21
		巴西	15	73
		智利	15	22
		哥伦比亚	13	86
		哥斯达黎加	2	3
		古巴	1	0.01
		厄瓜多尔	14	4
		危地马拉	7	11
		洪都拉斯	3	3
		牙买加	1	18
		墨西哥	50	195
		巴拿马	2	0.16
		巴拉圭	8	13
		秘鲁	21	44
		圣卢西亚	1	3
		乌拉圭	2	1
		委内瑞拉	8	4
		加拿大	16	39
		美国	389	193
		澳大利亚	59	35
		新西兰	6	12
84775100	用于充气轮胎模塑或翻新的机器及内胎模塑或用其他方法成型的机器		4 970	7 656
		阿富汗	1	0.40
		孟加拉国	2	4
		缅甸	23	25
		柬埔寨	1	1
		朝鲜	1	3
		印度	15	425
		印度尼西亚	35	258
		伊朗	14	1 628
		以色列	4	0.10
		日本	65	876
		马来西亚	12	11

（续）

税号	产品	出口目的地	出口量（台）	出口额（万美元）
84775100	用于充气轮胎模塑或翻新的机器及内胎模塑或用其他方法成型的机器	蒙古	1	0.09
		巴基斯坦	20	52
		菲律宾	29	262
		沙特阿拉伯	3	1
		新加坡	2	2
		韩国	2	38
		斯里兰卡	11	3
		泰国	133	2 328
		土耳其	1	4
		阿拉伯联合酋长国	7	13
		越南	112	714
		中国台湾	5	145
		哈萨克斯坦	46	6
		吉尔吉斯斯坦	2	2
		科特迪瓦共和国	1	0.11
		肯尼亚	9	13
		马拉维	1	1
		毛里求斯	3	1
		尼日利亚	1	1
		索马里	2	0.27
		南非	3	2
		坦桑尼亚	1	1
		津巴布韦	1	56美元
		德国	1	1
		法国	1	0.02
		希腊	1	0.28
		西班牙	97	1
		波兰	201	39
		罗马尼亚	1	5
		俄罗斯	3 021	11
		乌克兰	1	4
		阿根廷	5	0.12
		哥伦比亚	4	0.02
		厄瓜多尔	9	4
		危地马拉	112	0.28
		洪都拉斯	1	4
		墨西哥	43	371

（续）

税号	产品	出口目的地	出口量（台）	出口额（万美元）
84775100	用于充气轮胎模塑或翻新的机器及内胎模塑或用其他方法成型的机器	巴拿马	6	9
		加拿大	2	36
		美国	880	349
		澳大利亚	2	0.04
		新西兰	13	0.32
84775910	3D 打印机		342 275	7 362
		巴林	7	1
		孟加拉国	6	12
		文莱	7	1
		柬埔寨	7	1
		塞浦路斯	1	0.25
		朝鲜	3	1
		中国香港	54 577	279
		印度	762	80
		印度尼西亚	618	35
		伊朗	35	4
		伊拉克	1	28 美元
		以色列	556	31
		日本	3 747	167
		约旦	5	0.08
		科威特	109	2
		黎巴嫩	331	6
		中国澳门	16	0.39
		马来西亚	312	24
		马尔代夫	1	0.03
		尼泊尔	1	0.13
		阿曼	5	0.34
		巴基斯坦	7	1
		菲律宾	67	14
		卡塔尔	5	0.39
		沙特阿拉伯	35	2
		新加坡	361	45
		韩国	3 494	191
		斯里兰卡	9	1
		叙利亚	1	80 美元
		泰国	934	87
		土耳其	588	24

（续）

税号	产品	出口目的地	出口量（台）	出口额（万美元）
84775910	3D 打印机	阿拉伯联合酋长国	647	15
		越南	105	105
		中国台湾	1 596	132
		哈萨克斯坦	455	6
		乌兹别克斯坦	2	0.43
		阿尔及利亚	1	0.02
		安哥拉	4	0.10
		贝宁	3	1
		布隆迪	4	0.19
		喀麦隆	6	18
		吉布提	1	0.13
		埃及	9	1
		加纳	1	0.16
		几内亚	2	0.34
		科特迪瓦共和国	15	3
		肯尼亚	16	3
		马达加斯加	32	4
		毛里求斯	28	2
		摩洛哥	2	0.11
		莫桑比克	7	4
		纳米比亚	1	0.15
		尼日利亚	39	8
		留尼汪	1	0.09
		塞内加尔	5	0.25
		塞拉利昂	1	6
		索马里	11	1
		南非	1 825	41
		苏丹	3	0.44
		坦桑尼亚	10	2
		突尼斯	1	0.06
		乌干达	1	0.41
		比利时	325	11
		丹麦	94	6
		英国	19 897	531
		德国	19 683	467
		法国	2 166	153
		爱尔兰	123	4

（续）

税号	产品	出口目的地	出口量（台）	出口额（万美元）
84775910	3D 打印机	意大利	3 346	95
		荷兰	19 917	294
		希腊	5	0.13
		葡萄牙	219	7
		西班牙	4 699	42
		阿尔巴尼亚	16	1
		奥地利	19	1
		保加利亚	17	1
		芬兰	54	8
		匈牙利	156	5
		冰岛	2	0.36
		马耳他	28	1
		摩纳哥	1	0.09
		挪威	64	6
		波兰	11 548	557
		罗马尼亚	224	5
		瑞典	7 509	216
		瑞士	402	24
		爱沙尼亚	2	0.18
		拉脱维亚	2	0.10
		立陶宛	1 024	1
		格鲁吉亚	2	0.09
		亚美尼亚	7	0.13
		白俄罗斯	11	2
		俄罗斯联邦	26 246	123
		乌克兰	361	11
		斯洛文尼亚	71	4
		克罗地亚	10	1
		捷克	153	4
		斯洛伐克	106	3
		马其顿	39	1
		法罗群岛	1	0.07
		塞尔维亚	70	2
		阿根廷	6 006	8
		阿鲁巴	1	0.05
		玻利维亚	2	0.12
		巴西	180	10

（续）

税号	产品	出口目的地	出口量（台）	出口额（万美元）
84775910	3D 打印机	智利	911	7
		哥伦比亚	365	16
		哥斯达黎加	13	1
		厄瓜多尔	4	1
		马提尼克	1	0.17
		墨西哥	436	21
		尼加拉瓜	1	0.06
		巴拉圭	22	1
		秘鲁	116	4
		波多黎各	1	0.06
		萨尔瓦多	2	0.47
		乌拉圭	255	2
		加拿大	3 786	110
		美国	130 683	2 921
		澳大利亚	8 668	277
		新西兰	756	30
		巴布亚新几内亚	5	0.24
84775990	未列名模塑或成型机器		175 016	12 450
		巴林	1	1
		孟加拉国	33	62
		缅甸	4	38
		柬埔寨	12	77
		朝鲜	14	32
		中国香港	134 481	122
		印度	1 174	1 260
		印度尼西亚	128	1 947
		伊朗	129	1 043
		伊拉克	433	15
		以色列	12	1
		日本	57	153
		约旦	3	0.01
		黎巴嫩	7	4
		马来西亚	84	179
		马尔代夫	1	0.03
		蒙古	1	1
		尼泊尔	1	0.13
		阿曼	2	2

（续）

税号	产品	出口目的地	出口量（台）	出口额（万美元）
84775990	未列名模塑或成型机器	巴基斯坦	34	36
		菲律宾	26	40
		沙特阿拉伯	123	11
		新加坡	3	6
		韩国	46	435
		斯里兰卡	68	2
		叙利亚	3	10
		泰国	232	1 044
		土耳其	41	283
		阿拉伯联合酋长国	51	1
		也门共和国	120	1
		越南	2 604	2 285
		中国台湾	41	499
		哈萨克斯坦	1	0.35
		土库曼斯坦	1	8
		乌兹别克斯坦	9	14
		阿尔及利亚	119	40
		安哥拉	1	4
		喀麦隆		0.08
		佛得角	1	1
		吉布提	38	9
		埃及	70	176
		埃塞俄比亚	103	43
		冈比亚	15	0.02
		加纳	1	0.03
		几内亚	3	0.17
		科特迪瓦共和国	1	27
		肯尼亚	514	45
		利比里亚	2	0.36
		利比亚	3	4
		马达加斯加	2	2
		马里	2	0.32
		毛里塔尼亚	6	3
		毛里求斯	2	71 美元
		摩洛哥	8	24
		莫桑比克	8	3
		尼日利亚	13	29

（续）

税号	产品	出口目的地	出口量（台）	出口额（万美元）
84775990	未列名模塑或成型机器	塞拉利昂	1	0.14
		南非	14	394
		苏丹	60	46
		坦桑尼亚	39	4
		突尼斯	8	0.08
		赞比亚	10	0.02
		比利时	9	19
		英国	758	3
		德国	114	36
		法国	454	78
		意大利	193	131
		荷兰	51	0.35
		希腊	3	1
		葡萄牙	2	5
		西班牙	206	2
		阿尔巴尼亚	50	0.23
		保加利亚	2	0.33
		芬兰	1	0.02
		匈牙利	3	1
		波兰	1 021	27
		罗马尼亚	172	29
		瑞士	301	1
		爱沙尼亚	1	44 美元
		立陶宛	26	3
		格鲁吉亚	1	1
		俄罗斯联邦	20	43
		乌克兰	9	31
		捷克	4	8
		斯洛伐克	74	38
		塞尔维亚	1	0.03
		阿根廷	105	26
		巴西	13	750
		智利	265	18
		哥伦比亚	604	19
		哥斯达黎加	1	4
		多米尼加共和国	2	2
		厄瓜多尔	5	5

（续）

税号	产品	出口目的地	出口量（台）	出口额（万美元）
84775990	未列名模塑或成型机器	危地马拉	2	11
		墨西哥	123	116
		巴拿马	14	32
		秘鲁	17	15
		萨尔瓦多	12	96 美元
		委内瑞拉	2	7
		加拿大	3	24
		美国	28 529	472
		澳大利亚	765	21
		斐济	50	0.16
		瓦努阿图	1	1
		新西兰	2	0.07
		巴布亚新几内亚	1	1
84778000	其他机器		201 359	86 301
		阿富汗	24	17
		巴林	45	113
		孟加拉国	1 418	1 641
		文莱	50	16
		缅甸	267	415
		柬埔寨	245	232
		塞浦路斯	18	8
		朝鲜	262	118
		中国香港	12 650	1 277
		印度	5 155	9 889
		印度尼西亚	7 231	6 123
		伊朗	5 852	4 945
		伊拉克	517	132
		以色列	297	310
		日本	2 503	1 945
		约旦	235	158
		科威特	65	181
		老挝	41	43
		黎巴嫩	333	106
		中国澳门	12	1
		马来西亚	2 689	2 221
		马尔代夫	3	1
		蒙古	34	41

（续）

税号	产品	出口目的地	出口量（台）	出口额（万美元）
84778000	其他机器	尼泊尔	21	23
		阿曼	52	37
		巴基斯坦	3 539	1 674
		巴勒斯坦	32	19
		菲律宾	1 337	1 263
		卡塔尔	61	74
		沙特阿拉伯	3 321	1 638
		新加坡	4 530	699
		韩国	2 338	2 833
		斯里兰卡	845	658
		叙利亚	105	93
		泰国	4 581	9 158
		土耳其	17 030	2 344
		阿拉伯联合酋长国	880	967
		也门共和国	64	37
		越南	7 165	7 265
		中国台湾	1 650	1 649
		东帝汶	5	16
		哈萨克斯坦	2 670	211
		吉尔吉斯斯坦	55	53
		塔吉克斯坦	20	50
		土库曼斯坦	17	22
		乌兹别克斯坦	556	602
		阿尔及利亚	912	849
		安哥拉	61	36
		贝宁	21	21
		博茨瓦纳	14	6
		布隆迪	1	0.34
		喀麦隆	54	59
		佛得角	4	8
		乍得	2	1
		刚果（布）	18	3
		吉布提	222	237
		埃及	31 593	765
		埃塞俄比亚	371	411
		加蓬	4	0.39
		冈比亚	8	9

（续）

税号	产品	出口目的地	出口量（台）	出口额（万美元）
84778000	其他机器	加纳	134	92
		几内亚	196	20
		科特迪瓦共和国	143	74
		肯尼亚	532	278
		利比里亚	13	6
		利比亚	52	28
		马达加斯加	48	15
		马拉维	31	25
		马里	6	6
		毛里塔尼亚	16	17
		毛里求斯	30	22
		摩洛哥	289	524
		莫桑比克	93	40
		纳米比亚	22	5
		尼日利亚	556	655
		卢旺达	3	28
		塞内加尔	110	19
		塞舌尔	2	0.09
		塞拉利昂	13	3
		索马里	5	5
		南非	1 465	654
		苏丹	188	194
		坦桑尼亚	474	182
		多哥	34	20
		突尼斯	113	189
		乌干达	173	22
		布基纳法索	2	0.39
		刚果（金）	74	18
		赞比亚	31	40
		津巴布韦	53	35
		莱索托	1	1
		厄立特里亚	10	1
		南苏丹共和国	2	0.43
		比利时	769	156
		丹麦	118	10
		英国	3 662	347
		德国	4 887	1 235

（续）

税号	产品	出口目的地	出口量（台）	出口额（万美元）
84778000	其他机器	法国	4 055	143
		爱尔兰	24	27
		意大利	793	328
		荷兰	15 501	295
		希腊	70	104
		葡萄牙	131	126
		西班牙	476	277
		阿尔巴尼亚	59	202
		奥地利	292	16
		保加利亚	96	143
		芬兰	36	75
		匈牙利	125	171
		马耳他	28	76
		挪威	4	3
		波兰	1 394	714
		罗马尼亚	200	176
		瑞典	39	16
		瑞士	32	7
		爱沙尼亚	33	59
		拉脱维亚	103	63
		立陶宛	127	33
		格鲁吉亚	60	52
		亚美尼亚	16	12
		阿塞拜疆	13	104
		白俄罗斯	82	1 022
		摩尔多瓦	6	2
		俄罗斯联邦	4 859	3 037
		乌克兰	477	409
		斯洛文尼亚	81	202
		克罗地亚	54	150
		捷克	126	81
		斯洛伐克	20	37
		马其顿	9	15
		波斯尼亚一黑塞哥维那	17	3
		塞尔维亚	61	121
		黑山	7	1
		阿根廷	546	514

（续）

税号	产品	出口目的地	出口量（台）	出口额（万美元）
84778000	其他机器	伯里兹	1	0.15
		玻利维亚	74	42
		巴西	605	414
		智利	318	354
		哥伦比亚	874	295
		多米尼克	3	0.23
		哥斯达黎加	30	14
		古巴	2	0.22
		多米尼加共和国	162	147
		厄瓜多尔	166	155
		格林纳达	5	0.18
		危地马拉	370	92
		圭亚那	20	7
		海地	9	5
		洪都拉斯	101	58
		牙买加	73	7
		墨西哥	2 045	1 419
		尼加拉瓜	22	17
		巴拿马	225	55
		巴拉圭	71	81
		秘鲁	741	353
		波多黎各	29	58
		圣卢西亚	1	0.09
		萨尔瓦多	24	18
		苏里南	2	2
		特立尼达和多巴哥	3	1
		乌拉圭	65	93
		委内瑞拉	155	126
		圣其茨和尼维斯	1	0.25
		荷属安地列斯	1	0.03
		加拿大	2161	232
		美国	23 679	3 888
		澳大利亚	668	806
		斐济	15	6
		新西兰	115	38
		巴布亚新几内亚	8	1
		所罗门群岛	6	12

（续）

税号	产品	出口目的地	出口量（台）	出口额（万美元）
84778000	其他机器	密克罗尼西亚联邦	1	1
		法属波利尼西亚	1	1

2016 年我国塑料机械进口情况

税号	产品	进口来源地	进口量（台）	进口额（万美元）
	总计		37 067	200 765
84771010	注塑机		5 199	53 312
		印度	1	5
		日本	3 162	32 070
		马来西亚	2	168
		新加坡	2	4
		韩国	362	3 891
		泰国	96	522
		土耳其	5	19
		中国	213	1 156
		中国台湾	721	4 940
		英国	3	84
		德国	453	6 595
		法国	3	54
		意大利	32	1 247
		荷兰	3	43
		葡萄牙	1	7
		西班牙	24	74
		奥地利	94	1 999
		瑞士	2	151
		斯洛文尼亚	1	11
		捷克	1	0.08
		斯洛伐克	1	1

（续）

税号	产品	进口来源地	进口量（台）	进口额（万美元）
84771010	注塑机	加拿大	2	56
		美国	15	211
84771090	其他注射机		270	5 751
		印度	5	24
		日本	54	575
		马来西亚	1	81
		新加坡	1	20
		韩国	6	105
		泰国	4	27
		土耳其	1	0.11
		中国	1	6
		中国台湾	50	532
		比利时	4	40
		德国	74	2 528
		法国	21	354
		意大利	26	486
		荷兰	1	0.27
		奥地利	7	939
		瑞士	1	18
		加拿大	2	14
		美国	11	2
84772010	塑料造粒机		262	12 020
		中国香港	4	38
		印度	1	9
		日本	130	5 093
		新加坡	3	13
		韩国	9	129
		泰国	1	20
		土耳其	1	2
		中国	5	8
		中国台湾	25	370
		比利时	1	16
		丹麦	1	184
		英国	1	4

（续）

税号	产品	进口来源地	进口量（台）	进口额（万美元）
84772010	塑料造粒机	德国	56	5 085
		意大利	5	30
		西班牙	1	1
		奥地利	14	742
		瑞士	1	273
		加拿大	2	1
		美国	1	3
84772090	其他挤出机		578	19 506
		中国香港	1	5
		印度	5	83
		印度尼西亚	3	8
		以色列	4	45
		日本	53	2 995
		马来西亚	5	1
		韩国	46	806
		泰国	8	53
		土耳其	1	8
		中国	8	27
		中国台湾	172	2 198
		比利时	1	9
		英国	3	2
		德国	142	9 199
		法国	3	230
		意大利	39	781
		荷兰	4	237
		西班牙	8	144
		奥地利	6	320
		芬兰	10	264
		瑞典	2	68
		瑞士	6	143
		俄罗斯联邦	8	91
		捷克	1	45
		斯洛伐克	1	330
		加拿大	1	7

（续）

税号	产品	进口来源地	进口量（台）	进口额（万美元）
84772090	其他挤出机	美国	37	1 406
84773010	挤出吹塑机		90	7 683
		日本	6	909
		泰国	6	90
		中国台湾	25	288
		德国	38	5 361
		意大利	12	992
		西班牙	1	40
		瑞士	1	3
		美国	1	1
84773020	注射吹塑机		61	1 991
		印度	3	47
		日本	40	1 365
		中国台湾	7	120
		德国	5	200
		意大利	1	57
		美国	5	201
84773090	其他吹塑机		57	3 014
		日本	11	319
		中国台湾	7	113
		德国	22	1 741
		法国	2	172
		意大利	4	261
		奥地利	1	43
		瑞士	3	187
		美国	7	179
84774010	塑料中空成型机		69	1 566
		以色列	2	14
		日本	9	339
		韩国	2	6
		中国	4	44
		中国台湾	33	613
		丹麦	1	1
		德国	8	383

（续）

税号	产品	进口来源地	进口量（台）	进口额（万美元）
84774010	塑料中空成型机	法国	1	0.47
		意大利	2	36
		西班牙	3	113
		美国	4	16
84774020	塑料压延成型机		76	3 061
		日本	11	608
		韩国	3	114
		泰国	4	50
		中国台湾	28	739
		英国	1	0.22
		德国	11	1 096
		法国	3	5
		意大利	12	432
		美国	3	17
84774090	其他真空模塑机及其他热成型机器		1 903	12 577
		印度	1	1
		印度尼西亚	5	14
		日本	139	4 323
		马来西亚	4	14
		新加坡	6	26
		韩国	54	453
		泰国	4	24
		中国	12	34
		中国台湾	258	1 474
		南非	1	12
		丹麦	4	33
		英国	8	9
		德国	1 195	3 647
		法国	10	146
		意大利	23	1 873
		西班牙	2	3
		奥地利	4	39
		匈牙利	1	14
		瑞士	5	103

（续）

税号	产品	进口来源地	进口量（台）	进口额（万美元）
84774090	其他真空模塑机及其他热成型机器	美国	167	339
84775100	用于充气轮胎模塑或翻新的机器及内胎模塑或用其他方法成型的机器		52	3 328
		印度	6	258
		日本	6	461
		韩国	6	280
		中国台湾	2	90
		德国	14	1 647
		法国	1	0.04
		意大利	14	118
		荷兰	1	141
		斯洛伐克	2	333
84775910	3D 打印机		6 663	4 938
		中国香港	4	29
		以色列	123	821
		日本	29	3
		马来西亚	1	0.47
		菲律宾	1	0.15
		新加坡	1	0.40
		韩国	295	44
		泰国	1 732	60
		中国	1 800	51
		中国台湾	121	38
		比利时	2	15
		丹麦	2	4
		英国	7	8
		德国	227	1 211
		法国	2	80
		爱尔兰	1	9
		意大利	12	12
		荷兰	68	14
		西班牙	3	0.34
		芬兰	3	1
		匈牙利	1	0.39

（续）

税号	产品	进口来源地	进口量（台）	进口额（万美元）
84775910	3D 打印机	波兰	14	8
		瑞典	1	1
		瑞士	1	0.38
		拉脱维亚	50	9
		加拿大	1	0.14
		美国	2 153	2 507
		澳大利亚	8	12
84775990	未列名模塑或成型机器		13 076	8 264
		日本	64	2 244
		马来西亚	2	80
		新加坡	6	84
		韩国	73	665
		泰国	1	5
		土耳其	2	2
		中国	12 468	16
		中国台湾	151	1 071
		丹麦	2	6
		英国	4	1
		德国	93	574
		法国	3	12
		意大利	47	1 450
		卢森堡	1	26
		荷兰	2	237
		西班牙	1	133
		匈牙利	2	63
		瑞典	1	2
		瑞士	3	107
		克罗地亚	55	1 348
		美国	94	135
		澳大利亚	1	4
84778000	其他机器		8 711	63 753
		柬埔寨	2	2
		塞浦路斯	2	1
		中国香港	4	1

（续）

税号	产品	进口来源地	进口量（台）	进口额（万美元）
84778000	其他机器	印度	7	13
		印度尼西亚	2	0.06
		以色列	7	58
		日本	1 934	22 250
		马来西亚	50	135
		菲律宾	4	3
		沙特阿拉伯	6	2
		新加坡	54	98
		韩国	745	4 529
		泰国	66	180
		土耳其	33	39
		越南	2	0.48
		中国	2 160	293
		中国台湾	853	5 433
		比利时	17	173
		丹麦	40	109
		英国	50	947
		德国	999	19 802
		法国	82	639
		爱尔兰	3	4
		意大利	249	2 337
		荷兰	76	255
		西班牙	34	505
		奥地利	29	1 334
		芬兰	7	169
		匈牙利	8	66
		挪威	8	150
		波兰	2	1
		罗马尼亚	1	29
		瑞典	34	40
		瑞士	258	983
		俄罗斯联邦	11	44
		斯洛文尼亚	1	219
		克罗地亚	62	882

（续）

税号	产品	进口来源地	进口量（台）	进口额（万美元）
84778000	其他机器	捷克	5	56
		阿根廷	1	10
		巴西	2	0.13
		智利	1	0.06
		墨西哥	4	12
		加拿大	9	80
		美国	780	1 693
		澳大利亚	5	171
		新西兰	2	4

中国塑料机械工业年鉴2017

企业概况

行业内优势企业名单及运行分析，分析 2016 年塑料机械行业上市公司情况，介绍行业内有影响力的企业

企业概况

2017 中国塑料机械制造业综合实力 30 强企业

排序	企业名称（按主营业务收入排序）	排序	企业名称（按净利润排序）
1	海天塑机集团有限公司	1	海天塑机集团有限公司
2	上海金纬机械制造有限公司	2	上海金纬机械制造有限公司
3	震雄集团有限公司	3	山东通佳机械有限公司
4	山东通佳机械有限公司	4	广东伊之密精密机械股份有限公司
5	广东伊之密精密机械股份有限公司	5	泰瑞机器股份有限公司
6	博创智能装备股份有限公司	6	富强鑫精密工业股份有限公司
7	大连橡胶塑料机械有限公司	7	信易集团
8	力劲科技集团有限公司	8	博创智能装备股份有限公司
9	富强鑫精密工业股份有限公司	9	力劲科技集团有限公司
10	信易集团	10	宁波通用塑料机械制造有限公司
11	宁波弘讯科技股份有限公司	11	宁波市海达塑料机械有限公司
12	宁波市海达塑料机械有限公司	12	宁波弘讯科技股份有限公司
13	泰瑞机器股份有限公司	13	宁波伊士通技术股份有限公司
14	东华机械有限公司	14	震雄集团有限公司
15	浙江华业塑料机械有限公司	15	广东拓斯达科技股份有限公司
16	宁波通用塑料机械制造有限公司	16	宁波双马机械工业有限公司
17	宁波双马机械工业有限公司	17	艾尔发智能科技股份有限公司
18	宁波海雄塑料机械有限公司	18	广东金明精机股份有限公司
19	艾尔发智能科技股份有限公司	19	浙江华业塑料机械有限公司
20	浙江申达机器制造股份有限公司	20	宁波海星机械制造有限公司
21	广东金明精机股份有限公司	21	宁波创基机械有限公司
22	宁波创基机械有限公司	22	苏州同大机械有限公司
23	佛山市宝捷精密机械有限公司	23	宁波海雄塑料机械有限公司
24	江苏贝尔机械有限公司	24	大连三垒机器股份有限公司
25	宁波华美达机械制造有限公司	25	宁波康润机械科技有限公司
26	浙江金鹰塑料机械有限公司	26	新乐华宝塑料机械有限公司
27	苏州同大机械有限公司	27	浙江金鹰塑料机械有限公司
28	广东拓斯达科技股份有限公司	28	佛山市宝捷精密机械有限公司
29	宁波海星机械制造有限公司	29	宁波华美达机械制造有限公司
30	宁波伊士通技术股份有限公司	30	江苏贝尔机械有限公司

2017 中国塑料注射成型机行业 15 强企业

排序	企业名称（按主营业务收入排序）	排序	企业名称（按净利润排序）
1	海天塑机集团有限公司	1	海天塑机集团有限公司
2	震雄集团有限公司	2	泰瑞机器股份有限公司
3	广东伊之密精密机械股份有限公司	3	广东伊之密精密机械股份有限公司
4	博创智能装备股份有限公司	4	富强鑫精密工业股份有限公司
5	力劲科技集团有限公司	5	博创智能装备股份有限公司
6	富强鑫精密工业股份有限公司	6	力劲科技集团有限公司
7	宁波市海达塑料机械有限公司	7	宁波市海达塑料机械有限公司
8	泰瑞机器股份有限公司	8	震雄集团有限公司
9	东华机械有限公司	9	宁波双马机械工业有限公司
10	宁波双马机械工业有限公司	10	宁波通用塑料机械制造有限公司
11	宁波海雄塑料机械有限公司	11	宁波海星机械制造有限公司
12	浙江申达机器制造股份有限公司	12	宁波创基机械有限公司
13	宁波创基机械有限公司	13	宁波海雄塑料机械有限公司
14	佛山市宝捷精密机械有限公司	14	浙江金鹰塑料机械有限公司
15	宁波通用塑料机械制造有限公司	15	佛山市宝捷精密机械有限公司

2017 中国塑料挤出成型机行业 10 强企业

排序	企业名称（按主营业务收入排序）	排序	企业名称（按净利润排序）
1	上海金纬机械制造有限公司	1	上海金纬机械制造有限公司
2	山东通佳机械有限公司	2	山东通佳机械有限公司
3	广东金明精机股份有限公司	3	广东金明精机股份有限公司
4	江苏贝尔机械有限公司	4	宁波康润机械科技有限公司
5	宁波康润机械科技有限公司	5	大连三垒机器股份有限公司
6	江苏诚盟装备股份有限公司	6	新乐华宝塑料机械有限公司
7	大连橡胶塑料机械有限公司	7	江苏贝尔机械有限公司
8	新乐华宝塑料机械有限公司	8	江苏诚盟装备股份有限公司
9	上海金湖挤出设备有限公司	9	上海金湖挤出设备有限公司
10	大连三垒机器股份有限公司	10	德科摩橡塑科技（东莞）有限公司

2017 中国塑料中空成型机行业 3 强企业

排序	企业名称（按主营业务收入排序）	排序	企业名称（按净利润排序）
1	苏州同大机械有限公司	1	苏州同大机械有限公司
2	广东乐善智能装备股份有限公司	2	秦川机床工具集团股份公司
3	秦川机床工具集团股份公司	3	广东乐善智能装备股份有限公司

2017 中国塑料机械辅机及配套件行业 5 强企业

排序	企业名称（按主营业务收入排序）	排序	企业名称（按净利润排序）
1	信易集团	1	信易集团
2	宁波弘讯科技股份有限公司	2	宁波弘讯科技股份有限公司
3	浙江华业塑料机械有限公司	3	宁波伊士通技术股份有限公司
4	艾尔发智能科技股份有限公司	4	广东拓斯达科技股份有限公司
5	广东拓斯达科技股份有限公司	5	艾尔发智能科技股份有限公司

2017 中国塑料机械行业优势企业经济运行分析报告

自 2011 年以来，中国塑料机械工业协会已连续七年面向社会各界推出“中国塑机制造业综合实力 30（20、25）强企业”“中国塑料注射成型机行业 15（10）强企业”“中国塑料挤出成型机行业 10（5）强企业”“中国塑料中空成型机行业 3 强企业”和“中国塑机辅机及配套件行业 5 强企业”。入榜企业影响力越来越大，带动作用也越来越强，不仅得到了行业的广泛关注和肯定，也成为国内外塑料机械相关产业及用户了解我国塑料机械企业发展的风向标。

根据 2017 中国塑料机械行业优势企业的统计数据，2016 年 38 家上榜企业工业总产值和工业销售产值较 2015 年同期分别增长 13.8% 和 14.9%，主营业务收入和利润总额同比分别增长 15.0% 和

34.6%。主营业务收入利润率为14.1%，高于行业9.5%的平均水平；资产负债率为39.3%，低于行业45.6%的平均水平。主要经济指标占行业同期规模以上企业总量的比例分别为：主营业务收入占39.7%，资产总额占63.8%，利润总额占58.7%，出口额占66.3%，负债占55.0%。中国塑料机械行业优势企业2011—2016年主要经济指标及其在行业内的同期占比见表1。中国塑料机械行业及优势企业2013—2016年综合指标见表2。中国塑料机械行业优势企业2011—2016年主要经济指标和同比增速见表3。中国塑料机械行业优势企业2012—2016年主要经济指标及其在行业内的同期占比见图1。中国塑料机械行业优势企业2014—2016年主要经济指标和同比增速见图2。

表1 中国塑料机械行业优势企业2011—2016年主要经济指标及其在行业内的同期占比

序号	指 标	金 额（亿元）						占 比（%）					
		2011年	2012年	2013年	2014年	2015年	2016年	2011年	2012年	2013年	2014年	2015年	2016年
1	主营业务收入	195.0	194.2	217.3	207.5	205.8	236.7	44.2	43.0	43.5	39.0	39.4	39.7
2	资产总额	230.9	267.7	314.2	336.2	375.3	421.3	52.3	57.0	60.0	59.5	63.2	63.8
3	纳税总额	9.1	10.6	12.7	12.8	12.7	16.1	75.0	71.4	68.2	68.5	67.1	—
4	利润总额	23.7	23.1	29.0	26.8	24.8	33.4	56.1	55.5	64.7	55.9	50.2	58.7
5	出口额	44.9	52.1	51.4	52.1	55.6	60.0	67.0	62.0	69.8	57.5	66.0	66.3
6	负债	—	—	126.8	127.8	151.1	165.4	—	—	50.6	47.8	56.6	55.0

表2 中国塑料机械行业及优势企业2013—2016年综合指标

指 标	全 行 业				优 势 企 业			
	2013年	2014年	2015年	2016年	2013年	2014年	2015年	2016年
资产负债率（%）	47.9	47.3	45.0	45.6	40.4	38.0	40.3	39.3
主营业务收入利润率（%）	9.0	9.0	9.5	9.5	13.2	12.9	12.1	14.1

注：全行业是指塑料加工专用设备制造业规模以上企业。

表3 中国塑料机械行业优势企业2011—2016年主要经济指标和同比增速

序号	指 标	金 额（亿元）						同比增长（%）					
		2011年	2012年	2013年	2014年	2015年	2016年	2011年	2012年	2013年	2014年	2015年	2016年
1	工业总产值	196.3	208.8	235.1	241.6	219.0	249.2	—	6.3	12.6	2.8	-9.4	13.8
2	工业销售产值	189.7	200.4	232.3	236.3	212.1	243.7	—	5.6	15.9	1.8	-10.3	14.9
3	资产总额	230.9	267.7	314.2	336.2	375.3	421.3	20.9	16.0	17.4	7.0	11.6	12.2
4	主营业务收入	195.0	194.2	217.3	207.5	205.8	236.7	16.7	-0.4	11.9	-4.5	-0.8	15.0
5	净利润	20.8	20.6	24.6	22.4	20.2	28.1	1.8	-0.9	19.6	-8.9	-9.7	38.9
6	纳税总额	9.1	10.6	12.7	12.8	12.7	16.1	-4.2	15.8	20.2	0.5	-0.3	26.5
7	出口额	44.9	52.1	51.4	52.1	55.6	60.0	—	16.1	-1.4	1.3	6.8	7.9
8	研发费用	7.0	7.6	8.9	9.2	8.8	11.8	13.1	9.0	16.4	3.2	-4.2	34.9
9	利润总额	23.7	23.1	29.0	26.8	24.8	33.4	—	-2.7	25.6	-7.4	-7.6	34.6
10	所有者权益	130.5	152.1	178.7	192.0	225.0	249.4	35.4	16.5	17.5	7.5	17.2	10.9
11	负债总额	—	—	126.8	127.8	151.1	165.4	—	—	—	0.7	18.3	9.5

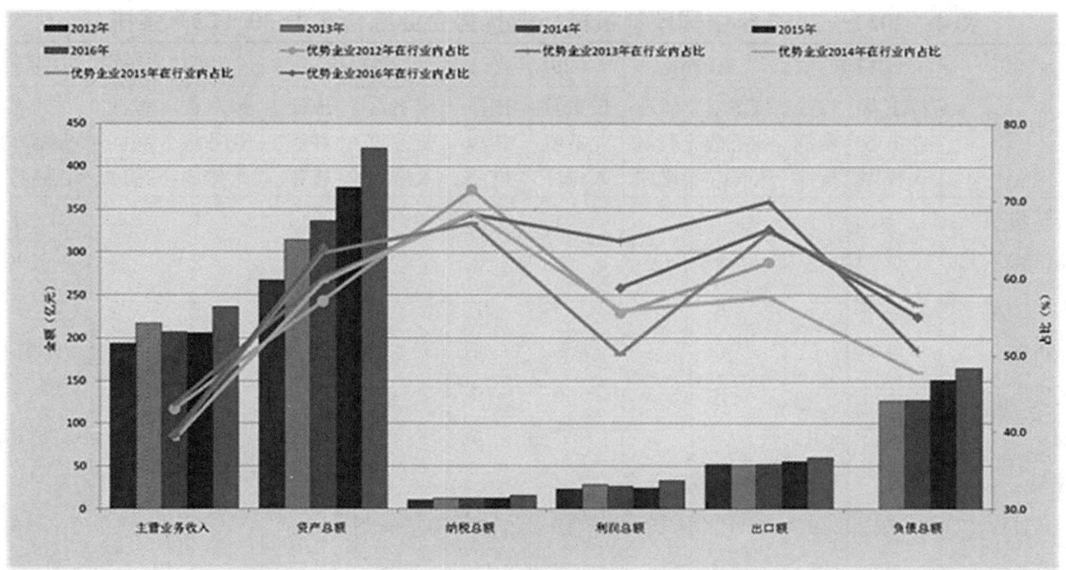

图 1　中国塑料机械行业优势企业 2012—2016 年主要经济指标及其在行业内的同期占比

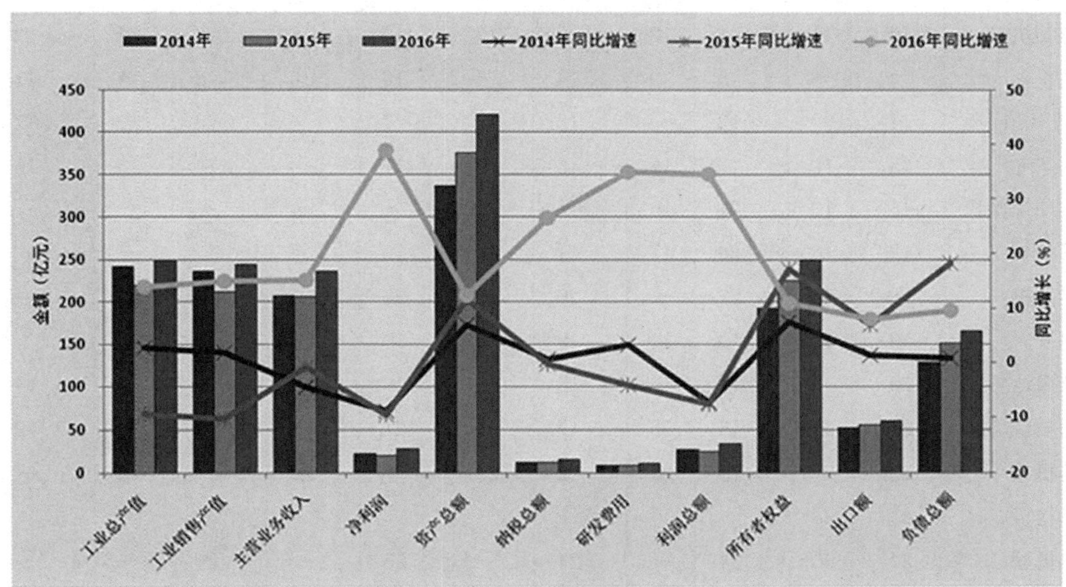

图 2　中国塑料机械行业优势企业 2014—2016 年主要经济指标和同比增速

2011—2017 年优势企业的排名统计显示，排名整体相对稳定，说明优势企业实力比较雄厚，在市场中抗风险能力较强，波动较小。2011—2017 年中国塑料机械行业优势企业综合实力 30（25）强排名见表 4。2011—2017 年中国塑料机械行业优势企业注射成型机 15（10）强排名见表 5。2011—2017 年中国塑料机械行业优势企业挤出成型机 10（5）强排名见表 6。2011—2016 年中国塑料机械行业优势企业中空成型机 3 强排名见表 7。2014—2017 年中国塑料机械行业优势企业塑料机械辅机 5 强排名见表 8。

表 4　2011—2017 年中国塑料机械行业优势企业综合实力 30（25）强排名

序号	企业简称	2017 年		2016 年		2015 年		2014 年		2013 年		2012 年	2011 年
		按主营业务收入排序	按净利润排序	按主营业务收入排序	按净利润排序	按主营业务收入排序	按净利润排序	按主营业务收入排序	按净利润排序	按主营业务收入排序	按净利润排序	按主营业务收入排序	按主营业务收入排序
1	海天塑机	1	1	1	1	1	1	1	1	1	1	1	1
2	金纬机械	2	2	2	2	2	2	2	2	2	2	3	3
3	震雄集团	3	14	4	—	3	22	3	5	4	3	2	2
4	通佳机械	4	3	5	4	5	4	6	7	11	12	15	11
5	伊之密	5	4	3	3	6	10	5	4	6	4	8	9
6	博创	6	8	7	5	7	9	9	6	5	8	6	8
7	大橡塑	7	—	6	—	4	—	4	22	3	19	4	7
8	力劲集团	8	9	10	18	10	5	—	—	—	—	10	5
9	富强鑫	9	6	8	14	8	11	8	15	10	—	9	—
10	信易	10	7	9	13	15	12	13	13	12	5	—	—
11	弘讯科技	11	12	14	6	11	3	12	3	—	—	—	—
12	海达塑机	12	11	11	10	9	13	10	16	13	14	13	10
13	泰瑞机器	13	5	13	9	14	6	16	10	8	9	11	16
14	东华	14	—	12	—	12	—	7	—	9	—	7	4
15	浙江华业	15	19	15	16	16	14	17	14	14	13	16	12
16	宁波通用塑机	16	10	21	19	—	—	—	—	—	—	—	—
17	双马机械	17	16	20	17	21	15	20	—	—	—	—	—
18	海雄塑机	18	23	22	—	20	25	22	25	19	21	—	—
19	艾尔发	19	17	19	11	19	16	19	17	—	—	—	—
20	浙江申达	20	—	17	—	18	—	18	—	17	17	14	13
21	金明精机	21	18	16	15	17	7	21	8	18	10	19	20
22	创基机械	22	21	23	22	22	20	—	20	21	22	—	—
23	宝捷精机	23	28										
24	贝尔机械	24	30	24	—	24	—	25	—	24	—	—	—
25	华美达塑机	25	29										
26	金鹰塑机	26	27	25	—	—	—	23	21	25	23	20	18
27	同大机械	27	22	—	24	—	24	—	—	—	—	—	—
28	拓斯达	28	15	18	7	—	—	—	—	—	—	—	—
29	海星机械	29	20	—	23	23	21	24	23	22	20	18	17
30	宁波伊士通	30	13	—	20	—	17	—	19	—	—	—	—
31	三垒	—	24	—	8	—	8	—	9	23	7	17	—
32	金湖挤出	—	—	—	12	—	—	—	—	20	16	—	—
33	康润机械	—	25	—	25	—	23	—	—	—	24	—	—
34	诚盟装备			—	21	—	—	—	—	—	—	—	—
35	华宝塑机		26	—	—	13	19	15	18	15	18	—	14

表 5　2011—2017 年中国塑料机械行业优势企业注射成型机 15（10）强排名

序号	企业简称	2017 年		2016 年		2015 年		2014 年		2013 年		2012 年	2011 年
		按主营业务收入排序	按净利润排序	按主营业务收入排序	按净利润排序	按主营业务收入排序	按净利润排序	按主营业务收入排序	按净利润排序	按主营业务收入排序	按净利润排序	按主营业务收入排序	按主营业务收入排序
1	海天塑机	1	1	1	1	1	1	1	1	1	1	1	1
2	震雄集团	2	8	2	—	2	11	2	2	2	2	2	2
3	伊之密	3	3	4	4	4	6	5	4	6	5	6	6
4	博创	4	5	3	2	3	4	6	3	3	3	3	5
5	力劲集团	5	6	6	8	7	2	—	—	—	—	7	4
6	富强鑫	6	4	5	6	5	5	4	6	8	—	5	—
7	海达塑机	7	7	7	5	6	7	7	7	7	6	9	7
8	泰瑞机器	8	2	9	3	9	3	8	5	4	4	8	10
9	东华	9	—	8	—	8	—	3	—	5	—	4	3
10	双马机械	10	9	11	7	12	8	10	—	—	—	—	—
11	海雄塑机	11	13	13	13	11	12	—	—	10	9	—	—
12	浙江申达	12	—	10	15	10	15	9	—	9	7	10	9
13	创基机械	13	12	14	10	13	9	—	8	—	10	—	—
14	宝捷精机	14	15										
15	宁波通用塑机	15	10	12	9	—	—	—	—	—	—	—	—
16	金鹰塑机		14	15	12	15	13	—	9	—	—	—	—
17	海星机械		11	—	11	14	10	—	10	—	8	—	—
18	华美达塑机			—	14	—	14	—	—	—	—	—	—

表 6　2011—2017 年中国塑料机械行业优势企业挤出成型机 10（5）强排名

序号	企业简称	2017 年		2016 年		2015 年		2014 年		2013 年		2012 年	2011 年
		按主营业务收入排序	按净利润排序	按主营业务收入排序	按净利润排序	按主营业务收入排序	按净利润排序	按主营业务收入排序	按净利润排序	按主营业务收入排序	按净利润排序	按主营业务收入排序	按主营业务收入排序
1	金纬机械	1	1	1	1	1	1	1	1	1	1	1	1
2	通佳机械	2	2	2	2	2	4	2	2	4	6	5	4
3	金明精机	3	3	4	5	4	2	7	3	7	4	—	—
4	贝尔机械	4	7	5	10	5	8	8	9	10	—	—	—
5	康润机械	5	4	8	7	9	7	10	8	—	10	—	—
6	诚盟装备	6	8	7	6	—	—	—	—	—	—	—	—
7	大橡塑	7	—	3	—	8	—	3	10	2	9	2	3
8	华宝塑机	8	6	—	9	3	6	6	7	5	8	—	5

（续）

序号	企业简称	2017年		2016年		2015年		2014年		2013年		2012年	2011年
		按主营业务收入排序	按净利润排序	按主营业务收入排序	按净利润排序	按主营业务收入排序	按净利润排序	按主营业务收入排序	按净利润排序	按主营业务收入排序	按净利润排序	按主营业务收入排序	按主营业务收入排序
9	金湖挤出	9	9	9	4	—	—	—	—	8	7	—	—
10	三垒	10	5	6	3	7	3	9	4	9	3	—	—
11	德科摩	—	10	10	—	10	9	—	—	—	—	—	—
12	达诚			—	8	—	—	—	—	—	—	—	—
13	潍坊中云			—	—	6	5	4	5	3	2	3	2
14	顺德塑机			—	—	—	—	5	6	6	5	4	—
15	方力集团			—	—	—	10	—	—	—	—	—	—

表7　2011—2016年中国塑料机械行业优势企业中空成型机3强排名

序号	企业简称	2017年		2016年		2015年		2014年		2013年		2012年	2011年
		按主营业务收入排序	按净利润排序	按主营业务收入排序	按净利润排序	按主营业务收入排序	按净利润排序	按主营业务收入排序	按净利润排序	按主营业务收入排序	按净利润排序	按主营业务收入排序	按主营业务收入排序
1	同大机械	1	1	1	1	1	1	2	2	1	2	1	2
2	乐善智能	2	3	2	2	2	3	3	3	3	1	3	3
3	秦川机床	3	2	3	3	3	2	1	1	2	3	2	1

表8　2014—2017年中国塑料机械行业优势企业塑料机械辅机5强排名

序号	企业简称	2017年		2016年		2015年		2014年	
		按主营业务收入排序	按净利润排序	按主营业务收入排序	按净利润排序	按主营业务收入排序	按净利润排序	按主营业务收入排序	按净利润排序
1	信易	1	1	1	4	2	2	2	2
2	弘讯科技	2	2	2	1	1	1	1	1
3	浙江华业	3	—	3	5	3	3	3	3
4	艾尔发	4	5	5	3	4	4	4	4
5	拓斯达	5	4	4	2	—	—	—	—
6	宁波伊士通	—	3	—	—	5	5	5	5

中国塑料机械行业2017年度技术创新活力奖

海天塑机集团有限公司

苏州同大机械有限公司

浙江申达机器制造股份有限公司

山东通佳机械有限公司

广东金明精机股份有限公司

宁波市海达塑料机械有限公司

广东伊之密精密机械股份有限公司

博创智能装备股份有限公司

泰瑞机器股份有限公司

东华机械有限公司

江苏贝尔机械有限公司

宁波华美达机械制造有限公司

宁波双马机械工业有限公司

浙江华业塑料机械有限公司

大连三垒机器股份有限公司

中国塑料机械行业2017年度“匠心奖”

序号	单位	获奖者
1	海天塑机集团有限公司	方国平、方海锋、顾崇甬、顾雄、王烈辉、王瑞瑞、张菊林、郑署光
2	苏州同大机械有限公司	吉卫荣
3	浙江申达机器制造股份有限公司	袁卫明、施优优
4	山东通佳机械有限公司	李勇
5	广东金明精机股份有限公司	李浩、李子平
6	宁波市海达塑料机械有限公司	刘维
7	广东伊之密精密机械股份有限公司	张涛、廖昌清
8	博创智能装备股份有限公司	黄士荣
9	泰瑞机器股份有限公司	李立峰、姚礼贤
10	东华机械有限公司	蔡国强
11	江苏贝尔机械有限公司	马建忠
12	宁波华美达机械制造有限公司	王舟挺、沈加明
13	宁波双马机械工业有限公司	刘玉鹏
14	浙江华业塑料机械有限公司	夏增富
15	大连三垒机器股份有限公司	任忠恩、刘平
16	艾克森（江苏）节能电热科技有限公司	何海兵
17	广东乐善智能装备股份有限公司	郭锡南

（续）

序号	单位	获奖者
18	新乐华宝塑料机械有限公司	张军星、史伟正
19	震雄机械（深圳）有限公司	岑云
20	深圳领威科技有限公司	蔡恒志
21	宁波海雄塑料机械有限公司	郑强
22	东莞信易电热机械有限公司	谢仲铭、王力峰
23	江苏维达机械有限公司	陈春华、陆新海
24	宁波康润机械科技有限公司	徐新、张其江
25	胶州市塑料机械行业协会	胡莹

金明智造，谱三十年工匠精神，树百年品牌

广东金明精机股份有限公司（简称金明）是薄膜装备制造行业的领军企业，品牌在国内外享有盛誉。

公司成立于1987年，如今已经走过了30个年头。30载风雨历程，金明逐步实现了从单一产品到吹膜、流延、双拉产品线的全方位覆盖，从机械生产到智能制造，从中国走向世界。30年来，金明逐步完成了线下生产与“互联网+”的资源整合，形成了一套成熟的信息化技术体系，并以核心业务为支撑，逐步向其他智能化领域发展，“金明精机”已经成为世界知名品牌。

一、创新技术，匠心智造

2016年3月，金明研发制造的“Classicx系列多层共挤薄膜吹塑机组”获2016塑料行业荣格技术创新奖中的挤、吹技术创新奖，成为薄膜装备技术领域唯一获奖的制造商。

在智能设备开发上，金明基于现有薄膜装备建立的智能端，已经在Superex系列机型上装备，金明也成为全球首家实现薄膜装备智能化的企业。目前金明是行业内最早在薄膜装备行业实现智能化和应用互联网技术的企业，不仅成功应用于S系列吹膜机组，也已逐步在其他设备如流延膜机、双向拉伸机组等产品线中使用。

金明Smartex平台是以互联网技术为载体，并以薄膜装备智能制造和工业4.0为发展方向开发的技术平台，能够实现客户自动化作业、多台设备联网和远程薄膜诊断，在生产环节实现远程作业分配和订单调度管理。该设备在中国Chinaplas国际橡塑展和德国K-Show上展出，受到了国内外市场的关注，知名度和影响力逐步提升。

一直以来，金明都将“工匠精神”及“创新精神”作为企业精神传承，并积极承担行业责任。秉持工匠精神，金明30年来只专注做薄膜，在其发展的过程中，始终将“工匠精神”的严谨和精益求精应用于日常研发、生产中，无论产品质量、服务或者技术，都力求做到极致，在专业领域不断追求产品品质与服务水平的提升，达到行业顶尖的技术水平。金明生产的每一张薄膜，都经得起严格的质量检测。

同时，金明也时刻保持敏锐的创新意识，紧跟国际前沿技术的发展脚步，在未来智能制造的大趋势下，将“互联网+”与传统的机械制造相结合，

依托信息化技术平台建设，以工业4.0为发展方向，加快打造智慧工厂全方位解决方案的发展步伐，努力实现由速度型增长向质量型发展转变。

作为中国薄膜制造行业的领军品牌，金明始终承担以出口代替进口的行业使命，正是强烈的企业责任感及行业使命感，敦促着金明不断前行。2016年5月10日，金明正式入选CCTV发现之旅《工匠精神》纪录片，成为中国塑料装备行业第一家入选企业。这是对金明企业精神的鼓励与充分肯定。

二、30年路程，砥砺前行

经过30年的发展，金明从一开始只能生产单一产品发展到拥有覆盖薄膜生产包括吹膜、流延及双拉的全方位产品线，成为全系列薄膜解决方案领导品牌。这是技术的发展，也是生产能力的进步。

1987年，公司注册成立。经过12年的发展，1999年，金明成功提供了当时国内规格最大，也是亚洲最大、技术水平最高的超宽幅20m的农膜（土工膜）生产线。该生产线的土工膜制品被用于三峡工程项目。

2004年，公司成功研制出“七层共挤高阻隔膜吹塑机和五层共挤下吹(水冷式)薄膜吹塑机”等先进的专用装备。近几年，公司陆续成功研制九层共挤高阻隔膜吹塑机、5.5m宽幅高产高速CPP流延机组和11层高阻隔流延机组，掌握了高端薄膜成型设备的研发和制造技术。

伴随着金明技术与产品的不断升级，金明的市场与资本也不断扩张，推动其发展成为国际薄膜设备生产行业的领军品牌。

2005年金明销售订单首次突破1亿元，成功进入以色列等中东市场，开始建立与全球著名挤塑设备供应商普密斯的合作伙伴关系。随后公司开始全面开拓欧美市场。

2011年，公司开始进入资本市场，顺利通过IPO并成功发行股票，并于2013年收购汕头市远东轻化装备有限公司，进一步壮大了公司规模。

金明30年的成长与发展，是一条自我创新、自我挑战之路。30年砥砺前行，凭借30年的技术积累和市场沉淀，经过一代代金明人的不懈奋斗，如今，金明在技术创新研发、产品线布局、加工能力以及工艺和服务方面，已经具备与欧美品牌同台竞争的实力，金明品牌的国际知名度日益提高，制造实力得到国内外客户的认可。短短的30年，金明已经跻身世界薄膜制造行业的领军品牌。

三、智能建设，智造未来

为强化公司智能制造能力，提升产品智能化水平，自国家公布《中国制造2025》以来，金明积极响应国家政策，不断探索产业创新发展道路。

金明智能实验中心是亚太区唯一一家专注于塑料薄膜的“体验式”实验中心，是金明投入数亿资金和科研力量，携手国际多家知名原料生产商埃克森、陶氏、博禄等及部件供应商建设完成的实验中心平台。通过实验中心，客户能够亲身体验国际领先的制膜技术，解决客户在吹膜领域涉及的配方实验、技术验证、生产工艺和操作培训等方面的顾虑。金明希望通过这个平台，整合薄膜行业各大领域资源，打造一个真正世界级的科研中心，不断帮助客户攻克及优化薄膜生产设备及生产工艺。

公司也将定增投入资金用于智能工厂建设，包括特种多功能膜智慧工厂建设项目、农用生态膜智能装备建设项目、云端大数据智慧服务平台建设项目。借助移动互联、云计算、大数据、物联网等信息化技术，优化生产环节和供应链，减少原材料用量和环境负荷，降低工厂成本，提高生产效率。

金明还与清华大学（机械工程系）在智能机械、健康与康复器械领域开展战略合作，充分利用清华大学（机械工程系）智能与生物机械的学科特长，结合金明的材料加工、机械制造、产品市场营销以及资金优势，联合成立“清华大学（机械工程系）与广东金明精机股份有限公司智能康复机器人联合研究中心”。目前公司与清华大学及相关合作伙伴开展的康复机器人产品产业化工作正在有序推进。

随着金明智能实验中心项目和金明智能装备研究院的成功落地，金明将加快构筑智能化制造体系、信息化服务平台、工业云与互联网大数据等制造业新基础，继续深化行业产业链战略合作，整合上下游优势资源，积极推进金明智慧工厂整体解决方案。围绕智能制造、智慧工厂、智慧机器人、大数据等新思路，立足制造业新模式、新业态、新产品，进一步拓展工业智能化的应用领域，拓展公司的发展空间。

未来，金明将进一步巩固发展目前成功的核心优势，专注技术累积沉淀，发挥加工技术优势，利用现有的自动化信息系统及智能化生产仓储设备，依托高科技人才，继续发扬企业的工匠精神，保持创新活力，同时加强标准建设，提供客户需要的高品质产品，打造“百年品牌”。

在国际工业 4.0 的大背景下，金明也将大力推进“中国制造 2025”和智能制造战略，在生产技术上不断探索创新，大力实施技术创新驱动全面创新的发展战略，以技术创新带动工艺创新、产品创新、品牌创新，实现“科学研究”“实验成果”到“推广应用”的三级跳。大力发展信息化、自动化产品线，加快推动金明由传统产业向中高端智能化产业转型升级，提升品牌国际竞争力。

未来，金明将持续推进数字化、网络化、智能化制造，依靠创新技术的关键支撑，充分发挥“互联网 +”技术在制造业中的优化和集成作用，将创新成果转化为生产力，促进传统产品的改造升级，推动新产品新业务的培育发展，着力于智能制造、质量品牌提升，加快自动化基础工程建设、带动企业创新型成长，公司将围绕战略部署，积极升级金明的“智能制造 + 互联网制造 + 智能生态圈”，发展成行业中的智慧工厂方案解决商，最终打造“金明工业 4.0”及“大健康”宏伟事业。

30 个春秋，让金明从一家占地面积不足 200m^2 的手工作坊发展成占地面积约 10 万 m^2、拥有全系列高端生产设备，具备全球最大薄膜装备生产能力的上市公司；从立足于中国市场，发展成为一个产品远销全球 40 多个国家和地区的国际品牌。金明在薄膜装备领域创造了多个“第一”。成为公众公司后，金明未来将借助资本力量进一步完善制造产业体系，打造智能化生态圈，进一步提高国际市场占有率。立足市场发展，不断提高自主创新能力，以技术创新引领产业转型升级，加快推进供给侧结构改革，继续发扬工匠精神，专注于高质量产品打造，为客户提供更加全面完善的全套解决方案。金明将继续朝“百年企业”迈进，让“中国智造”走向世界。

〔供稿单位：广东金明精机股份有限公司〕

不忘初心　砥砺前行

——中山力劲机械有限公司

近几年，我国 GDP 增长放缓，中国制造业也受到各种内部因素和外部压力的影响，开始迈入新常态。塑料机械行业作为与民生息息相关的产业，主动适应市场变化，于新常态中积极探索发展新路径。

力劲集团创始于 1979 年，以“世界级的精密装备塑造中国制造业未来”为愿景，并且在这条道路上持之以恒地奋斗。集团已经成为全球最大的压铸机制造商、中国主要注塑机和 CNC 加工中心制造商。集团将多年积累的压铸技术运用到注塑领域，在机械、液压、电控等方面获得全面提升，实现了压力铸造的动力、速度与注塑的精密完美结合。

集团先后在中山、宁波打造面积超过数十万

平方米、年生产注塑机上万台的生产基地。两大生产基地遥相呼应，为我国市场提供全地域服务，产品还远销东南亚、中东、欧美等国际市场。

中山力劲机械有限公司（简称中山力劲）成立于1994年，经过20余年的蓬勃发展，目前已经成为中国先进的注塑机生产基地和智能制造示范单位，并入选“国家火炬计划”和“中国机械500强”企业。中山力劲总占地面积近10万m^2，总投资超过3.5亿元。

中山力劲始终以研发和创新作为不断前行的原动力，一直谨记以市场的需求为中心。目前，有一支以集团最高领导为中心的雄厚的研发技术团队，同时通过积极引入外部专家、与高等学府合作科研项目、参与政府项目研究等方式不断提升研发实力。中山力劲一直专注于产品节能，所有机型都达到了国家一级节能标准，并入选国家“能效之星”产品库；Forza-3000T二板机是目前参与节能测评并且达到一级节能标准最大的机型。

客户服务，永不言不。中山力劲关注服务的提供与优化，在各地区建立了自己的快速服务小组，服务范围涵盖出机前的需求调查、厂房规划、投资回报分析、试生产服务等，还包括用机时的设备调试、人员指导培训、自动化和节能改造、维护保养等，贯穿客户投资和生产全过程。在中山力劲看来，发展是一个相互促进、相互依赖的过程，优秀的企业应当伴随客户共同成长——只有让客户获得成功，企业才能成功。

在生产上，中山力劲注塑机与压铸机自成一统，延续了力劲集团严格的生产管理体系。中山力劲恪守“品质是生产出来的而不是检测出来的”理念，所以特别关注设计的重要性、加工的精密性、装配的标准性。在中山力劲45 000m^2的生产车间里，地面一尘不染堪比无尘车间；数千种物料摆放整齐，井然有序；工人作业专注细致，一丝不苟……目前中山力劲已经实行小机标准化、大机订制化，并且采取看板管理等先进管理模式拉动生产。中山力劲已经在整个生产和加工过程实行精控，物料和行为可追溯的保障体系、良好的生产管理为其产品品质打下坚实的基础。

中山力劲的品质保障体系严格，贯穿原材料检测、加工精度保障、装配过程监控和整机测试四大环节。在检测设备上，引入德国的激光检测、三坐标测量系统实行重点零部件检测；在整机测试中，不间断模拟生产测试达6 500次以上，充分保证机器优于国标，达到严格的力劲集团标准。为保障原材料的品质，力劲集团在辽宁阜新建立了年产近8万t的钢铁生产基地，冶炼、粗加工、精加工整个过程实行力劲的品质管控，充分保障了力劲注塑机核心部件的品质。

近几年，随着工业4.0的发展，生产和加工企业对自动化和智能化的需求不断攀升，我国制造业正有计划、有秩序、有目标地向智能化转型。作为工作母机装备行业，力劲自创始之初就以致力于客户的成功为宗旨，不忘初衷。

为了更好地给客户提供整体的自动化解决方案，同时也提升企业的智能化管理水平，中山力劲结合现阶段自身水平，将智能化发展分为三个阶段：

第一，实现企业的智能化生产。中山力劲已经投入超1亿元用于企业自身的自动化、智能化改造。目前已全面采用国际顶尖的智能化加工设备，包括日本三菱的龙门加工设备、Amada激光钣金加工设备、德国Messer机架加工设备……同时还引进了机器人喷涂线，机器人自动焊接生产线也在不断完善。

第二，实现产品智能化升级，以迎接未来工业智能化需求。注塑机作为工业母机，在制造行业智能化的大趋势下有着更高的要求。目前中山力劲的注塑机采用了更加专业的控制系统，不仅操作起来更加人性化，而且可以实现实时的生产监控，进行生产数据分析。另外，将与周边设备的配套接口实施标准化改造，更加方便客户外接设备。

第三，为客户实现智能化生产提供服务。这个服务不仅包括前期的生产规划、可行性研究、技术方案提供，还包括为客户整合资源、进行试生产服务、进行技术改进和人员培训等。目前智能化生产在整个行业还处于初级研究阶段，如何真正为客户实现智能化生产，也是中山力劲正在努力的方向。

不忘初心，砥砺前行。前途任重而道远，中山力劲将始终致力于客户的成功，与客户一起，向未来前行！

〔供稿单位：中山力劲机械有限公司〕

二板智能注塑机 转型升级新动能

——博创智能装备股份有限公司

2015 年以来，博创智能装备股份有限公司（简称博创）为践行“中国制造 2025”，专注二板智能注塑机，加快技术升级，研制智能化装备，构建智能服务平台，实现智能化无人化生产线，注塑装备综合性能达到国际先进水平。2017 年上半年，博创业绩比上年同期增长 40%，装备单位价格上涨 10% 以上，连续在与德国、日本等同行的竞争中赢得订单，海外市场销售占博创总销售额的 40% 以上。智能制造特别是二板智能注塑机俨然已经成为博创的金字招牌。

一、公司简介

博创是中国塑料机械工业协会第五届理事会会长单位，国家塑料智能装备与智能服务标杆企业。公司成立于 2002 年，是国家火炬计划重点高新技术企业，拥有广东省塑机工程技术中心、广东省企业技术中心、博士后科研工作站。率先通过国家 “两化融合” 管理体系认定，2015 年成为国家首批智能制造试点示范企业，2016 年成功入选工信部智能制造新模式应用示范项目，2016 年经广东省大数据局批准建设“注塑成型智能装备行业大数据服务平台”，2017 年再次获得工信部“面向智能制造的注塑装备互联互通与互操作标准化与试验验证”重大专项，并入选国家首批绿色工厂示范企业。

智能制造发展之路漫长，且面临着诸多“拦路虎”，但智能制造确实是注塑行业转型升级的一条康庄大道，探索之路异常艰难却又不乏快乐。作为设备制造商，博创为广大用户提供强有力的装备支持，缩短交货期，提高产品质量、管控手段与核心竞争能力，令用户受益。而顺势中国制造 2025，促进中国制造真正变成中国智造，是博创公司也是整个行业的神圣使命。胸怀这种使命感，博创摸着石头过河，其投入与代价都是非常巨大的。博创成立专门的智能系统事业部，下设自动化部、注塑 MES 软件部与大数据部三大部门，拥有几十人的开发队伍，并联合国内研究机构、院校、专家和机器人、软件等相关企业，排除万难，已经在注塑装备的控制系统、大数据平台等方面实现了突破，为整个注塑机械行业带来一股“清流”。

二、二板智能注塑机与智能制造

2007 年，博创智能装备股份有限公司与欧洲技术团队合作成功开发二板机，并取得了多项国家专利。近十年，通过持续的技术和工艺创新，博创成功推出第三代二板机，系列机型涵盖 5 000 ～ 68 000kN，性能达到国外先进设备水平。2013 年，博创推出全亚洲首台 BU6800 超大型二板智能注塑机，填补了我国自行研发制造超大型注塑装备的空白，结束了我国超大型注塑装备一直从国外进口的历史。同时，开发与制定了注塑装备与周边设备统一接口及智能服务规范，研制了注塑机智能传感模块，兼容 LAN、RS485、CAN、OPC UA、RS480 等多种接口与通信协议，实现了智能注塑机与机器人、机械手、冷水机、模温机、干燥机等注塑工厂智能化设备的互联互通与互操作标准化，构建了注塑智能无人化生产线。博创自主研发的注塑MES系统，实现智能排产、产品检测、故障诊断等智能化服务。为实现注塑机的统一管理，构建了“iPHM注塑机全生命健康大数据平台”，实现行业不同品牌注塑机的全生命周期数据管理。经过两年多的努力，实现了注塑智能化、无人化，系统在国内外推广28台（套），带来近2亿元的直接经济效益。

三、智能制造案例

1. 美的、长虹等家电巨头选择二板智能注塑机

博创为国内厂家提供二板智能注塑机，包括美的、长虹、广汽、骆驼等知名企业。为融入国内龙头企业的智能化生产线，博创将注塑装备的LAN、RS485、CAN、OPC UA、RS480等多种接口与通信协议开放给使用厂家，并协助构建智能无人生产车间。在美的南沙工厂、绵阳长虹彩电生产线，构建了无人化的注塑生产车间。其中美的南沙工厂的智能注塑无人车间成为行业内智能注塑的标杆。

2. 博创为美国客户输出五条大型桶类注塑智能无人化生产线

此项目进入《首台（套）重大技术装备推广应用指导目录》，每条生产线包含1台BU1500二板智能注塑机、1台BU800二板智能注塑机、4台六轴机器人、2套在线视觉检测系统等15种不同的设备以及配套模具。该生产线实现注塑下料－二次冷却－自动化装配把手－检测－贴标－码垛－缠膜等全自动化，实现大型桶类注塑智能无人化生产；生产效率提升两倍，从原来的周期90s提升为30s；操作人工从原来的20人降低为1人；注塑产品重量重复精度小于0.2%；生产线集成在线视觉智能检测功能，实现100%品质视觉全检测，自动检测飞边、缺料、尺寸等，实现生产线不合格制品自动报警功能，提升了生产稳定性，产品合格率达99.5%以上。该生产线实现半柔性加工，可生产塑料箱体的容积为30～100L。

3. 博创汽车行业一站式智能解决方案获英国客户高度赞誉

2016年博创在业内率先开发出智能注塑岛集成控制系统，客户通过注塑机人机交互界面可以闭环控制模温机、冷水机、干燥机、上料机、三机一体机、热流道温控以及机械手（机器人）等相关设备。从注塑机到智能注塑岛集成系统，可以大幅度提高设备稳定性，提升注塑制品一次合格率。当地客户为路虎与捷豹汽车的主要塑件供应商，购买博创多台BU二板式注塑机和BM多色注塑机用于制造汽车引擎盖和汽车其他零部件。该智能生产线得到客户的高度评价：“博创2200吨智能二板自动抽拉杆式双色机操作非常人性化，制品合格率高且生产周期短，并集成六轴机器人等自动化功能，博创注塑装备的高稳定性和智能化极大地提高了我们的生产效率和产品质量”。

4. 推动行业塑料机械互联互通互操作标准化工作

博创作为塑料机械行业智能制造的先行者与领导者，已联合多家同行与应用客户企业，针对行业现状研究注射成型设备、辅助设备和成型模具、制造管理系统间互联互通和互操作的关键技术。研制塑料装备及智能车间相关的国家标准4项：《注塑成型数字化车间互联互通与互操作系统架构》《注塑装备的数据字典》《注塑装备数据字典到通信协议的映射》以及《注塑装备与制造管理系统集成的信息模型》，正积极研制注射成型装备标准综合试验验证平台。博创“面向智能制造的注塑装备互联互通与互操作标准与试验验证”项目的实施和标准制定将引导行业智能制造标准化的方式方法，推进产业产品升级，对我国制造过程的智能化具有良好的示范作用和指导意义。

四、博创“大型注塑成型装备制造智能工厂”将投产

2017年年底，博创“大型注塑成型装备制造智能工厂”将竣工投产，这是2016年广州市唯一入围国家新模式应用项目的企业，也是中国塑料装备行业唯一入围企业。该工厂将全部生产二板

智能注塑机以及智能注塑无人化生产线，将成为世界级大型装备离散制造智能工厂标杆。

智能工厂将构建企业信息化互联互通大数据平台，促进销售、研发、生产、售后信息流的快速流转，使产品研发、工艺设计、生产制造一体化，达到信息流、人流、物流、价值流协同，实现精益生产与敏捷制造。项目将对我国离散型装备制造业实现制造过程的智能化具有良好的示范作用和指导意义。

虽然当前面临国内经济增长放缓、国外局势多变等困难，中小企业普遍面临着产业层次偏低、创新动力不足的问题与困局，但是只要坚持自己的转型升级之路，紧紧抓住“中国制造2025”“互联网 +”等国家战略带来的各种机遇，敢于迎接挑战，稳步踏入智能制造新时代，就能稳定发展，为机械行业的转型升级做出示范效应。

〔供稿单位：博创智能装备股份有限公司〕

工匠精神　达诚体现

——广东达诚技术股份有限公司

一、国内外塑片气压热成型机设备生产现状

塑片气压热成型机是一种塑料制品加工成型设备，适用于 PP、PS、PE、PVC、ABS、淀粉基降解材料、光生物降解材料等，用于制作果冻杯、酸奶杯、一次性饮水杯、方便面碗等一次性塑料轻型容器，应用范围广泛，效率高。其工艺成型方法是将热塑性塑料片材加热至软化，在气体压力下依靠压缩空气将受热软化的塑料片材拉伸、加压，使其紧贴在模具表面，冷却定型后成为制品，同时能依照一定的程序重复生产，制造完全相同的产品。

我国从 20 世纪 90 年代初开始制造塑片气压热成型机，采用传统凸轮机构或液压缸驱动模台直接上下运动，运行速度慢，能耗大。广东达诚技术股份有限公司（简称达诚）从 20 世纪 90 年代初开展技术研发，并于 1998 年设计制造出第一台 SZR61-25 型塑片气压热成型机并验收合格，成功交付客户正常使用。随着市场的发展、经验的积累和技术的提升，达诚于 1999 年 5 月成功开发 S71A 型塑片气压热成型机，之后不断对设备进行改良与优化，开发出 S71B/C/D 型、F70B-150 型（可倾斜式翻转）、K7816-3B/4B 型多工位塑片气压热成型机，产品迅速向智能化发展，技术含量不断提升，能耗及劳动强度下降，产量提高，并获得多项专利证书，拥有了众多中高端用户。达诚凭借对塑片气压热成型机设备技术的掌握，在高精尖加工设备能力的支持下，与国外先进设备供应商同台竞技，充分展现设备的综合性价比优势。其自主开发的高性能全自动气压热成型机组（翻转机），2014 年被中国轻工业联合会鉴定为达到国内领先技术水平。

目前国外气压热成型机行业中以德国塑片气压热成型机最有名。德国从 20 世纪五六十年代推出塑片气压热成型机并销往世界各地，多数采用传统凸轮直动型驱动；90 年代初更是推出可倾斜式翻转塑片气压热成型机，配备自动堆叠等设备。美国、中国等国家也相继推出可倾斜式翻转塑片气压热成型机组，动力形式多种多样，其目的均是提高稳定性及生产效率。达诚瞄准市场需求，推出国内新型高效翻转模塑片气压热成型设备，生产运行最高速度达到 35 ～ 45 模 / 分钟，制品质量满足国际要求。

二、新型高效翻转模塑片气压热成型设备

1. 生产工艺流程

片材通过放片架自动开卷→片材预加热→片

材电炉辐射加热→片材拉伸→片材正压成型→制品的模内剪切→模台的翻转→自动顶杯顶出制品→自动接杯堆叠→自动推杯计数→输送带输出制品→废片收卷或在线粉碎

2. 新型高效翻转模塑片气压热成型设备优势

独特的翻转模设计集成型、冲剪、堆叠于一体，实现杯子在机器内的自动叠杯整理与计数。高效自动化生产大大节省了人工，提高产品的质量及生产效率。可倾斜式翻转的主要原理是采用两组摆动式共轭凸轮连杆机构，一组驱动模台直接向上运动，另一组驱动模台下降倾斜式翻转。由于动模台在脱模后下降过程中实现倾斜式翻转，模台上下行程大大缩短（一般为直线动台式一半左右），而且模台翻转后横向出杯，配合自动堆叠及计数等设备，容易实现自动化生产，是发展气压热成型机的主流方向。而普通直线动台式采用凸轮机构或液压缸驱动模台直接上下运动，实现开模与闭模。由于直线动台式运动行程大于制品高度 40 ～ 60mm 才能把制品吹出，如配备机械手取杯，运动行程则需大于制品高度 80mm 左右。模台行程加大影响成型机运行速度，且无法配备自动堆叠系统，自动化程度不高。

三、工匠精神体现于产品构造之中

达诚重视产品质量，遵循“精益求精、追求更完美”的原则，时刻宣传“达诚制造，必出精品”的理念。

1. 设备结构特点

（1）放片架：自动上料，采用电机夹送开卷，上料简单方便，人性化操作。

（2）主机（核心部件）。

送片装置：塑片伺服驱动输送，带齿链条定位，送片准确。带有冷却水路的链条轨道，冷却边片温度，确保带有尖凸齿的双排滚子链准确带动塑片进入加热区域；链轨张合装置确保塑片下垂在控制范围内。具备后退功能，模台可自动升降，模具更换方便、安全。

加热器：加热片均采用德国进口带保温远红外陶瓷加热片，安全高效。

凸轮传动结构：共轭凸轮旋转时内外轮廓与摆杆接触带动连杆使下模台上升，下降时另一组凸轮传动带动下模台翻转倾斜，共轭凸轮及连杆机构提高锁模力及运动精度。

上模台升降装置：链条传动立柱螺母，完成上模台的升降动作，调整方便。

塑片拉伸装置：通过伺服电动机驱动滚珠丝杆正反转，完成冲头的拉伸及回程动作。

润滑装置：配置进口自动供油润滑系统，通过 PLC 控制实现定时定量对机台供油润滑。

（3）废料收卷装置：收卷形式为摩擦式收卷，简单实用。

（4）翻转接杯装置：接杯机械手伺服驱动，制品三维运动，准确控制位置。采用伺服电动机驱动，往返运动接取制品，实现扫杯板快速定位升降，驱动扫杯板将制品扫到输送带上，驱动滚珠丝杆带动输送带升降。

（5）采用 PLC 集成控制技术，触摸屏数字化显示，控制方便。

2. 翻转模塑片气压热成型设备关键技术

该设备有三大关键技术：模台翻转技术、片材加热技术、模具成型技术。

（1）模台翻转技术。翻转结构采用摆动式共轭凸轮连杆机构驱动，两个摆杆围绕支点平行摆动，共轭凸轮旋转时外轮廓与摆杆接触点会随着摆杆的变化而变化，使共轭凸轮轮廓的设计及加工难度加大，直接影响机构的稳定性。通过采用计算机仿真设计及软件技术提高运转的稳定性，制造加工采用德国精密加工中心，配套高强度共轭凸轮及连杆机构材料。上下模台的导向机构采用四导柱合金钢结构，刚性好、导正性能精确，耐磨损，有助于延长模具剪口使用寿命。

（2）片材加热技术。传统塑片气压热成型机的加热系统采用分区控制，即上下加热器分为一定的温区，整个加热系统的中间温度最高，并向两侧降低，从而导致板片材加热不均匀，产品成品率下降，造成资源的浪费。目前国外先进塑片气压热成型机均采用矩阵式加热系统。公司与西安交大合作，对影响塑片气压热成型机的热流耦合问题进行分析，采用有限元的方法建立塑片气压热成型机矩阵式加热系统的热场外分布模型，并基于软件仿真均匀和非均匀加热模式下加热区域温度分布情况，最终发现采用非均匀加热模式，加热区域温度分布均匀，主加热区域基本为直线温度分布，变化范围不到 5℃，材料的加热效果远远大于均匀加热模式。

采用智能化温控模块，全机采用工控计算机（PCC）集中设定与控制温控参数和运行参数，可在计算机存储 100 组参数随时调用。在电压出现波动时，能自动跟踪补偿，保持温度参数和运行参数恒定，大大提高了产品的品质。加热片采用德国进口陶瓷加热片，热效率高、能耗低、寿命长。

（3）模具拉伸成型技术：正负压成型、热平衡、刀口模剪切三大技术，确保制品成型漂亮，达到工艺精品。

采用拉伸头设计、运动精度控制，通过伺服电动机驱动滚珠丝杆正反转，带动模具冲头完成下行拉伸及上行停位的工作循环动作，并采用光电感应开关定位，对电动机及模具起到过冲保护的作用，拉伸速度快，拉伸力稳定，停位准确，提高制品的壁厚均匀性，降低因冲头的停留对制品质量的影响。拉伸行程、速度调节方便、快捷，可直接在 PCC 面板设置，对设备无冲击，噪声小。

上模吹气口流量、吹气时间控制。

排气面积及排气口分布。排气通道数量、尺寸及排气槽宽度要求足够大，保证快速排气，同时避免在制品留下痕迹。

模内气体密封技术。

上下模台冷却控制技术；通过热平衡计算，确保热 / 冷媒介的温度压力与片材传热相匹配，模具温度一致使制品质量稳定。

上下模具刀口配合剪切技术。

快速模具更换结构技术。

3. 设备制造工艺

主要部件（底座、模台）采用德国德玛吉五轴加工中心制造，保证制造精度；底座模台均采用高强度球墨铸铁制造，传动轴均为高强材料，提升设备稳定性及耐用性；设备采用先进运动控制系统，确保高响应下模台的精准控制与配合；设备引进工业设计，在制造、操作及外观设计等方面进行全面考量，提升操作简便性及设备档次；重要部件采用 12.9 级超高强度螺钉，保证连接强度；模台精磨之后进行铲刮研磨处理，轴类导柱采用外圆精磨，保证制造精度；热处理及表面处理要求严苛，提升产品可靠及耐用性；严格的质检流程及制度确保每一个零件都是精品。

三、塑片气压热成型机发展方向

塑料机械工业的发展依赖塑料原料工业和塑料制品加工工业的发展。在塑料工业迅速发展的今天，塑片成型使用领域日益扩大，塑片气压热成型机的地位也愈加重要。我国塑料机械总的发展趋势是朝着系列化、标准化、智能化方向发展，同时要满足节能、环保、高效的要求，以适应塑料原料、塑料制品加工企业节约成本的需要。

1. 设备向大版面、高效率、操作方便发展

加大成型面积，增加每个版面装模数量，最大成型面积达到780mm×480mm；提高运行效率，理论最大运行效率达到 50 模 / 分；降低模台高度，方便操作；优化加热结构，节省能源损耗。

2. 向厚片热成型方向发展

节能、生产效率、高难度厚片成为厚片热成型设备的发展瓶颈。目前，大部分厚片成型用户采用德国等进口机械生产，能生产替代德国机械的热成型设备生产商寥寥无几，有的厚片产品尚属空白。

达诚塑片气压热成型技术日益成熟，相信在不久的将来，达诚的设备将能实现与国外高端的德国热成型机同台竞技。

〔撰稿人：广东达诚技术股份有限公司杨伟光〕

依靠创新科技 促进企业发展

——震雄集团

一、震雄集团概况

震雄成立于1958年，由香港著名慈善工业家蒋震博士创办。凭借创业五十多年的经验累积，震雄集团建立起跨越半个世纪的稳健基业，现已跻身全球注塑机行业规模领先的生产商行列，年产值逾20亿元。产品除在中国本土畅销外，还远销欧洲、美洲、大洋洲、东南亚及中东等超过65个国家和地区。

蒋震博士对机械行业矢志不移，专注于注塑机械生产。20世纪80年代，蒋震博士率先进入内地，先后在广东顺德、深圳，浙江宁波投资设厂，建立起庞大的研发和生产基地，把国际先进的注塑机技术引入内地，大力促进了国产注塑机械行业技术的大幅提升，推动我国工业不断发展进步。

蒋震博士总结出“工业富民，民富国强”的理念，推动中国建设成为工业强国一直是他的梦想。要实现国家富强的理想，就必须建立稳固的工业基础，这需要大力推动工业科技及教育事业的发展，培养更多人才。为此蒋震博士于1990年毅然把他在震雄集团名下的股份全数捐出，成立“蒋震工业慈善基金”，通过设立奖学金资助科技研发、教育培训等多个不同项目，全力推动中国工业的发展。

蒋震博士取得的重大成就获得社会各界的普遍认同。他先后获得香港理工大学颁授的荣誉工程博士学位、香港中文大学颁授的荣誉社会科学博士学位、香港公开进修学院颁授的荣誉工商管理学博士学位、香港大学颁授的名誉科学博士学位，更荣获香港特区政府颁授的最高荣誉“大紫荆勋章”。

大力协助和推动中国工业现代化的发展进步，是震雄集团的经营方向和行动指南。集团一直非常注重科技的研发和创新，在每个特定时期都有先进的机型和技术推出，产品从创立之初的双色吹瓶机到近期推出的65 000kN伺服驱动二板双射台超大型注塑机，注塑机技术一直处于国内领先地位。“震雄”注塑机种类齐全，针对不同的注塑领域客户，震雄集团旗下拥有敏而捷MINIJET、捷霸JETMASTER、易霸EASYMASTER及超霸SUPERMASTER等系列品牌注塑机，从锁模力200kN微型机到65 000kN超大型二板机，射胶量由18g至10 6081g，并根据市场的需求推出液压注塑机、伺服驱动注塑机、二板机、全电机、双色机、瓶坯机等各类型注塑机，满足各类型客户的需求，积极为广大客户创造更大的利润空间，提高客户产品竞争优势。

震雄集团于1991年在香港联合交易所上市(编号00057)，总部设于香港，主要的生产及研发基地分别设立在深圳、顺德、宁波及台湾。厂房占地面积约80万m^2，尽揽国内及国际顶级人才和最新的技术优势。

震雄集团遍布全国及海外的办事处和服务点，时刻为用户提供最快捷及优质的服务，是广大注塑业界的最佳合作伙伴。

二、树立先进经营理念 实现企业转型升级

随着业务规模的发展壮大和对产品质量水平要求的不断提高，震雄集团树立了先进的经营理念，促进生产经营管理水平不断提升，实现结构转型升级。

震雄集团深信纵向的一体化管理最能确保机器及服务的质量。为了让客户得到最理想的产品及服务，集团从研发、设计、生产、营销到售后服务均全面贯彻这一管理理念，技术研发、物资采购、生产制造、品质监控、行政管理、顾客服

务等多个职能部门，确保各项日常业务的有效运转。同时不断吸收精益生产、敏捷制造的思想，增强制造流程的柔性和应变能力，更好地适应由大批量重复生产到多品种、小批量、复杂离散制造的转变。

为了与高效率加工制造能力相配套，加速并平衡各个生产环节，提高管理水平，震雄集团建立了严格的生产管理制度，每条生产线均有严格的标准化生产作业流程，从原材料到成品实现了计算机全覆盖管理，最大限度地保证了现代化生产的要求。同时引入精益生产管理模式，强化物流和现场管理，有力保障了注塑机制造过程的质量稳定，实现了高效规模化生产，企业规模效益增长 10% 以上。近年震雄集团推行 5S 管理举措，更使各车间工厂、办公场所的面貌焕然一新，大大提高了员工的工作效率和产品的质量。

三、加强信息化建设，贯彻实施两化融合

震雄集团引进国际先进的现代化企业管理系统（ERP），使每一道生产工序都实现了自动化、信息化、科学化的管理。零配件管理实施了“仓库自动化存取系统”，机器组装过程配备了“灵活性生产系统”，以达到更高的生产效率和最佳的经营效益。

震雄集团还自主投资开发了 OPDC 管理系统、OA 办公系统，对生产各环节进行科学管理，从研发到生产的每一个步骤都全面实行计算机监控及记录，生产车间全面计算机联网，可对各岗位的生产人员进行实时管理，员工能及时申报生产进度，管理人员可随时通过该系统全面统筹、指挥生产，并确保资料及时准确地传送到集团管理层。

为了协助客户管理层及时了解生产车间每台注塑机的运行状况，早在 2004 年，震雄集团已率先研发推出 iChen System 车间联网管理系统，实现人机网络交流和监控。该项技术荣获 2004 年“香港工业奖：机器及设备设计优异”证书。时至今天，实行工业 4.0 网络数据监控已成为制造业界的潮流，震雄所有的注塑机都标配联网功能，可以共享数据、参数，配合车间管理系统（MES）运作，也标配上传云端服务、连接 IOT 的功能。

很多新的震雄工业 4.0 服务都已置身云端，如“震雄云”（云端数据搜集、储存及分析）和“iChen 云服务”等，并可支持 OPC UA。

震雄集团推出的 iChen® System 迈开真正工业 4.0 全新生产模式的步伐。“随时随地地监控”不再是一句简单的口号，公司管理层与生产现场，只剩“点一下”的距离。震雄集团拥有的以上技术，有力地促进了信息化和工业化的融合。

四、加强品质管理 实现持续发展

震雄集团确立了以质量求生存、以诚信求发展的长远目标，不断提升震雄注塑机的良好形象和品牌价值。震雄秉承创办人蒋震博士提倡的“精益求精、持之以恒”品质方针，坚持“全员品管、不断改进”的品质管理方法和策略。运用先进的设计理念，引进先进的生产设备并采用严谨的加工工艺进行生产，力求在产品的性能、节能、效能等方面满足用户的需求。

震雄产品质量控制系统包括原材料质量控制、工序质量控制、外部质量控制三个子系统。原材料质量控制子系统要求公司所采购的原材料必须完全符合产品生产的各项标准；工序质量控制子系统是现场质量控制的重要内容，集团根据零配件加工工艺及工序要求，把质量控制落实到手工制版、制模、浇铸、抛光、打磨及成品检验等各个工序过程控制点，并逐渐形成规范化、标准化生产，形成层层把关监督的内部质量控制体系。

在加强内部生产过程控制和质量审核工作的同时，震雄还借助外部权威第三方的技术力量和先进设备进行外部质量控制，由当地省市质量技术监督局的专家对产品进行检测，从而确保产品的高品质要求。

为了有效控制产品质量，预防机器零部件出现缺陷返工的现象，震雄集团严格按照 ISO 9001 质量管理体系要求，建立了完善的质量手册、程序规则和工作指令。

“不做次废品、不收次废品、不将次废品流到下一个工序”的三不原则，是震雄集团在贯彻执行 ISO 9001 质量管理体系中一贯坚持的质量方针。通过建立完善的制造流程管理系统，确保产品在研发、生产、装配、销售、服务等各个环节的高效和优质运转，有效地保证了震雄产品的质量。

机器零部件生产环节要求每道工序均应按设定的工作指令下料生产，按规范的工艺流程加工，生产过程中每一道工序都要自查，检验合格才可到下一道工序，并为之建立了奖罚制度。

在产品运输的过程中，特别制定了预防机制，要求包装必须专业，防止货物碰撞损坏。公司成立包装专责小组，确保产品在运输过程中不会损坏，满足震雄产品零缺陷要求。

近年来，震雄品牌注塑机更在节能环保、智能控制、网络监控等方面实现新的突破。震雄全系列机型均采用伺服节能环保技术，达到国家一级节能标准。震雄注塑机拥有多项国内外创新专利技术，是客户信心的保证。

五、依靠技术创新 推进名牌战略

企业产品品牌的创立、保护和发展，归根到底取决于客户对产品质量和创新技术的信赖和肯定。没有一流的质量和技术就不可能赢得客户的支持，也不可能获得良好的公司业绩和经济效益。震雄集团一向非常重视企业品牌的建设，自 1958 年蒋震博士创立震雄开始，就把创建品牌作为公司的生命线，一直秉持“精益求精、持之以恒”的宗旨，积极研发创新注塑机的高新科技，不断赋予“震雄”品牌注塑机无穷的生命力。

近年来震雄新研发推出市场的创新型注塑机主要有：Ai 智能省电注塑机、全电动省电注塑机、SVP 伺服驱动注塑机、C3 大型省电注塑机、双物料注塑机、敏而捷精密小型注塑机、二板式大型注塑机、SVP(第二代)和(第三代)伺服驱动注塑机、捷霸 MK6(第六代)伺服驱动注塑机、SPEED 高速注塑机等一系列创新产品。

其中于 2007 年，震雄集团研发推出的国内第一台“真正二板式”注塑机，填补了我国的技术空白，近年更不断开创二板注塑机技术的新纪录：2012 年 12 月，研发推出全国首台 45 000kN 超大型数控智能二板注塑机；2014 年 2 月，研发推出锁模力达 65 000kN 的二板超级大型注塑机；2016 年 9 月，研发推出 65 000kN 伺服驱动二板双射台超大型注塑机，这是当前亚洲地区厂商生产的锁模力最大的通用型二板注塑机，再次刷新了注塑机械行业的新纪录。震雄生产的这些超大型注塑机出口欧洲、中东及大洋洲，创造了我国生产的注塑机出口机台吨位的最高纪录。

在上述一系列推出的注塑机中，应用了震雄集团研发的多项创新专利技术，这些技术处于业界领先水平。到目前为止，震雄集团申请获准的尚在专利有效期内的发明专利、外观专利、实用新型专利和计算机软件著作权等超过 70 项。坚持不懈地开发适应市场的创新产品，在行业中抢得先机，震雄注塑机超强的品牌价值和企业核心竞争力为品牌延伸和企业扩张打下了坚实的基础。

随着社会环保意识的提高，震雄紧贴时代发展步伐，于 20 世纪 90 年代开始率先研发环保节能技术，运用高新科技研究成果，不断升级换代产品，优秀的性价比一直领先市场。震雄集团研发的伺服驱动节能技术，目前已应用到集团全线各系列注塑机，省电省水最高可达 80%，达到国家一级节能标准，为客户带来更大的经济效益。

随着“震雄”品牌注塑机成为名牌产品，震雄产品在国际市场的竞争力亦得到大幅提升。集团通过 Chinaplas 中国国际橡塑展、德国 K 展及美国 NPE 展等国际性专业橡胶塑料展览会平台，向国内外客户推广“震雄”品牌注塑机的优秀品质；除此之外，还通过业界的专业媒体广告、互联网、举行新产品发布会等方式，大力推广“震雄”品牌。震雄注塑机卓越的功能获得众多客户的好评，并收获良好的效益，帮助震雄集团进一步拓展海外市场。

震雄品牌注塑机除了拥有国内庞大的市场外，还远销欧洲、美洲、大洋洲、中东、东南亚等超过 65 个国家和地区，成为国内外众多塑料制品生产厂家的首选品牌。较早推出的 45 000kN 和

65 000kN二板超级大型注塑机分别出口远销欧洲、中东及大洋洲客户，打破了日本和欧洲制造商对超大型注塑机的长期垄断，开创了国产大型注塑机的新纪录，使广大客户更增添了对震雄品牌的信心。

展望未来，震雄集团希望通过不断优化资源配置，推出高科技、高增值的新产品，保持行业领先地位；不断开拓新市场，拓展销售网络并提高服务水平；不断改善生产技术，提升生产力及生产效益，用全新的价值理念进行企业再造，不断增强“震雄”品牌的含金量，推动中国工业继续向前发展，振兴民族经济，立志建立百年基业，把震雄集团缔造成全球领先的注塑机生产企业。

〔供稿单位：震雄集团〕

智能制造时代下的变革与行动

——信易集团

德国率先提出的工业4.0为制造业带来了新思考，代表着第四次工业革命的到来。全球的制造业发达国家为了应对新时代的转变及自身工业竞争力的提升，纷纷制定了类似的国家战略。我国提出的“中国制造2025”全面开启了中国制造由大变强之路，其本质内容指向一个核心，就是智能制造，包含生产过程的智能化、制造设备的智能化和产品的智能化。可以预见，未来10年，智能制造将逐渐颠覆各个行业，橡塑业也不例外。

一、高效、节能

对生产企业而言，如何最大限度地降低投入成本受到很多因素的制约。在这些因素中，能耗控制扮演了重要的角色，特别是对于塑料成型设备来讲，有效控制能耗，则可以有效地控制成本。因此高效、节能已经成为塑料机械行业的核心词汇。

2016年，信易跻身中国塑料机械辅机及配套件行业五强，无论是主营业务收入还是净利润均名列前茅。这样的成绩与信易在高效、节能设备中的投入密不可分。信易手握的多项先进技术，如适用于除湿干燥系统的露点控制技术、余热回收技术、风量自整定技术及节能加热技术，适用于冷水机设备的专利——自力搅拌水箱，实现超高能效比的制冷技术，适用于粉碎回收设备的高效能电机及V型切割技术等，都体现出信易产品高效节能的亮点。

二、主辅机可以自由对话

在“工业4.0”概念红遍大江南北的同时，橡塑行业也与其他的制造业一样，进入了一个升级转型、智能制造的新时代。

信易集团于2013年推出基于网络的集成控制技术sLink，通过标准的网络载体，实现了对成型主机及所有成型周边辅助设备的集中监控及数据处理。该技术一经推出就得到了众多合作伙伴及客户的认可，有多家行业内知名的塑机生产商配套信易的产品，融合sLink技术，实现智能注塑。

sLink技术通过标准通信接口将辅机的监控功能全部集成到注塑机的操作面板中，实现了对注塑机和辅机的集中监控功能。该技术不同于传统的远程对辅机开机/关机或温度控制等简易操作，是对辅机控制器内所有参数的数据采集和操作设定，可以远程实现辅机本身的全部控制功能。与传统注塑机和辅机单独而零散的控制方式相比，集成了sLink技术的注塑控制系统使整个注塑作业流程更加高效及智能化，实现少人化生产，降低了生产成本。

由此可见，通过sLink技术的不断推广，辅机设备与成型主机之间的联系将会更加紧密，从而实现辅机设备与成型主机设备即插即用式的通信连接。

三、关注整厂规划

作为注塑行业中的辅机设备生产商，信易在过去的48年中专注于本业经营，未来仍将继续践行工匠精神，专注于为客户提供高品质的辅机设备。面对智能制造时代的来临，信易推出了智能注塑工厂方案sFactory 4.0。该方案关注点更加细化，更加关注整厂规划，除了成型主机之外，还将所有的辅机设备及水电气消耗量等更细致的参数全部融入系统中。

具体而言，信易的智能注塑工厂方案sFactory 4.0可以从两方面介入客户的智能化生产过程：一为顶层设计，二为升级改造。

顶层设计可以直接助力客户新工厂的建造。该方案以工业4.0智能注塑为主轴，融合原料处理系统、水电气规划系统、自动化解决方案、sLink的数据采集技术及MES系统等全球领先的软硬件产品，为客户提供整套注塑工厂“智造”解决方案。

升级改造则以客户现有场地及设备为主，对生产过程进行智能化改造，通过升级控制器或增加数据采集设备实现生产过程数据流的完全流通，同时优化生产流程，协调生产步骤，关注关键参数及设备性能，提升生产效率。

不管是何种方式，皆以大数据计算为承载，并搭建智能云服务，将传统注塑工业和信息通信技术进行深度融合，提升客户的智能化信息化水平。在整个制造过程、制造的产品及生产设备上都融入信息技术，就能实时回馈、监控产品和设备的运行参数，对车间成型相关设备及相关制造过程进行集中式管理，并对整个制造过程进行优化，最终打通企业的整体数据信道，实现智能生产。

四、智能化制造下的思考

工业4.0是制造业发展的方向，但是对于目前的智能制造市场来讲，智能化进程最大的障碍是各种标准不统一，不同设备生产商的产品不兼容，互相设置技术壁垒，各种系统之间的共存和交互将会是一个难题。在这种情形下，信易通过标配通信功能产品，并且对通信功能完全开放授权及提供完全技术支持这样的方式去促进行业的健康发展。塑料机械制造厂目前需要关注工业4.0，但也不能盲目跟风，对于部分公司而言，企业需要寻找最合适的方式而不是最先进的方式。

〔供稿单位：信易集团〕

泰瑞：用精品回馈社会 用品质塑造未来

泰瑞机器股份有限公司（简称泰瑞机器）作为行业著名的塑料注射成型机制造商之一，是行业一流的注塑机研发及制造基地，具有年产万台高品质精密注塑机的能力。公司多年来凭借产品品种齐全、个性化机型众多、质量优异和全球无时差服务而闻名于业界。产品远销世界110多个国家和地区，同时还在土耳其、巴西、澳大利亚、印度和意大利等诸多国家设立了办事处，招募了代理商。泰瑞机器还拥有专门进行精密铸件生产和加工的全资子公司——浙江泰瑞重型机械有限公司，能够对从机器生产最开始的铸件浇注到产品出厂的每个环节进行严格把控，从而为泰瑞机器完成万台精品注塑机提供质量和数量的保证。

公司先后被评为国家高新技术企业、浙江省技术中心及连续6年的塑料行业十强注塑机企业等，获得浙江省出口名牌、浙江省著名商标等称号。2017年是泰瑞机器的“质量年”，公司加大力度从管理、设计、生产、检验等各个环节进行质量把控。在销量猛涨、订单猛增的关键时期，更加注重质量，以激浊扬清的态度，坚定制造高质量注塑机产品的决心并使之成为常态。

一、精细化的运营管理

为保证公司创新、先进、规范的管理模式，泰瑞机器合理调整企业治理和组织架构，按照运作功能设立了营销、技术、制造、综合管理四大中心及下属各小部门班组，明确岗位职责与权限，建立系统的绩效考核制度，以“零件”的完善来带动“组件”的正常运转。

在企业管理和生产组织上，公司采用 ERP 管理系统，覆盖技术、财务、营销、制造、管理及仓储等多个部门，实现标准化、规范化、精细化管理。由系统对客户报价单进行统计分析，再进行生产安排，这样不仅便于生产管理，缩短交货期，更可以避免在操作过程中手工和电子单据之间转化以及指令传达时产生的遗漏，方便记录、保存、统计和查询。

同时，公司采用 A3、OA、PLM 等一系列管理系统，彻底改善员工沟通和任务转接环节，造就“泰瑞大数据”。使用最普遍的“OA 管理系统”也衍生至移动端，能够保证公司内部更加简便地开展行政管理，既可以做到责任细分、办事有底，杜绝事故后的归咎问题，又能够随时随地地对工作进行合理化安排，保证“24 小时工作时效”。

二、人性化的产品设计

博观而约取，厚积而薄发，如今泰瑞机器生产的全系列伺服节能注塑机已经成为市场热销的节能产品。DT、DH 和 DE 三大梦想系列设备经过不断优化与改进，现已衍生形成覆盖汽配与家电、物流、工民业用品、医疗食品包装、地下管廊和地上管件、电子与办公自动化六大行业的成熟解决方案。泰瑞机器生产的全系列注塑机产品被工信部列入《节能机电设备(产品)推荐目录》，并且有多款产品的研发获行业内多项荣誉，打破国内空缺的格局。

泰瑞机器始终以客户需求和市场趋势为前提研制和改进注塑机。经过多年的研发，泰瑞注塑机相对传统油压机已进行极大的优化。泰瑞梦想系列机型，锁模部件除了加强本身结构以外，更增设防移模偏摆和自平衡调模功能，采用独特的短程高压直压锁模机构，实现智能化调模控制，加快移模速度，缩短空循环时间，提高开合模重复位置精确度。注射结构区分单缸高精密快速注射、双缸平衡式注射、双阶高压挤注式注射等结构，皆配备智能注射调节功能，精准配合产品所需注射条件。而控制系统采用多伺服泵闭环控制，自适应预塑背压，比传统的液压系统节能 30% ～ 60%，具有良好的节能效果。模块化设计、自由式组合搭配，使得各个部分完美配合，很大程度上弥补了机器本身设计的不足和欠缺。

三、严格的生产过程控制

技术设计固然重要，但加工生产也是控制设备质量、杜绝问题产生最为重要的环节。泰瑞机器施行的“模块化生产 + 集中式组装”的生产模式，能够对机器各个部件进行明确分工和管理，各自进行生产的同时，再针对各个环节进行问题诊断和排查。制造中心下辖浇铸、加工、注塑机、检验等多个事业部，相互独立却又彼此联系，分组运作但又集中管控。这些班组的明确划分、各司其职造就了泰瑞一台台高品质注塑机，也在逐渐汇聚一个个的泰瑞梦。

值得一提的是，泰瑞机器位于浙江德清的全资子公司——浙江泰瑞重型机械有限公司，专门进行铸件的浇铸与加工，能够完全满足泰瑞注塑机本身的加工生产需求。工欲善其事，必先利其器。泰瑞机器对现代化装备的渴求和苛求，从未止步。其拥有数十台从欧、美、日本进口的加工母机和车床，保证了每个铸件的加工精度。这些国外引进的加工设备自动化程度高、可加工零件复杂，生产加工能力达到国际领先水平。以此为基础，泰瑞机器建成了一条现代化的加工运行体系，与浙江泰瑞重型机械有限公司投入的精密铸造设备同步运行，满足了泰瑞机器生产高端精密注塑机的配套需要和自主加工注塑机关键精密零部件的需要。

这一源自泰瑞机器本身的优势，使其能够从产品的铸件开始，到零件加工，再到产品组装和后道检验都能够进行自主控制，从而保证高品质设备的高效率生产。

四、严谨的设备检验制度

检验，是问题故障的终结者。泰瑞机器有着一支细心、耐心和具有恒心的专业质检员，他们用严格的准则和苛求的态度，严把最后一道质量关卡。

为保证去除问题“流入”和“流出”的可能性，质检部门总分为产前零件检验和最终成品检验。在彻查消除由供应商源头导致问题的同时，避免自主生产时造成问题的可能性。公司还特别设有三坐标测量仪、超声波探伤仪、耐压测试仪等精密检测装置进行最直接的问题诊断和处理。检验员人手一份的问题数据库，不仅能够方便问题的统计和录入，更促进了问题分析、隐患处理的科学管理模式成形。为保证注塑机成品的质量，泰瑞机器专门设立成品检验部，从电气、液压、空循环测试、功能、外观、发机检查等多个步骤去检验，最大限度地弥补生产纰漏，将完整、成熟的注塑机产品交付客户。

为响应“质量年”号召，公司专门设立质量管理政策。对发现问题的员工予以奖励，对问题的产生和流出进行严厉惩戒。根据问题的大小及造成影响的程度，进行不同层次的奖惩，从而达到杜绝问题产生、留滞和流出，“标本共治”的目的。

五、周到的售后技术服务

泰瑞注塑机远销全球110多个国家和地区，为方便及时地为全球用户提供业务咨询服务和专业、适用的产品注塑解决方案，公司除了在各个国家及地区设立销售代理商以外，还特别在各重点销售区域派遣常驻海外服务工程师，专门进行国外客户的设备检修、维护和故障处理工作。同样，国内在华南、华东、西南等地也开设20多个常驻服务点，以便于及时地响应用户需求。泰瑞机器旨在以全球无时差的服务宗旨来健全公司“品质先行、质量唯一”的追求。

另外，泰瑞机器的微信公众平台专门设有“在线服务”平台，能够进行售后服务申请，更有问题检索功能可了解、学习和处理常用故障。同时，专门设立“网上配件商城”，客户可以检索、查看和购买机器周边标准配件。

泰瑞机器秉承“为用户创造更大价值”的核心价值观，在不断发展中为社会、用户及供方创造价值。在追求注塑机应用更加广泛、精度更加准确的同时，也将继续打造高品质的设备，以高稳定性、高生产效率和高使用寿命塑造一个品质未来。

〔供稿单位：泰瑞机器股份有限公司〕

我国塑料机械行业上市公司分析

装备制造行业具有较强的周期性特征，与宏观经济和固定资产投资关联度比较高。

2016年，在政府着力推进供给侧改革的宏观政策环境下，产业结构持续调整优化，许多行业的固定资产投资增速放缓；世界经济和贸易增速达到7年来的最低点，再加上国际金融市场波动加剧、人民币汇率波动以及我国劳动力成本不断上升等因素的影响，出口难度也在加大。

2016年下半年，我国政府“稳增长、去产能”等各项政策的推行落地，促使金融资本脱虚向实，国内客户的投资信心逐步恢复，中国制造业采购经理人指数逐步向好，并于第四季度超过 50，国内制造业开始显现出一定程度的回暖。虽然制造业尚未全面复苏，但注塑机的需求开始转旺，这个趋势一直延续到 2017 年年初。

一、我国塑料机械行业及相关上下游产业状况

制造业的核心是装备制造业，塑料机械是装备制造业不可分割的重要组成部分。当今的塑料机械已经不再是单单生产塑料脸盆、塑料牙刷、塑料水桶等简单日用制品的基础性装备，而是正在成为航空航天、国防、电子电气、光电通信、建材、包装、汽车及交通等高新技术领域重要的技术装备，为新能源、新材料、节能环保、生物医药、信息网络等高端制造产业，比如 3C、汽车、飞机、高铁等的发展提供着重要的装备支撑。

在资源日益短缺、国家提倡节能减排的大背景下，各行各业对复杂的新型原材料需求越来越多，从而也对设备的功能质量、精密控制、辅机配套能力、自动化运行水平相应提出了更高的要求，以满足生产各类磁性塑料、带嵌件塑料制品、塑料合金及其他高精密度产品的要求。

近年来，国家大力支持制造业转型升级，把发展智能制造作为主攻方向，旨在发展“制造强国”。随着互联网、物联网、云计算等信息技术与通信技术的迅猛发展，制造业企业要能够不断地基于网络获取信息，及时对市场需求做出快速反应，将各种资源集成与共享，并加速资源与动能之间的转化，合理利用各种资源。塑料加工制造也将趋向“无人工厂”“数字化工厂”“智慧工厂”等新型工厂模式。

1. 塑料发展情况

塑料材料市场高速发展，与相关行业的快速发展密不可分。伴随“以塑代钢”“以塑代木”的不断推进，改性、设备及技术不断成熟，整个塑料工业体系亦不断完善。2009—2015 年我国塑料行业中的高端细分产品 —— 改性塑料产量由 570 万 t 增长至 1 000 万 t。2004—2015 年，我国塑料改性化率由 8% 提升至 19%，接近世界平均水平（约 20%），但仍与发达国家存在一定差距。未来随着塑料产品整体需求及改性化率的同步上升，改性塑料仍然存在较大发展空间。

改性塑料的应用越来越广泛，汽车、家电是最大的改性塑料消费市场。随着汽车轻量化的发展，改性塑料在汽车行业有逐步替代钢铁的趋势，增加塑料在汽车中的用量可以降低整车成本、重量，并达到节能效果。2016 年我国累计生产汽车 2 811.9 万辆，同比增长 14.5%。家电行业发展也将推动改性塑料行业增长。2016 年冰箱、空调、洗衣机的增幅均在 4% 以上，电视机同比增长 8.7%。

2. 用户行业

（1）薄膜市场。塑胶及复合材料测试公司 Smithers Rapra 的最新报告显示，2016 年全球塑料薄膜需求量为 6 130 万 t，预测到 2021 年将达到 7 330 万 t。全球包装薄膜消耗量将以 4.5% 的年复合增长率增加。

前瞻产业研究院发布的《2013—2017 年中国塑料薄膜制造行业产销需求与投资预测分析报告》显示，近年来我国塑料薄膜产量逐年增加，年均增长速度达到 15% 以上，远高于全球的 4.5%。预计 2017 年我国塑料薄膜产量将达到 1 957.86 万 t，市场规模将达到 5 423.31 亿元。

塑料薄膜正朝高性能、多功能、环保等方向发展并拓宽应用领域，高性能、多功能薄膜生产成为市场开发的热点。

终端膜市场的需求逐渐上升。高端多功能膜市场逐步打开，对产品包装在清洁、环保、高阻隔性、多功能性和耐受性等方面的要求愈来愈高。同时，全世界范围内，新材料推广、新能源装置、医疗、军工、精密仪器对高端多功能薄膜产品的需求上升，光学膜、锂电池隔膜、环保膜等高端复合智能薄膜的产业研究逐步深入。未来，行业的竞争力将体现在先进技术、工艺精度、智能化水平、市场覆盖、综合服务等方面。

根据英国知名调查研究公司派恩公布的《全球软包装市场展望》，预计到 2018 年软包装行业产值将会达到 2 310 亿美元。在软包装行业中，食品和日用消费品占软包装市场的 74% 左右，高端阻隔型薄膜是食品类包装的主要制造原材料，在高端生鲜食材运输方面的使用日益广泛。英国 Smithers Pira 咨询公司表示，全球高阻隔包装薄膜市场规模将从 2016 年的 90 亿美元持续增长，到 2021 年可达到 113.2 亿美元；2016 年全球共消费了 186 万 t 高阻隔薄膜，预计消费量将以每年 4.6% 的复合增长率持续增长，到 2021 年达到年消费量 223 万 t。

目前，高端膜产品生产还主要集中在德、日、韩等国家，新兴国家的市场需求潜力巨大，未来全球塑料薄膜的需求将存在明显的地域差别。国内涉及企业较少，不过随着金明精机在多层共挤、流延等技术上获得突破，有望动摇国外公司行业的垄断地位。

（2）塑料管材。塑料管材成套装备制造业的发展与下游塑料管材行业密切相关。塑料管材行业，尤其是用于市政、水利管网建设的塑料供水、排水管道，属于国家基础设施建设，受国家及地方产业政策、水利投资的力度、城市管网改造推进的速度等因素影响，进而会对装备市场的需求产生影响。当前塑料管道产品为国家鼓励产品，市场需求将在未来较长时间内保持上升趋势。

国务院办公厅多次出台关于加强城市地下管线建设管理的指导意见，同时，随着国家对基础设施和地下管网建设的全面推进，棚户区改造等城市化进程的加快，塑料管道将广泛应用于建筑给排水、城市给排水、城市燃气、电力和光缆护套、工业流体输送、农业灌溉市政排水等，是我国重点推广应用的领域之一。2015 年，16 个城市开展“海绵城市”建设试点，计划 3 年内投资 865 亿元，建设面积逾 450km^2。我国将以包头、沈阳、哈尔滨等 10 个城市为试点，建设地下综合管廊 389km，总投资 351 亿元。

3. 装备状况

注塑机行业在国内属于高度竞争行业，产品应用领域较广。普通的通用型机器的市场需求增长将放缓，而高速高效、节能环保、信息化、智能化、自动化水平较高的设备的市场需求将不断增加，与民生关联度较高的医疗、包装等行业以及与提升生产效率及自动化水平相关联的机器人自动化领域也将面临新的发展机遇。

塑料机械自动化市场上能够提供全套软、硬件自动化系统总成服务的厂商较少，同时具备控制技术、驱动技术、通信总线技术、运动模组技术、机器人技术、物联网技术的企业更是不多。目前中国注塑机配置的控制系统主要为弘讯品牌，此外则为少量的中高端国外品牌如奥地利 KEBA 及国内中低端品牌如宝捷信等。伺服系统面临相对较大的竞争，随着国内伺服驱动技术的日趋成熟，伺服驱动器品牌日益增多。

薄膜需求量的增长将为塑料机械带来增量需求，而新材料、新产品的推出又不断产生对技术含量要求更高的中高端塑料机械的需求。目前美国、日本、韩国、欧盟等国家和地区基本退出普通流延薄膜装备的生产领域，主要从事高技术附加值功能性流延薄膜装备的生产。流延机行业属于塑料机械行业中技术复杂度较高、近几年发展速度较快的子行业，流延机行业目前的高端市场主要依赖进口，未来替代进口空间巨大。实施差异化发展战略，细分市场，针对不同客户的需求制造特种膜流延设备，构建自身竞争优势，成为很多企业的选择。

二、上市企业整体状况

根据搜集的资料，我国塑料机械行业共有 16 家上市企业，分别是海天国际（1882）、三垒股份（002621）、金明精机（300281）、伊之密（300415）、新元科技（300472）、拓斯达（300607）、金鹰股份（600232）、弘讯科技 (603015)、诚盟装备（831031）、三信科技（832301）、双林机械（832111）、灵鸽科技（833284）、震雄集团（00057）大同机械（118）、力劲科技（558）、秦川机床（000837）。其中，拓斯达为 2017 年度挂牌上市。

另外，上年还在上市公司分析行列中的大橡塑（600346）完成资产重组，恒力化纤实现借壳上市，将橡胶机械及塑料机械资产剥离出上市公司，同时注入了化纤资产及热电业务资产，已不归属塑料机械行业。

秦川机床主营机床，由于在 2016 年报中并没有专门的塑料机械数据，无法估量，统计中将其剔除。由于震雄集团、力劲科技和大同机械统计的年度时间与货币单位均与其他 12 家企业不同，因此，在统一分析塑料机械行业上市公司各项指标时，如果未加说明，均是指剩余 12 家上市公司。

2016 年受国内外经济形势的影响需求不振，但自下半年起有所好转。塑料机械行业 12 家上市公司共实现营业收入 125.82 亿元，同比增长 10.56%；净利润合计 18.5 亿元，同比增长 31.7%。12 家上市公司的营收规模无论扩大还是缩减，幅度都比较大。7 家营收规模扩大的上市公司中，除新元科技略增 2.25% 外，增幅区间 10.38% ～ 61.12%；5 家营收规模缩小的上市公司降幅区间为 7.61% ～ 50.95%。

12 家上市公司平均营收 10.49 亿元，净利润 1.55 亿元，流动比率 5.74，速动比率 2.08，总体较上年有良好改观。12 家上市公司经营情况见表 1。

表 1　12 家上市公司经营情况

名称	营业收入（万元）	同比增长（%）	净利润（万元）	同比增长（%）	每股收益（元）	净资产收益率（%）	资产负债率（%）	流动比率	速动比率
海天国际	809 805.30	10.38	155 087.5	13.76	0.37	17.01	39.61	2.73	2.33
三垒股份	6 681.36	-50.95	1 004.75	-81.81	0.04	0.89		50.14	45.60
金明精机	35 524.04	13.20	3 266.74	11.48	0.13	4.30	33.85	1.89	1.10
伊之密	144 271.51	21.35	10 884.71	50.50	0.45	12.64	52.33	1.16	0.61
新元科技	21 908.27	2.25	1 619.69	-35.80	0.19	4.18	36.92	1.87	1.52
拓斯达	43 308.53	43.3	6 203.54	4.99	1.43	18.42	41.34	2.09	1.52
金鹰股份	102 989.88	-7.61	1 807.49	-32.69	0.08	1.51	28.32	2.70	1.26
弘讯科技	53 086.01	37.32	4 267.00	-19.78	0.13	3.78	18.40	4.29	3.52
诚盟装备	11 325.22	-12.37	179.67	-91.40		0.82	18.35	3.73	3.68
三信科技	6 275.09	46.41	122.23	194.66	0.24	5.67	63.41	0.98	0.42
双林机械	14 904.69	-9.36	-1 046.45	-229.08	-0.14	-6.32	46.81	1.56	0.86
灵鸽科技	8 124.43	61.12	2 023.81	149.78	0.78	31.50	20.35	4.74	4.34

三、上市公司详细情况

1. 海天国际

2016 年海天国际的销售业绩创下新的历史纪录，达到 80.98 亿元，较 2015 年的 73.36 亿元增长 10.4%。期内，原材料价格持续稳定，全面推出 2S 系列产品后产品销售结构改变、销售量提升，公司的经营效率及盈利能力持续得到改善，毛利率由 2015 年的 33.0% 增至 34.4%。随着运营效率的提升，公司的净利润率（去除可换股债券公允价值变动的非现金会计亏损）由 2015 年的 18.2% 提升至 2016 年的 19.6%，继续创历史新高。

国际市场上，新兴市场国家的货币汇率波动进一步加剧，给相关市场客户的购买能力带来一定的影响。但在多元化市场策略的帮助下，特别是早年在德国和印度的投资已见成效，有效地带动了相关区域市场的销售增长，出口销售额 23.61 亿元，同比增长 3.0%。

2016 年下半年，全球经济尚未完全复苏影响了部分海外市场客户的需求，但国内经济开始转暖而带来注塑机需求转旺，海天国际的国内销售相应增长 14.0% 至 55.53 亿元，领先国内同行，对市场变化及经济表现更敏感的小型机器在下半年的复苏中销售增加更为明显。

小型注塑机全电化及大型注塑机二板化的策略卓有成效。2016 年，长飞亚电动系列及纯二板 Jupiter 系列（大型二板注塑机）的销售额分别增至 7.95 亿元、9.82 亿元，较 2015 年分别增长 17.7% 及 32.5%。电动注塑机在小型注塑机中的销售占比为 15.3%（2015 年为 14.8%），二板注塑机在中型至大型注塑机中的销售比例为 36.3%（2015 年为 28.5%）。海天国际以产品系列划分的注塑机销售情况见表 2。

表 2　海天国际以产品系列划分的注塑机销售情况

产品名称	2016 年		2015 年		同比增长（%）
	销售额（亿元）	占比（%）	销售额（亿元）	占比（%）	
Mars 系列（节能注塑机）	55.49	68.5	50.86	69.3	9.1
长飞亚电动系列	7.95	9.8	6.76	9.2	17.7
Jupiter 系列（二板注塑机）	9.82	12.1	7.41	10.1	32.5
其他系列	5.87	7.3	6.59	9.0	-10.9
部件	1.84	2.3	1.74	2.4	6.0
总计	80.98	100.0	73.36	100.0	10.4

2016 年取得的业绩证实海天国际的策略已见成效，公司将继续秉承客户需求为导向、实行“应用型”的市场销售策略，把握住市场复苏带来的商机，为客户继续提供高性价比的创新产品。世界主要国家的经济与全球经济波动的联系将更加紧密，因此欧美经济体在逐步迈向复苏的同时也将会引领全球其他经济体重新走上振兴之路，海天国际审慎乐观地看待这一变化，将在德国、印度、越南及其他核心市场采取当地生产的策略加以应对。

2. 三垒股份

三垒股份主要产品为双壁波纹管自动化生产线及配套设备，塑料管道制造装备的营业收入占总营业收入的 88.8%，主要客户为塑料管道生产企业。三垒股份 2016 年塑料管道制造装备基本情况见表 3。

2016 年，公司现有业务受到传统制造行业不振的影响，盈利下滑。2017 年，三垒股份基于对未来宏观经济环境与新兴朝阳产业发展的判断，制定了新的发展规划，一方面保持原有业务的盈利水平，一方面重点着手在教育行业进行产业链布局，大力培育新的利润增长点，以期增强上市公司盈利能力。

表 3　三垒股份 2016 年塑料管道制造装备基本情况

指标名称	数值（万元）	同比增长（%）
营业收入	5 933.44	-54.85
营业成本	3 848.84	-46.90
毛利率（%）	35.13	-9.71

3. 金明精机

报告期内，公司实现营业收入 35 524.04 万元，同比增长 13.20%；归属于上市公司股东的净利润 3 266.74 万元，同比增长 11.48%；研发支出 1 928.92 万元，占营业收入的比例为 5.43%，公司研发投入占营业收入的比例保持稳定。2016 年金明精机不同产品营收情况见表 4。2016 年金明精机塑料机械产销存情况见表 5。

表 4　2016 年金明精机不同产品营收情况

行业及产品名称	2016 年		2015 年		同比增长（%）
	金额（万元）	占营业收入比重（%）	金额（万元）	占营业收入比重（%）	
塑料机械行业	25 630.61	72.15	25 369.06	80.84	1.03
薄膜吹塑机	17 939.49	50.50	15 358.45	48.94	16.81
塑编包装成套设备	3 913.51	11.02	2 649.61	8.45	47.70
薄膜 / 纸加工成套设备	3 770.77	10.61	6 942.20	22.12	-45.68

表 5　2016 年金明精机塑料机械产销存情况

项目名称	2016 年（万元）	2015 年（万元）	同比增长（%）
销售	34 713.20	30 614.76	13.39
生产	34 865.00	30 777.46	13.28
库存	687.60	535.80	28.33

报告期内，公司着力打造“智慧金明”与“健康金明”发展战略，逐步向“全球包装行业智慧工厂方案解决商”和“中国康复治疗综合方案解决商”的目标迈进。一方面，通过积极推进非公开发行股票工作，加快布局“智能制造 + 智慧工厂 + 智能生态圈”，聚焦云平台、工业大数据、自动控制、物联网领域在智能化高端薄膜制造装备的应用；另一方面，布局“大健康”产业，在与清华大学合作开发康复机器人项目的基础上，推进上下肢智能康复机器人产业化工作。2016 年，公司入选 CCTV 发现之旅《工匠精神 —— 挑战薄膜新高度》。

2016 年，金明精机基本完成 BOPP/BOPET 双向拉伸薄膜生产技术的升级改造并进入试生产阶段。子公司金佳新材料生产的薄膜产品成功进入民用、医用、军用等市场，顺利展开全球范围内多个区域多批次的产品打样、试样等工作，为公司打开高端膜市场做好铺垫。未来，公司将会把握好行业发展方向，并进一步致力于光学膜、医学膜、可降解生态膜、航空航天及军用防锈包装膜等特殊功能膜的装备制造与研究，并向更高端薄膜市场进行延伸发展。

报告期内，公司获得用于生产可降解地膜的塑料挤出机、用于生产可降解地膜的叠加式多层共挤模头等多项专利技术的授权。作为起草单位参加《橡胶塑料机械 挤出机和挤出生产线 第 1 部分：挤出机的安全要求》国家标准，以及《同向双螺杆塑料挤出机》和《锥形双螺杆塑料挤出机》等 9 项塑料机械国家标准、行业标准的制修订。

2016 年，公司拟进行非公开发行股票工作用于搭建云端大数据智慧服务平台建设项目、特种多功能膜智慧工厂建设项目、农用生态膜智能装备建设项目。

云端大数据智慧服务平台建设项目以膜产品智能生产设备作为基础数据采集主要来源，同时拓展到更多智能制造工业设备，以整合膜产品行业的原材料生产商、装备制造商、制品生产企业等行业上下游企业，打造云端大数据应用分析、数据挖掘及提供增值服务的云端智能生态系统。与西门子（中国）有限公司签订战略合作伙伴协议，建立战略合作伙伴关系，加快金明精机向打造高度自动化、智能化的智慧工厂整体解决方案的方向发展。

特种多功能膜智慧工厂建设项目完成后，将实现高端 PE 膜 12 000t、超多层阻隔共挤膜 15 000t、高端阻隔片材 5 000t、其他特殊功能塑料薄膜 1 000t 的产能规模，预计达产年实现营业收入 58 376.36 万元，净利润 7 838.64 万元。

农用生态膜智能装备建设项目生产农用生态型多功能流延膜智能装备（生态型斑马膜智能装备）和农用生态型多功能吹塑膜智能装备（超宽幅外涂布型PO薄膜吹塑成套装备），超宽幅外涂布型PO薄膜（棚膜）是通过多层共挤技术将各种功能材料与聚乙烯等共挤吹塑而成。建成后，将形成年产20套农用生态型多功能流延膜智能装备和8套农用生态型多功能吹塑膜智能装备的能力。该项目达产年销售收入为25 673.49万元，净利润约为6 616.07万元。

2017年，金明精机不断突破软件技术、自动控制、数据平台在智能机械装备上的应用瓶颈，用智能型的机械设备实现高科技含量薄膜产品的生产，并形成全套智慧工厂解决方案，以“智能装备+智慧工厂+产业生态圈”的形式延伸到国内外电子、食品、药品、新能源等行业的包装无人工厂建设，推进“智慧金明”发展战略，最终实现“全球包装行业智慧工厂方案解决商”的愿景。未来，公司将加大产业发展投入、技术创新及人才培养等工作，围绕战略部署，深化“智慧金明”和“健康金明”的发展战略，提速“智能制造+智慧工厂+智能生态圈”的产业布局进度，加速展开康复领域智能康复机器人产业化与市场化发展。

4. 伊之密

注塑机是伊之密的主营业务之一，注塑机产品主要包括通用机型（SM伺服节能系列、SM2高性能伺服节能系列、DP系列二板式注塑机、FE飞逸全电动注塑机等）及专用机型（BOPP医药包装机、手机配件专用注塑机系列等），伊之密注塑机在行业排名位居前四。2016年，伊之密营业收入144 271.51万元，比上年同期增长21.35%，注塑机销售占伊之密2016年销售收入的60.02%。其中国内销售收入117 235.95万元，比上年同期增长18.25%；出口销售收入27 035.56万元，同比增长36.89%；利润总额13 366.02万元，比上年同期增长55.90 %；归属于上市公司股东的净利润10 884.71万元，比上年同期增长50.50%。2016年伊之密不同产品营收情况见表6。

表6　2016年伊之密不同产品营收情况

产品名称	2016年		2015年		同比增长（%）
	金额（万元）	占营业收入比重（%）	金额（万元）	占营业收入比重（%）	
注塑机	86 591.51	60.02	65 356.25	54.97	32.49
模具	439.45	0.30			

2016年，新产品A5系列注塑机全面进入市场，取代过去的A2系列，整体性能提升，新产品性价比更高。大型二板机也是公司2016年重点推广的产品，为汽配行业及其他生产深腔制品行业量身定制，开模力大，容易成型深腔和包覆力大的形状复杂产品，合模精度高。

报告期内，公司营收约81%来自国内市场，19%来自海外市场。在海外市场，积极拓展海外业务，年度销售额27 035.56万元，同比增长36.89%。2016年正式启动印度项目，已完成合作伙伴的选定和骨干团队组建，厂房翻新工作进行中，2017年将正式投产。继续深耕北美市场，2016年HPM与Biv合并，只保留HPM，2017年将更名为YIZUMI-HPM，全面实施双品牌战略。

模压成型装备制造行业的发展面临新的挑战和发展机遇，普通的通用型机器的市场需求增长将放缓，而高速高效、节能环保、信息化、智能化、自动化水平较高的设备的市场需求将不断增加，与民生关联度较高的医疗、包装等行业以及与提升生产效率及自动化水平相关联的机器人自动化领域也将面临新的发展机遇。公司将持续推进相关新产品、新技术的研发和市场推广，包括高速包装系统设备、压铸机周边自动化设备、镁合金半固态注射成型机，不断提升综合竞争能力，完善产品系列，实现持续增长。

5. 新元科技

新元科技专注于轮胎橡胶行业自动输送配料系统相关产品的研发和生产，以提供工业智能化输送、配料成套解决方案为主业，集方案设计、技术研发、设备制造、系统集成、销售服务于一体，主要产品包括智能环保型密炼机上辅机系统、气力物料输送系统和小料自动配料称量系统、废气治理系统等。目前国内市场上具有规模化的工业自动配料系统生产企业较少，国内企业主要有软控股份及新元科技，基本主导了国内橡胶轮胎行业的智能化输送配料系统市场。

公司在业务快速发展的同时，盈利能力也在不断增强，盈利增长速度超过同行业上市公司，成长性在同行业中处于前列。报告期内公司毛利率保持基本稳定，略有上升。公司拥有多项核心技术，技术水平处于行业领先地位，是相关产品国家标准的主要起草单位之一。

报告期内，公司实现营业总收入 21 908.27 万元，同比增长 2.25%；归属于上市公司股东的净利润 1 619.69 万元，较上年同期下降 35.80%。

2016 年，新元科技在以下产品技术研发方面取得成果：一次法混炼新技术与应用、混炼胶片自动抓取系统（单工位、多工位），胶片自动取样和输送系统、湿法炼胶挤出造粒系统、炼胶自动翻炼系统、新型小药自动上料和自动计量系统、湿法炼胶生产线控制系统软件、数字化炼胶车间管控一体化系统、在线式小粉料自动配料控制系统、天津实验室输送和测试系统、橡胶圈快速检测系统、硫化车间生产群控系统、炼胶车间条码防误及产品追溯系统等。2016 年新元科技不同产品营收情况见表 7。

表 7　2016 年新元科技不同产品营收情况

产品名称	2016 年		2015 年		同比增长（%）
	金额（万元）	占营业收入比重（%）	金额（万元）	占营业收入比重（%）	
上辅机系统	7 867.06	35.91	7 010.74	32.72	12.21
小料配料称量系统	2 450.07	11.18	4 689.71	21.89	-47.76

6. 拓斯达

拓斯达主要产品及服务包括工业机器人（包括直角坐标机器人和多关节机器人）应用及成套装备、注塑机辅机设备、注塑自动化供料及水电气系统三大系列。

公司为注塑客户提供的自动化供料及水电气系统是由自动供料系统和水、电、气系统两部分组成。其中，自动供料系统是公司根据注塑客户厂房环境、现场机台的摆放情况和现场原料用料情况，结合公司自产的各类特有注塑机辅机设备及直角坐标机器人，设计的一种能够实现全厂无人化不间断作业的生产车间整体解决方案。公司的自动供料系统采用工业计算机自动对所有机台进行集中控制，实现了对所有用料单元的 24 小时连续自动化供料作业，配合系统中各注塑机辅机设备的不同功能，实现“原料→储存→计量→干燥→输送→成型→物流”全过程的自动化生产。

报告期，公司实现营业收入 43 308.53 万元，同比增长 43.30%；归属于上市公司股东的净利润 7 757.41 万元，同比增长 24.43%。报告期业绩增长的主要原因是公司不断加大研发投入，为客户提供了有竞争力的智能制造解决方案、服务及其成套设备，市场竞争力较强，使用者对公司产品认可度高。截至 2016 年 12 月 31 日，公司总资产 57 424.64 万元，比上年增长 33.99%；归属于母公司股东权益合计 33 686.24 万元，比上年增长 12.69%。

公司生产的注塑机辅机设备主要包括干燥机、除湿机、三机一体、自动吸料机、模温机等多个系列产品，产品用途涵盖了原料除湿干燥、原料输送、原料计量、模温控制、比例混合、加料搅拌等注塑生产的主要环节，是注塑领域自动化的重要组成部分。2016 年拓斯达不同产品基本情况见表 8。2016 年拓斯达不同产品产销存情况见表 9。

表 8　2016 年拓斯达不同产品基本情况

产品名称	营业收入（万元）	营业成本（万元）	毛利率（%）	营业收入比上年同期增长（%）	营业成本比上年同期增长（%）	毛利率比上年同期增长（%）
自动供料及水电气系统	6 386.27	4 094.52	35.89	46.45	54.78	-3.45
注塑机辅机设备	12 089.04	5 792.74	52.08	4.34	15.95	-4.80

表 9　2016 年拓斯达不同产品产销存情况

项目名称	2016 年（台 / 套）	2015 年（台 / 套）	同比增长（%）
自动供料及水电气系统			
销售量	177	77	129.87
生产量	186	66	181.82
库存量	33	24	37.50
注塑机辅机设备			
销售量	13 249	9 942	33.26
生产量	14 221	9 652	47.34
库存量	3 375	2 403	40.45

2017 年，拓斯达实现创业板上市，公司将借此有利条件，专注建立工业机器人、自动化解决方案生态圈的智能制造综合服务商，着力打造“创新平台”“产业平台”“资本平台”三大平台。

7. 金鹰股份

浙江金鹰股份有限公司由浙江省定海纺织机械厂（现已更名为浙江华鹰共创有限公司）、舟山制衣公司、舟山市定海绢纺炼绸厂和舟山市定海区小沙乡经济开发实业总公司共同发起设立，注册资本 36 471.85 万元，股份总数 36 471.85 万股（每股面值 1 元），均为无限售条件流通 A 股。金鹰股份非常注重节能、节效大型注塑机的研发，其内循环直压式精密高速机已获得国家科技创新基金项目支持。

2016 年，金鹰股份注塑机及配件营业收入 20 751.62 万元，同比增长 7.58%；营业成本 17 142.36 万元，同比增长 8.26%；毛利率 17.39%。塑料机械生产 848 台，同比下降 0.47%；销售 921 台，同比增长 2.68%；库存 434 台，同比下降 14.4%。

8. 弘讯科技

弘讯科技为塑料加工制造端提供全套系统解决方案，基于塑料机械控制系统、伺服节能系统和软件产品的兼容配套、有机结合，形成了自己的核心竞争力。同时，2016 年全资子公司广东伊雪松公司完成多款注塑专用机器人的开发，并逐渐推进机器人核心部件的自制化，充分发挥产品技术的配套协同，核心竞争力进一步加强。

2016 年下半年制造业普遍开始复苏，公司的塑料机械控制系统与伺服节能系统业务增长明显。但研发投入、新设机器人子公司的前期投入、新投资的意大利 EEI 公司尚处整合期，给 2016 年并表利润带来一定的影响。报告期内，公司实现营业收入 53 086.01 万元，同比增长 37.32%；归属于母公司股东的净利润 5 317.59 万元，同比下降 20.71%。剔除 2016 年新纳入合并财务报表的公司主体，2016 年呈内生式增长，其营业收入较同期增长 22.28%。截至报告期末，公司总资产 138 299.69 万元。其中，境外资产 41 116.69 万元，占总资产的 29.73%。

报告期内公司所投资的新项目达产尚需时日，主营业务主要来自于塑料机械行业。塑料机械行业受国民经济整体波动的影响较大，新常态下可能影响公司的下游市场需求。公司将继续大力拓展塑料机械以外的行业，同时积极推进机器人项目、其他储备项目的实施进程，弥补单一行业下滑对公司整体业绩的影响。

2016 年弘讯科技不同产品基本情况见表 10。由于报告期新并入境外子公司，行业分类、产品分类都有所变动。分产品中“工业控制类”包括上年度塑料机械控制系统与塑料机械网络管理系统及少量新并入子公司相关产品；“驱动系统类”主要指上年度报告中伺服系统，少量为新并入子公司相关产品。毛利率下降主要是塑料机械控制系统、伺服系统产品其成本料工费较上年同期都有一定幅度的增加。

表 10　2016 年弘讯科技不同产品基本情况

产品类别	营业收入（万元）	营业成本（万元）	毛利率（%）	营业收入比上年增长（%）	营业成本比上年增长（%）	毛利率比上年增加
工业控制类	27 875.07	15 299.62	45.11	30.48	32.54	−0.85 个百分点
驱动系统类	20 815.69	13 493.19	35.18	26.38	28.30	−0.97 个百分点

报告期内，弘讯科技的工业自动化业务板块包括塑机控制系统、其他智慧型控制器、管理系统及相关组件等。

塑机控制系统目前主要应用于各类塑料机械领域，包括注塑机、吹瓶机、注吹机、挤出机等，该系统主要由人机界面与主控制器两部分组成，目前在国内同类产品市场份额居首。管理系统主要指塑机网络管理系统 iNet, 是塑料加工过程中信息化管理工具，是为塑料制品生产商量身打造的管理系统。驱动系统类主要指伺服节能系统与其他泛用型驱动器、变频器等。伺服节能系统主要包括伺服驱动器、伺服电动机、油泵等核心部件，可应用于各类机械的动力单元，目前此类收入主要来自塑料机械。伺服节能系统是塑料机械的“心脏”，接受塑机控制系统的指令，为塑料机械操作过程提供动力支持。

报告期内，公司原有业务塑机控制系统与伺服节能系统总体受下游市场复苏、市场开拓及产品不断改进的影响，原有业务营业收入实现 45 485.80 万元（其中塑机控制系统 24 637.31 万元，伺服节能系统 20 848.49 万元），较上年同期增长 20.77%。TECH5 系列集散式高端控制系统及高端伺服系统总成 SANDAL 的性能、稳定性等综合表现符合预期，得到客户认可，获得较好的推广。

在塑机网络管理系统 iNet 基础上，2016 年弘讯科技推出了加工数据采集软件即指塑料加工过程的 SCADA 系统，对加工过程的数据信息进行采集，以便于终端用户的工艺标准应用、产品追溯、质量监控、报表管理等。完善 iNet 对完整生产单元、整个车间、工厂的管理方案，有助于实现集团公司的 MES 管理平台。

未来，将持续发挥公司在产品和研发等方面的竞争优势，保持与国际先进自动化企业同步发展。通过产品应用创新、技术创新，深化公司在塑料机械自动化技术领域的研究开发，从软硬件两方面不断完善与优化现有系统架构与关键零组件的性能并更新换代，完成新一代控制系统、伺服系统解决方案、周边设备控制系统，来满足精密控制、智能控制等中高端系统整合控制产品的需求，替代进口。同时，加大力度开拓各类自动化产品在其他塑料机械行业乃至非塑机行业中的应用，稳固公司在塑料机械控制系统的市场地位，提高伺服系统的市场份额，在原来市场保有量的基础上促进存量业务增长。

2017 年除了精进生产工艺，提高生产出货效率，保证注塑机行业的市场，大力开拓其他行业的应用，提高市场份额以外，将重点放在高端控制系统的验证与推广，跟进机械厂油电混合机、全电机等高端机械对高端控制系统的要求，尽早形成批量供货，形成增量业绩。同时积极推进其他通用型控制系统在塑料机械以外各领域的推广与应用。

9. 诚盟装备

公司产品主要包括以混炼改性造粒设备为代表的常规通用产品、以一步法成套装备为代表的升级改造成品、各类创新开发产品三个类别。

2016 年，诚盟装备实际完成营业收入 11 325.22 万元，较上年同期下降 12.37%；归属于挂牌公司股东的净利润 179.67 万元，较上年同期下降 91.40%。营业收入和净利润出现较大下滑的原因是升级创新产品正在推广适应阶段，暂未成为主导产品，研发投入、加工装备投入和管理升级投入的增加降低了利润，同时当前主导产品的销售利润较低。虽然报告期内的营业收入和净利润下滑，但是近几年毛利润浮动不大，总体生产经营比较良好。针对市场风险，公司已进行了战略调整，在原有常规通用设备销售基础上，强化了转型升级，向高端智能化、大型化、节能环保的方向发展。

报告期内，公司销售产品结构由以电线电缆行业制造设备为主，逐步转化为以混炼改性造粒设备为代表的常规通用产品。2016 年诚盟装备不同产品营收情况见表 11。

表 11　2016 年诚盟装备不同产品营收情况

产品名称	2016 年（万元）	占营业收入比例（%）	2015 年（万元）	占营业收入比例（%）
THJ 双螺杆系列	4 184.09	36.94	5 146.05	39.82
SDJ 双阶系列	3 835.06	33.86	3 512.56	27.17
往复式系列	1 799.89	15.89	2 590.15	20.04
DJ 单螺杆系列	412.24	3.64	958.36	7.42
配件销售	1 093.95	9.66	716.70	5.55

2017—2019 年，公司高端创新研发项目计划如下：

（1）镁合金半熔挤出成型新工艺与专用成套中试装置：为国内外行业首创，2017 年力争打通中试装置的关键流程。若研发成功，将突破传统工艺与生产模式，可大幅缩短工艺流程，降低生产成本，显著提升产品品质性能，推动行业生产模式的变革。

（2）超临界二氧化碳发泡挤出新技术与成套装备（片板材及微珠发泡）：含多项子课题方案，目标为国内行业领先。计划 2017 年上半年打通发泡片材试验装置全流程，下半年结合市场需求，实现相关技术的延伸开发，力争实现工业化装置的市场化应用。

（3）低 VOC 脱挥新技术与专用成套设备：已实现 VOC 的残留指标国内行业领先，市场空间广阔。2017 年年初，用于汽车行业的首套 TSH-75 机组已进入市场。

（4）TSD-125 工业化低残留量双螺杆脱挥机组：用于新型可降解环保材料 PLA 的封端与脱挥作业，综合技术国内行业领先，具有良好的推广价值。

（5）新型丁戊橡胶聚合、后处理脱挥与造粒连续化成套装置：2016 年年底已签订首套年产 4 000t 全套机组订货合同，2017 年下半年进入生产调试验证。

10. 三信科技

流延机行业属于塑料机械行业中技术复杂度较高、近几年发展速度较快的子行业，目前高端流延机主要依赖进口。三信科技生产的多层共挤薄膜设备，属于高端装备制造，其核心原理涉及高分子材料、机械工程、自动化控制等多个高端领域，公司的产品技术水平及综合性能已接近国际先进水平，并具有较高的性价比优势。2016 年，公司获得国家知识产权局授予的发明专利 1 项，聚乳酸流延薄膜生产线被江苏省科学技术厅认证为高新技术产品。2016 年三信科技不同产品营收情况见表 12。

表 12 2016 年三信科技不同产品营收情况

产品名称	2016 年（万元）	占营业收入比例（%）	2015 年（万元）	占营业收入比例（%）
电晕处理机	1 896.30	30.22	1 677.08	39.13
流延机	3 473.73	55.36	1 701.26	39.69
电器原配件	6 38.626	10.18	695.54	16.23
其他业务收入	266.433 7	4.25	211.97	4.95

截至 2016 年 12 月 31 日，公司的资产负债率为 63.4%，比上年有所减小。但总体来看，如果宏观经济形势发生不利变化，可能会带来偿债的风险。报告期内的营运资金比较紧张，现金流出现一定程度的压力。主要原因是 2016 年公司在厂房改扩建、机器和 ERP 软件上投入资金。整体来看，公司流延薄膜机单件价值大、生产周期长，导致占用资金较多，而公司的营运资金主要依赖银行短期借款，经营性现金短缺可能引发流动性风险。

11. 双林机械

2016 年，双林机械紧紧围绕“双林一主两翼三化”的发展战略和产品规划，调整产品结构，加大市政类新型管网及设备研发力度，努力提高产品的环保化、智能化，改变以往传统管道设备为主的产品结构。

报告期内，与浙江水利水电学院合作建立浙江省水资源智慧管网工程技术中心，共同开发智慧地下管网、高端装备物联网等关键核心技术。

报告期内，公司实现营业收入 14 904.69 万元，同比减少 1 538.85 万元，同比下降 9.36%，主要是当年管材销售减少 1 590.30 万元；营业成本 9 854.80 万元，同比增加 150.81 万元，同比增长 1.55%；营业利润 -1 243.32 万元，同比减少 2 052.09 万元，主要是由于销售价格下滑的同时原材料上涨引起毛利率下降 7 个百分点，影响利润 1 059 万元。

2016 年，公司通过技术研发增加新生产线和管材销售，打破销售人员分区域销售模式，进一步拓展客户，提高市场占有率。报告期内研发的高速双壁波纹管生产线，采用 PLC 控制系统、人机对话界面、单机调整、全线联动、自动故障报警、生产稳定、节能高效，是管道设备市场接受程度较高的直接挤出成型设备。客户类型以管道生产商为主外，新增了市政工程项目的施工单位。2016 年杭州市余杭区“三路一环”重大项目采购了公司大直径市政用管材，主要用于市政地下管网建设。未来还将加大聚乙烯结构壁缠绕管的销售，积极参与海绵城市、综合管廊、五水共治等 PPP 项目。

报告期内，公司紧紧围绕安全、绿色环保、高效节能、降低综合成本等产品战略规划开展技术及产品研发，研发成功的新产品主要包括雨水收集调蓄装置设备、高速双壁波纹管生产线等节能、高效设备。其中，高速双壁波纹管生产线具有独立自主知识产权。钢塑复合管生产线已经投入量产。2016 年双林科技不同产品营收情况见表 13。

表 13 2016 年双林科技不同产品营收情况

产品名称	2016 年（万元）	占营业收入比例（%）	2015 年（万元）	占营业收入比例（%）
生产线	10 604.03	71.86	10 755.49	66.10
单机	1 305.21	8.85		
配件	735.93	4.99	1 674.48	10.29
管材	88.21	0.60	1 678.51	10.32
塑料粒子	2 022.81	13.71	2 162.36	13.29
合计	14 756.19	100.00	16 270.83	100.00

12. 灵鸽科技

灵鸽科技的主要产品有失重式喂料机、自动配料系统、物料输送系统和塑料辅机。该装备可为化工、电缆、食品、医药、建材等行业客户提供环保、稳定、高效的物料输送、计量的解决方案，产品目前主要应用于改性塑料行业。2016 年主要营业收入来自改性塑料、食品、环保等行业对给料设备自动化、智能化生产需求的日益增长，实现营业收入 8 124 万元，较上年增长 61.12%，走上了快速成长发展的轨道。报告期内公司经营情况良好，收入及利润均稳定增长，资产负债结构良好，资产负债率下降，净资产保持了较高的增长。

2016 年公司产品的产销均有历史新高，主要产品失重称的营业收入从上年的 2 908.70 万元增加到 4 702.24 万元，增加了 1 793.54 万元；随着整体生产线智能装配设计能力的提升，2016 年配混输送系统增加营业收入 2 788.55 万元。公司开拓了食品行业，并与韩国好丽友签订了好丽友中国新建工厂设备的采购合同。

报告期内，公司加大了研发投入力度。研发支出 384.62 万元，占营业收入的 4.73%。正在研发的项目主要有：1 万 t 改性 PP 成套生产线研发及产业化；高精度双档位传动的失重式喂料机，目前进度为中试阶段。2016 年灵鸽科技率先在计量配料设备领域研发了“远程智控”产品，“灵鸽远程智控平台”计划在 2017 年全面推向市场。2016 年灵鸽科技不同产品营收情况见表 14。

表 14　2016 年灵鸽科技不同产品营收情况

产品名称	2016 年（万元）	占营业收入比例（%）	2015 年（万元）	占营业收入比例（%）
失重称	4 704.25	57.90	2 908.70	57.68
欧化干燥机及辅助集成系统			1 384.62	27.46
配混输送系统	2 788.59	34.32		
切粒机	300.66	3.70	559.67	11.10
液体称	242.62	2.99	156.72	3.11
配件类	88.31	1.09	32.62	0.65
合计	8 124.43	100.00	5 042.33	100.00

公司已经为未来几年的发展做出了战略上的布局，现有市场——改性塑料及食品、环保、电缆行业等是基础，锂电新能源发展中对自动化配料及输送系统的需求增长将成为另一个增长点。2017 年，公司计划深入自动配料系统、物料输送产品在锂电池材料领域的应用。主要投资资金来源于自有资金，预计成本 1 000 万元，将带来 3 000 万元左右的销售收入。

13. 震雄集团

截至 2017 年 3 月 31 日财年，震雄集团实现营业额 14.51 亿港元，较上年增长 16%。权益持有人应占利润 5 100 万港元，每股基本盈利 8.2 港仙。本财政年度去除汇兑差异影响后，权益持有人应占利润为 9 400 万港元。

本财年震雄集团继续完善“明星产品”——第六代高性能注塑机系列。MK6 注塑机系列全线产量增加，市场占有率提高，在本财年结束时已售出近 700 台，预计 2017 年 5 月将突破 1 000 台；二板注塑机技术越发成熟，除了付运 Y 型双射台 65 000kN 超大型两板注塑机到澳大利亚外，集团也成为部分一级汽配的合格供货商。在下半年市场复苏迅速时需求集中在这两类产品上。

本财年震雄集团的内地及香港市场销售显著提升，市场营业额相比上年增长 27% 至 10.17 亿港元；台湾市场的营业额则较上年微跌 2% 至 1.01 亿港元。国际市场上，欧洲的全资子公司发展势头持续，销售增长强劲，部分弥补了其他区域的弱势，使集团国际市场的总营业额只轻微下跌 3%

至 3.33 亿港元。

下一财年，震雄集团凭借 MK6 机型和二板大型注塑机的扩产以及 MK6 开始国际性投放，应该可以在竞争中脱颖而出，继续扩大市场占有率；加上国内市场的热度暂时未减退，对下一财政年度维持稳健销售增长持审慎乐观的态度。

14. 大同机械

本财年，受国内经济放缓、制造业不景气以及重组注塑制品及加工业务、机械制造业务等因素的影响，大同机械销售营业额下跌至 21.93 亿港元，较上年下降 8.5%；亏损 3.34 亿港元，包括重组费用及拨备 1.35 亿港元。通过持续调整销售策略，聚焦较高利润产品及相关客户，并加强对生产成本控制，实现毛利润 3.14 亿港元，毛利率为 14.3%，仅较上年减少 1.5 个百分点。

大同机械年内计划重组注塑制品及加工业务分部以及机械制造业务分部，包括终止东莞明新塑料制品有限公司及东莞大同数控机械有限公司的营运。此外，作为重组策略计划之一，计划重点发展专用注塑机，优化东莞产能，通过提高中大型注塑机的产量而应用无锡的闲置产能。因此，截至 2016 年 12 月 31 日本财年就重组计划获得 1.35 亿港元，用于雇员补偿、若干固定资产减值、潜在过期存货及搬迁开支方面的拨备及付款。

机械制造业务继续简化组织架构，加强供应链成本控制。由于执行重组策略性计划而产生了开支，主要包括支付雇员补偿、计提为过期存货、产能优化及若干资产减值的拨备，因此经营亏损较上年大幅增加。

通过优化配有专业方案的行业定制机器，已从专业特种市场获得订单。一些客户恢复了过去数年推迟的机械设备采购计划，销售订单于 2016 年第四季度增加。工业 4.0 智能方案已成功配置于新的机器系列，来年将继续发展数字化方案。挤出机和橡胶机业务已开发及应用相关新技术——多层复合尼龙管高速挤出技术，为汽车行业生产复合管。新的挤出系统更坚固、自动化程度高、能耗更低、稳定性良好，并且节省更多生产空间。

注塑制品及加工业务采取积极行动降低生产成本，如加强生产自动化、整合生产流程、简化劳动力，合肥生产基地已实施数字仓库管理系统。食品包装行业的模内贴产品 2016 年的整体表现令人满意。珠海生产基地已建立微生物实验室，以更及时地收集所有卫生数据，从而符合严格之国际卫生标准。

未来，全球经济增长仍然疲弱并充满变数，国内市场还需进行产业转型及经济改革，尤其是集团在进行关键业务重组、产能持续优化及持续控制经常性开支及生产成本后，大同机械对下一年的整体表现保守乐观。集团将继续专注汽车（包括新能源汽车）、创新消费型电子产品、通信、食品及医疗药物包装、医疗设备、新工业物料及零件等行业带来的机遇。

15. 力劲科技

力劲科技伴随汽车行业的快速增长积极投放新产品，持续提升服务质量，营业额有较理想的增长，实现营业额 32.25 亿港元，较上年增长 14.2%。其增长主要来自国内市场收入的大幅增加，国内市场实现收入 24.91 亿港元，较上年增长 33.4%。海外市场方面，美国及欧洲市场目前正处于调整期，需求下滑；新兴市场如巴西和印度，需求持续不振。力劲科技海外收益 7.34 亿港元，较上年大幅下降 23.2%。2016 年度，力劲科技注塑机业务收益 8.49 亿港元，比上年增长 70.2%。

产品项目与技术

介绍2016年塑料机械行业获得的奖项及进入国家各类目录的产品，展示新技术

产品项目与技术

2016年度中国机械工业科学技术奖获奖名单（塑料机械部分）

成果编号	项目名称	完成单位	完成人	获奖等级
1606038	绿色智能大型纯二板式塑料注射成型装备的研发及产业化	海天塑机集团有限公司、北京化工大学	高世权、谢鹏程、阮剑波、杨卫民、吴俊、焦志伟、万里、周飞、郑海伟、王彬、方钱、郭静奇、姚建行	一等奖
1601007	UN650MG Ⅱ半固态镁合金注射成型机	广东伊之密精密机械股份有限公司	隋铁军、区贻标、李子玉、梁启华、陈冲	三等奖
1606022	农用生态型斑马膜智能装备	广东金明精机股份有限公司	王全、黄虹、何二君、陈昭楷、关文强	三等奖
1606024	XMN-320×(5-50)Y啮合型密闭式炼胶机	大连橡胶塑料机械股份有限公司	刘丽、刘天华、郑军、张仁广、张津	三等奖
1606031	节能型3.3米幅宽双轴定向聚苯乙烯薄膜生产线研制	桂林电器科学研究院有限公司	黄永生、杨正昊、马云华、李雪明、冯俊杰	三等奖
1606077	超大型二板式智能注塑装备	博创智能装备股份有限公司	饶启琛、梁观林、孙晓波、黄土荣、沈斐	三等奖
1606078	基于工业4.0控制技术的SVP/3系列伺服驱动注塑机	佛山市顺德区震德塑料机械有限公司	张贤宝、黄俊军、苏嘉朗、李坚勇、康晓军	三等奖

绿色智能大型纯二板式塑料注射成型装备的研发及产业化

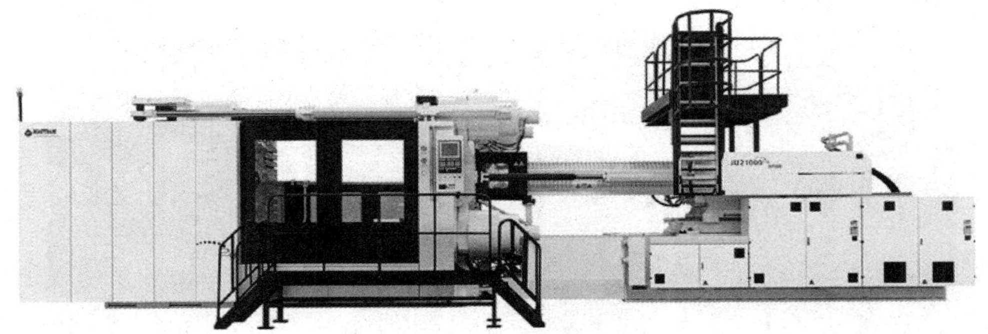

该项目属于光机电一体化机械设备技术领域。项目研发的绿色智能大型纯二板式塑料注射成型装备是我国航空航天、国防军工、汽车工业、石化管道、交通设施等领域大型和精密塑料制品急需的基础成型装备之一，长期依赖进口。

该项目由海天塑机集团联合北京化工大学针对大型和精密塑料注射制品成型工艺及装备共性和关键技术重点攻关，在节能、环保、节材、精密、高效等方面突破了多项德国、日本等国外技术垄断。

（1）发明了冷却速率可控的PVT关系测试装置及方法，成功获得了不同冷却速率下材料PVT特性关系，以此为基础研究并应用了适用于大型塑料制品成型的等比容质量控制方法，制品成型精度得到显著提升。

（2）发明了等容积置换二板式合模机构，解决了油压控制损失、管损、阀阻等影响注射成型装备生产效率及控制精度的关键技术难题。

（3）发明了同步抱闸机构，通过提高系统的抱闸同步性，提高了锁模机构的准确性和重复性，抱闸成功率大大提高。

（4）通过建立二板机锁模缸内部液压传动介质三维流动的数学模型，采用动网格技术与有限体积法，阐明了其工作特性及节能机理；发明了新型纯二板注塑机的液压系统，提高了系统的控制精度、响应速度和稳定性。

（5）发明了内米字大幅板增强型模板，大幅延长拉杆的使用寿命。同时减轻了模板整体重量，提高了设备的性价比。

项目共获得授权专利 14 项，其中发明专利 5 项。

该项目集成以上技术，研制成功系列化绿色智能大型纯二板式塑料注射成型装备，开合模定位精度达到 1mm，锁模力重复精度达 1%，比国际领先的德国 Engel 公司的 3% 有显著提高。

该项目产品包括合模力 4500 ～ 66 000kN 的 17 款系列机型，全系列产品已大规模生产和销售，销至全球多个国家和地区。近三年累计销售收入 15 亿元，利润 3 亿元，税收 8 858 万元。

其中，JU66000II 超大型纯二板式注塑机，合模力达 66 000kN，拥有 518 000cm^3 的注塑量以及 9 200mm 的型腔深度，是亚洲目前最大的超大型注塑机。经宁波市经委组织的专家鉴定认定：整机技术水平国际先进，部分指标达国际领先水平，代表了行业装备制造的水平和发展成就。

该项目的实施，有力地推动了我国塑料成型装备制造行业和塑料制品加工行业的科技进步，增强了国际竞争实力，支撑了我国现代制造业的快速发展，经济和社会效益显著。

UN650MGII 半固态镁合金注射成型机

该项目汇集了广东伊之密精密机械股份有限公司（简称伊之密）在半固态镁合金领域的顶级技术力量，融合了国际先进技术水平，系统地研究了镁合金半固态注射成型的工艺技术，经过多次技术改进及试验，在掌握了能够满足镁合金制备浆料的温度成型要求的原理后，最终完成了产品的试制与产业化的生产。

该项目在国内首次开发了用于镁合金半固态注射成型的技术和设备，产品将塑料的注射成型原理应用于半固态金属成形工艺中，形成了触变注射成型新工艺，实现了半固态金属浆料的制备、输送、成形，较好地解决了半固态金属浆料的保存、输送、成形控制困难等问题。整机采用传感测控、实时控制等先进技术，具有远程监控、信息储存与记忆、安全密匙及自动报警等功能，具有全自动化、智能化的功能。该机可以成型复杂的镁合金制品，具有成型制品精度高、表面质量好的特点，最高注射速度已经达到 5m/s，同时从零加速到 5m/s 仅需要 12ms，完全满足镁合金产品的成型要求。该新产品的技术性能指标已达到世界先进技术水平。

项目成果转化至今共实现销售收入 2 730 万元，实现利润 520 万元、税收 121.8 万元。主要技术指标如下：锁模力 7 000kN，注射速度 5 m/s，注射容量 1 385cm^3，注射压力 95MPa，加速时间 12ms，干循环周期 4.5s。

半固态镁合金注射成型设备主要应用于原料为镁合金的注射成型，适用于表面质量及综合力学性能要求高、产品形状复杂、尺寸精密的镁合金零部件的生产，如，汽车、电子产品、电子仪器零部件以及其他消费类或工业产品的生产，具有广泛发展空间。

此前，我国在半固态金属成型领域虽然也开展了较为广泛的研究，但均未实现成果转化。伊之密是国内此技术领域唯一具有产业化能力的公司，早在 2009 年就开始了半固态注射成型技术的研发及原理样机的制造，填补了国内该领域的空白，2014 年主导制定了《半固态镁合金注射成型机》行业标准。

UN650MGII 半固态镁合金注射成型机各项技术指标在原来的研究基础得到全面提升，是全新一代的机型。新产品的成功研发，实现了具有自主知识产权的镁合金半固态注射成型技术的突破及产业化生产，缩小了我国与国外镁合金精密成型加工设备的技术差距。该项目产品填补了国内空白，增强了企业自主创新能力，为企业培养了高素质的技术人员，奠定了伊之密在行业中的领先地位。

伊之密开发生产的 UN650MGII 半固态镁合金注射成型机已经在批量生产奥迪、宝马等豪华汽车的镁合金壳类、骨架类等小型零部件，同时得到了许多欧洲客户的肯定和期待。欧洲一些国家在生产汽车配件上逐渐使用镁合金，甚至有使用镁合金一次性成型例如车门、仪表板、座椅骨架、保险杠和中控平台等大型零部件，为今后的汽车轻量化打开了一扇大门。

该项目产品于 2015 年 10 月经中国塑料机械工业协会组织专家鉴定，达到国际同类产品先进水平。获得 2016 年度中国机械工业科学技术奖三等奖、广东省机械工业科学技术奖二等奖。

农用生态型斑马膜智能装备

地膜覆盖技术 1978 年从日本引进，1983 年起作为国家重点推广的项目。我国目前的地膜只有土壤保湿、保温两种功能，缺少一种具有多功能的环保、生态型的农地膜。农用生态型斑马膜相比传统农用地膜是一种典型的先进的农用生态型薄膜，技术分析发现，具有分配器和平口模机头的流延机更适用于农用生态型斑马膜的生产。2013 年 3 月，广东金明精机股份有限公司开始研制农用生态型斑马膜智能装备。

该项目主要由自动称重喂料系统、单螺杆塑料挤出机、熔体过滤（液压换网器）、分配器与平挤机头、薄膜激冷成型装置、自动薄膜厚度测量与控制、膜卷爆筋消除、薄膜打孔、牵引、薄膜切边、收卷、工业机械手、边料在线回收挤出造粒、计算机控制系统等构成。项目采用传感测控、伺服、工业机械手等先进技术，具有逻辑判断、数据的统计处理、自检测、自诊断、自校准、人机对话、信息储存与记忆、安全加密（对 PLC 加密）等功能，整机从原料供给到成品收集实现全自动化、智能化，实现现代装备制造业机电一体化技术与工业设计的深度融合。

该项目年产销 4 台，每台售价 1 375 万元，年新增产值 5 500 万元，利税 1 305 万元，出口创汇 268 万美元，替代进口节约外汇 1 600 万美元。

该项目生产的农用生态型斑马膜提升了地膜的使用功能，减少了农药和化肥的用量，推动了土壤保护、节能、节水、减排、降耗的实行，提高了农作物产量，提供了优质、安全的农业生产资料，保障了农产品的安全。项目的研制推动了塑料制品行业的结构调整和自主创新，推进节能减排降耗，有利于发展绿色环保低碳经济，促进塑料制品行业持续稳定健康发展，提高塑料产品的科技含量和应用领域，改善民生、服务三农，增加出口创汇。在保持总产量增长的同时，提高塑料制品的科技含量，不断开拓塑料制品的应用领域，提高经济效益和社会效益。每台产品每年能生产斑马膜 4 968t，每吨售价按 2.6 万元计，年新增产值 12 916.8 万元，为用户赢得经济效益。

XMN-320×(5-50)Y 啮合型密闭式炼胶机

XMN-320×(5-50)Y 啮合型密闭式炼胶机是大连橡胶塑料机械有限公司为适应市场需要研发的乘用、载重子午线轮胎生产的专用生产设备。经国家橡胶机械质量监督检验中心检测，该产品的各项性能指标均达到 GB/T 9707—2010 要求。杭州中策橡胶有限公司及杭州中策清泉实业有限公司的使用证明：该机具有技术先进、结构新颖、性能可靠、传动平稳、生产效率高、节能降耗、噪声低和操作方便等优点，且生产的胶料分散性高、均一性好、质量稳定，完全符合国家标准要求。

该机组是国内首台采用高效啮合（NG）转子构型及 C 形冷却流道的啮合型密闭式炼胶机，采用高压变频技术，解决了直流电动机维护量大的问题，操作简单，节约能源，单位能耗降低 30% 左右。通过模拟仿真和工艺性试验，设计出更适合混炼白炭黑的独特转子构型及 C 形环状冷却流道，有效实现了炼胶过程中的温度控制，提高了混炼效率及胶料与白炭黑等辅料的均匀性。项目共获得发明专利授权 2 项，实用新型专利授权 7 项。现已售出 10 台，新增销售收入近 8 000 万元，形成了企业新的经济增长点。

该产品的成功研制可减少轮胎企业投资，降低成本，对我国橡胶工业乃至汽车工业的发展起到了积极的推动作用，性价比明显优于国际同类产品，具有广泛的经济效益和社会效益。

该机组 2016 年荣获中国机械工业科学技术奖三等奖。

节能型 3.3 米幅宽双轴定向聚苯乙烯薄膜生产线研制

桂林电器科学研究院有限公司承担的广西科技攻关项目“节能型 3.3 米幅宽双轴定向聚苯乙烯薄膜生产线研制”于 2016 年 11 月获得中国机械工业科学技术奖三等奖。

该项目产品由原料系统、挤出系统、压延系统、纵向拉伸、横向拉伸、牵引系统、收卷系统、电控系统等组成，达到以下技术参数：薄膜厚度 100 ～ 600μm，有效宽度 ≥ 3.3m，生产线速度 ≥ 120m/min，年产量 ≥ 10 000t。

聚苯乙烯薄膜（BOPS）属于高分子新型环保材料。BOPS 材料无毒、无味、比重轻、透明度极佳；有优良的刚性、表面硬度和光泽度；尺寸稳定性好，且表面装饰性和电性能优异。BOPS 产品可直接与食品接触，符合美国 FDA 和欧盟 90/128/EEC 卫生标准，是我国环保总局指定“可回收类环保产品”之一。长期以来，该类生产装备只有德、美、日等国家才能制造。

BOPS 由于厚度达到 600μm，与常规的

100μm 以下的薄膜相比生产线需要消耗更大的能量，如何实现厚膜稳定生产以及降低生产线能耗是该项目技术攻关的重点。项目根据双向拉伸工艺流程，通过开发新的厚膜链铗、横拉热风系统等，以及优化电气控制系统，提高了生产线控制精度，达到减损降耗，实现了 BOPS 厚膜的稳定生产。

该项目的开展打破了国外公司在国内环保聚苯乙烯薄膜市场的垄断局面，提高了国产环保食品包装薄膜产品的市场竞争力，满足了国内市场对环保食品包装薄膜的需求，实现了环保聚苯乙烯包装薄膜领域的替代进口，具有十分重要的意义。同时，该项目成果转化程度高，具有较强的示范、带动和扩散能力，项目研究成果可以应用于其他双向拉伸薄膜生产线上，部分单项研究成果如导轨、链铗和热风系统等还可用于 BOPP、BOPET、动力电池和锂电池隔膜等多条生产线上。该项目的研制成功对促进我国民族工业的发展、提高制膜和塑料机械行业技术水平有较大的推动作用。

该项目生产线 2015 年整机销售到台湾市场，截至 2016 年年底，客户已累计销售聚苯乙烯薄膜超过 15 000t，获得了可观的经济效益。

超大型二板式智能注塑装备

超大型注塑机因其技术含量、设计及制造的高要求，一向被视为塑料机械行业中的“象牙宝塔”，为少数欧洲及日本品牌所垄断。研发先进制造技术、核心部件及关键装备，特别是适合大型、复杂、高精密、节能环保的塑料制品加工成型，以适应日益增长的塑料加工中心高端市场需求迫在眉睫。

该项目研制的大型环保伺服节能二板式塑料加工中心，锁模结构为两板四油缸增压式锁模结构且四根哥林柱与定模板之间采用固定连接；射台部分采用线性导轨，可确保其高刚性及低摩擦率；独特的液压系统设计可满足节能要求；电脑控制系统可实现精确闭环控制，注塑机主机以及干燥机、吸料机、冷水机、模温机、机械手等辅机按照设定的指令，自动执行各自的任务，并配合上下游完成整个的系统工程。通过注射成型设备的主控制器与各种辅助设备的通信和控制，实现智能互动。随着注射成型设备的注射工艺改变，辅助设备上的各种控制参数能随之改变。而辅助设备的工作状态的变化也能通过注射成型设备的主控制器实时监控。整个注塑系统实现了智能化。

技术经济指标：动力系统与传统异步电动机配定量泵系统相比较节能 40% ～ 60%；开模位置重复精度≤ 0.1%；射嘴与定模板定位孔同轴度≤ 0.3mm；注塑机与干燥机、冷水机、模温机、机械手等辅机集成现场工业总线闭环控制，支持多任务同步进行，具有 USB、CAN、Ethernet、RS232/485 等接口，可方便与各种工业或与民用设备如磨具辅机、机械手、U 盘等实现接驳，满足数据交换、查询、存储等应用。

主要经济指标：项目在 2014 年 6 月 30 日完工，达产时预计销售收入 9 500 万元，利税 2 042 万元。

该项目的实施将促使国内汽车、IT、通信、家电等相关产业的能耗进一步降低，对提高相关产品的竞争力具有积极意义。该项目符合广东省先进制造领域的发展要求，为传统制造行业升级、高新技术产业提升、新兴产业布局优化提供基础支撑能力，可进一步增强广东省制造业自主创新能力，形成自主知识产权和核心竞争力，巩固产业集群优势地位，实现技术自主创新，促进企业持续发展，符合塑料机械行业的大型化、精密化（微型化）、高速化和低能耗化的发展方向。

基于工业 4.0 控制技术的 SVP/3 系列伺服驱动注塑机

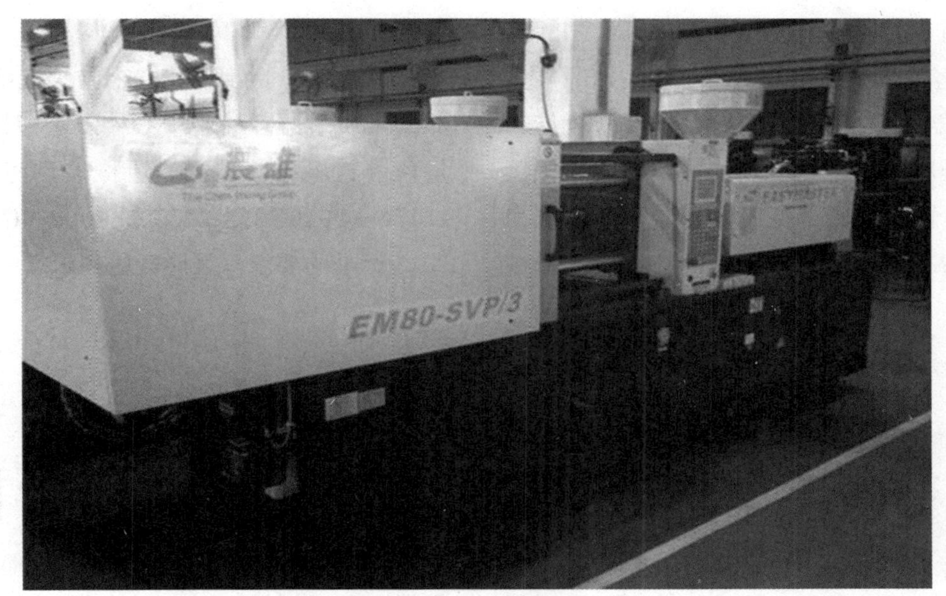

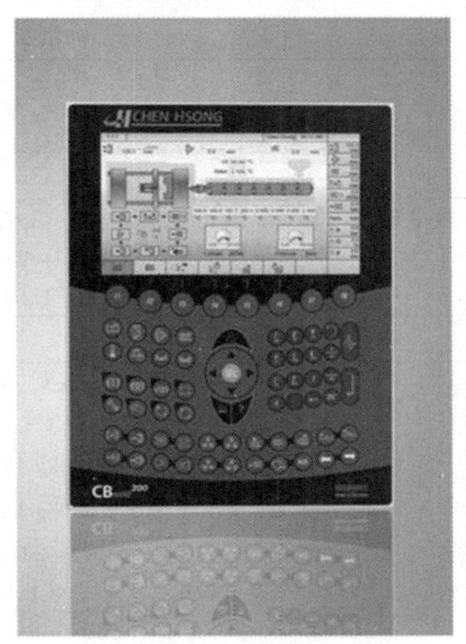

该项目是围绕工业 4.0 控制技术的伺服控制注塑机，属智能化高端塑料成型设备，为国家重点支持的高新技术领域中的“先进制造技术”选项范围。该项目以学习国外先进技术、推动我国塑料机械行业发展、助力我国塑料制品行业品质提升为目的，在调研、规划过程中仔细分析技术难点，论证多种工艺方法，确定关键技术和技术难点，立足公司内部进行攻关，最终成功研制出样机，并通过客户验收。

该产品的创新亮点在于基于工业 4.0 控制技

术的整机控制器研发。该控制器采用基于国际标准 IEC 61131-3 及 PLC Open 的汇编语言，底层平台为开放式 EtherCAT 平台，可不断进行二次开发以扩展机器功能，并能包含兼容接入不同的端口，协助并促进客户实现智能化车间控制整体管理。控制系统具备智能模板、参数智能修正、保养及故障提示、远程监控等智能化人性化功能。该产品可通过微信公众平台访问控制器、IPAD/Android 移动客户端无线操控机台，实现产品质量参数管理、机器生产全生命周期管理等多项功能。同时该产品采用伺服电动机驱动技术，将整机压力、速度、位置实现闭环控制，可减少循环压力的损耗，提高了位置控制精度和响应速度；机械结构采用双曲肘杆式锁模、双缸射胶、混炼型螺杆塑化，使产品具有锁模重复精度高、塑化能力强、注射速度快等特点。

该项目产品已获得中国发明专利 3 项、实用新型专利 5 项、外观设计专利 1 项，计算机软件著作权 1 项。经新产品鉴定会专家组鉴定，该产品具备创新性，整体技术达到同类产品国际先进、国内领先水平。

产品在节能效果及安全防护上经国家机械产品安全质量监督检验中心、国家塑料机械产品质量监督检验中心检测，所检项目符合国家 GB/T 25156—2010、GB 22530—2008、GB/T 30200—2013 标准的要求，且能耗达到国家一级标准。

首台（套）重大技术装备推广应用指导目录

编号	产品名称	单位	主要技术指标
6	大型环保及资源综合利用装备		
6.7	资源综合利用技术装备		
6.7.1	聚对苯二甲酸乙二醇酯（PET）瓶处理线	套	PET 瓶处理能力≥ 2 万 t/a；分离纯度≥ 99.9%；产品达到拉丝级聚酯切片质量标准；符合《废塑料回收与再生利用污染控制技术规范》（HJ/T364）
11	成形加工装备		
11.41	超大型二板式伺服注射成型机	台	锁模力≥ 60 000kN；容模量≥ 1 300mm；安全技术要求符合国家相关技术标准规定
11.42	大型双壁波纹管生产线	套	挤出产量≥ 1 200kg/h；生产线速度≥ 0.5m/min
11.43	大型实壁管生产线	套	挤出产量≥ 1 300kg/h；生产线速度≥ 0.055m/min
11.44	超大型中空成型机智能化生产线	套	最大制品容量≥ 2 000L；锁模力≥ 3 000kN；开合模行程≥ 400mm；主机总装机电容量≤ 550kW
11.45	PE 管材双层共挤生产线	套	挤出量 1 200 ～ 1 400kg/h；生产规格：直径 630 ～ 1 200mm；线速度 0.07 ～ 0.7m/min；电动机功率 340kW
11.46	大型塑料挤出注射成型装备	套	锁模力≥ 40 000kN；注射量≥ 220 000cm^3
11.47	高速节能双壁波纹管生产线	套	定型长度≥ 3 000mm；生产速度≥ 2.5m/min；电耗≤ 330kW/t
11.48	大型同向双螺杆混炼挤压造粒机组	套	年产量≥ 14 万 t；主电动机功率≥ 6MW

（续）

编号	产品名称	单位	主要技术指标
11.49	丁苯树脂脱挥异向非啮合双螺杆挤出机组	套	年产量≥ 2 万 t；主电动机功率≥ 1 000kW；产品挥发组分＜ 0.2%
11.50	双向拉伸塑料薄膜（PI、PET、PP、PA、聚烯烃隔膜）生产线	套	聚酰亚胺薄膜（PI）生产线：幅宽≥ 1.6m，速度≥ 6m/min，产能≥ 60t/a 聚酯薄膜（PET）生产线：幅宽≥ 5.8m，速度≥ 400m/min，产能≥ 25 000 t/a 聚丙烯薄膜（PP）生产线：幅宽≥ 8.5m，速度≥ 450m/min，产能≥ 35 000 t/a
11.51	塑料异型材挤出生产线	套	挤出产量≥ 350kg/h；60 或 70 系列主型材挤出线速度≥ 4m/min；制品单位能耗≤ 0.28 kW・h/kg
11.52	大型宽幅胶片挤出压延生产线	套	挤出胶片宽度：2 500 ～ 3 200mm；胶片厚度：单层 0.375 ～ 4mm；胶片挤出后温度≤ 115℃；胶片卷取最大卷径：1 400mm

工信部节能机电设备（产品）推荐目录（塑料机械）

序号	企业名称	设备名称	系列型号	入选目录
1	大连三垒机器股份有限公司	塑料挤出机	SJ-120×30、SJ-150×30	第三批
2	广东金明精机股份有限公司	塑料挤出机	M3B-1700Q	第三批
3	山东通佳机械有限公司	塑料挤出机	JG SJ-75/33	第三批
4	广东伊之密精密机械股份有限公司	伺服塑料注射成型机	UN90 ～ 480SM	第三批
		伺服节能塑料注射成型机	UN60SM ～ UN2200SM UN60SM2-UN2200SM2	第四批
5	震德塑料机械有限公司	伺服塑料注射成型机	EM80 ～ 560-SVP	第三批
		伺服节能塑料注射成型机	JM1000-SVP/2 ～ JM2200-SVP/2	第四批
		SVP/3 系列第三代伺服驱动注塑机	EM80 ～ 560-SVP/3	第六批
6	博创智能装备股份有限公司	伺服塑料注射成型机	BT-80 ～ 780S	第三批
		伺服塑料注射成型机	BS Ⅲ系列	第五批 第六批
		二板式塑料注射成型机	BU 系列	第五批 第六批

（续）

序号	企业名称	设备名称	系列型号	入选目录
7	泰瑞机器股份有限公司	伺服塑料注射成型机	D250、D1800、TRX80/300M	第三批
		伺服节能塑料注射成型机	D 系列	第四批
		梦想 DH 系列纯二板塑料注射成型机	DH 系列	第六批
		梦想系列全电动塑料注射成型机	DE85、DE230	第七批
8	海天塑机集团有限公司	伺服塑料注射成型机	MA 系列	第三批
		全电动塑料注射成型机	VE400 ～ 5000	第三批
		二板式塑料注射成型机	JU 系列	第四批
		伺服节能塑料注射成型机	MA Ⅱ系列	第六批
		纯二板式塑料注射成型机	JU Ⅱ系列	第六批
9	无锡海天机械有限公司	伺服节能塑料注射成型机	PLj 系列	第四批
10	宁波双马机械工业有限公司	伺服塑料注射成型机	BL160EK、BL200EK	第三批
		伺服节能塑料注射成型机	BLEK 系列	第四批
11	宁波市海达塑料机械有限公司	伺服塑料注射成型机	HDJS 系列	第三批、第四批
12	浙江申达机器制造股份有限公司	伺服塑料注射成型机	SE 系列	第三批、第五批
13	东华机械有限公司	伺服塑料注射成型机	90 ～ 4000Se	第三批
		全电动注射成型机	55 ～ 205Ge	第四批
		变量泵塑料注射成型机	F2V 系列	第四批
		伺服节能塑料注射成型机	Se 系列	第四批
14	无锡格兰机械集团有限公司	伺服塑料注射成型机	90 ～ 4000Se、ST1800 ～ 3150Se	第三批
		变量泵塑料注射成型机	F2V 系列	第四批
		伺服节能塑料注射成型机	Se 系列、ST-Se 系列	第四批
15	仁兴机械(深圳)有限公司	伺服塑料注射成型机	SP120A、JS300	第三批
16	浙江金鹰塑料机械有限公司	伺服塑料注射成型机	GEK60 ～ 2200/S	第三批
		伺服节能塑料注射成型机	GEK/S 系列	第四批
		伺服节能注塑机	GEK100W/S、GEK160W/S、GEK260W/S、GEK380/S、GEK880W/S	第七批
17	中山力劲机械有限公司	伺服塑料注射成型机	PT80 ～ 1300	第三批
		伺服节能塑料注射成型机	PT 系列	第四批
		塑料注射成型机	Forza PT3000H	第七批

（续）

序号	企业名称	设备名称	系列型号	入选目录
18	宁波华美达机械制造有限公司	伺服塑料注射成型机	HMD88 ～ 680M6-S	第三批
		伺服节能塑料注射成型机	M6-S、M8-S 系列	第四批
19	广东佳明机器有限公司	伺服塑料注射成型机	PD60 ～ 2888-KX	第三批、第四批
20	富强鑫(宁波)机器制造有限公司	伺服节能塑料注射成型机	HN100SV ～ HN850SV 系列	第四批
21	宁波海星机械制造有限公司	伺服节能塑料注射成型机	HXF88J5	第四批
		伺服节能注塑机	HXF J5 系列	第五批
22	宁波海雄塑料机械有限公司	伺服节能塑料注射成型机	HXM 系列	第四批
23	宁波海晶塑机制造有限公司	伺服节能塑料注射成型机	HJ 系列	第四批
24	宁波通用塑料机械制造有限公司	伺服节能塑料注射成型机	TWX/JS 系列	第四批
		塑料注射成型机	YH/JS 系列	第七批
25	江苏贝尔机械有限公司	单螺杆挤出生产设备	BRD60-38	第五批、第七批
26	宁波长飞亚塑料机械制造有限公司	全电动塑料注射成型机	VE Ⅱ系列	第六批
27	力劲科技集团宁波力劲机械有限公司	注塑机	POTENZA 系列 /FORZA 系列	第六批
28	东洋机械（常熟）有限公司	塑料注射成型机	Si-50Vcs、Si-100Vcs、Si-130Vcs、Si-180Vcs、Si-230Vcs	第六批
29	广东伊之密高速包装系统有限公司	注塑机	PAC200、PAC250、PAC300、PAC350	第六批
		注塑机	UN90A5、UN160A5、UN260A5、UN400A5	第六批
30	震雄机械（深圳）有限公司	捷霸 MK6 系列伺服驱动注塑机	JM168-MK6、JM468-MK6	第七批

“能效之星”产品目录（塑料机械）

序号	企业名称	产品名称	入选目录
1	宁波长飞亚塑料机械制造有限公司	VE5500 Ⅱ注塑机	2015 年
2	海天塑机集团有限公司	MA21000 Ⅱ注塑机	2015 年
3	力劲科技集团宁波力劲机械有限公司	PT1600 注塑机	2015 年
4	博创智能装备股份有限公司	BS400- Ⅲ注塑机	2015 年
5	泰瑞机器股份有限公司	DE230 注塑机	2016 年
6	震雄机械（深圳）有限公司	JM168-MK6 注塑机	2016 年

国家重点节能低碳技术推广目录（2016 年本节能部分）

序号		162	177	195	196	213
技术名称		塑料动态成型加工节能技术	高效节能型锥形同向双螺杆挤出技术	塑料加工双效加热节能技术	基于双转子连续混炼造粒机的高效混炼节能技术	塑料注射成型伺服驱动与控制技术
适用范围		属轻工行业，主要应用于塑料制品加工领域	属轻工行业，适用于塑料造粒、各类管材、型材、板/片材、木塑混炼制品挤出成型	适用于轻工行业塑料、橡胶加工设备	属轻工行业橡塑加工领域	属机械行业，适用于注塑机行业合模力 400～80 000kN 注塑机
主要技术内容		将振动力场引入塑料塑化成型加工全过程，变传统塑料纯剪切稳态塑化输运机理为振动剪切动态塑化输运机理，达到缩短热机械历程、降低能耗、提高质量的目的	加工的物料进入机筒后环绕锥形双螺杆成“∞”字形运动，增加了塑化时间和密炼性能，在保证产品塑化质量的同时也能承受较大的挤出压力，达到节能高效的目的	采用特殊结构设计和高导热金属材料，利用热传导和热辐射原理，提高加热过程的热能利用率，同时增加了镜面反射装置和高效纳米隔热层，实现双重隔热，进一步提高保温效果。	通过对转子结构的优化，将混炼机内部产生的黏性耗散热反向传递给熔融段，形成高效熔融耗散混合作用，在解决超细粉体在聚合物中的分散难题的同时，有效降低混合过程中的能量消耗。	精确、快速地控制伺服电动机的转速和扭矩，实现液压系统压力和流量双闭环控制，使伺服电机运行功率与负载需求功率完好匹配，达到大幅节能效果
典型项目	适用的技术条件	改造传统塑料加工设备为塑料动态加工设备	塑料造粒、型材挤出技术改造	注塑设备加热料筒新建或改造	塑料共混改性等加工过程	注塑机专用交流伺服系统
	建设规模	PET 瓶坯生产线 3 条，年生产 5 亿只左右碳酸饮料瓶坯	10 台高效节能型锥形同向双螺杆挤出机，建成产能 47 万 t 挤出造粒生产线	1 844 台注塑机	2 500t/a 高浓缩滑石粉母粒连续混炼造粒系统	50 台注塑机
	投资额(万元)	45	300	903	180	2 500
	节能量(标煤)(t/a)	317	1 154	4 275	104	2 310
	二氧化碳减排量(t/a)	836	3 047	10 020	244	6 098
目前推广比例(%)		20	3	＜1	2	60～70
未来 5 年节能减碳潜力	该技术在行业内的推广潜力(%)	50	10	30	40	85
	预计总投入(万元)	60 000	200 000	230 000	20 000	100 000
	预计节能能力(标煤)(万 t/a)	60	90	50	13	35
	预计二氧化碳减排能力(万 t/a)	158	238	119	21	92

基于双转子连续混炼造粒机的高效混炼节能技术

一、与该节能技术相关生产环节的能耗现状

目前，聚合物共混主要设备为单螺杆、双螺杆挤出机和密炼机等。其中，单螺杆挤出机具有结构简单、易于制造、成本低等优点，但混合能力较差；双螺杆挤出机作为混炼设备，具有优异的混合特性，但填充混合能力弱，单位产品的能耗较高；密炼机在塑料混合方面应用比较广泛，但间歇式操作，产品质量不稳定，能量利用不合理，单位产品能耗高。基于混沌混合的双转子连续混炼造粒机结合了密炼机优异的混合特性和双螺杆挤出机连续工作的特点，具有极强的填充、分散混合能力，节能效果良好。

二、技术内容

1. 技术原理

采用基于高拉伸的混沌型转子，使塑料在连续混炼机内的熔融过程呈现离散熔融状态，提高传热效率和熔融速度；通过在连续混炼机的熔融区和混炼区之间建立起能量耦合，利用混炼过程中产生的熔融耗散热能，满足固体树脂熔融过程中对热量的需求；通过在混炼场中建立高效的拉伸流动，提高混炼效率。最终使整个混炼过程的能量消耗大幅降低。

2. 关键技术

高效连续混炼技术通过转子结构和混炼工艺，在混炼流场中建立起强拉伸混沌混合流动和强化的熔融耗散混合过程，可有效解决高比例粉体填充改性聚合物过程中的粉体分散问题。其主要关键技术如下：

（1）塑料颗粒的离散熔融技术。借助于混沌型转子结构，塑料的熔融过程呈现离散包覆熔融状态，提高了熔融过程中能量的传递效率和固体颗粒熔融速率，降低了熔融过程的能量消耗。

（2）基于能量耦合的热量自循环技术。通过对混炼机内部轴向返混流动的优化，在连续混炼机的熔融区和混炼区之间建立起能量耦合，利用混炼段熔体黏性耗散产生的热量，满足固体物料熔融过程对能量的需求，使设备在运行过程中不再需要外部补充热量。

（3）基于高拉伸的黏性耗散熔融高效混合技术。借助于优化的转子结构和三维造型，在混炼腔内建立起高拉伸混沌混合流动，提高了混炼效率，降低了单位产品的能量消耗。

3. 工艺流程

以高效清洁化连续混炼成套生产装置为核心主机的塑料共混加工过程的典型生产工艺流程（电缆屏蔽料）见图 1。

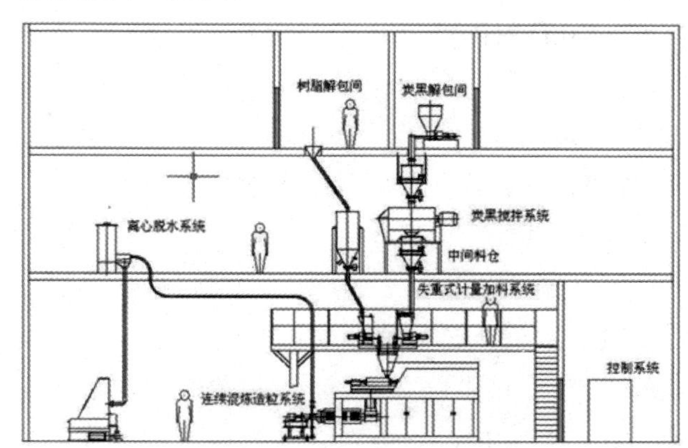

图 1　塑料共混加工典型工艺流程

连续混炼机根据其功能可以划分为加料段、混炼段和出料段。物料（包括各种粉料、粒料、添加剂等）经过增重式计量秤计量后，进入低速预混混合器混合。借助于失重计量秤，将混合后的物料以一定的比例和流率连续地加入双转子连续混炼机中进行混合，实现各组分的均匀分散。熔融的物料通过出料口均匀流出并进入单螺杆挤出机，建立足够的压力，通过模头挤出，经过造粒机切成所需要的颗粒，并经过离心脱水机干燥，得到最终成品。连续混炼机双转子结构示意图见图 2。

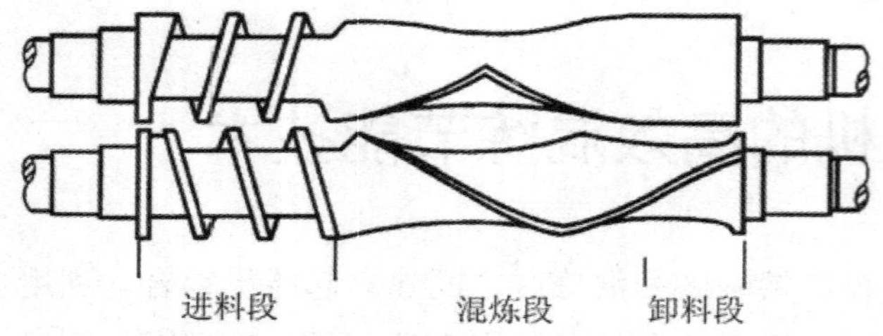

图 2　连续混炼机双转子结构示意图

由图 2 可见，转子的进料段像一对非啮合的双螺杆，将计量加料机加入的物料输送到混炼段。转子的混炼段像一对密炼机的转子，其表面有两对旋转方向相对、角度各不相同的螺棱，物料在此被压缩、熔融、剪切、伸展，从而最终被混炼与塑化；转子的卸料段是椭圆形的，混炼完成的物料在此通过机筒上的卸料口被排出。

三、主要技术指标

（1）实际混炼能耗比功率：0.24kW/(kg/h)（80%$CaCO_3$/HDPE）。

（2）相对传统混炼工艺，减少能耗 30% ～ 50%。

（3）减少有害异味气体排放量≥ 60%。

（4）减少粉体排放量 98%。

四、技术应用情况

该技术获得国家发明专利 5 项，并于 2003 年获得江苏省科学技术进步奖三等奖，2008 年获得中国机械工业联合会科学技术进步奖三等奖，2012 年获得上海市科学技术进步奖二等奖。目前，已在市场上成功应用近 40 套设备，经过与美国 FARREL 公司的 CP Ⅱ连续混炼机对比，该技术设备的产量提高约 20%；与目前国内常用的塑料混炼方法对比，单位产品能耗降低 30% ～ 50%，粉尘排放量降低 90% ～ 95%，节能环保效益良好。

五、典型用户及投资效益

典型用户有：上海万益高分子材料有限公司、山东安澜高分子材料有限公司、苏州国嘉高分子科技有限公司、广东彩虹色母粒有限公司、南京新鹏塑化有限公司、金发科技股份有限公司、杜邦（中国）研发中心、浙江万马高分子材料有限公司等。

典型案例 1

案例名称：上海万益高分子材料公司电缆屏蔽料连续混炼造粒项目。

技术提供单位：华东理工大学。

建设规模：1 万 t/a 电缆屏蔽料清洁连续混炼造粒系统。

建设条件：厂房面积 4 000m^2，层高 6m+4m+4m，三层。

主要改造内容：采用 4 套转子直径为 100mm 的基于混沌混合的双转子连续混炼造粒机组替换原美国进口的 CP Ⅱ -500 型连续混炼造粒机组。项目投资额 800 万元，较进口生产线节约投资 1 920 万元。建设期 5 个月。年节能量（标煤）约 93t，碳减排量（CO_2） 218t。年节能经济效益为 24 万元，投资回收期约 1 年。

典型案例 2

案例名称：金发科技公司高浓缩滑石粉母粒的连续混炼造粒项目。

技术提供单位：华东理工大学。

建设规模：2 500t/a 高浓缩滑石粉母粒连续混炼造粒系统。

建设条件：厂房面积 1 000m^2，高 12m，单层。

主要技改内容：采用 1 套转子直径为 100mm 的高效清洁双转子连续混炼造粒装置替代原有的密炼机 + 单螺杆挤出造粒机系统，提高了生产能力和产品质量，降低了单位产品的能量消耗，同时构建了无尘化生产车间。项目投资额 180 万元，建设期 5 个月。年节能量（标煤）约 104t，碳减排量（CO_2）244t。年节能经济效益 24 万元，投资回收期约 3 年。

六、推广前景和节能潜力

基于混沌混合的双转子连续混炼造粒机及相关的高效连续混炼技术，结合了密炼机优异的混合特性和双螺杆挤出机连续工作的特点，广泛应用于橡塑加工行业。该技术在提高共混塑料制品性能的同时，不仅可以大幅度降低现有橡塑加工过程中的能耗和运行成本，还能有效提高自动化程度和生产效率，改善车间环境，有效减少粉尘排放量 95% 以上，推广前景广阔。以高浓缩色母粒、功能母粒制造业为例，预计到 2020 年该技术可推广至 40%，实现生产共混改性母粒和专用料 1 000 万 t/a，项目总投资 20 亿元，可实现的年节能能力（标煤）约 13 万 t，年碳减排潜力（CO_2）约 31 万 t。

塑料动态成型加工节能技术

一、与该技术相关的能耗及碳排放现状

与传统设备相比，新设备解决了传统技术存在的能耗大、噪声大、对物料适应性窄、塑化效果及制品质量难以控制等国际上一直未能很好解决的问题。新技术使塑料成型加工原理和概念实现了由“稳态”到“动态”的变革，打破了我国引进、跟踪、低水平仿制的局面，推动了塑料成型装备产业技术进步和塑料制品加工业的持续发展。

目前该技术可实现节能（标煤）24 万 t/a，减排 CO_2 约 63 万 t/a。

二、技术内容

1. 技术原理

由于塑料导热性差，塑料熔体又具有高黏度、高弹性等特点，一般情况下在进行成型加工时需要较长的热机械历程。塑料动态成型加工技术与装备，将振动力场引入塑料塑化成型加工全过程，使成型加工过程中的各种物理量发生周期性变化，变传统的塑料纯剪切稳态塑化输运机理为振动剪切动态塑化输运机理，达到缩短热机械历程、降低成型加工能耗、提高加工制品质量的目的。塑料动态塑化成型加工技术与装备包括塑料动态塑化挤出设备和动态注射成型设备。

2. 关键技术

（1）针对塑料挤出制品（包括管材、棒材、片材、薄膜、各种异形材等）高效节能加工的需要，将振动力场引入塑料塑化挤出全过程，实现了动态固体压实、动态熔融塑化和动态熔体输送等基本技术原理，变传统的“稳态”塑化挤出成型为周期性的动态塑化挤出成型，发明并研制出塑料动态塑化挤出成套技术装备。

（2）根据成型外形复杂、尺寸精确的塑料注射成型制品高效节能加工的需要，将振动力场引入物料的塑化、注射、持压和冷却全过程，实现了动态塑化计量、动态注射、动态持压和冷却，即塑料塑化注射成型全过程均处于周期性振动状态，发明并研制出塑料动态塑化注射成套技术装备。

3. 工艺流程

塑料动态成型加工的节能技术广泛用于塑料制品的生产，例如挤出类的塑料薄膜、塑料管材、塑料片材、塑料扁丝等；注射类的塑料制品，如日常生活用的桶、盆、箱体等，电子类、光学类、手机类、五金类及玩具类产品等。

三、主要技术指标

（1）加工成型温度降低最大达 20℃，能耗降低 30% ～ 60%。

（2）机器噪声降低至 77dB 以下。

（3）塑化效果好，制品质量高：标准试样拉伸强度、弯曲强度等提高 10% 以上。

（4）生产效率及制品精度提高：重复精度 ≥ 99%。

（5）对物料的适应性广：不需要更换螺杆等硬件，即可加工所有热塑性塑料。

四、技术鉴定、获奖情况及应用现状

该技术获得国家技术发明奖二等奖、国家科学技术进步奖二等奖、中国专利发明创造金奖、中国高校科学技术进步奖一等奖、广东省科学技术进步奖特等奖、广东省科学技术奖一等奖、教育部科技进步奖一等奖等。预计项目推广至 2020 年，新设备将推广应用于 70% 以上挤出、注射

制品的生产加工。以传统常规加工装备平均单耗0.6kW·h/kg计算，新装备较之常规装备单耗降低40%，当年可节电201.6亿kW·h以上，折合消耗532万t（标煤）以上，折合CO_2排放量1 405万t以上。以每吨标煤1 000元计，节能增效达53亿元/年。

五、典型应用案例

典型案例1

应用单位：广州一道注塑机械有限公司惠州分公司。

技术提供单位：华南理工大学。

节能改造情况：对广州一道注塑机械有限公司惠州分公司生产车间内的3台PET瓶坯注塑机进行了动态注射综合节能改造，在原注射缸的控制阀上加入脉动信号，将振动力场引入物料注射、持压和冷却全过程，即注射冲模全过程均处于周期性振动状态，同时利用负载感应型液压驱动与传动技术对原有的液压系统进行了改造升级。

节能效果：改造后设备投入运行稳定，现场测试各设备的制品单耗为：1号机0.32kW·h/kg、2号机0.35kW·h/kg、3号机0.33kW·h/kg，较之前分别下降35%、33%、40%。

该项目节能量（标煤）：316.8t/a；CO_2减排量836.4t/a。

经济效益：该项目共投资45万元。改造后每月节电约10万kW·h，节约电费开支逾8万元，投资回收期1年。单位节能量投资额：每吨标煤1 420元。

典型案例2

应用单位：东莞市正新包装制品有限公司。

技术提供单位：华南理工大学。

节能改造情况：对东莞市正新包装制品有限公司5条多层共挤吹膜机组的21台挤出机进行了动态挤出节能改造。通过在原挤出机上增加轴向振动装置，变传统的“稳态”螺杆塑化挤出为周期性的动态塑化挤出，有效降低了成型温度与电机负载。

节能效果：改造后设备投入运行稳定，现场测试各挤出机的单耗为0.35～0.42kW·h/kg，节能降耗38%～46%。

该项目节能量（标煤）：158.4t/a；CO_2减排量：418.2t/a。

经济效益：该项目共投资35万元。改造后每月节电约5万kW·h，节约电费开支逾4万元，投资回收期1年。单位节能量投资额：每吨标煤2 210元。

六、推广前景及节能减排潜力

预计未来5年，该技术在行业内的推广潜力可达到50%，总投入6亿元，预计节能能力（标煤）60万t/a，减排能力（CO_2）158万t/a。

高效节能型锥形同向双螺杆挤出技术

一、与该技术相关的能耗及碳排放现状

目前国内常用的塑料挤出设备主要包括锥形异向双螺杆挤出机、平行同向双螺杆挤出机和单螺杆挤出机，这三类设备的实际比功率基本都在0.14kW/(kg/h)以上。2011年我国使用这三种挤出机生产的塑料制品产量约为7 000万t，仅挤出主机耗电就超过80亿kW·h。应用该技术可实现节能量（标煤）27万t/a，减排CO_2约71万t/a。

二、技术内容

1. 技术原理

该技术结合了目前世界上两种双螺杆挤出机“锥形异向双螺杆挤出机”和“平行同向双螺杆挤出机”的功能结构优势，将“锥形螺杆”和“同向旋转”相结合，既保有了锥形异向双螺杆挤出机挤出力大的特点，又达到了平行同向双螺杆挤出机塑化性能好的特性，同时还可以满足螺杆低速旋转、低温等难度较大的加工要求，具有高产

低能耗的特点。

2. 关键技术

（1）锥形螺杆的同方向旋转使加工的物料进入机筒后环绕锥形双螺杆成“∞”字形运动，增加了塑化时间，提高了密炼性能，从而保证了产品的塑化质量。

（2）采用锥形螺杆在减速分配箱末端有足够的空间可选用大规格推力轴承，以承担锥形螺杆的大挤出力，保持了锥形双螺杆挤出机良好的挤出力性能。

3. 工艺流程

塑料物料（包括各种粉粒、粒料、回收料等）经过定量喂料机加入机筒螺杆，再经过加热圈加热以及螺杆对物料的压缩、混炼，达到熔融状态，将物料挤出，根据加工需要配以不同的模具。节能型锥形同向双螺杆挤出机主要应用于物料挤出造形。

锥形异向双螺杆工作原理简图见图 1。锥形同向双螺杆挤出机工艺流程见图 2。

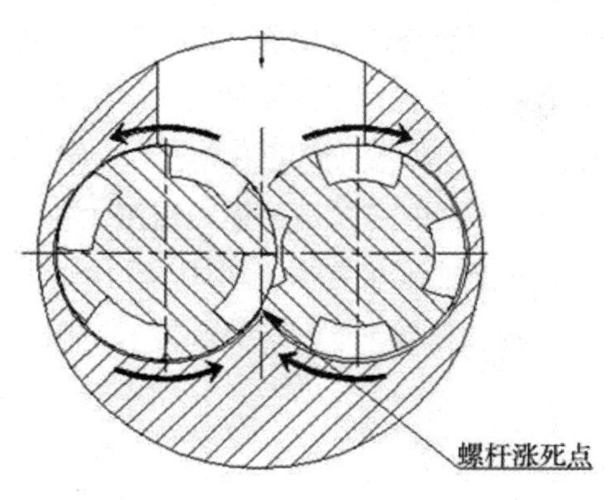

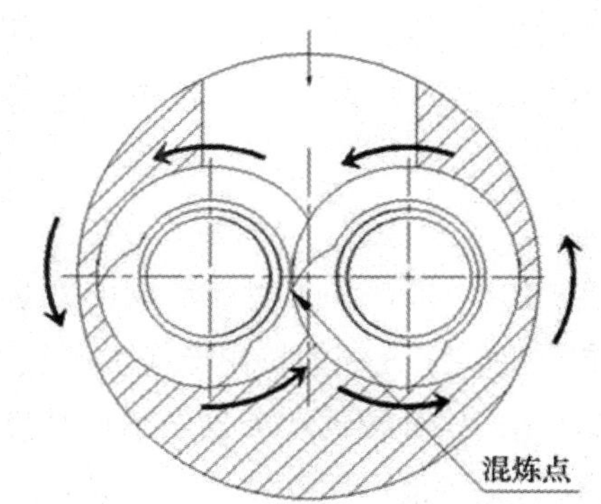

图 1　锥形异向双螺杆工作原理简图

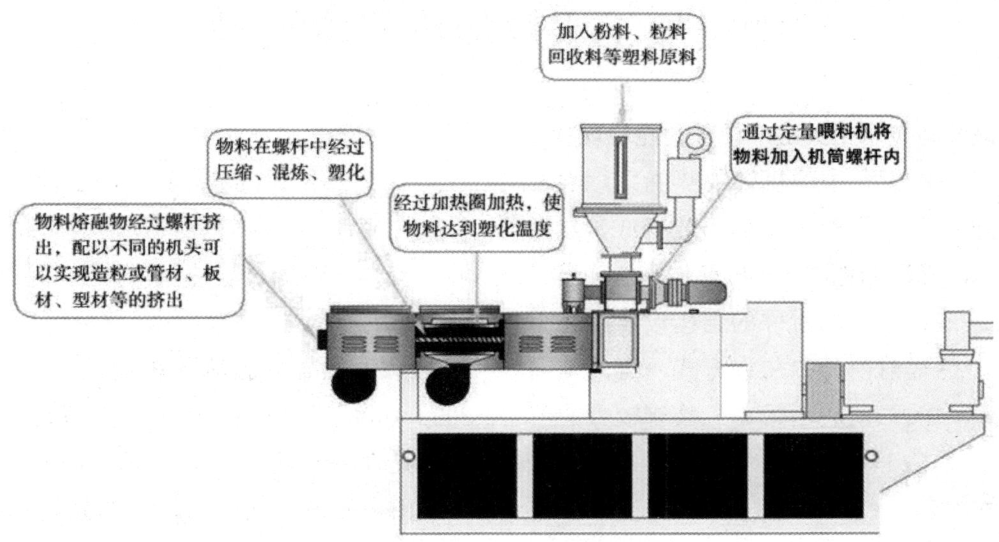

图 2　锥形同向双螺杆挤出机工艺流程

三、主要技术指标

（1）螺杆直径 65/130mm。

（2）主机功率 75kW。

（3）产量 672kg/h。

（4）实际比功率仅为 0.07kW/(kg/h)。

（5）同比产量增加一倍以上，节电率约 50%。

四、技术鉴定、获奖情况及应用现状

2007 年 6 月通过国家塑料机械产品质量监督检测中心对“锥形同向双螺杆挤出机”进行的检

测，2008 年 1 月通过浙江省科技厅组织的科技成果鉴定。目前，该技术已形成产业化，产品已应用于各种塑料造粒、型材挤出等方面。2010 年荣获中国塑料加工工业协会“最佳塑料机械产品优秀奖”“最佳独特优秀设计产品奖”。目前国内使用该技术实现的年产能约为 337 万 t，已处于大规模推广阶段。

五、典型应用案例

典型用户有：上海公元、上海心尔、福建隆盛轻工有限公司、武汉丰澜数控机械有限公司、兰溪中苕新材料有限公司、台湾汉洋、彩虹集团、紫江集团、广东泛昌、广东兴世、江苏联冠等百余家。

典型案例 1

建设规模：10 台高效节能型锥形同向双螺杆挤出机，建成产能 47 万 t/a 的挤出造粒生产线。

主要技改内容：针对硬质 PVC 窗帘料的特性，采用 10 台高效节能型锥形同向挤出机代替原来的 40 台能耗大、产量低的单螺杆挤出机。节能技改投资额 300 万元，建设期 5 个月。每年可节能（标煤）1 154t，年节能经济效益为 300 万元，投资回收期 1 年。

典型案例 2

建设规模：60 台（套）高效节能型锥形同向双螺杆挤出机建成年产 120 万 m 双壁波纹管项目。

主要技改内容：用高效节能型锥形同向双螺杆挤出机替代原来的单螺杆挤出机及锥形异向双螺杆挤出机，建成年产 120 万 m 的双壁波纹管生产线。节能技改投资额 1 800 万元，建设期 1 年。每年可节能（标煤）2 505t，年节能经济效益 700 万元，投资回收期约 2.5 年。

六、推广前景及节能减排潜力

若该技术可在业内推广至 10%，则可形成的年节能（标煤）能力约 90 万 t，年减排 CO_2 能力约 238 万 t。

塑料加工双效加热节能技术

一、与该节能技术相关生产环节的能耗现状

塑料加工机械设备中的机筒加热回路，大多数使用的是非节能型加热器，加热效率低、热损失大、产生二次降温能耗，导致机筒加热能耗高、碳排放量大。该技术采用特殊的结构设计，充分利用热传导、热辐射两种热传递方式，有效提高塑料加工过程中的热能利用效率，具有较大的节能潜力。

二、技术内容

1. 技术原理

采用特殊的结构设计和高导热金属材料，同时利用热传导和热辐射原理，提高机筒加热过程的热能利用率。此外，高导热金属超导材料增加了镜面反射装置，可提高热能的一致性；外层配置高效纳米隔热层，与镜面反射装置实现双重隔热，可进一步提高保温效果。

2. 关键技术

（1）热传导技术。塑料加工设备的金属机筒与发热元件、石英管、特殊结构的高导热金属接触，最大效率地传导热量，升温降温迅速，温度梯度小。

（2）热辐射技术。机筒的工艺温度通常为 200 ～ 400℃，发热元件发热温度在 500℃左右。发热元件主要发出远红外光，传热形式是辐射传热，由电磁波传递能量，一部分射线被穿透，另一部分被吸收；当远红外线波长与被加热物体的波长一致时，被加热物体内部分子和原子发生“共振”，产生强烈的振动、旋转而升温，热效应效果最大。

（3）热反射技术。特殊结构的高导热金属为镜面结构，辐射热量被反射回机筒，热量单向性好。

（4）模块化技术。相同结构与功能的加热单元为高导热金属制造，设计为坦克链结构，可以链接起来根据机筒直径不同而延展，即可模块化组装，满足各种尺寸规格要求。

（5）保温技术。高强度的金属外壳包覆纳米保温层、隔热层、高导热金属、镜面反射层、石英管和机筒，最大限度地确保热量高效迅速地传递至被加热物体，杜绝了热能的散失，机筒外表温度低，对环境温度影响小，节能效果显著。

3. 工艺流程

加热器结构示意图见图 1。加热器安装流程图见图 2。

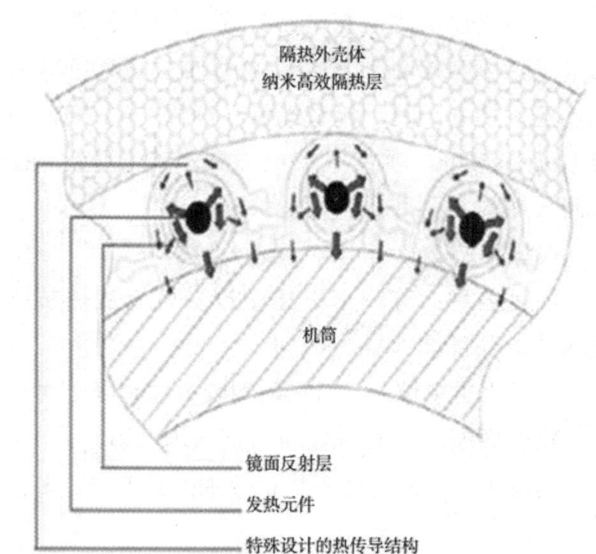

图 1　加热器结构单元示意图

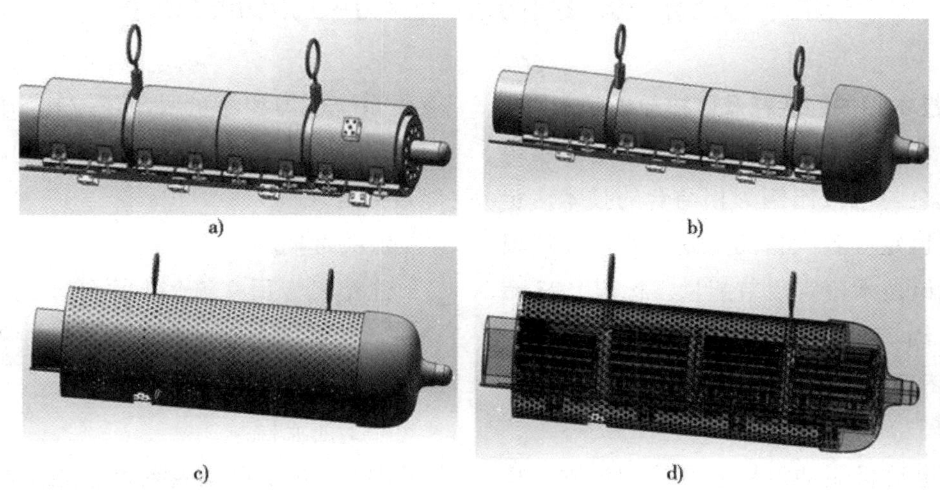

图 2　双效节能加热器安装流程图

a）机筒安装加热器：固定，电气元件连接　b）安装防漏胶装置　c）安装防护罩　d）安装完成剖面图

三、主要技术指标

与普通加热器相比，整机节省电能 30% ～ 70%；升温时间缩短 20% 以上；升温耗能下降 20% 以上；塑化能力提升 9% 以上；表面温度大幅度下降，保持 70℃以下；零部件安装效率提升，安装时间缩短 10% 以上。

四、技术应用情况

该技术已获得国家发明专利 1 项、实用新型专利 1 项、外观设计专利 1 项。截至 2015 年年底，共完成注塑设备节能应用 2 490 台，装机功率 43 465kW。

五、典型用户及投资效益

典型用户有：海天塑机集团有限公司、延峰汽车饰件系统有限公司、飞雕电气集团有限公司、苏州泰丰塑胶有限公司、上海正雄汽车注塑件有限公司、宝时得机械（中国）有限公司等。

典型案例 1

项目名称：海天塑机注塑设备机筒加热节能技术应用项目。

技术提供单位：苏州锦珂塑胶科技有限公司。

建设规模：1 844 台注塑机加热应用。

建设条件：原有注塑机机筒加热器改造。

主要建设内容：将非节能型注塑机机筒加热器替换为双效节能加热器。项目总投资额 903 万元，建设期 2 个月。年节能量（标煤）4 275t，减排 CO_2 10 020t。项目年节电效益 1 200 万元，投资回收期约 8 个月。

典型案例 2

项目名称：苏州泰丰注塑设备机筒加热节能技术改造项目。

技术提供单位：苏州锦珂塑胶科技有限公司。

建设规模：10 台注塑机节能技术改造。

建设条件：原有注塑机机筒加热器改造。

主要建设内容：采用双效节能加热器替换普通机筒加热器。项目总投资 45 万元，建设期 2 个月。年节能量（标煤）144t，减排 CO_2 338t。项目直接经济效益 45 万元，投资回收期 1 年。

六、推广前景和节能潜力

该技术既可应用于注塑设备制造厂配套，推出节能型新产品，也可用于注塑设备的终端用户进行节能技术改造，具有较大的推广应用空间。预计到 2020 年，该技术推广比例可达 30%，项目总投资约 23 亿元，可形成的年节能能力（标煤）约 50 万 t，年减排 CO_2 潜力约 119 万 t。

塑料注射成型伺服驱动与控制技术

一、与该技术相关的能耗及碳排放现状

传统液压式塑料注射成型机广泛采用异步电动机驱动定量泵与电液比例阀相结合的技术，定量泵输出流量恒定导致大量的无功能耗，能耗很高。目前应用该技术可实现节能量（标煤）27 万 t/a，减排 CO_2 约 71 万 t/a。

二、技术内容

1. 技术原理

应用伺服电动机驱动定量泵及控制技术，精确、快速地控制伺服电动机的转速和转矩，实现液压系统压力和流量双闭环控制，使伺服电动机运行功率与负载需求功率完好匹配，实现大幅节能效果。

2. 关键技术

注塑机专用交流伺服系统，包括交流伺服电动机、编码器、驱动器、专用控制技术及专用液压控制技术。

3. 工艺流程

塑料注射成型伺服驱动与控制原理见图 1。

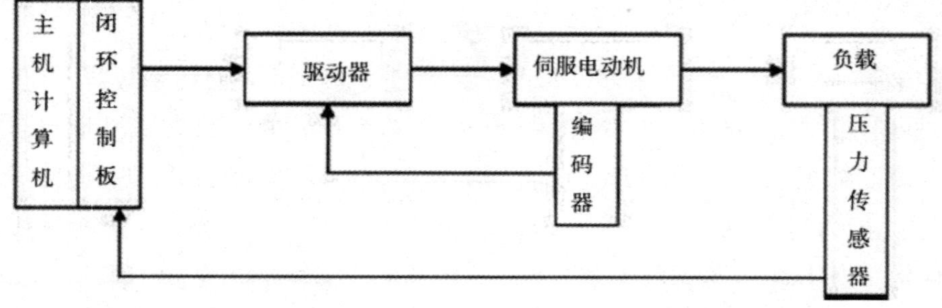

图 1　塑料注射成型伺服驱动与控制原理

三、主要技术指标

与传统液压式塑料注射成型装备相比，不再产生因液压系统压力、流量调节造成的大量无功能耗，项目产品平均能耗下降 50% 以上；制品成型周期更短，生产效率提高 25%，制品精度提高近 30%。

四、典型应用案例

典型用户有：厦门豪盛塑料制品有限公司、浙江正泰电器股份有限公司、合兴集团有限公司、山东威高集团医用高分子制品股份有限公司、上海新意达塑料托盘有限公司等。

建设规模：50 台伺服节能注塑机。

主要技改内容：将传统液压式塑料注射成型装备更换为伺服节能塑料注射成型机。节能技改投资额 2 500 万元，建设期 1 年。年节电 660 万 kW·h，折合标煤 2 310t，年节能经济效益为 407 万元，投资回收期 6 年。

五、推广前景及节能减排潜力

伺服节能注塑机与传统的液压注塑机相比可节能 50% 左右，节约钢材达 20% 以上，并使塑料制品精度大大提高。预计未来 5 年，该技术可在业内推广到 85%，形成年节能能力（标煤）35 万 t，年减排 CO_2 能力 92 万 t。

二板式注塑机合模结构系统刚性分析

一、概述

1. 二板式注塑机的发展历史和现状

1956 年，第一台往复式螺杆注塑机诞生，这意味着现代意义的注塑机正式出现。其后，作为注塑机的核心部件，合模机构的每个重大创新，都会推动注塑机的发展。20 世纪 60 年代，国外开始二板式注塑机的研究；80 年代，日本一些厂家推出改进型二板式注塑机；90 年代，欧洲推出了革新型二板式注塑机，其在大型注塑机领域展示出巨大的发展潜力和结构性能上的优势。随着液压和控制技术的积累及发展，二板式注塑机不断改进和完善。经过 20 多年的发展，二板式注塑机已成为欧洲主要注塑机厂家如恩格尔、克劳斯玛菲等的主流产品，其中，机械液压复合式是二板式注塑机的主流技术方案。国内第一台二板式注塑机 1994 年出现在北京国际橡塑机展上，但国内二板式注塑机的研发和生产直到 2000 年才真正开始发展。目前，二板式注塑机已成为国内大型注塑机的主流发展趋势，形成了以海天公司为龙头、第二梯队并进的局面。

2. 二板式注塑机的种类、结构

二板式注塑机从结构上可以分为直压式、机械液压式。其中，直压式也称全液压式，即不需二次动作，直接高压锁模。根据合模液压缸回油在液压缸中的流动情况，直压式注塑机可分为无循环式、内循环式和外循环式。但全液压结构只适用于小型机器，且存在结构复杂、能耗较高等劣势，在应用上有较大的限制。

目前二板式注塑机的主流结构为机械液压式，也称二板复合式，即通过机械抱闸结构锁定二板，然后通过高压锁模液压缸产生锁模力。根据机械抱闸装置及高压液压缸的不同结构和位置，二板复合式可分为以下几种：一种是锁模液压缸在定模板上，抱合螺母在动模板上，以 Engel、海天等为代表；另一种是锁模液压缸和抱合螺母都位于动模板上，拉杆固定在定模板上，以 Krauss Maffei 公司为代表。此外，也有其他形式的二板复合式结构。目前，行业产品以第一种结构为主流。具体结构如下：

高压锁模时，先由垂直方向两组液压缸分别带动抱合螺母与拉杆齿牙咬合锁紧，然后锁模活塞移动带动模板移动完成锁模动作，模板移动靠机架导向定位。这种结构的优点是：锁模液压缸行程相对较短，抱合螺母和拉杆是联动锁紧，动作精密性高，易控制。

3. 二板式注塑机合模机构刚性研究的必要性

注塑机合模系统的刚性直接影响注塑机的使用性能，同时，系统刚性的好坏对注塑机的整机及关键部件的使用寿命也十分关键，因此合模系统刚性是注塑机的一个重要指标。当模具贴合后，锁模机构中的模板、模具及拉杆之间形成一个串联的刚性系统。作为传统机型的曲肘连杆式三板机，企业和科研机构对其合模系统刚性的研究已经有很多。但是二板式注塑机已经越来越成为大型注塑机的主流趋势，而对二板机合模系统刚性的研究依旧较少，特别是不能指导设计，因此十分有必要开展此项研究。本文以目前最典型的机械液压式二板机为对象，分析探讨二板机合模系统的刚性问题。

二、合模机构刚度计算

机械液压式二板合模机构依靠液压缸直接产生合模力，并经拉杆将作用力传递到模板。模具安装在模板上。合模时，模具受压变形，对模板形成阻力，拉杆则受拉伸长，模板在拉杆拉力和模板阻力共同作用下弯曲变形。

合模完成后，液压缸处于密闭状态的二板式合模机构受力满足

$$\begin{cases}\Delta S=\Delta m+\Delta l+f_1+f_2+\Delta h\\ \dfrac{1}{C}=\dfrac{1}{C_m}+\dfrac{1}{ZC_t}+\dfrac{1}{C_p}+\dfrac{1}{zC_h}\\ F=\Delta S*C\end{cases}\tag{2-1}$$

式中 ΔS—— 合模机构总变形；

C—— 系统总刚度；

F—— 合模力；

Δm—— 模具压缩量；

Δl—— 拉杆伸长量；

f—— 模板挠度；

Δh—— 液压体积压缩量；

C_m、C_t、C_p、C_h—— 分别为模具、拉杆、模板、液压刚度；

Z—— 拉杆数量。

1. 机械刚度

在完成锁模后，合模机构中的机械部件变形均遵守胡克定律。拉杆作为合模机构中的主要受拉部件，其变形符合

$$\Delta l=\frac{FL}{ZE_tA}\tag{2-2}$$

式中 F—— 机器合模力；

L—— 拉杆有效长度；

E_t—— 拉杆材料弹性模量；

A—— 拉杆横截面面积。

由式（2-2）可知拉杆刚度

$$C_t=\frac{EA}{L}$$

式（2-2）也可写成

$$\Delta l=\frac{F}{ZC_t}$$

合模完成时，模具作为主要受压部件承受完整的合模力F，其变形满足

$$\Delta m = \frac{F}{C_m}$$

模板刚度则以挠度的形式表示，是二板式合模机构刚度的重要组成部分。模板结构多样，计算较为复杂。等截面模板的锁模力、模板挠度、模板刚度之间符合以下关系

$$\begin{cases} C_{p1} = \dfrac{F}{f_1} \\ C_{p2} = \dfrac{F}{f_2} \end{cases}$$

等截面模板的最大挠度

$$\begin{cases} f_1 = \dfrac{H^3 F}{48 E_m J_1} \\ f_2 = \dfrac{H^3 F}{48 E_m J_2} \end{cases}$$

式中 H—— 拉杆中心距；

E_m—— 模板材料弹性模量；

J——模板等截面中心惯性。

2. 液压刚度

在二板式注塑机中，液压系统占有非常重要的地位，是二板式注塑机的关键核心技术之一，其性能的优劣直接影响整机性能。

（1）锁模液压缸分析。锁模时控制阀、拉杆、锁模液压缸筒和锁模活塞之间形成一个封闭容积，这个封闭容积即为锁模腔。锁模腔容积可分割为3个部分：锁模液压缸有效容积V_1、锁模腔机械死区容积V_2和锁模腔管路死区容积V_3。锁模液压缸液压刚度计算公式为

$$C_h = \frac{E_e A_1^2}{V_1 + V_2 + 3V_3} \times 10^6 \qquad (2\text{-}3)$$

（2）有效体积弹性模量E_e。有效体积弹性模量并不是从手册上直接查到的液体体积弹性模量的物理值。例如，矿物油体积弹性模量范围为1 400～2 000MPa。由于液体内渗入了不溶解气体和包容它的固体壁面（管道、阀体等），液体体积弹性模量的弹性要比其物理值低。在利用公式（2-3）分析液压系统的特性时，真正有用的是，在内含气体和管道、壁面的弹性条件下，实际表现出来的工作液体体积弹性模量，这就是我们所说的有效体积弹性模量。

工作液体的有效体积弹性模量可用下列近似公式估算

$$\frac{1}{E_e} = \frac{1}{E_c} + \frac{1}{E_1} + \frac{V_g}{V}\frac{1}{E_g} \qquad (2\text{-}4)$$

式中 E_c—— 管道等形成压力区的固定容器的弹性模量；

E_1—— 液体体积弹性模量物理值；

E_g—— 近似为气体的绝热弹性模量，空气E_g=1.4P；

V_g—— 油中所含气体容积；

V—— 压力区（封闭容腔）的总容积。

容器体积弹性模量E_c难以精确计算，常用决定液压系统容器体积弹性模量的主要部分，即管壁的弹性模量来代替。其近似计算公式为

$$E_c = \frac{T}{D} E_P \tag{2-5}$$

式中 E_P—— 管子材料弹性模量；

T—— 管子的壁厚；

D—— 管子的内径。

由于金属材料的弹性模量远远大于液体体积弹性模量物理值E_1，故液压缸筒和钢管对有效体积弹性模量E_e的影响可忽略不计，而高压软管的弹性模量很低，一般为700～3 500MPa，对有效体积弹性模量E_e的影响很大。

气体对有效体积弹性模量的影响：随着压力升高，混入空气对有效体积弹性模量的影响程度降低，并且一部分混入的气体将溶解于液体中，不再对液体的有效体积弹性模量产生明显的影响。在高压系统中气体对有效体积弹性模量的影响可忽略不计。

一般取液体体积弹性模量E_1=1 700MPa，软管弹性模量E_c=3 500 MPa，代入公式（2-4）和（2-5）分别求得锁模腔各容积的有效体积弹性模量为：锁模液压缸有效容积V_1区间的有效体积弹性模量$E_{e1}=E_e$=1 700MPa；锁模腔机械死区容积V_2区间的有效体积弹性模量$E_{e2}=E_e$；锁模腔管路死区容积V_3区间的有效体积弹性模量$E_{e3}=E\mathrm{e}/3$。

（3）锁模液压缸液压刚度计算。在外力作用下，锁模腔压力上升1MPa，此时锁模腔容积三部分的体积变化量如下

$$\begin{cases} \Delta V_1 = \dfrac{1}{E_{e1}} V_1 \\ \Delta V_2 = \dfrac{1}{E_{e2}} V_2 \\ \Delta V_3 = \dfrac{1}{E_{e3}} V_3 \end{cases}$$

锁模腔体积变化量 $\Delta V = \dfrac{V_1 + V_2 + 3V_3}{E_e}$；锁模腔位移变化量 $\Delta h = \dfrac{\Delta V}{A_1}$；锁模液压缸液压刚度 $C_h = \dfrac{F}{\Delta h} = \dfrac{E_e A_1^2}{V_1 + V_2 + 3V_3} \times 10^6$。

3. 系统总刚度

根据以上计算，将各变量与刚度代入式（2-1）可得

$$\begin{cases} F = zC_t\Delta l = C_m\Delta m = C_p f_n = C_h\Delta h = \Delta S \cdot C \\ \Delta S = \Delta l + \Delta m + f_n + \Delta h \\ \dfrac{1}{C} = \dfrac{L}{zE_tA} + \dfrac{1}{C_m} + \dfrac{H^3}{48E_mJ_n} + \dfrac{V_1 + V_2 + 3V_3}{E_e A_1^2} \end{cases} \tag{2-6}$$

4. 合模机构中力与变形关系

（1）三板曲肘式合模机构的力与变形关系。对于三板曲肘式合模机构，合模完成后机构形成封闭力系，并在注射时抵抗胀模力作用。机构在不同阶段表现出来的特性并不相同，但又相互关联：

1）在合模阶段，模具作为合模机构重要组成部分参与变形，它的刚度大小影响机构最终变形

量。合模完成后，机构建立起封闭力系，此时变形力等于合模力F，机构整体变形量为ΔS，其中模具压缩量Δm，合模机构的力与变形关系符合式（2-6）。

2）模具在注射时受到胀模力作用出现回弹，回弹量为Δ。在理想情况下，其回弹过程表现为可逆性，即沿着合模过程中的压缩曲线进行回弹。实际生产中，型腔受到不对称胀模力等作用，除了力的再平衡，还可能出现新的力矩平衡，使模具的回弹过程变得不可逆，影响机构二次延伸量大小。

3）注射时，合模机构出现二次延伸，锁模力从F上升到F'时，拉杆延伸量、模板挠度、曲肘压缩量增大，这三部分的二次延伸量总和为Δ，与模具回弹量匹配。

机构变形力在合模－注射过程中是一个连续力，用式（2-7）简单表示。式中C'为剔除模具刚度后的系统刚度；在合模阶段，机构变形量ΔS为变量；在注射阶段，机构二次延伸量Δ为变量。

$$\begin{cases}F = C \cdot \Delta S\text{(合模过程)} \\ F' = C'\Delta + C\Delta S \quad \text{(注射过程)}\end{cases} \tag{2-7}$$

（2）二板式合模机构的力与变形关系。在机械液压式二板合模机构中，由于合模力通过液压缸直接产生，液压缸控制方式不同，构成的力系系统也不同。二板式合模机构锁模液压缸主要控制方式分为两种：保持液压缸密闭、保持液压缸内恒定压力。

1）液压缸密闭为目前最常见的控制方式。建立锁模力后，锁模液压缸密闭，此时二板式合模机构形成一个封闭力系，力与变形关系基本同三板曲肘式合模机构。锁模后系统发生弹性变形至平衡状态。注射时，模具受到胀模力作用出现回弹，回弹量为Δ；同时机构出现二次延伸，延伸量同为Δ，并且实际锁模力上升；液压缸内液压进一步受到压缩。

在曲肘式合模机构中，拉杆与模板接触，为机械刚性；在机械液压式二板合模机构中，拉杆与液压缸串联后再与模板接触，表现为液压、机械的串联刚性。不考虑模板、连杆、模具等刚性时，三板曲肘式合模机构刚性等同于拉杆刚性C_t，而二板式合模机构刚性则等同于串联刚性C_t'，这两个刚性是反应合模机构抵抗胀模能力的重要量纲。

表1以海天MA7000 Ⅱ三板曲肘式注塑机和JU6500 Ⅱ二板式注塑机做对比，列出两者在指定情况下的串联刚性。

表1　海天塑机集团JU6500 Ⅱ和MA7000 Ⅱ刚性对比

机型	拉杆直径(mm)	最大有效长度(mm)	机械刚性C_t(kN・mm)	液压刚性C_h(kN・mm)	串联刚性C_t'(kN・mm)
MA7000 Ⅱ	155	4 580	864.7	-	864.7
JU6500 Ⅱ	160	2 150	1 876	2 233	1 019.5

从表中可以看到，二板机的拉杆刚性和液压刚性都大于三板机拉杆刚性，但最终的串联刚性却比较接近，即同种模板情况下，机构抵抗胀模能力接近。因此将二板式合模机构的拉杆和锁模液压缸看成一个整体进行设计非常重要，这也是二板式合模机构和曲肘式合模机构在系统刚性上的重要区别。

同时需要注意，处于封闭力系的合模机构在胀模力作用下出现过载，即实际锁模力上升。三板曲肘式合模机构的过载能力受拉杆拉伸强度影响，拉杆强度允许情况下可一直过载，不利于机构使用寿命。二板式合模机构的过载则受液压系统保护，过载到阈值时引起系统卸压，起到保护拉杆作用。

2）保持液压缸内压力不变。锁模缸内压力恒定时，锁模力也保持稳定。注射过程中产生的胀模力仅依靠模具的预紧力来抵销，这种情况下系统转变为开放力系，即不再出现二次延伸。在胀模力作用下模具出现位移当胀模力大于合模力时，制品出现飞边，此时位移量不仅大于模具压缩量，并且可趋于无穷大，这种现象在曲肘式合模机构中并不会出现。

三、刚性影响因素

1. 机械刚度影响因素

针对曲肘式合模机构的系统刚度已经有了很多研究，二板式合模机构机械刚度设计可以建立在这些设计经验上。但由于受力上的区别以及合模精度不同，相对而言二板式合模机构需要更高的刚度。

机械液压式二板合模机构结构简单，其机械刚度受模板及拉杆、模具影响，拉杆、模板的弹性模量与刚度成正比。拉杆直径越大，有效长度越短，则刚度越大，但有效长度为额定量，通常不能改变。模板中心距越小，截面中心惯性越大，则刚度越大，截面中心惯性同模板厚度及结构有关。

2. 液压刚度影响因素

（1）锁模位置对锁模液压缸液压刚度的影响。锁模位置越小，液压缸的液压刚度越高。

（2）锁模腔机械死区对锁模液压缸液压刚度的影响。锁模腔机械死区减小一半后液压刚度有了一定的提高，特别是锁模位置比较小的时候，提高比较明显。

（3）锁模腔管路死区对锁模液压缸液压刚度的影响。锁模腔管路死区消除后，液压刚度有了很大的提高。

（4）最高工作压力提升对锁模液压缸液压刚度的影响。锁模液压缸液压刚度 $C_{\mathrm{h}}=\dfrac{E_{\mathrm{e}}A_1^2}{V_1+V_2+3V_3}\times10^6$ 最高工作压力提升到 $P'=\mathrm{n}P$，由于机器的锁模力和锁模行程不变，此时 $A_1'=\dfrac{1}{n}A_1$，假设锁模腔机械死区容积 V_2 和锁模腔管路死区容积 V_3 也按此比例减小，锁模腔容积也为原来的 $\dfrac{1}{n}$，代入计算可得 $C_{\mathrm{h}}'=\dfrac{1}{n}C_{\mathrm{h}}$。将最高工作压力提高 20% 后，锁模液压缸液压刚度出现一定比例的下降。

注塑机合模系统的刚度直接影响注塑机的使用性能，二板式注塑机逐渐成为大型注塑机的主流趋势，对二板机合模系统刚度的研究也越来越重要。经过文章讨论发现，合模机构在合模－注射过程中的力学特性并不相同，模具的不可逆回弹也会影响到机构的二次延伸。

在设计二板式合模机构系统刚性时，考虑机械、液压构成的串联刚度非常重要。通过对液压刚度的进一步分析得出：

在设计合理的前提下尽量减小锁模腔机械死区容积；

在设计合理的前提下尽量减小锁模腔管路死区容积；

通过锁模液压缸自动排气减少油液含气量等，提高有效体积弹性模量；

在允许条件下锁模位置尽量小。

在对比了三板曲肘式合模机构和二板式合模机构的串联刚性后也可以看到，二板式合模机构的刚性要强于曲肘式合模机构。

〔撰稿人：高世权、吴俊、陈星欣、郑海伟、戴国平、万里〕

透过三年一届的德国 K 展与中国国际塑料橡胶工业展览会分析塑料机械行业的技术趋势与产品动向

综述
专文
行业与地区发展概况
统计资料
企业概况
产品项目与技术
展会专题
标准与专利
附录

从德国 K 2016 看注射成型行业技术发展趋势

被称作是“自举办以来最成功的 K 展”的 K2016（K Düsseldorf 2016 Trade fair for plastics and rubber）于 2016 年 10 月 26 日在德国杜塞尔多夫落幕，总共有来自 160 个国家约 230 000 名有投资意向的观众和 3 285 个展商参与此次盛会。其中 70% 的观众来自国外，40% 来自欧洲以外的国家和地区。来自亚洲的近 30 000 观众是外国观众中的最大群体，其中印度参展人数最多，中国、韩国和伊朗的观众数量也有明显增长。

在过去十年中，全球塑料加工业生产格局发生了改变，除了美国、日本和德国基本保持原有份额以外，以中国为代表的亚洲新兴市场的全球销售占比显著提升。市场对塑料产品的需求在未来几年将继续增长，预计亚洲塑料加工业在未来 10 年还将保持 10% 的年均增长率。此次展会硕果颇丰，整个产业受益于全球终端用户市场不断增长的高质量需求，参展观众纷纷表现出强烈的投资意愿。

K 2016的口号是“工业 4.0 – Working for you! ”。设备制造商们都基于这一目标努力为用户创造出具有更高附加值的技术解决方案。对于塑料加工业来说，工业 4.0 本身并不是最终目的，智能工厂的目标是通过信息化和网络化，以及自我优化的制造流程来提高生产率并实现资源的最佳利用。这对客户则意味着可靠的生产与高标准的质量，最终将带来决定性的竞争优势。在 K 2016 展会上，绝大多数参展单位都以完整的生产单元形式来展示工业 4.0 如何使制造过程更高效，以及如何使产品本身变得更加智能。K 展是塑料行业技术发展趋势的风向标，以下将透过此次 K 展简要总结注射成型行业代表性的几项技术趋势。

一、工业 4.0：智能制造方式推动行业未来发展

K 2016 期间，欧洲塑料和橡胶机械制造商协会（EUROMAP）推出了 EUROMAP 77 标准。这是一种面向工业 4.0 的注塑机与中央计算机或制造执行系统（MES）之间数据交换的新工业标准，这方面欧洲企业已经走在了前面。从目前市场现状和未来发展趋势来看，智能化将是我们必须面对的挑战，目前也是欧美发达国家把握在手中的市场阵地。

恩格尔（ENGEL AUSTRIA GmbH）通过其 inject4.0 概念和相关技术向用户全方位诠释注射成型工业 4.0，分别从智能机器（smart machine）、智能生产（smart production）和智能服务（smart service）三个层面来实现智能工厂的目标。

在智能机器方面，恩格尔的 iQ 系列软件可以持续不断地分析关键工艺参数，及时发现偏差并进行补偿，从而避免产出废品。如 iQWeight 可以在整个注射过程中保持射胶量和熔体黏度的恒定；iQClamp 可通过控制模具的排气持续调整合模力；iQFlow 可实现模具温度的闭环控制。在环境或者原料发生变化时，恩格尔软件自动采取措施来保证工艺的一致性，从而确保产品的质量。恩格尔 iQ Weight Control 见图 1。

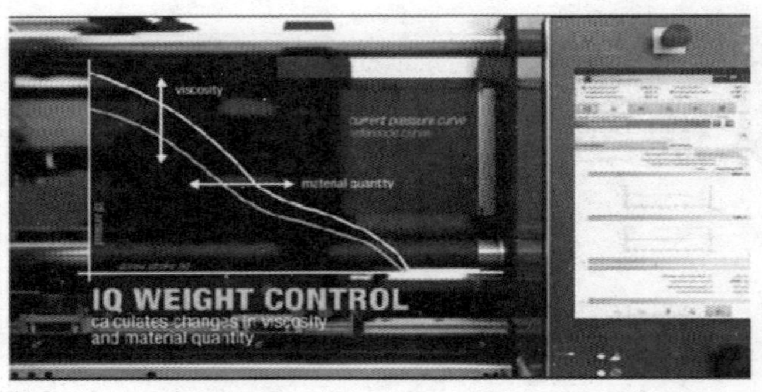

图 1　恩格尔 iQ Weight Control

在智能生产方面，恩格尔 e-factory 系统可以将所有高度集成的自动化生产单元完全联网，从一台中央计算机上观察并分析每台机器的工作状况、使用情况以及产量。新增加的能源模块可以详细地展示机器能源的消耗，并对之进行分析和优化，通过自动控制注塑机的起动避免出现能源使用高峰。

在智能服务方面，恩格尔 e-connect.monitor 可在线监测设备核心部件工作状态并提供可靠的故障诊断结果，避免因设备零件问题导致意外停机。对磨损情况的分析可以确定导致关键零件加速磨损的关键过程参数，再通过参数调整可以避免磨损再次发生。e-connect.monitor 扩大了恩格尔 inject 4.0 解决方案的范围，在智能工厂建设进程中树立了新的里程碑。

克劳斯玛菲（KraussMaffei Technologies GmbH）将其工业 4.0 解决方案称为“Plastics 4.0”，从智能机器（Intelligent Machines）、集成生产（Integrated Production）和交互服务（Interactive Service）三个层面实施，文字表达上略有不同，但是内涵一致。

智能机器：克劳斯玛菲在 2014 年就推出自适应过程控制系统（APC，Adaptive Process Control），此次展会上的 APC Plus 可以更有针对性地对由于环境条件变化、停产或使用回收材料造成的工艺波动做出响应。APC plus 首次考虑了 20 种基本材料的具体性能（如熔体的可压缩性），并在保压阶段自动采取措施进行调控。

集成生产：DataXplorer 是克劳斯玛菲研发的具有检测、分析和记录注射生产过程以及上下游加工过程综合工艺数据的开放性系统，可用于制件加工数据溯源，旨在提高产能、减少系统的长期停机时间，同时改善质量。此次展会通过 CX 300 FiberForm 生产系统展示其生产过程中无缝连接的新网络智能解决方案。所有以质量为导向的加工数据如有机板加热曲线或注射压力、型腔压力曲线等，都被记录在数据库中并形成跟随组件的二维码，可在全球范围内查询和跟踪每个组件的加工数据。克劳斯玛菲的 DataXplorer 见图 2。

图 2　克劳斯玛菲的 DataXplorer

交互服务：克劳斯玛菲展示了监控机器、评估实际数据和各种服务功能的众多工具，如基于OPC-UA报告的联网机器的摄像头应用和中央计算机接口标准化等。客户还可在任何时间通过克劳斯玛菲网站直接登录电子服务平台（E-Service platform），查询所有相关的中央数据，快速处理问题。

阿博格（ARBURG GmbH + Co KG）在此次展会上展示了其工业4.0的应用新模式：空间上分离生产并且个性化制造的“智能”行李箱标牌。行李箱标牌作为信息载体，用户的联络数据以电子名片（vCard）的形式与生产过程数据一同存储到集成的NFC芯片中，最后用激光对行李箱标牌进行个性化处理。生产数据可由生产部件的行李箱标牌提供信息直接从云端获取，从而实现灵活的分散生产。

威猛巴顿菲尔（WITTMANN BATTENFELD GmbH）推出可在Windows操作系统下运行的新一代UNILOG B8控制系统，可方便地集成标准应用以及基于互联网的服务支持。QuickSetup程序能够快速完成机器与新模具的初始设置，通过B8中的材料数据以及录入与成型部件和机器有关的数据，该控制系统即可计算出初始的工艺参数用于参数的快速设置。借助WITTMANN 4.0技术，可以通过单一的监控屏幕对注塑机和周边设备进行可视化操作。

博创智能装备的工业4.0技术也是通过一套交钥匙系统进行展示，而且产品能够满足工业4.0的欧洲标准。此外，其他国内参展的设备供应商都相继推出各自品牌的工业4.0解决方案。如震雄控股iChen 4.0、东华机械2.0、伊之密I-factory 4.0等，关注重点是解决生产过程的监控、管理及服务。

海天国际在讨论工业4.0时，考虑更多的是成本因素，以及如何将信息技术与制造业更深入地融合。海天提出“以恰到好处的技术打造灵活性”的参展口号，重点展示其能够满足80%市场需求的标准化应用解决方案。早在K 2013海天就已将发展方向设定为“小机电动化、大机两板化”。截至2015年年底，海天小吨位全电机销售份额从11.1%上升到14.8%，大中吨位的两板机销售份额也从19.5%提升至28.5%。此次K展上，海天发布了“模块化生产”的新战略，客户在未来可以更加方便地将不同规格型号或是将全电机和伺服液压设备的零部件进行混合和匹配。“模块化”战略有助于帮助客户找到柔性制造、生产效率和价格的最佳组合，也将帮助海天更方便地适应不同工业化程度国家的需求。新发布的“模块化生产”也被海天称为未来注塑机设计的发展方向。

二、汽车工业：轻量化及绿色制造的迫切需求

近年来，随着各国不断出台愈加严苛的燃油经济性、排放、回收标准，汽车行业要想在这样的大背景下实现持续发展，轻量化势在必行。其中，采用新型轻量化替代材料是行业内普遍看好的实现途径。

克劳斯玛菲推出了热塑性树脂传递模塑成型（T-RTM）技术。该技术能在较短成型周期内生产出由纤维、塑料和金属制成的混合材料汽车样件。新的计量系统可实现原料（己内酰胺）的按需供应，近净形状的生产最大限度地减少了碳纤维材料的浪费和加工步骤，该工艺可同时用于玻璃纤维（白色）和碳纤维加工。现场展示的成型样件是一种带有金属嵌件的纤维增强复合材料汽车结构部件，生产过程只需几分钟。显然，热塑性塑料（PA6）结构件比热固性塑料拥有更高的冲击强度和更大的韧性断裂特性。此外，T-RTM相比注射成型工艺具有更高的纤维含量和更低的黏度，因而可生产出壁厚极薄的部件。克劳斯玛菲的T-RTM工艺将反应加工设备、热塑性材料以及传递模塑工艺集于一体，同时具备连续纤维、短周期、可焊接及可回收等方面的优势，实现了对现代轻量化生产的完美整合。克劳斯玛菲热塑性树脂模塑成型工艺（T-RTM）见图3。

图3　克劳斯玛菲热塑性树脂模塑成型工艺（T-RTM）

恩格尔展示了利用模内成型皮纹覆皮工艺（IMG，In-Mould Graining）结合连续滚动式制程生产汽车内饰件产品，可以在70s内生产出具有许多先进特性的汽车门内板，这是恩格尔首次在完全自动化的生产单元中展示DecoJect技术。与传统的IMD工艺不同，IMG工艺不是简单将图案从薄膜传递到组件上，它利用激光对薄膜进行精细加工并将其保留在组件上，制件颜色、图案、表层结构和触感都一次成型。展示的部件表面呈现出包括复杂皮革颗粒在内的多种结构。恩格尔皮纹覆皮工艺（IMG）见图4。

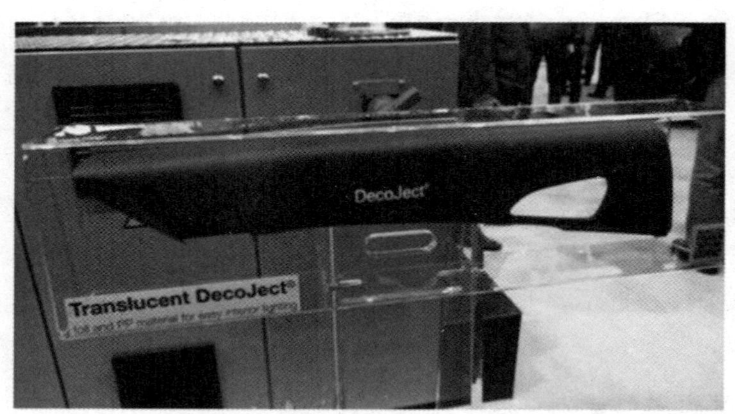

图4　恩格尔皮纹覆皮工艺（IMG）

阿博格则将采用物理发泡方式的ProFoam工艺用于轿车内饰件生产，同时借助动态模温控制技术可获得高质量的高光表面。ProFoam技术的基本原理是，在原料进入机筒之前通过超临界氮气进行浸润发泡，其优势在于不需要在螺杆上设置额外的剪切和混合功能部件。采用ProFoam技术可注射出轻质、稳定并且不易变形的部件，部件具备均匀的发泡结构。相比于传统注射工艺，获得的制件不仅可减重13%以上，而且增强纤维平均长度更长。阿博格ProFoam发泡工艺生产汽车内饰的外观部件见图5。

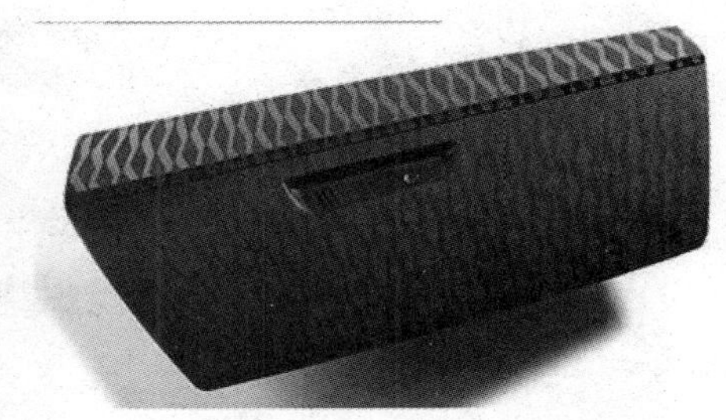

图 5　阿博格 ProFoam 发泡工艺生产汽车内饰的外观部件

克劳斯玛菲的 ColorForm 工艺仅通过一道工序即可将具有不同厚度、不同表面效果（比如表面同时具有哑光和高光泽度）和颜色的聚氨酯涂层涂覆于热塑性背衬材料之上。ColorForm 工艺完全取代了传统的喷漆及其上下游所需配套工艺步骤，无需单独清洁部件。新工艺既可提高生产效率和产品合格率，又可显著降低生产成本。作为一种高光表面部件的绿色生产方案，ColorForm 可将高光泽表面与各种基体材料（如热塑性塑料、热固性塑料或聚氨酯）相结合，可实现从透明到钢琴黑广泛色彩的显示，使得颜色管理灵活可变，从而使设计更为自由。

三、包装工业领域：高效及精密的追求永无止境

包装行业是聚合物应用最广的行业之一，约 30% 的欧洲包装应用都要求 2 ～ 3s 的极短周期。不断提升生产效率和精度是包装行业对生产系统永无止境的要求。

住友德马格（Sumitomo （SHI） Demag Plastics Machinery GmbH）在全球塑料包装制造领域的份额超过 20%，目前已经有超过 2000 台 El-ExisSP 注塑机用于薄壁塑料包装、螺纹盖和各种密封件的生产。现场展示的是应用 El-ExisSP200 高速注塑机和一模 4 腔模具生产装饰杯，周期不到 2s，这应该是 K 2016 展会上生产装饰容器最快的机器。此外，El-ExisSP420 注塑机在 2+2 叠模中采用注射压缩工艺生产聚丙烯（PP）托盘，注射压力和锁模力显著降低，保压压力分布均匀，成品的残余应力和翘曲变形也明显减弱，最终达到更薄、更轻的生产效果。

耐驰特（Netstal-Maschinen AG）在 K 2016 展示了 ELIOS 7500 注塑机搭配 24+24 叠模，每小时生产超过 43 000 个圆盖，每个重量为 2.8g，生产周期为 4s。注射机构由两个动态伺服阀驱动，保证在注射和保压过程中实现高加速度、高注射能力和精密控制的效果。双伺服阀使流速高达 2×550 L/min，最大注射速度为 2 200mm/s，加速度可达 20g。通过配备数字控制器确保高定位精度，可实现注射量的高度一致性。

威猛巴顿菲尔多组分机型 SmartPower COMBIMOULD 的每个注射单元都拥有单独的伺服液压驱动，使得“以低能耗实现极短的循环周期”成为可能。SmartPower 系列多组分机型能够更方便地完成多色、复合材料、组装和多组分注射成型，而且能耗更低。威猛巴顿菲尔在 K 2016 上展出了采用热塑性塑料和液态硅胶制成的饮用瓶盖。采用 COMBIMOULD 技术，能将数种具有不同特性及（或）颜色的塑料材料加工成一个部件，且集成诸如粘合、装配、拧紧等下游工序，为产品特性开辟了新空间，又兼具经济高效性。威猛巴顿菲尔的热塑性塑料和液态硅胶制成的饮用盖生产单元见图 6。

图 6　威猛巴顿菲尔的热塑性塑料和液态硅胶制成的饮用盖生产单元

赫斯基（Husky Injection Molding Systems Ltd.）于 K 2016 期间推出一项集成式解决方案 HyCAP 4，模具、机器及辅助设备协同工作以提高生产效率、改善能效并增强易用性。系统现场生产 1.25g 的 29/25 矿泉水瓶盖的周期为 2.4s，生产 6.1g 的洗发水翻盖的生产周期为 8.5s。全集成式 eIMC 模内闭合技术通过在注射过程提供更精确的控制，在提升产品质量的同时将注射时间缩短 20%。此外，Husky 还采用共注射热流道技术生成多层阻隔包装制品，通过与先进的热流道系统以及增强型控制相结合可对阻隔材料进行精确分配，满足不同阻隔能力应用要求。同时还通过减少阻隔材料的使用量来提高阻隔性 PET 包装制品的可回收性。配合使用 LayerWatcher 检测系统，可通过精确测量阻隔层来确保阻隔防护和包装的安全性。

四、增材制造：3D 打印应用不断扩展

增材制造技术自提出后因其三维结构的快速成形制造等诸多特点，在航空航天、汽车制造、生物医学等诸多领域得到了广泛的应用。目前，欧美、日本等发达国家都投入大量资金来推动该技术的发展应用，越来越多的厂商也将目光投向该技术领域。

阿博格在 K 2013 发布了 Freeformer 和 Arburg Plastic Freeforming（简称“APF”）工艺，通过带有脉冲开关的喷嘴形成塑胶液滴进行逐层排列构建功能部件。此次展会，结构优化后的 Freeformer 具有更佳的通风排热性能，还可选配材料烘干装置。打印材料也可扩展到耐高温塑料、生物基聚酰胺等材料。阿博格 Freeformer 打印的颅骨植入物及耐高温 PEI 材料制品见图 7。

图 7　阿博格 Freeformer 打印的颅骨植入物及耐高温 PEI 材料制品

瓦克（Wacker Chemie AG）于 K 2016 上展示了有机硅材料的按需喷墨打印技术，打印速度明显提升，机器结构也更为紧凑。3D 打印技术目前最主要的应用是汽车、航空航天和医用领域，具有耐高温、低温柔韧性、较佳的生物兼容性和透明度、能够任意染色、消音效果好等特性的有机硅材料正好可在这些应用中充分发挥优势。

3D 打印在注射成型加工中最直接的应用案例

是用于注塑模具异形冷却水路的制造。传统设计制作的水路都是以钻孔方式完成，其直线圆管状须避开结构或组装原件。异形冷却水路模具设计可根据需要任意设计，使用时可显著降低脱模速率和成型周期，并提升30%～70%产能时效与质量良率。直接金属激光烧结（DMLS: Direct Metal Laser-Sintering）技术是目前市场上成熟的金属3D打印技术，可根据3D模型数据通过高能激光束来局部熔化金属基体同时烧结固化金属粉末材料并层层堆叠生成致密实体零件，代表厂商包括德国EOS、日本沙迪克等。此外，德国PVA/TePla高真空叠层扩散焊技术也是目前模具异形冷却水路制造的有效解决方案。

五、小结

根据EUROMAP发布的统计数据，2015年全球塑料橡胶机械产值达到339亿欧元（2014年为325亿欧元），塑料橡胶机械产量占比位居前三的国家分别是中国（32.5%）、德国（20.7%）和意大利（7.8%）。在中国增长引擎的驱使下，预计2016—2018年期间全球塑料橡胶机械的销售额仍将保持3.4%的平均增长率。过去20年，中国橡塑机械企业通过持续不断的技术引进和自主创新已在全球市场上占有举足轻重的地位。虽然与欧美日等发达国家之间的技术水平差距正在不断缩小，但在高端市场争夺方面我们仍然缺乏竞争力，中国的高端机械仍旧需要从欧洲进口，这是中国制造业面临的残酷现实，但同时也是难得的发展机遇。中国注塑产业同仁应该在工业4.0和中国制造2025的推进过程中抓住机遇，加快实施智能化制造技术的升级，实现中国制造百年强国梦想将指日可待。

〔撰稿人：北京化工大学机电工程学院谢鹏程、武高健、张玉丽〕

由K展看全球橡塑业发展五大热门

三年一度的K展于2016年10月开幕，从展会可以一窥现时行业内值得关注的五大领域。

一、3D打印

K 2016展会再次以增材制造为重点设立了3D fab print区域。

增材制造工艺赋予设计极高的自由度，可以制造形状和内部结构极为复杂的单个组件，在设计与包装、航空与汽车行业，以及牙科、医疗技术和机器与设备工程领域引起了广泛关注。美国增材制造研究（Additive Manufacturing Research）组织表示，至2020年增材制造的年均复合增长率可达20%。

针对这一领域，行业塑料加工研究所（IKV）和亚琛工业大学精湛工艺系邀请塑料价值链的公司参与"塑料增材制造领域产品开发"研究。

尽管许多生产设备和工艺已基本成熟，并可用于工业大批量生产，但如今产品开发所采用的方法仍然未能充分利用增材制造的特性。设计和数据处理技术非常复杂且耗时，这种成本无法分摊在大量的产品上，对每一种款式都要完成设计过程，因而无法实现经济、大批量地生产单个、个性化的部件。

IKV表示，为了充分发掘部件设计和加工性能方面的技术潜力，需要对整个设计和开发方法进行重新思考，重点应当是材料性能、建模方法、设备原则和产品开发过程中的自动化潜力。一方面要研究增材制造样品与塑料工业制品的开发，另一方面还要研究用于加工采用传统加工方法加工塑料的增材制造工具。

二、轻量化 = 发展动力

面对愈趋严格的排放标准，汽车轻量化已是持续好几年并会继续成为各汽车厂商和原料供应商的重中之重。中国经济增速虽然放缓，但与北美或西欧市场相比，其增长仍相当强劲。增长并非来源于经济改善，而是受较重材料替代需求的推动。轻量化是汽车行业很时髦的用语，尤其是在中国。在新常态条件下，中国汽车行业年销售额仍然能以 10% 的速度增长。

比利时材料供应商索尔维（Solvay）认为，轻量化趋势是聚合物行业发展的推动力。利用新型材料，汽车制造商可以克服发动机小型化产生的问题，如温度和压力的大幅升高。需要向其提供能够耐受新一代发动机较高连续热应力，同时又对成本与性能没有不利影响的新材料解决方案。

三、碳纤维仍是热点

虽然以塑代钢可达到减重的效果，但“塑”亦必须坚硬如“钢”才可。单从这方面来看，碳纤维与塑料的减重效果与物理性能均首屈一指。

IHS Markit 的新研究报告表明：受工业应用的推动（如飞机、汽车、压力容器、风力涡轮机和体育用品的制造），2020 年前，碳纤维全球市场每年将增长 8%。预计全球碳纤维消耗量将从 2015 年的 6 万 t 增长到 2020 年的约 9 万 t。飞机和汽车制造商面临着环境和法规方面的压力，需要减轻重量、提高能效、减少碳排放，这推动了碳纤维需求的增长。

IHS Markit 的研究表明，汽车和工业 / 风电应用场合当前的消耗量占全球碳纤维需求量的 60% 以上，而且该行业的碳纤维需求 2015—2020 年将以约 9% 的年平均增长率增长。

四、工业 4.0 炙手可热

在生产工艺中采用数字化设备，塑料加工商可以分析自身生产过程的数据，从而可收集信息和实际知识。

从长远来看，在实际生产过程中收集的数据还可用于生产设备的调整，如机器、机械手、模头和模具，使其满足日常工作中的实际要求，并针对实际应用规范优化它们的设计。

工业 4.0 是一种势不可挡的发展趋势，在 K 2016 展会上可看到这一点。实际上，EUROMAP（欧洲塑料和橡胶机械制造商协会）在 K 2016 展会之前就推出了 EUROMAP 77，这是用于注塑机与中央计算机或制造执行系统（MES）之间数据交换的符合工业 4.0 要求的工业标准。

德国政府和 VDMA 一直在推动“工业 4.0”新生产概念，目标是提高工厂生产效率，同时可以收集生产工艺中不同方面的数据进行分析和进一步的改善。工业 4.0 提供了一个数字数据平台，并以智能方式综合数据，从而提高产品质量和生产效率。决定采用工业 4.0 概念的制造商可能是一些想更好地控制机器和生产过程的公司。

恩格尔推出 Inject 4.0、克劳斯玛菲推出 Plastics 4.0、威猛巴顿菲尔推出 Wittmann 4.0、W&H 推出 Packaging 4.0、EREMA 推出 Recycling 4.0，这些是众多塑料机械制造商提出的智能概念的一些例子。未来将来会出现更多的解决方案。

五、医疗需求有增无减

世界卫生组织（WHO）的研究表明，到 2050 年，预计世界人口中约有 20 亿人老龄化（60 岁以上），有 10 亿人将等待进入医疗系统。预计全球医疗器械市场从 2014—2020 年的复合年增长率（CAGR）为 6.5%，从 2014 年的约 610 亿美元将增长到 2020 年的约 890 亿美元。

在成熟经济体中，老龄化人口的疾病预防和自购用药将会推动对低成本、易使用装置的需求。同时，发展中经济体存在大量的医疗器械需求，但设备必须兼具高性能和低成本。

例如，比利时器械开发商和生产商 Novosanis 公司主要从事传染病与肿瘤预防、检验和治疗领域的业务，在设计 VAX-ID 接种装置时找到了沙特基础工业（SABIC）寻求帮助。

SABIC 的 PCGR40 是一种聚丙烯（PP）树脂，用作一种短、薄、几乎看不见的针的壳体材料。这种针用于接种，只需刺入皮下 1mm，以减轻被接种人员的压力。这种超透明材料具有较好的流动性，由于透明并符合欧洲和美国医疗法规，所以具有较高的安全水平。

对医疗设备需求的上升也推动了医药包装和塑料医疗器械的增长。但是，按照世界卫生组织的数据，流通中有8%的医疗器械是假冒的；国际刑警估计每年有750亿美元的假冒药品进入市场。安全进行治疗对于医疗器械和医药公司仍然是一项挑战。

〔摘自《CPRJ中国塑料橡胶》〕

宝马集团碳纤维线

随着科技进步，汽车行业也呈现出新的发展态势，汽车轻量化的议题已经被车企提上了日程，而其中集大成者则是宝马集团。宝马集团凭借十多年的深入研究，对工艺、材料、设备和工具的优化，以及在量产车中使用碳纤维增强复合材料积累的经验，成为目前唯一掌握在大规模生产中使用碳纤维增强复合材料技术的汽车制造商。中国塑料机械工业协会参观团于2016年10月26日奔赴宝马兰茨胡特汽车工厂参观学习。

作为宝马全球29个生产基地之一，宝马兰茨胡特工厂已经有50多年的发展历史，其中碳纤维生产已经有十多年历史。兰茨胡特工厂既是宝马轻型车身和电动车的研发和生产基地，也是宝马全球重要的零部件生产基地。

在到达接待中心之后，工作人员再三强调参观过程中的安全以及注意事项，整个行程1.5小时左右，参观了宝马的轻型金属冶炼、碳纤维复合材料以及汽车外饰部门等车间。按照要求，参观团成员换上了带有宝马logo的荧光服，戴上了安全帽，穿上了工作鞋。

轻型金属冶炼车间里，工作人员主要介绍了车身铝部件的铸造，并特意展示了宝马公司特制的液态铝容器。该容器被装载在叉车上，可以有效地保持容器温度。液态铝的温度高达700℃，但该容器却可以使95%以上铝保持液态，极大地提高了生产以及资源利用效率。

在汽车外饰车间，工作人员展示了恩格尔公司的大型注塑机。该大型注塑机用于生产汽车前车盖，只需要一道工序就可以将车盖的三部分牢牢地粘合起来，其高效是人工无法实现的。该注塑机引起了大家的关注，但由于保密问题，工作人员并未向大家透露机器设备的具体参数。在喷涂车间，工作人员讲解到宝马车身颜色有600多种，颜色可以定制。在汽车生产过程中，会对同一颜色的产品进行喷涂以提高效率。在喷涂车间，瑕疵品的检验则需要人工完成，这需要员工的专业经验，机器无法替代。

碳纤维生产车间有三组碳纤维压铸设备，每组设备逾300t，产生的压力可达30MPa（3 000t）。生产碳纤维的原材料聚丙烯腈纤维原丝由日本三菱公司提供，之后原材料被转移至美国摩西湖工厂进行生产，将聚丙烯腈纤维转化为真正的碳纤维，之后才会被运送到德国，加工成不同类型的编织材料，再被运送至兰茨胡特以及莱比锡宝马工厂，用于汽车零部件的生产。

资料显示，2013年宝马推出的i3车型就大量使用了碳纤维。2014年，宝马投资2亿美元与西格里集团（SGL Group）成立合资公司，希望能够降低材料成本，更有竞争力和更多地使用碳纤维材料。2015年6月发布的新款“7系”，则是新一款实现了多材料化的车辆，其车体骨架中融合了碳纤维、铝合金和钢板，采用了新的轻量结构。

截至 2015 年，宝马集团已投资超过 5 亿欧元在全球 4 个工厂生产高强度碳纤维复合材料，车用碳纤维的年产能达到 9 000t，占据全球 2/3 的市场份额，在这一领域具有无法撼动的绝对优势。

毫无疑问，在汽车轻量化方面，不管是铝结构还是碳纤维，宝马集团已经走在了时代的前列，值得国内车企学习。在碳纤维生产方面，国内企业也应该在提高产品质量、增加产品种类的同时，争取降低生产成本并扩大市场份额。

国内塑机企业也应该不断提高生产技术，打造高端品牌，并借鉴其他行业的专业技术，为碳纤维生产提供良好的设备支持。在汽车轻量化过程中，塑机行业必将发挥着越来越重要的作用，这也需要国内塑机企业提高认识，不断创新，紧跟时代步伐，适时做出战略调整，以确保在今后的竞争中拥有一席之地。

〔供稿单位：中国塑料机械工业协会〕

中国国际塑料橡胶工业展览会（Chinaplas 2017）国内参展企业展品介绍

海天塑机集团有限公司

此次展会上，海天国际携旗下“海天塑机”和“长飞亚塑机”两大品牌的海天天隆 MAII 系列高性能版注塑机（MA2700II/750p）、天合 IAII 系列转盘式宽版多组分注塑机（IA2500II/b-j）、长飞亚天锐 VEII/p 系列全电动包装专用机（VE2300II/830p）、长飞亚 ZE 系列电动注塑机（ZE1200II/300s）4 个机型亮相。

1. MA2700II/750p 海天天隆 MAII 系列高性能版注塑机

天隆 MAII/p 系列高性能注塑机在天隆二代基础上进行了全面提升，与传统液压注塑机相比，性能提升显著。该机型吸收多年的市场实践经验，针对短周期快速成形过程中机器漏油、机械寿命等问题进行了大幅改良，并采用现代化加工工艺和先进的注射控制方式，确保整机响应高效率、性能高稳定。天隆 MAII/p 系列性能卓越，广泛适用于塑料加工行业，尤其对于薄壁制品、多腔制品以及传统行业的提效增产作用显著。

2. IA2500II/b-j 海天天合 IAII 系列转盘式宽版多组分注塑机

海天天合 IAII 系列多组分注塑机，锁模力范围 1 200 ～ 20 000kN，采用单缸注射结构，惯性小，线性导轨整移导向，注射平稳、精度高、可控性强。模块化设计，可灵活搭配不同的动力单元和注射单元。全新的伺服电动机和液压伺服闭环控制转盘驱动方式，旋转快速平稳。转盘托出和自平行装置及抱紧装置全面提升转盘承重能力。

3. VE2300II/830p 长飞亚天锐 VEII/p 系列全电动包装专用机

天锐 VENUS 系列全电动包装专用注塑机，锁模力范围 1 500 ～ 4 500kN。全电动注塑机的运动部件由超精密高响应的伺服系统驱动，确保机器性能更加稳定、高效，并且节能环保，节能率最高可达 70%。广泛适用于塑料加工工业的各个领域，尤其适用于医疗产品、电子产品、光学产品、薄壁制品、环保洁净的无尘制品、微成型等行业。长飞亚在全电动注塑机基础上开发的包装专用机，适用于生产周期小于 10s 的制品。采用高长径比塑化组件和超低惯量、高响应高速注射装置，注射装置可旋转，轻松实现塑化部件的更换与维护。

4. ZE1200II/300s 长飞亚 ZE 系列电动注塑机

长飞亚 ZERES 系列欧版电动注塑机，锁模力范围 400 ～ 13 800kN。在秉承了全电动注塑机优良基因的基础上，融合德国最先进的研发设计理念，设计集成了高性能、低能耗的液压驱动单元。该产品以市场需求为导向，多方位满足客户对注塑机的应用需求，进一步扩展了模具应用领域，尤其是在解决集成有液压中子和阀控浇口的模具应用技术上表现优异，推出后获得市场广泛好评，并迅速成为长飞亚的热销机型。

震雄集团有限公司

震雄集团携 7 台先进注塑机参展，包括 SPEED208 高速注塑机、JM168-MK6 及 JM128-MK6 捷霸（第六代）伺服驱动注塑机、SM700-TP-SVP/2 超霸伺服驱动二板大型注塑机、EM180-SVP/3+ 及 EM150-SVP/3+ 易霸第三代（加强版）伺服驱动注塑机、SM90EJ 超霸全电动注塑机。

1. 震雄 SPEED208 高速注塑机

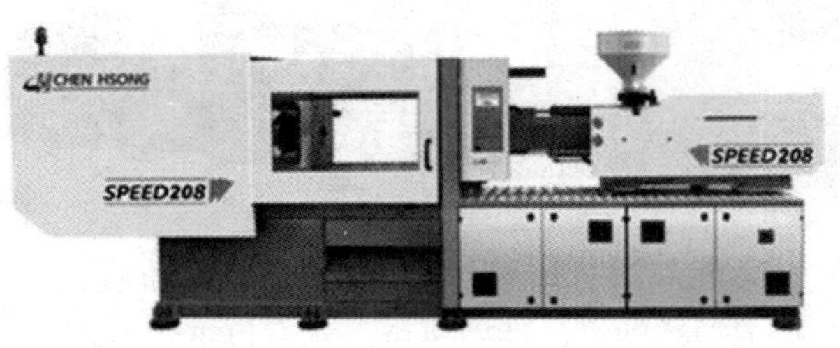

该机型从设计理念到产品成型都始终贯穿“给予客户高可靠性、高性价比的机器”的指导方针，具有下列突出的亮点：

（1）全新改进的锁模系统设计，锁模机构各项参数全面提升；采用斜排五点机铰设计，模板运动更快速平稳；合理的机铰布置，实现超长开模行程，扩大操作空间。

（2）优化模板结构设计，模板受力更均衡；二板采用双滑脚设计，便于调整模板的平行度，有效保护模具。

（3）采用欧标顶针，加大顶针操作空间；抽芯采用模组化设计，可以根据需要自由搭配。

（4）采用齿轮调模结构，配置全新的自动调模功能，一键操作即可自动调整到所设定的锁模参数，锁模力调整更加快速、准确。

（5）射台采用双射移、框架式设计，可以搭配多种不同类型的塑化组件，提高制品稳定性与良品率。经客户使用验证，制品合格率提升 10%。

（6）专用的高速双射胶油缸，配合线性导轨设计；熔胶采用数控比例背压控制，操作更加便捷。

（7）液压系统采用最新辅助卸压技术，搭配伺服系统，速度、压力控制更加稳定准确，同时外部配合泄压，准确快速，更好地保护油泵。结合低油泵转速系统，整机运行平稳安静。

（8）整机系统经过全新优化调校，机械、电气、液压每个部件都进行最大程度优化。该系列高速注塑机不仅具备高速性能，同时具备高响应性能。在薄壁、精密制品中具有无可比拟的优势。

（9）新颖的外观设计，配置最新一代控制器。该系列机型拥有 9 项技术专利和 1 项版权专利，达到国家一级节能标准。

震雄 SPEED 高速注塑机系列特别适用于快速包装行业的生产应用，展会现场演示了一模出四个模内贴高端冰淇淋杯的生产流程，配合后道的自动化包装系统，从原料到成品包装一次性完成，为注塑业界智慧工厂呈上完美的解决方案。

2. JM168-MK6 及 JM128-MK6 捷霸（第六代）伺服驱动注塑机

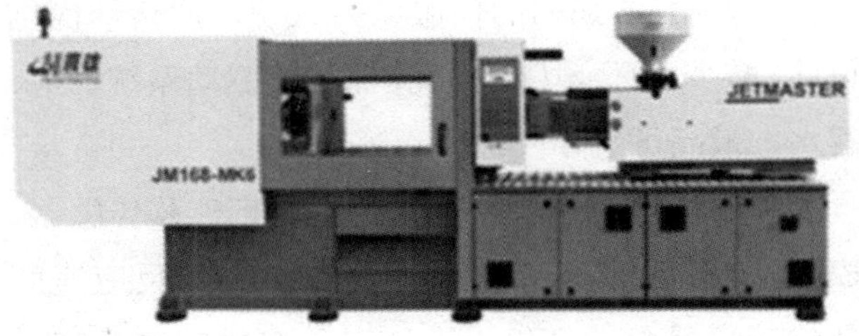

JM-MK6 捷霸（第六代）伺服驱动注塑机对上一代注塑机进行了全面的优化，使该系列机型具备 SPEED 高速机大部分的优点。

该注塑机从机械设计到软件开发都经过大量

的优化，从控制器到伺服驱动器都形成标准化的机型参数，每台机器都能够保证性能不变。同时，该机型配备震雄集团智能联网控制系统的最新版本 iChen4.0，以满足日趋智能化的工业生产潮流。该系列机型能为客户提供一套节能、高效、稳定、安全、精密、方便、智能的生产方案。

JM168-MK6 及 JM128-MK6 两台捷霸（第六代）伺服驱动注塑机，在展会现场同步并联生产家用电器开关，并自动组装成品，极大地提高生产效率，降低生产成本。

3. EM180-SVP/3+ 及 EM150-SVP/3+ 易霸第三代（加强版）伺服驱动注塑机

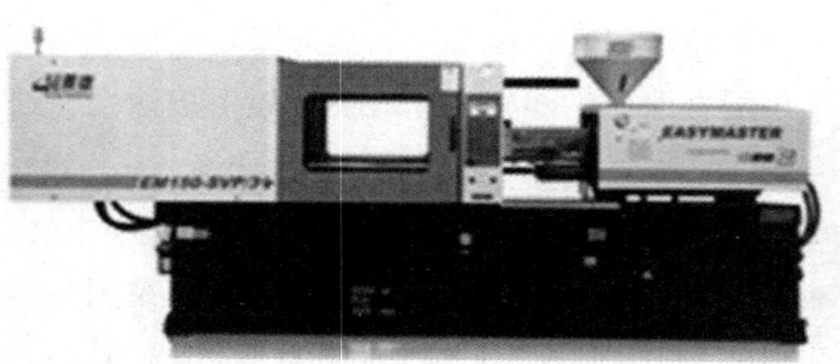

震雄 SVP/3+ 易霸第三代（加强版）伺服驱动注塑机，在保持该系列机型传统优势的基础上，融入了先进的实用性设计，强劲的动力系统，刚性结构的增强，使整机性能及机械结构稳定性得到最大程度的保障。该系列机型具有下列优点：

（1）一体式射台座设计，射移动作更顺畅、更稳定。

（2）配置全新日本 CPC6.0 智能控制器，配合一体化的联网模式，可实现无人车间的自动化生产及监控。

（3）配备强劲的伺服动力系统，油路经优化设计，减少循环压力的损耗，比传统驱动系统省电、省水，最高可达 80%。

（4）锁模、射胶、顶出采用高精密位移传感器，控制精准，射胶速率最高可增加 23%，反应速度是传统变量泵的 2 倍以上，产品重复精度最高可达 ±0.25%。

（5）液压、电气、密封等关键元器件均采用世界知名品牌，保证品质稳定。

（6）模板采用特殊工艺铸件，减缓模具受力，提高制品精密度。

（7）齿式免调机械安全锁杆，双色警报灯，确保安全可靠。

（8）圆形模板专利，并采用特厚铸件，模具受力更均匀。

（9）配备机械手标准接口，外置多组电源插座，更多的运水端口，满足客户用电、用水等多用途接驳需求。

两台注塑机在展会现场共同完成电动工具手柄双色注塑工艺。

4. SM700-TP-SVP/2 超霸伺服驱动二板大型注塑机

震雄集团展出的 SM700-TP-SVP/2 伺服驱动二板大型注塑机，性能出色，具有以下特点：

（1）真正的二板式设计，占地空间少，开模行程大。

（2）独创专利——导柱及液压锁模设计，使模具受力平均，锁模力控制更加准确。

（3）简便快捷的自动调模功能及高速准确的移模控制，大大缩短生产周期。

（4）独有专利——机铰式抱合系统，确保锁模拉杆受力更加均匀，进一步保护模具。

（5）运用成熟的伺服技术，搭配顶级的液压控制系统，最大限度地优化机器的每个动作。

（6）采用精确稳定的控制系统，配合世界级的射胶塑化系统，提高制品重复精度。

（7）采用吸油、回油过滤冷却系统，多层次立体化降低液压油的污染，降低用户的维护成本。

震雄二板注塑机锁模和射台单元采用模块化独立设计，共提供十四组锁模及十四组射台，满足不同的生产需求。除了适合普通制品外，也非常适合大型深腔制品，例如汽车配件、大型家电、建筑部件、卡板和水箱等。

5. SM90EJ 超霸全电动式注射成型机

该机使用四个高端伺服电动机驱动，专为需求高精度及高质量的用户设计。整机超强的结构稳定性，带来更长的使用寿命，同时简单的结构让保修更容易。该机型成本合理、质量优越，节能效果明显，高 C/P 值是亮点，有助于创造洁净的生产环境。

该机型拥有良好的弹性应用空间，可适用于许多产业，例如医疗、电子、汽车、食物与化妆品包装产业等，并可搭配不同的外围设备，实现优秀的生产效能。

博创智能装备股份有限公司

博创智能装备股份有限公司携以 BU800 二板式注塑机、BH260 油电混合机为主机的智能注塑无人化生产线亮相，同时现场同步演示“博创注塑云 MES 系统”“博创 iPHM 注塑机全生命健康管理系统”。

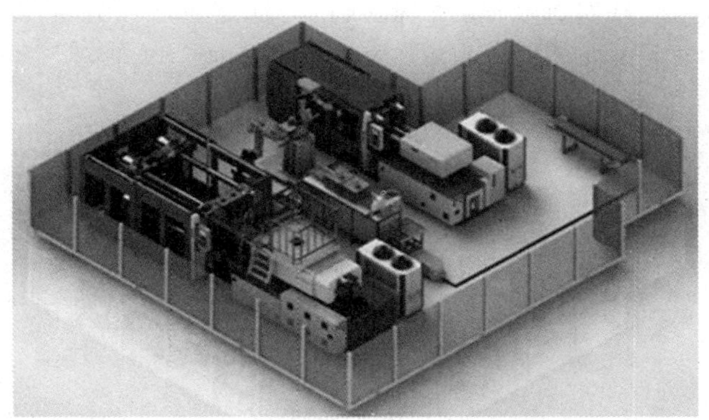

此次重点展示的智能注塑无人化生产线是以达到欧洲技术水平的博创 BU 二板式注塑机和博创自主研发并获得世界发明专利的 BH 系列机铰直压式快速注塑机为主机，集成六轴机器人、模外自动组装机、激光打标机、AGV 自动搬运、磁力模板、液压夹具等自动化设备，再配置具备 RS485 通信功能的除湿干燥送料组合、冷水机、气辅装置等辅助设备的一套多工序智能生产系统。按照设定的指令，各设备自动执行任务，实现多工序制品的取件、组装、激光打标、自动搬运等动作。通过注射成型设备的主控制器与各种辅助设备的通信和控制，实现智能互动生产。

同时，与智能互动生产相关联的博创生产制造执行系统 MES 是一套面向制造企业车间执行层的生产信息化管理系统，可以帮客户实现生产工艺管理、机器参数管理与监控，实现机器的智能化。

博创 iPHM 系统是博创自主研发的注塑机全生命健康管理系统，通过利用云技术、数据协议通信技术、移动互联网技术、装备建模、人工智能、模糊神经元、大数据等技术采集企业智能装备运行数据与用户使用习惯数据，实现在线监测、远程升级、远程故障预测与诊断、装备健康状态评价、生成装备运行与应用状态报告等功能。

智能装备云服务平台是为实现客户装备高效、持续稳定无故障运行及便捷人性化的装备保养、高效售后支撑而研发的智能物联网平台，具备设备档案集中高效管理、高效快捷售后支撑系统、人性化远程装备管理、智能故障诊断和故障预警功能，安全便捷数据采集服务、多维度数据分析功能。

广东伊之密精密机械股份有限公司

2017 年伊之密聚焦技术升级，连接欧洲先进成型技术，以应用工艺为核心推进产品向更深层次发展。在 Chinaplas 2017 上，伊之密展出了创新、高效的解决方案，并可根据客户的生产要求量身打造。

1. DP 系列二板式注塑机 UN1000DP

伊之密 DP 系列二板式注塑机针对汽配及家电制品量身定制。Chinaplas 2017 上，伊之密展示了创新的技术组合方案：精密开模功能、TrexelSCF 系统、动态模温控制、电动伺服针阀热流道和铝合金模具，可实现 MuCell 微发泡注射成型工艺，所生产的公文箱制品具备了高品质外观——高光、哑光、皮纹、纤维织布和颗粒。

2. A5 系列标准型高端伺服注塑机

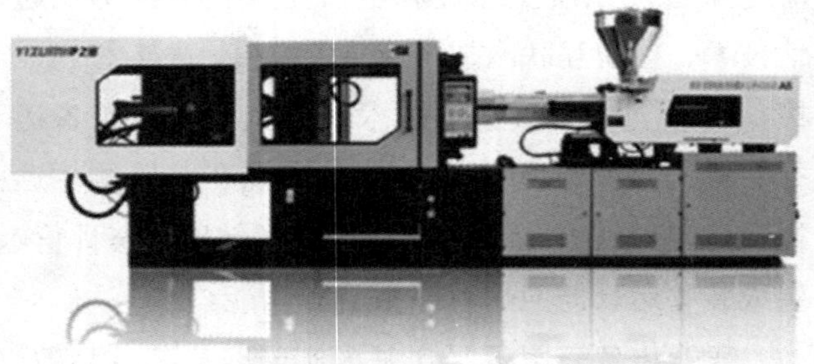

该系列专用机能有效满足各类 PMMA、PC 厚壁制品的加工，包括化妆品、大型 LED 透镜、车灯导光条、建材装饰等行业的需求，具有稳定、精密、节能、塑化效果好等优势。展会现场生产 1 出 4 的化妆品膏霜瓶，充分体现出高精度、高稳定性。

3. FE 系列全电动注塑机

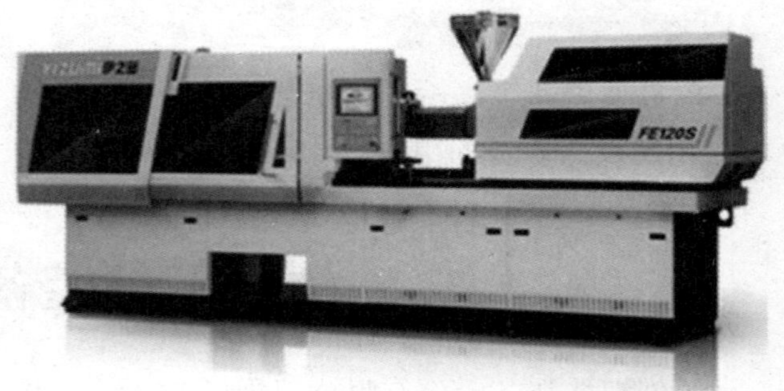

现场展示最新激光切水口及视觉检测等自动化方案（1 出 32LED 导光罩）。该产品专用于精密医疗器械产品成型，尺寸一致性达标；高灵敏度模具保护；MIM 金属粉末成型专用螺杆，超耐强酸性腐蚀和磨损；高效精密稳定生产，为客户创造更佳的投资回报。

4. PAC-K 系列薄壁高速包装注塑机

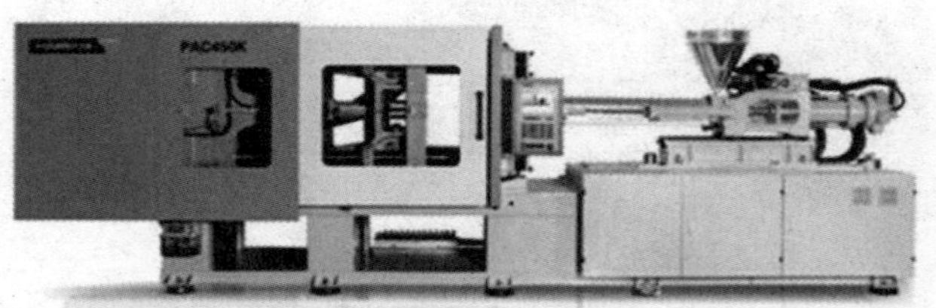

针对一次性餐盒行业需求日益增长的趋势，伊之密研发了新一代快餐盒专用注塑机 PAC-K 系列产品。该产品采用模块化设计，锁模单元和注射单元可根据需要进行互相搭配，注射速度提升 30%。现场展示了 4+4IML 薄壁餐盒注射成型系统，真正实现高速、高效、高稳定生产。

富强鑫集团

富强鑫集团（FCS）聚焦节能创新主题，以双色产品为主轴，推出全新设计的水平转盘双色机及双伺服节能双色机。

1. 多功能双色成型系统：HB-RV 系列

2012 年 FCS 成功研发的 HB-RV 系列大型二板式水平转盘双色机，结合了大型二板机、双色机、水平转盘、重叠模及伺服节能多重技术，锁模力达 19 000kN，是国内外极少数超大型双色机之一。

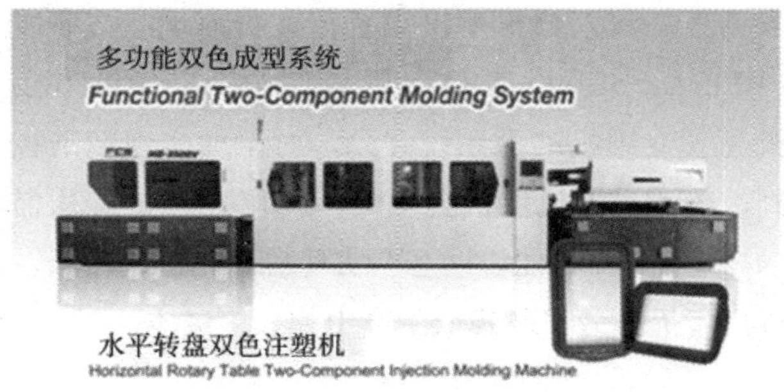

水平转盘双色注塑机
Horizontal Rotary Table Two-Component Injection Molding Machine

此次展会展出的HB-350RV水平转盘双色机，配合 KUKA 六轴机械手，自动化生产双色汽车天窗。该产品可配置德国伺服节能系统，达到更高的能源使用效益；水平式旋转盘，减少传统惯性及重力影响；水平转盘的模座设计，荷重可达 3 600kg，转盘最快于 3s 内定位。该机单色及双色产品均可生产，可运用于大型家电外壳、面板、汽车天窗及车灯等双色制品生产，达到 10 000kN 双色机的容模能力。

2. 精密节能双色成型系统：FB-RV 系列

FCS 研发的双色伺服节能注塑机，最大锁模力可达 19 000kN，配备闭回路伺服阀、新式单缸注射结构，以及专利转盘定位夹具等技术，满足动作稳定、定位精准的要求。此次展出的 FB-160RV 双伺服节能双色机，配合精密模具，生产双色水盖，展示高精密与高速度的稳定成型技术。

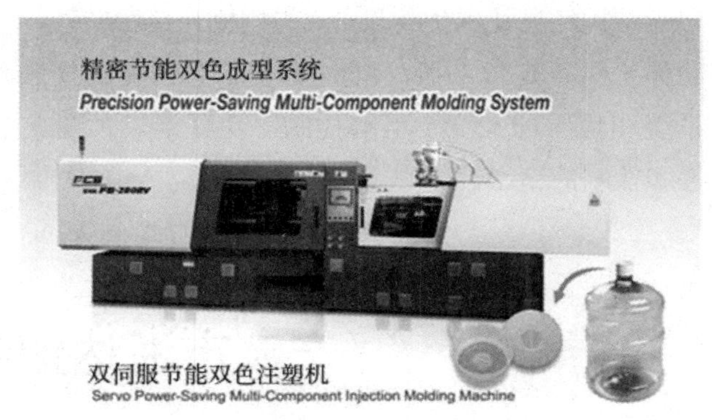

双伺服节能双色注塑机
Servo Power-Saving Multi-Component Injection Molding Machine

该产品由伺服电动机控制转盘动作，可缩短转盘转动时间 50% 以上，速度切换平稳，定位更精准；高效节能双伺服动力系统，符合国家一级节能标准（≤ 0.40kW · h/kg）；专利转盘定位夹具，定位精准确保证模具寿命；配合产品插入功能亦可成型三色产品，扩大使用范围；可适用于家用五金、工具握柄、文具、家电等各类双色成品的生产。

中山力劲机械有限公司

中山力劲机械有限公司代表力劲集团参加此届展会，围绕“技术创造效益，科技引领未来”主题，现场展示了高速薄壁容器贴膜生产系统、双色注射成型应用和手机壳套成套自动化生产系统。

1. 高速薄壁容器贴膜生产系统

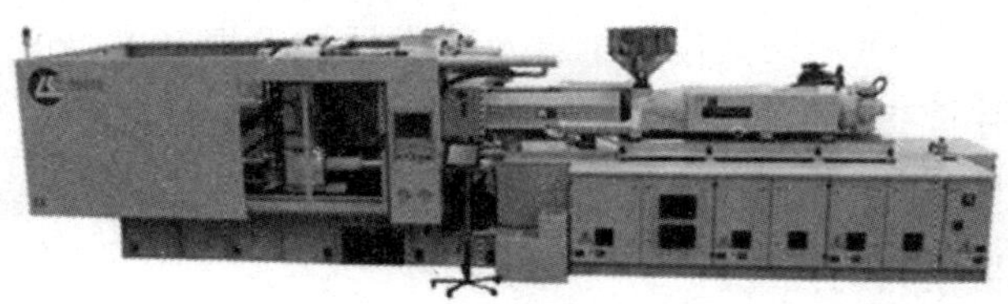

与欧标技术对接的 Forza-III 二板式注塑机系列具有先进的射胶、锁模、控制功能，机械运用与操控完美合一。

Forza-III450T 伺服节能注塑机配合机械手，在展会现场制作 20LPP 胶桶，配合双面印刷模内贴标技术（IML），整个产品周期时间只需 18s。对比之前传统的生产加工模式，此套系统突破了高速薄壁容器的行业瓶颈，令生产效率提升了一倍以上。

目前 Forza-III 为全球众多大型的汽车配件厂、家电生产企业、物流转运行业、大型包装容器和环卫行业提供生产服务。

2. 双色注射成型应用

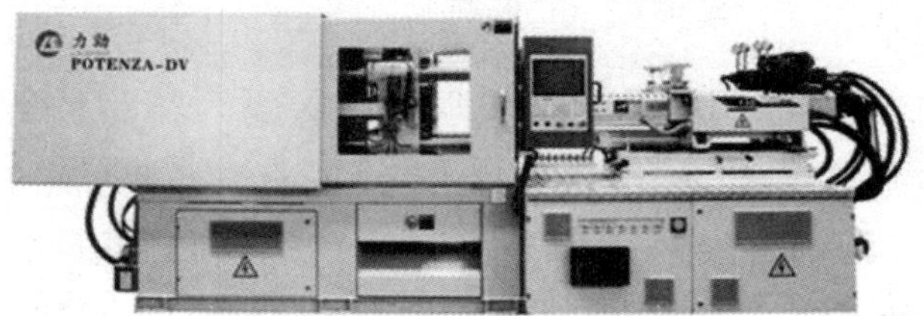

双色（双物料）注射成型技术在 3C 领域、汽配领域和日用品领域应用范围很广，在成型技术上对产品外观和生产稳定性要求很高。Potenza-DV 双色注塑机采用了线性导轨和单缸射胶系统，转盘结构经过特殊优化设计，与模板无接触转动，动作平稳、定位准确；同时配备了高性能的伺服系统和优秀的 KEBA 电脑控制，实现运动的稳定性和控制的精密性。

3. 手机壳套成套自动化生产系统

近几年手机保护套已不仅具有保护手机的作用，更是品质彰显和个性化的体现。力劲经过市场调查，深入分析手机壳套行业目前现状，研发出 Effecta-S 手机壳套专用机。Effecta-SPT130 手机壳套专用机动力系统强劲，对温度实现精准控制，能满足手机保护套 TPU、PC 等材料的应用需求。并且，力劲能协助客户实现自动化生产需求，进一步提升效率并降低生产中的人工成本。

宁波市海达塑料机械有限公司

宁波市海达塑料机械有限公司在此次展会上，重点展示全新的绿色伺服驱动技术，展出了 HDL 高效节能伺服注塑机和 HD390K 高性能注塑机。

这两个系列注塑机，实现了能源、动力、热力学、材料、控制、成型加工、生态环保、清洁、网络等诸方面绿色技术从较低层次向较高层次的阶跃式发展，减少了能源和不可再生自然资源的消耗，构建了清洁化、人性化、科学化、合理化、可持续化的新常态注塑工程，能耗优于《塑料注射成型机能耗检测和等级评定的规范》 I 级能耗等级规定的标准，符合《橡胶塑料注射成型机安全要求》。

1. HDL 高效节能伺服注塑机

海达 HDL 系列是在海达 HDX 系列基础上推出的新系列机型，具有以下几个特点：

（1）提高注射参数。标准螺杆注射压力 180MPa，长径比不低于 22，以适应资源节约薄壁化成型需求。高压螺杆注射压力 220MPa 以上，长径比 25，以适应 PP 薄壁包装容器的加工。

（2）优化塑化螺杆结构参数，改进混炼结构，提高螺杆低温匀质熔融塑化性能；减少塑化对机筒加热量的需求，提高能量利用率；提高螺杆剪切热的吸收率，降低高分子材料塑化过程中 VOC 的排放，实现清洁塑化。提高回料 / 废料的直接回收塑化、注射能力，提高塑料资源的利用率。

（3）提高塑化参数。增大标准配备的螺杆直径以有效提高塑化能力，提升生产率。开发多型式的低能耗混炼结构，以适应多极化用户多元化成型的需要。

（4）更新合模能力的传统设计理念，适应新常态的成型理念。总体刚度提高 10%，提升机械传动效率 15%，较大幅度降低锁模能耗。

（5）优化肘杆机构参数，提高部件运行的动态响应性能，提升移模行程 10%。

（6）提高拉杆刚度及改进结构，提升成型的弹性变形性能。

（7）提高模板及拉杆的抗变形能力，提升保护模具的性能。

（8）改进调模传动机构及结构，提高模板平行度的稳定性，提高制品成型合格率，减少制品溢出废边，降低能耗。

2. HD390K 高性能注塑机

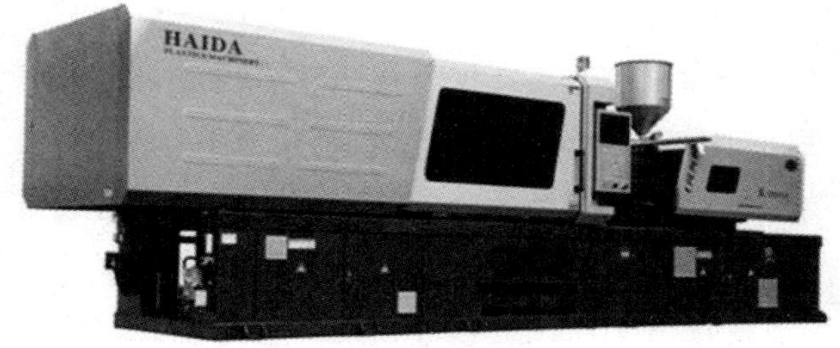

海达 K 系列高性能快速薄壁注塑机针对目前市场高速薄壁制品、多腔类制品及有关民用制品而研发。

注射部件：加强型双缸双出杆射出机构，大幅提高射出杆的使用寿命；双直线导轨双射移平衡座台机构，确保高重复精度；高刚性整体底座，缩短注射加速时间；特殊设计专用高效注塑螺杆，塑化速率高；螺杆采用进口优质合金钢，使用寿命更长；精密的螺杆密封设计，有效降低制品不良率；多动作复合运行设计，高速低压注塑提高薄壁制品生产效率；可选原装进口气动喷嘴，封胶可靠；预塑轴承高承载、长寿命设计。

合模部件：高刚度厚模板设计，减小薄壁产品注射时的胀模变形量；优化五支点肘杆式合模机构，模板受力均匀、运动平稳快速；合理优化锁轴直径，提高使用寿命；加长型模板导向机构，模板移动平稳，提高开模定位精度；锁轴及拉杆导向采用高强度抗压耐磨自润滑轴承，拉杆及锁轴采用优质合金钢并加大设计；采用容积式定量分配稀油润滑，优化润滑分布，减少润滑油使用量；新型快速顶出连杆装卸结构，减少顶出杆的拆卸时间；拉杆内间距更大，优化移模行程设计，结构结实稳重。

液压部分：高响应油路设计，大幅提高注射加速度；液压阀板模块化设计，优化油路布局；极少焊接的液压回路，提高响应能力；伺服电动机和内啮合齿轮泵完美结合，实现压力和流量的闭环控制；采用多伺服泵组合系统，开模储料联动可选；注射和开合模比例换向阀可选，设备空循环时间小于 2s，注射速度提升一倍以上；采用高速专用储料电动机，确保高速、高效、长寿命运行；符合国家强制安全标准，机械、电气、液压三种安全防护，确保人身安全。

控制部分：采用国际最新集散型控制系统，搭配 EtherCAT / CAN 通信技术，CPU 运算速度更快；依托 CAN 数字尺精确的毫秒级回馈信号，驱动器可根据反馈精准控制电动机转速，实现液压缸位置闭环控制；各种动作状态图形显示，更直观了解机器的状况；预留互联网管理系统，可对每台注塑机实现远程实时监控及维修诊断，合理安排生产；预留能耗显示功能，可统计即时功率及分模式能耗等。

HD390K 高性能注塑机现场演示一出八薄壁快餐盒生产。

东华机械有限公司

东华机械有限公司围绕“自动化、智能化”的参展主题，针对不同的行业应用，提供了多款自动化解决方案。

1. Ge-100HB 油电复合机

首次展出的 Ge-100HB 是一款油电复合机，配合自动化生产线为客户展示电子元器件解决方案。Ge-HB 系列机型多项技术荣获国家专利，机器具备以下主要性能特点：突破了全电机螺杆设计局限，实现了高射压、高射速、高响应；创新式设计可实现多动作同步，缩短了产品成型周期；独特锁模高刚性设计，模具变形更小；系统最优设计，达到技术与经济最佳平衡。

2. 针对电子行业推出的 200SeH 高速机

SeH 系列机型是针对更高要求的塑料制品专门设计开发的一款高速机，具备高速、高精密、高强度、高配置等优点。此次展会，SeH 机配合自动化生产线展示了手机外壳包装解决方案。

3. 隆重推出 450JSe Ⅱ小型二板机

450JSe Ⅱ是东华首次展出的中小型二板机，是大型二板机产品系列的延伸。展会期间，450JSe Ⅱ配合自动化生产线展示了家电产品解决方案。

该产品拥有以下优点：先进的二板式锁模机构，结构紧凑，占地空间更小；锁模高压建压行程短，起压迅速，锁模力与系统压力成正比，线性好；压力传感器实时监控，锁模力重复精度高；拉杆与动模板零摩擦，使用寿命更长，对角式布局的两个快速油缸大大提升开合模速度；超长动模板支撑滑脚，保证模板在使用沉重模具时的精度，提升模具的使用寿命；同步式拉杆抱闸装置，抱闸液压缸具备缓冲功能，抱闸精确、无冲击。

4. 针对食品行业推出全新优化的薄壁专用机

393SEc 伺服节能薄壁高速专用机是东华公司针对包装行业推出的一款专机，不但能满足各种容器包装专业客户的需求，而且为客户提高生产效率，节省了成本。展会现场，该机器搭配新型模内贴标快速机械手、一模六穴热流道模具生产酸奶杯。

泰瑞机器股份有限公司

泰瑞机器股份有限公司（简称泰瑞）展示了使用 D170Db/M210M210p 清双色多组分机器生产 iphone7 手机壳，使用 DH550/i4800 纯二板注塑机对 IML 收纳盒四面贴纸的演示，使用全电动系列 DE260/E620 对薄壁包装制品的快速加工。

1. 泰瑞梦想系列全电动注塑机

此次展会，DE260/E620 薄壁包装专用高速机的节能、清洁、静音特点，在一出四的快餐盒生产演示中得到充分展示。此款机器由伺服电动机直接驱动，相较于传统液压高速机，消除了若干次循环工作中能量转化的损耗，更减小了液压油漏油污染包装制品的可能性。同时包装制品使用周期短、需求频率高的特点，对注塑机提出了高工作压力、高重复精度、高效率生产的需求。泰瑞 DE 系列全电动包装专用机对模板、连杆、拉杆等多个组件都进行了特别设计和加强。控制系统简单高效，具有低压模保、同步升温、开储联动等多种功能。

2. 小型纯二板注塑机

泰瑞小型纯二板注塑机不仅能够解决开模行程太小、占地面积较大的问题，更具备高速、精密生产的特点。四面贴标收纳盒产品单重 422g，既要产品顺利成型，又要保证四面贴纸的完美契

合具有一定难度，但也正是泰瑞DH550/i4800纯二板注塑机在包装方面的优势所在。整系列产品能够应用于管件、物流、汽配等多个行业。

此次的展示，也是继2016年开拓包装领域后的又一次巨大突破。DH550/i4800纯二板注塑机是采用PP高速化预塑装置、高精密线性导轨导向装置以及优化设计过的高强度锁模机构，灵活组合的一台高端产品。开储联动、气动喷嘴等多种特殊功能配置，使其能够逐渐应用于日渐广阔的塑料市场。

3. 双色多组分注塑机

泰瑞双色多组分注塑机在日用品、电子、汽配等方面一直享有优势。在此基础上，泰瑞已经研制出1 400T大型二板双色机、880T二板三色注塑机等多款特色产品。此次展会中，泰瑞展示了iphone7手机保护壳的生产。从骨架注塑到嵌件埋入，再到最后成型，泰瑞展示了整套自动化生产过程。双色手机壳的多工序生产中，因为熔融塑料容易受冷塑化，对注塑机的注射成型过程也有着极高的要求。多种直径的伺服驱动转盘，宽窄两种拉杆间距，直角、平行多种注射组合方式，三板、二板多种锁模选择，专业的模块化设计和灵活的自由化组合使得泰瑞机器多组分机型能够广泛应用于汽配、电子、玩具等多个行业。

浙江申达机器制造股份有限公司

浙江申达机器制造股份有限公司展出了HE-650二板机、FE-160绿色节能全电精密注塑机、MT-480混双色注射成型机三款全新机型，均为公司自主设计制造、机器性能卓越的新一代注塑机。

1. HE-650二板锁模注射成型机

（1）全液压直锁二板式抱合螺母合模机构。

（2）大拉杆内间距，能适用尺寸更大的模具。

（3）移模采用闭环伺服控制，精度高，移模位置精度 ±0.5mm。

（4）液压缸直接驱动移动模板，可方便地实现超长移模行程，适应深腔制品生产，如垃圾桶、检查井等。

（5）多重电、液安全保护，安全可靠。

（6）前模板预留接口，方便不同注射部件组合搭配。

（7）可采用大注射容量、多路液压系统，提高生产效率。

2. FE-160绿色节能全电精密注塑机

（1）专为超薄产品、精细复杂的注塑产品设计的精密专用注塑机。

（2）直驱式电动锁模技术，锁模精度高。

（3）更短干循环周期，整机效率提升20%～30%。

（4）采用内支点高刚性锁模机构，变形小，产品精度高；模板平行度偏差更小，受力更均匀，减少模具磨损。

（5）开合模精度高，精度偏差 ±0.5mm。

（6）采用精密伺服注射技术，注射速率高。

（7）采用高应答控制技术，反应速度快。

（8）自润滑轴承，提升连杆机构使用寿命。

(9)高刚性机架,确保机器在高速下平稳运行。

3. MT-480 混双色注射成型机

(1)采用自主专利技术,核心技术获国家专利优秀奖。

(2)安装混双色注射部件,可产生任意变化的色彩、花纹形状。

(3)前模板预留接口,方便不同注射部件组合搭配。

(4)根据需要,可采用多路液压系统,提高生产效率。

(5)采用高刚性锁模机构,变形小,产品精度高。

(6)模板平行度偏差更小,受力更均匀,减少模具磨损。

(7)可靠稳定的液压动力装置。

(8)高刚性机架,确保机器在高速下平稳运行。

宁波通用塑料机械制造有限公司

宁波通用塑料机械制造有限公司(简称宁波通用)针对高速薄壁、医疗、光学等领域展示了多款设备解决方案。

1. YH428SP 伺服节能薄壁高速机

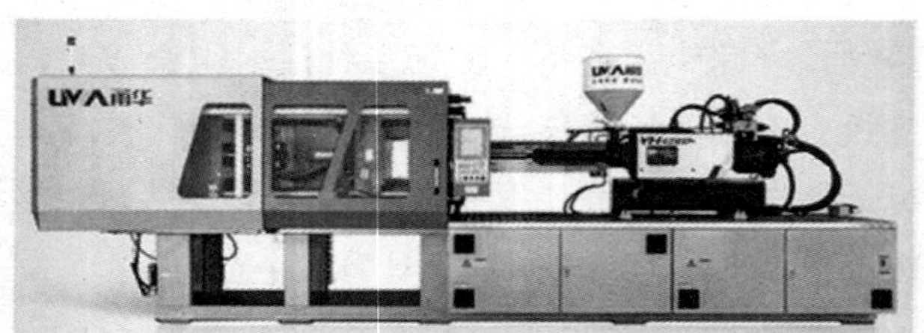

YH428SP 伺服节能薄壁高速机是宁波通用针对包装行业推出的一款专机。展会现场,该机器搭配伺服高速机械手、一模六穴热流道模具生产薄壁餐盒。该机全面提升了设计平台,整机运用快速成形设计理念,高刚性机械设计满足机械快速运动对设备的稳定性需求,配备一线式单缸注射,射胶响应速度快、精度高,可消除双缸注射的不平衡现象,减少注射活塞杆断裂、螺杆弯曲等现象。低阻力线性导轨,定位精确、响应快速;特别的油路设计,使得开合模效率比常规机提升一倍以上;采用高性能的低惯量伺服液压驱动加氮气辅助注射系统,30ms 内达到最佳射速,大幅提高了注射加速度及机械运动速度;红外线感应机筒加热装置,整机能耗更低,节能环保。最高射胶速度超过 500mm/s,响应时间大幅缩短,产品内应力低、变形小。可配置高性能伺服电动机同步控制预塑动作,满足各种容器包装的需求。

2. YE150W 高速全电动注塑机

YE150W 高速全电动注塑机是宁波通用针对医疗、电子、光学等行业推出的一款专机,展会现场配合机械手演示节能灯罩的生产。YE 系列全电动注塑机采用高速伺服电动机加高负载滚珠丝杠驱动、宽板式锁模装置,实现了高速循环成型。开模位置重复精度可达 0.05mm,注射速度可达 350mm/s,注射位置重复精度可达 0.01mm。模块化设计可搭配多种注射部件。产品获多项国家专利授权。YE 系列全电动注塑机可广泛应用于 IT 行业、光学制品、医疗行业、精密零件等产品的生产制造,如医疗器械、光学镜片、导光板、精密齿轮、CD 光盘、IT 制品等。

宁波海雄塑料机械有限公司

1. HXH400 高速包装专用注塑机

该系列注塑机主要针对包装行业的薄壁、3C 产品及民品的高端需求,对合模机构进行了大幅优化设计,大大提高了机器合模机构在高速运动下的运行平稳性。通过对拉杆、模板、钢套等进行特殊强化处理,提高了合模部件的抗疲劳性能,有效延长了机器的使用寿命;专用的单缸注射单元,运动惯量小,大幅减小了高速注射的回油阻力，响应迅速；液压部分采用多路伺服驱动组合，应用比例方向阀及插装阀，可实现开模、储料同步运行，控制精度及响应速度大幅提高，进一步缩短了工作循环周期。

该系列代表机之一——HXH400，实现了快餐盒一出六体和盖的生产，实际作业中，实现带机械手取件 5.8s 一出六餐盒的周期。

2. HXM2500 精密注塑机

HXM2500 精密注塑机合模力为 25 000kN，最大注射量为 30 000g。采用企业自主研发的五支点斜排内卷式双曲肘连杆结构；优化的模板结构设计，使得该机具有更大的容模空间，模板刚性好、变形小；具有自主知识产权的尾板、动模板支撑，实现了滚动支撑和液压浮动支撑；后置式机械安全保护装置、伺服电动机驱动，是合模部件的亮点。双缸平衡注射双出杆的注射结构、高刚性的注射座支撑结构设计，保证该机注射机构长期稳定工作；具有优异混炼性能的高塑化螺杆，塑化均匀、快速、稳定，适合大多数常规高分子材料的成型。

锁模力可任意并精确设定，成型任何制品时均可按制品实际所需锁模力进行调整降低了对模具的要求，延长了模具使用寿命，应用范围非常广。

3. HXZ 二板式注塑机

HXZ 二板式注塑机省去了合模装置中的尾板，将锁模力直接作用在固定模具的两块模板上，具有超大容模量及开模行程，设备成型精度高、刚性好，模具承重能力大幅提升。

HXZ 二板式注塑机可任意设定合模过程的运动、速度、移模力，还可满足多次合模或多级合模压力的注塑生产工艺的要求，运动及运动特性曲线可随工艺需求而任意设定。二板式注塑机受力状态理想、机构刚性好、性能稳定、合模精度高、调模方便。在生产深腔制品方面，二板机的优越性尤为突出。

宁波创基机械有限公司

宁波创基机械有限公司拥有“朗格”“曼瑞”和“安腾”三个不同档次的品牌注塑机。

1. 朗格液压高精密注塑机

主要面向超薄及微细复杂的 3C 电子精密产品的生产，特别适合生产尺寸精度高、尺寸稳定性要求好的薄壁体。其主要特点有：射移专用精密双线轨结构，导向精准、阻力小、射移提速快；采用进口低摩擦密封件，射胶阻力小、密封性好、起动速度快；射胶速度 220 ～ 280mm/s，液压响应速度 30 ～ 50ms，射胶压力 300MPa 以上。为配合高压高速生产工艺，配备双合金料管和全硬双合金螺杆，锁模部件的模板加厚，开合模位置偏差控制在 ±0.3mm。

2. 安腾全电动医疗注塑机系列

该产品具有以下特点：

（1）成型周期快，产品质量稳定。注射速度可达 600mm/s；最高速度响应时间仅需 20ms；注射位置重复性在 0.02mm 以内，螺杆中心轴旋转跳动量 0.02mm 以内；以射出直驱结构为核心，实现射出高响应、高速控制；欧系伺服驱动，响应快、误差小、性能优异、运行稳定；高精度多圈绝对值编码器、射出压力传感器控制和稳定熔胶、射出、保压、背压的波动变化，提高产品成型精度。

（2）根据需求配备专门的洁净室，避免产品污染。在 180T-S307M 医疗机上，动模板四根导杆处配备专门的密封装置，防止导杆润滑油对产品的污染；改用直线导轨，防止油污的堆积，同时进行密封以阻止与产品的接触。在 30T-S67 医疗机上，在下料口配置洁净室，避免产品受到污染。

（3）噪声小、节能、环保。部品加工、装配精度高，运行时机器部品摩擦小，整机平稳抖动小；采用伺服电动机直驱结构，动力传递损耗小。

（4）适应多腔大模具的厚度要求及大顶出力要求。比传统机型增加 150mm 的模厚，扩大了模具选型范围；使用大转矩的伺服电动机和放大力矩的顶出机械结构，满足绝大部品产品顶出力的需求。

（5）提高模具使用寿命。采用压中心式动模板结构，锁模力均匀分布在整体模具平面；具有低压射出功能，降低锁模力；具有模保功能，防止合模过程中，掉入异物损伤模具。

3. 曼瑞注塑机

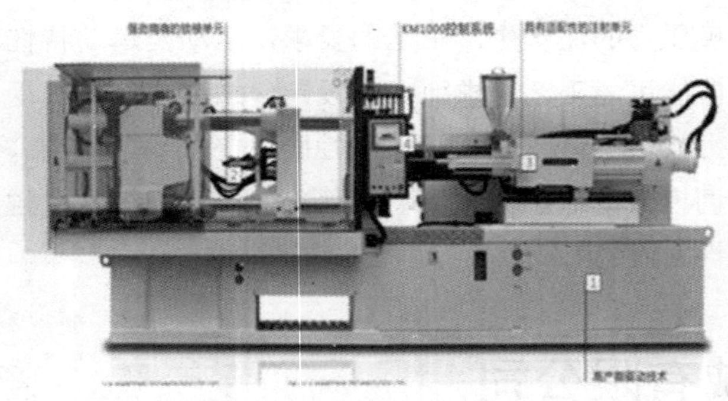

（1）欧标设计。注塑机符合 Euromap 标准、EN201 安全标准。

（2）高速、精确。注射速度 0.1 ～ 800mm/s，注塑件重量偏差 0.3% ～ 0.6%；注射位置精度：150mm/s 控制在 0.1mm 以内；开合模最大速度为 1 500mm/s，开模终点重复精度 0 ～ 1mm，CP 系列采用伺服阀控制重复精度 0 ～ 0.3mm；采用高精度 KEBA 控制器及统计过程控制（SPC）；配高响应高精度 Rexroth 伺服泵控系统；采用直列式设计结构，螺杆、油缸、预塑马达同一轴线，保证高速注射的低惯量要求。

（3）高效节能。喷嘴接触力平均分配于两个对称的液压缸，且精确可调，保证高速注射时，喷嘴孔与模具浇口同心度；射台移动采用线轨全支撑结构，移动时摩擦阻力低，可使机筒承受更重的料斗；比例背压控制，操作简便，参数更稳定；PID 模糊优化算法温度控制，料温 ±1℃；不同规格的螺杆长径比 20∶1，高效螺杆长径比 24∶1 ～ 28∶1，保证高速塑化能力；采用双伺服高效节能系统，输出能耗随负载变化，压力和速度闭环控制，高效进口冷却器，红外线加热控制，具有多重节能效果。

（4）稳定洁净。全新优化的 5 点双曲臂高刚性锁模单元，保证高速运行的平滑性，尤其适合 24 小时不间断的高速高压工作；销轴导套、拉杆导套、动板滑板采用低摩擦系数的铜材，配合容积式油脂润滑系统，只需 1 000 ～ 1 500 模润滑一次，极大节约了润滑油，保持锁模区域的洁净；动板最高移动速度 1 500mm/s 且定位准确；欧式顶出结构，空间大，易于安装模具。

（5）拥有可靠智能的控制系统和强大的软件控制功能。

浙江金鹰塑料机械有限公司

浙江金鹰塑料机械有限公司展出了“金鹰”牌 GEK380W/GS 高速薄壁塑料包装专用注塑机、GEK260W/S 伺服节能注塑机。

GEKW/GS 高速薄壁塑料包装专用注塑机装载了高性能的伺服电动机驱动系统及优化的液压系统，大幅度提高了注射速度和注射精度，大大缩短了成型周期，提高了生产效率。该款注塑机配备了高塑化的专用螺杆及双出轴的注射液压缸结构，保证了高速成型时的塑化均匀性以及高速注射时油缸的平稳性。同时配备了高刚性的锁模系统，模板变形量极小，非常适合薄壁制品甚至有严格尺寸要求的产品成型。

GEKW/S 系列注塑机具有以下特点：设计参数更合理、刚性更好、运动更平稳、可靠性更高。

采用组合式设计理念，一个锁模单元可选配两种注射单元，一种注射单元至少可配 A、B、C 三种螺杆，有超大注射量需求时还可选配 D 螺杆。根据塑料特性和塑料工艺，可定制不同长径比的机筒螺杆。

上海金纬机械制造有限公司

1. PE160 小口径高速波纹管生产线

该款立式系列 HDPE 波纹管成型机，具有产量高、挤出稳定和自动化程度高等优点。挤出机采用高效节能螺杆设计，人机界面控制。模块冷却方式采用强制水冷，冷却效率高。制品成型方式采用特定的真空系统，波纹美观。产品具有环刚度高、强度大、质量轻、隔音震、使用寿命长、弯曲性好、耐压、抗冲击强度高、耐腐蚀性强、耐寒耐热等多种优点。整机设计线速度达 10m/min，相比传统机型提速 67%。

使用范围：内径 75mm、90mm、110mm（最大不超过外径 160mm）产品。

2. 碳化钨辊、磨砂辊、镜面辊、花纹辊、流延辊、压延辊等各类辊筒

苏州杰威尔精密机械有限公司的辊筒最大直径和长度为 1 600mm、14 000mm，工件最大重量 15 000kg，圆柱度、同心度精度≤ 0.01mm，表面粗糙度 0.005 ～ 0.01μm。

辊筒特别是镜面辊是塑料包装行业片板膜设备不可缺少的重要部件，辊筒表面越光滑，越精密，生产的制品质量就越好。为了满足不同制品对辊筒的要求，使用 Q345、S45C、42CrMo、60CrMnMo、SUS304 及特殊的进口钢料用于辊身的制造。辊筒表面可根据需求定制花纹、磨砂、镜面等各种效果。镜面辊有镀硬铬、喷涂碳化钨涂层等方式，碳化钨涂层硬度可达到 1 100 ～ 1 250HV，辊面硬度高，不易擦伤。

苏州杰威尔精密机械有限公司制造的流延膜用辊筒其流道均为特殊的螺旋形设计，并通过对流道冷却液流量进行精确的计算，尽可能地减小辊筒表面温度误差，提高产品的温度均匀性。

3. JW-M-A1-3000 模头

（1）参数。

模头有效宽度：3 000mm；

模头基材：DIN2738；

模头型号：JW-M-A1；

加热功率：52.8kW；

模具开口：1.8mm；

最终制品厚度：0.03 ～ 0.06mm；

使用的原料：PE；

模唇调节机构：推拉式调节；

螺栓间距：25mm。

（2）性能特点。

1）特殊设计加长的水滴型横截面流道模唇提高了成品膜取向的一致性，降低了模头膨胀系数，提高了调节的反应灵敏度和精度。

2）隔热板装置减小了热量损失。

3）适合生产制品：拉伸后制品厚度 0.03 ～ 0.06mm。

4）模唇平直度 ±0.002mm/m，在挤出宽幅范围内的厚薄均匀性得到提高。

5）模唇表面处理：镀硬铬、激光淬火、碳化钨等技术。

山东通佳集团

1. 大口径缠绕结构壁管材设备（克拉管设备）

该设备以高密度聚乙烯 (HDPE) 树脂为主要原材料，采用热态缠绕成型工艺，生产以聚丙烯 (PP) 单壁波纹管为支撑结构成型的具有较高抗外压能力的缠绕 B 型结构壁管材，国内俗称克拉管（宝库管）。管材内表面光滑，外部为圆形增强结构，环刚度高，耐冲击力强，热熔性密封连接，属柔性管材。PLC 智能控制系统，人机对话界面，操作简单方便。可应用于地下排水、排污、通风等市政工程，铁路、公路、球场排水等道路工程，核电、钢厂、电厂、石化、码头、车站等领域，滩涂、盐碱地、海底河床、软基础膨胀土、地震带等恶劣环境地区。

2. 新型土工网膜设备

该设备以聚乙烯 (PE) 为主要原料，通过变换口模和定径装置可生产多种不同结构和规格的塑料硬质平网、土工网、网膜等塑料网材，广泛适用于席梦床垫隔层、堤坝防滑坡、路基加固、植物支架、矿井护顶、畜牧及水产养殖等领域。

3.“通佳”系列智能伺服注塑机

该系列产品集合了成熟的节能注塑机制造经验，每种部件都必须经过数千次严格的性能测试，全封闭式机门外观设计，最大程度保护操作者的安全。实现了自适应“零”间隙合模，具有节能环保、高响应速度、高重复精度、可靠耐用等特点。

江苏贝尔机械有限公司

1. 新型高效单螺杆挤出机（BRD75/38 高速高效单螺杆挤出机）

（1）挤出系统。

1）机筒下料口到挤出段开有较长的螺旋沟槽用以大幅提高挤出量，可提高产量 30%。

2）在下料段设有带温度控制的冷却水套，用以适应不同原料的加工。

3）挤出机螺杆采用大长径比（L/D 为 38），独特的螺杆设计实现更好的塑化效果，保证良好的制品质量。

4）特殊的螺杆机筒结构，能效比能达到 1 ：4 以上，而普通单螺杆挤出机一般为 1 ：(2.5 ～ 3)，同样的挤出量耗能更少。

（2）传动系统。减速机采用高转矩的减速机；齿轮箱齿轮选用高品质合金钢，保证齿轮在负载状态下的完美啮合，实现低噪声和高效率。

（3）电气控制。整机采用 PLC 控制，驱动采用欧陆控制器或 ABB 变频调速器，操作界面为西门子触摸屏操作板，可实现整线的同步调速运行。

2. 异向平行双螺杆挤出机（BRP75/26 异向平双挤出机）

（1）挤出系统。挤出螺杆采用较长结构（L/D 为 26），以适应不同原料的加工，能加工软硬 PVC。螺杆在排气前段设有剪切和混合槽，使塑化效率提高、塑化质量提升。

（2）加热及冷却系统。机筒加热采用带有冷却翼的风冷式铸铝加热器，加热和冷却效率高，机筒温度控制更精确。螺杆芯部温度控制采用免维护的内部自循环式，降低加工温度，节约能源。

（3）传动系统。分配齿轮箱采用四轴结构，可大大提高减速机的输出转矩，延长机器的使用寿命。

（4）电气控制。整机采用 PLC 控制，操作界面为大屏幕西门子触摸屏操作板，可实现整线的同步调速运行。

德科摩橡塑科技（东莞）有限公司

1. 德科摩橡胶注射机

德科摩橡胶机此次展出的是全自动骨架油封专用生产线，除上料操作需要人工以外，能够做到自动化生产。其最大的亮点在于：成熟的先进先出功能，确保无任何老化胶料遗留，保证油封产品的高质量；六轴机械手配合取出制品，高速高效；模具视频保护及检测装置，配置进口高清分辨率红外摄像头，不受外界光源的干扰，安全可靠。

2. 德科摩挤出机

德科摩挤出机展示了多项新技术，其中多层复合管高速挤出技术是德科摩近几年最重要的研发成果之一。

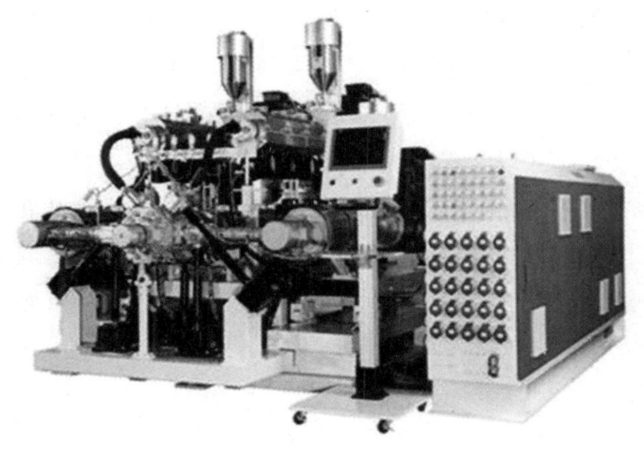

多层复合管高速挤出机

德科摩改进了 2007 年推出的 PB / PERT 五层阻氧管高速挤出生产线，研发了面向汽车工业用复合尼龙管的多层复合管高速挤出技术，自动化程度更高、速度更快、能耗更低、稳定性更好。该关键技术获国家科技进步奖及多项专利授权。德科摩多层高速挤出系统设计紧凑美观，采取小主机集成式设计，大大节省了空间。良好的人机界面，基于工业 4.0 的全自动控制系统，能在一个操作界面上实现整条线的全自动运行控制并可进行远程监控和数据采集。

苏州同大机械有限公司

苏州同大机械有限公司 2006 年着手展开节能与智能自动化方面的研究，始终致力于对传统挤出吹塑中空成型机的改进提升。针对超大型、多层、超高分子量材料节能塑化、节能技术、无人化操作、设备稳定性提高、智能化维护方面，成功研发出复合流道技术、深拉伸吹塑技术、多重壁吹塑成型技术、49 层微层吹塑成型技术与智能化装备、柔性环口模、芯模控制技术、负压牵引 3D 吹塑成型技术与装备、微发泡吹塑成型技术与装备、全电动智能化吹塑机生产线等高新技术与装备。此次展会，苏州同大机械有限公司展示了挤出中空吹塑成型设备 HS 系列的 HS Ⅱ -5L。

该设备适合生产大批量的5L以下的中空吹塑类制品，是公司主推的新一代小型吹塑设备，采用了诸多成熟技术，也拥有众多专利技术。其优点如下：

（1）大型数控龙门加工中心加工的机架，提高了各部件安装基准的形位公差，保证了各部件长期稳定运行。机架经过热处理，确保经久耐用。

（2）具有专利技术的抱肘式合模结构，可实现机械锁模，同时具有刚性好、运动精度高、重复精度高、运动轻快等诸多优点。HTS系列产品的锁模安全系数为2.5~3，该系列产品的锁模安全系数在6以上，扩大了设备加工范围。

（3）优化后的模板尺寸，具有更好的刚性和较大的装夹空间。

（4）模架的移动由伺服控制，移模动作既精准又更快更平稳。

（5）去飞边装置安装在机架上，减轻了模具重量，减小了移模冲击。

（6）大型数控龙门加工中心加工出的塑化平台、专属导向装置，保证了抬模头动作的长期精确。

（7）按照CE标准制造的电控箱，具有低温、防水防尘等功效，延长了电器元件的使用寿命。

（8）配有二次冷却，缩短了制品的成型周期，单位小时产量大大提高。

（9）通过深入研究模拟，在特定位置配置蓄能器，响应快、节能效果极佳。

（10）合理设置了废油收集装置，保证了制品、环境的整洁。

（11）完善辅机配套展示，实现全自动化生产线，设备占地面积大为缩小。

信易集团

信易展品主要以成型系统应用的方式呈现，展现信易sLink系统在实际应用中的便利性。

sLink基于网络载体，可对塑胶成型数据进行实时采集。信易公司从2013年开始推广sLink技术，使用标准RS485或RJ45通信接口，基于开放式MODBUS-RTU或MODBUS-TCP通信协议，实现辅机设备与成型主机设备的互联互通、集中监控、数据采集及共享等功能，对成型生产信息流进行实时连续式采集分析。为了实现以上的这些功能，信易公司逐步将通信接口（RS485）作为辅机设备的标准配置，并在现有标准通信接口的基础之上，推出双标准9针D-SUB接口，极大地方便了辅机设备与成型主机的连接。

信易与成型主机生产厂商合作开发，在成型主机控制器内设置辅机设备的监控程序，直接将辅机设备的通信线接入成型主机控制器即可实现主机与辅机设备的互联互通。目前，国际知名成型机生产商，如海天、震雄、博创、伊之密、德马格、东华、泰瑞、华美达及台中精机等注塑机生产商的成型主机已实现与信易辅机设备的互联互通，实现注塑行业设备层面的数据互通，确保智能制造数据流的完整性。

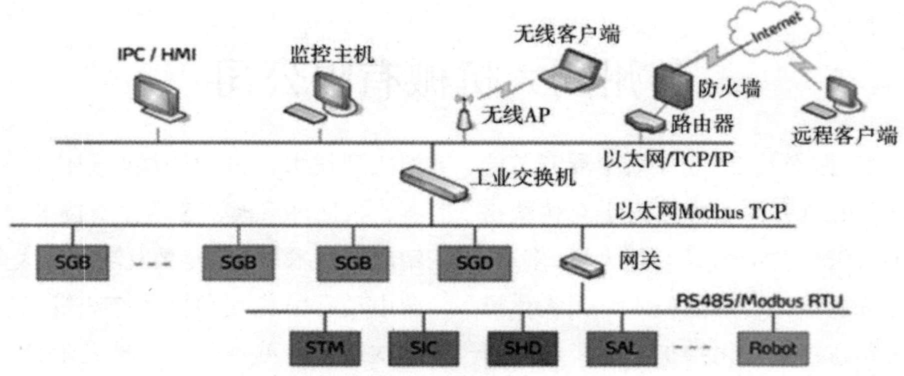

信易公司目前提供的智能注塑工厂的解决方案在初期主要解决设备间的数据通信问题，也就是确保数据流的连贯性。目前该解决方案涵盖智能中央供料系统、智能中央冷水系统、供电供气系统、自动化、智能物流、sLink 技术及 MES 系统。

宁波弘讯科技股份有限公司

宁波弘讯科技股份有限公司形成了“塑机控制系统 + 伺服节能系统 + 软件产品”三位一体的业务结构，此次重点围绕“橡塑加工行业工业 4.0”主题参展。除展示智能制造生产单元外，亦展示全系列其他塑机控制系统，如新一代挤出机控制系统、吹瓶壁厚一体式控制系统、高精密智能伺服转盘系统等延伸产品与解决方案。

1. 智能制造生产单元

以高端专用注塑机控制系统为基础，通过工业通信总线使注塑机与周边配辅机设备（包括机器人 / 机械手、模温机、除湿烘干机、上料机、冷水机、型腔压力监测器、能耗监测设备、视觉检视设备等）互联互通，形成完整的智能化生产单元，达到信息集中管理与决策，实现一站式操控，并由数据采集系统将数据传输至云平台。通过自主研发的塑胶加工车间联网管理系统 iNet、远程服务管理系统 iMRO 等实现塑料加工的智能管理。

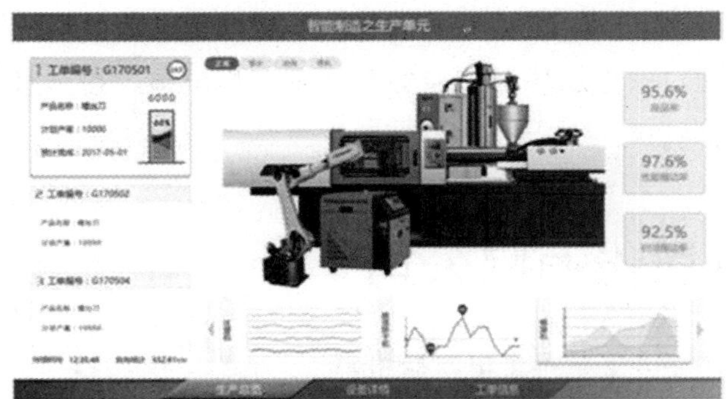

2. 新一代挤出机控制系统

新一代挤出机控制系统是宁波弘讯科技股份有限公司在橡塑机械自动化控制领域的又一主打产品，以分布式控制、集中式管理模式实现挤出加工行业与信息化的深度融合，为中高端挤出机制造商提供优质自动化系统解决方案。

新一代挤出机控制系统由智慧制造 iNet 联网系统、专用人机界面、PLC 控制器、变频器（驱动器）以及远程设备模组组成。

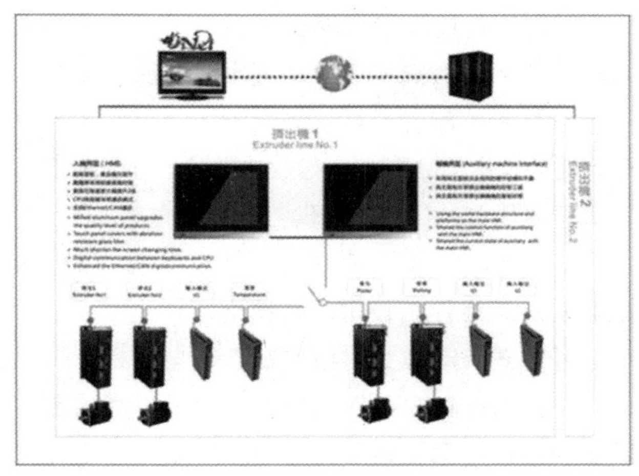

系统优势：

（1）符合 IEC 61131-3《可编程控制器　第 3 部分：程序设计语言》的需求。

（2）HMI 使用 12.1in TFT 工业级全彩色触摸屏。

（3）简单方便，减少传统布线的工时和材料消耗，提升施工效率。

（4）分散式控制系统，扩展能力强，配置灵活。

（5）与 iNet 联网系统结合，实现网络化、智能化管理。

（6）适用于管材、片材、切粒等挤出生产线。

（7）PLC 控制器可通过 CANopen、EtherCAT 或 Modbus 等通信方式，与远程设备通信，以分散式系统模式完成各模块控制逻辑的实现。

3. 吹瓶壁厚一体式控制系统

吹瓶壁厚一体式控制系统由智慧制造 iNet 联网系统、专用人机界面、吹瓶壁厚一体式控制器、驱动器以及远程设备模组组成。

系统优势：

（1）可快速自动平衡左右模架。

（2）智能快速精准温度控制，减少调试与待机时间，温度控制精度达到0.5℃，测量精度0.1℃。

（3）集散式控制系统，扩展能力强，配置灵活，温度、IO等可自由扩展。

（4）吹瓶、壁厚系统二合一，高速率全数位通信，接线方便，节省线材，信息不失真。

（5）在线刻录程序，方便系统升级与维护。

（6）铝铣面板，高端大气，突显品牌形象，提速人机回应。

（7）伺服节能系统，节能效果显著，达到国家一级能耗标准。

广东拓斯达科技股份有限公司

拓斯达科技股份有限公司展出了工业机器人本体、工业机器人集成应用方案、智能制造整厂规划以及相关配套设备，为汽配、医疗、3C、电子、食品、化妆品等多个行业的塑胶、五金加工、玻璃零配件自动化加工提供智能解决方案。

拓斯达工业机器人搭载了世界领先的EatherCat总线控制技术，高精度、高速度，采用现场开放式互动方式，由参观者亲自操控。与此同时，拓斯达自主研发的控制系统采用高精度实时差补内核，保证运动控制差补周期的稳定性和高效性，伺服运行更加平稳可靠。在集成了控制软件后，无须使用运动控制卡或控制器，进一步降低成本。在数据传输上，可连接上千个执行终端，接线简单，通用性强，传送速度快，为工厂实现信息化无缝对接。

拓斯达工业机器人外观结构设计紧凑，简洁美观。采用双臂对称结构，稳定性强，不易产生振动。搭载超薄型中空减速机传动，整体小巧，小负载机器人可采用正装、侧装、倒挂等多种安装方式，进入狭小空间作业，防护等级IP65，满足各种工作环境需求。

针对3C、注塑、CNC加工设计的自动化集成解决方案采用循环式设计，通过多关节机器人的摆位，巧妙地将几种跨行业的工艺进行循环作业。从点站式自动化到产线式集成方案，拓斯达自动化设计遵循从原型设计到标准化自动化方案复制的理念，不断完善开放、扩展、包容的标准化产线方案，以最低的成本达到自动化改造的最佳效果。

拓斯达同时展出的整厂自动化规划方案集智能工厂所需软硬件于一体。除此之外，针对未来工厂的信息化和智能化融化需求，拓斯达也通过MES智能生产系统现场演示，实时动态模拟，信息化智能无人工厂。

拓斯达还展出了携一系列最新研发的辅机产品，如更加环保节能的双桶型三机一体、粉体吸料机等。

广东乐善智能装备股份有限公司

广东乐善智能装备股份有限公司（简称乐善）在展会上重推全电吹瓶机。

生产净重220g的4L机油罐，乐善全电吹瓶机比液压吹瓶机每日省电250～300kW·h，每日产量提高360个。工作原理是：纯电驱动在摆架需要运作时，系统才供电，这跟液压吹瓶机必须持续供电才能保障摆架正常运作完全不同，而且机器不会漏油，非常适合食品、医药、饮料等对卫生要求极严格领域。

乐善全电吹瓶机引进伺服电动机、滚珠丝杠、齿条齿轮等技术。其中，齿条齿轮技术极大地提高了摆架行程范围，能满足不同的行程要求；采用伺服电动机及滚珠丝杠代替原液压缸与位移传感器的机械结构，机器噪声非常低。

为进一步降低能耗，乐善全电吹瓶机还能搭载伺服电动插笔、伺服电动摆架、伺服壁厚控制、视觉检测系统、三轴机械手等辅助设备。采用三轴机械手，可减少 2 名操作员工，能有效降低人员工资与管理成本。全电吹瓶机减小了尺寸外观，更加紧凑。例如，电动臂厚高度原设计为 970mm，现在优化到 854mm，占位空间更小，运行也更加平稳。

〔供稿单位：中国塑料机械工业协会〕

标准与专利

论述2016年塑料机械行业标准化工作，展示塑料机械行业标准目录以及2016年获得授权的发明专利

标准与专利

塑料机械行业标准化工作概述

在国家标准化管理委员会、中国机械工业联合会和全国橡胶塑料机械标准化技术委员会的领导下，通过塑料机械分技术委员会全体委员的共同努力，塑料机械行业标准化工作在组织构架、专业领域的划分、标准的覆盖与配套以及标准水平和结构等各方面都进一步健全、合理和完善，在标准体系建设、重要标准制修订、标准化技术机构和专家队伍建设、关键技术标准研究、国际标准化工作等方面成效显著，为行业的科学发展、稳步发展、转型发展提供了基础保障和技术支撑。

一、推进塑料机械行业标准化工作持续发展

1. 组织建设及业务建设

全国橡胶塑料机械标准化技术委员会塑料机械分技术委员会（简称分委会）负责全国塑料机械行业的标准化归口工作，包括塑料机械行业标准的规划制定，标准体系确立，标准制修订计划的编制与申报，各项标准的起草、修订、复审、报批、贯彻及实施等，业务上归属中国机械工业联合会。第一届分委会始于 1987 年；第二届分委会始于 1992 年；第三届分委会始于 1999 年，并按国家标准化管理委员会要求于 2003 年进行了清理整顿；第四届分委会始于 2011 年 12 月；第五届分委会于 2016 年 12 月成立，由 39 家单位的 39 名委员组成，比第四届增加了 8 位委员，另聘请顾问 1 名，秘书处仍设在大连塑料机械研究所。

换届后，第五届分委会的组成结构更加合理，集中了设备制造单位、大专院校及科研院所等方面的专家、学者及专业技术人员，覆盖了绝大多数产品的企业代表，有着广泛的代表性和业内权威性，是一个技术知识密集、具有人才优势的权威性组织。委员的整体素质较高，全部为中高级职称，都是掌握较高理论知识和专业实践经验的行业骨干。新一届分委会对上届分委会的工作进行了认真总结并制定了新一届分委会的工作计划、章程、秘书处工作细则及委员工作条例。

为促进分委会委员及标准制修订人员业务素质的提高，以适应各项工作的需要，分委会积极组织相关人员参加了中国机械工业联合会举办的国家标准 GB/T 1.1—2009《标准化工作导则　第 1 部分：标准的结构和编写》培训。每年度标准计划下达后，都将通过标准计划及起草工作会议对标准编写人员进行培训，有些委员及标准制修订人员参加过多次培训，既有丰富的技术专业理论和实践经验，又掌握标准化知识。通过组织建设和业务建设，分委会建立了一支有较高专业理论知识和较丰富实践经验的标准化工作队伍。

2. 积极开展标准前期科学研究、标准信息和咨询服务工作

塑料机械行业标准化工作以往以标准制修订为主要工作，解决了量大面广产品无标生产的问题。近年来，建立健全我国塑料机械标准体系，进一步推动安全、环保和节能标准化工作成为标准化工作的新思路，业务工作由单一的标准制修订向标准课题研究、企业产品开发和推广、信息服务及院企合作制定标准及开展课题研究等方面延伸，进一步扩大了业务范围。为了加快安全标准的制定速度，2007 年全国橡胶塑料机械标准化技术委员会全面启动了安全标准的研究和制定工作，确立并申报的“橡胶塑料通用机械安全标准研究”标准化公益研究科研课题，得到了上级主管部门的大力支持并立项，分委会积极参与了该课题的研究。通过两年的项目研究，转化并制定了 12 项强制性国家标准，覆盖了橡胶塑料通用加工设备中极为重要的产品。标准化公益研究科研

课题“橡胶塑料通用机械安全标准研究”被评为2011年中国石油和化学工业联合会科技进步奖二等奖。分委会还参与申报了“大型混炼挤压造粒机组技术与安全标准的研究”标准化公益研究科研课题。

根据行业和企业的需要，分委会在机械工业塑料机械科技信息网上发布了《塑料机械标准目录》，并及时对《塑料机械标准目录》进行动态修改更新。同时，分委会在《塑料机械》杂志上发布《塑料机械标准目录》，还为各相关标准化、认证、检测、计量等管理机构、标准归口单位提供并解释标准，为相关企业提供标准及信息服务，扩大了分委会的影响，推动了标准的贯彻实施。

3. 加强行业标准制修订工作，满足行业发展的需要

在国家标准化管理委员会、中国机械工业联合会和全国橡胶塑料机械标准化技术委员会的领导下，在全行业的大力支持下，分委会在经费少、任务重、难度大的情况下开展了踏实而有效的工作，较好地完成了塑料机械标准化的各项任务，基本改变了标准数量少、水平低的落后情况。分委会的工作成果为推动行业技术进步、提高产品竞争力起到了积极的作用，取得了显著的成效。

多年来，经过塑料机械标准化工作者的共同奋斗和努力，已形成塑料机械标准92项。对于每一项标准的制修订，分委会都是首先征求委员们的意见，组织行业的骨干企业成立标准起草工作组，将既是行业的骨干企业又愿意承担该项工作的单位作为标准负责起草单位，组织召开标准起草会，通过组织起草工作组多渠道收集国内外先进标准和数据（例如与外商谈判的资料、引进设备的实测数据，调研国内重点厂、走访用户等收集的数据），对国内外情况进行逐项综合分析对比，严格按照编制、初审、送审、报批等程序，制修订出具有先进水平的适应国情并能引领技术发展的塑料机械行业标准。

从专业标准体系上看，塑料机械行业基本形成了以产品标准为主体，以安全标准、基础标准、通用标准、方法标准以及分等标准为辅的，更为合理、更具可操作性的行业标准体系。制修订的塑料机械标准既考虑了国内企业的现状，又以产品技术的发展和企业的发展为主要目标，积极采用国际标准和国外先进标准，改进产品质量，提高经济效益，对发展塑料机械工业、促进塑料机械技术进步起到了积极的作用。塑料机械产品质量分等标准为企业上等级及产品创名牌提供了依据。

已完成报批的《螺杆柱塞式塑料注射成型机》及《塑料注射成型机用自动取件机》两项制定标准，为今后产业结构调整与优化升级打下坚实的基础。技术标准贯穿于产品研发、生产和贸易的全过程，对经济发展具有重要的技术支撑和保障作用。这两项标准的制定将提高进入塑料机械行业的门槛，淘汰一些技术落后的低端产品，对促进产业结构调整与优化升级将发挥重要作用。

（1）体现新技术。这两项标准均为新制定的标准，满足了当前技术水平发展的需要，保证了标准的先进性和实用性，对于淘汰落后技术和产品具有重要作用。

如出厂检验、现场试验以及用户的现场使用证明，《螺杆柱塞式塑料注射成型机》标准中增加的具备四种操作模式的要求及《塑料注射成型机用自动取件机》标准中的基本参数、尺寸参数等，既先进合理又切实可行。

制定后的标准可以更好地满足当前科技水平以及市场和用户的要求，并能更好地指导产品生产，为制造厂和用户提供更加科学、合理的验收依据，进一步推动产品技术水平和质量的提高。

（2）积极采用国际、国外先进标准。这两项标准在制定过程中，充分注重对相应国际标准及国外先进标准的采用，如电气系统安全性能上执行GB 5226.1—2008《机械安全　机械电气设备　第1部分：通用技术条件》的规定，而GB 5226.1—2008等同采用了IEC 60204-1：2005《机械安全　机器电气设备　第1部分：通用技术条件》。

（3）体现了新能源、新材料、新技术、节能及环保等产业发展方向。如，《螺杆柱塞式塑料注射成型机》标准中，考虑到环境污染问题，又考虑到中国工业水平的现状，对渗漏油提出了更高的要求。提出不允许漏油，对渗油则提出了更严苛的试车条件，符合国家新时期的节能环保产业政策要求。

4. 标准化工作推动和引领了行业发展

多年来，标准化工作在上级主管部门和分委会全体委员的共同努力下，在企业的大力支持下，在行业中发挥了重要的推动和引领作用。

（1）作为市场经济体制的技术支撑，维护了市场经济秩序。塑料机械标准是产品是否合格的依据，是产品能否获得市场准入权的准绳。这些标准服务于市场，并为市场规则体系提供技术依据，成为了市场规则体系的组成部分，有力地加大了市场管理、监督和处罚的力度，提高了效能，维持了市场秩序，营造了公平竞争的市场环境，保障了我国塑料加工装备制造业健康、稳定发展。

（2）作为经济结构调整的技术手段，促进了塑料加工装备制造业不断适应塑料加工产业结构调整的需要。塑料机械标准以其对先进技术的适应性与技术的导向作用，引导塑料加工装备制造企业的资金流向和市场取向，引导企业开展技术创新和高技术产品研制，以期优化我国塑料机械的产业结构和产品结构。与此同时，通过推行先进标准和提高标准的技术指标来提高市场准入门槛，既鼓励和支持企业开发高技术含量产品，也使落后产品无法进入市场，终遭淘汰。

（3）作为科技创新成果转化的途径，推动了新技术、新工艺和新装备的推广应用。多年来，塑料机械制造业不断对引进技术进行消化吸收和自主创新，新产品、新工艺层出不穷。很多科技创新成果通过标准转化为优势产品并被迅速地推广应用，取得了良好的经济效益和社会效益。

（4）提升了塑料机械制造企业在市场上的竞争力。塑料加工装备制造业标准化工作的有效开展，提高了企业标准化程度，降低了企业生产成本，提高了企业生产效率，使企业产品具有比较优势，提升了企业的竞争力。

（5）制定安全标准，保障了操作人员的身体健康和生命安全。

（6）通过制定橡塑机械产品型号编制方法和术语标准，极大地推动了行业间的技术交流，有力地促进了国内外贸易的发展。

5. 充分发挥分委会及秘书处的职能作用

分委会是塑料机械标准制修订的权威机构，有一套健全和完善的管理制度，工作有章可循，有据可依。由于标准化工作法规性强、涉及面广，所以协调各方面意见、满足各方面要求是极为困难的。委员们充分履行分委会章程中所赋予的职责，热爱标准化事业，积极参与塑料机械标准的制修订工作，为塑料机械行业的发展发挥了积极的作用。

秘书处承担着组织、协调、标准的初审、报批以及筹备各种会议等工作。为了做好这些工作，大连塑料机械研究所在人力、物力、财力上给予了无偿的支持。秘书处在实践中也在不断地摸索标准化工作的新思路和新方法，积极参加上级主管部门举办的基础标准宣贯培训及标准复核员等培训，有效地发挥了常设机构的职能作用。

6. 分委会工作存在的问题

（1）产品标准覆盖面问题。根据国家标准GB/T 12783产品型号的分类，目前已完成了量大面广的塑料机械产品标准的制定工作，如塑料挤出机械、塑料注射成型机械等，但很多塑料制品类加工设备，如高强高模PE纤维拉丝机、塑料挤出滴灌带辅机等标准还有待于加速制定。欧洲相关协会有60多项有关塑料注射成型机、挤出机等产品的标准，而我国只有少量标准，分委会将配合总会陆续完善这些标准的制修订工作。今后需要不断完善标准体系，扩大产品标准的覆盖面。

（2）标准的实施问题。目前我国塑料机械标准结构是比较全面合理的，产品标准均能达到国内先进水平，安全标准大多采用欧盟标准。但采用欧盟标准有几个值得注意的问题：一些电器元件依赖于进口，成本的增加阻碍制造企业执行安全标准；用户对安全性能高、看似复杂甚至误认为多余的安全结构还需要有一个认知的过程；对国外先进标准的理解还存在差异；我国塑料机械产品结构和应用环境、工艺要求与国外相比还有一定的差异。因此要在转化国际和国外标准的同时，切实做好分析和研究，制定出符合我国产品使用现状、实用性强的标准。

（3）发布实施的标准文本出版不及时问题。标准批准发布实施后，标准使用单位不能同步拿到标准，影响了标准的实施。

（4）国际标准化工作问题。参与国际标准化工作是一件非常必要的事，但每年要出席国际会议且国际标准的制定周期较长，需要较多的资金，首先面临着资金缺少问题。

二、2016—2017 年塑料机械行业标准化工作情况

1. 标准计划项目完成情况

分委会按照工业和信息化部及中国机械工业联合会下达的计划，组织标准起草工作组起草了三项机械行业标准，其中 JB/T 13022—2017《塑料挤出吹塑土工膜辅机》标准已批准发布实施，《螺杆柱塞式塑料注射成型机》及《塑料注射成型机用自动取件机》两项标准已完成标准报批稿并上报审批。

2. 及时完成行业标准复审

分委会进一步贯彻《中华人民共和国标准化法》，不断加强与企业间的联系，跟踪现行标准的执行情况，及时了解标准贯彻反馈信息。按照工业和信息化部《关于开展工业和通信业推荐性标准集中复审工作的通知》（工信厅科函〔2016〕321 号）、中国机械工业联合会《关于开展机械工业领域推荐性标准集中复审工作的通知》（机联秘标〔2016〕76 号）的要求，分委会向所有现行 45 项行业标准的主要起草单位及主要生产单位征求了意见，根据他们的意见和建议，又征求了分委会委员的意见，复审结论为：确定 37 项标准的技术内容符合当前科学技术发展，能够满足经济建设需要和使用需要，继续有效；7 项标准需修订；1 项标准需废止。复审结论已由工业和信息化部已批准发布。

3. 标准计划项目的申报

经 2016 年分委会第四届五次工作会议审议通过，申报《塑料挤出机械用换网器》1 项标准计划项目。

塑料挤出机械用换网器应用于塑料挤出行业，对降低能耗、提高塑料制品质量具有重大的意义，目前国内没有该类产品的标准，因此有必要制定标准以规范产品的制造和质量。国外的塑料挤出机械用换网器生产厂家主要分布于德、美、日等国家，我国每年都进口大量的换网器。以广东仕诚塑料机械有限公司为代表的塑机制造企业，成功地研发了多种塑料挤出机械用换网器设备，技术先进、性能稳定、质量良好，完全可以替代进口。

申报的标准项目将提高进入该行业的门槛，淘汰一些技术落后的低端产品，对促进产业结构调整与优化升级将发挥重要作用，将有力地推动科技创新成果的产业化、规模化，奠定产品的设计、工艺、制造技术基础，保障产品质量，提高产品监督检验水平，为促进塑料机械行业科技进步、转型升级和节能减排具有十分重要的现实意义。

4. 积极参与国际标准转化与活动

ISO/TC 270 塑料和橡胶机械技术委员会于 2012 年 7 月成立，秘书处设在意大利，共有美国、英国、中国、法国、德国、意大利等 11 个 P 成员，还有韩国等 4 个 O 成员。全国橡胶塑料机械标委会（SAC/TC 71）秘书处负责 ISO/TC 270 国内技术对口单位的工作。

国际标准《橡胶塑料注射成型机安全要求》的起草，标志着橡胶塑料机械行业终于实现了国际标准零的突破。我国有海天塑机股份有限公司等几家企业参与了该项标准的起草，这对我国积极应对技术性贸易壁垒，进一步打开国际市场具有重要战略意义。《橡胶塑料注射成型机安全要求》拟于 2017 年年底前发布。

2017 年，ISO/TC 270 成立了 ISO/TC 270/WG2

挤出机工作组和ISO/TC 270/WG3橡胶塑料机械夹具系统工作组。全国橡胶塑料机械标准化技术委员会通过广泛的征集，申报了国内相关单位的5名专家参加ISO/TC 270/WG2挤出机工作组的工作，申报了国内相关单位的4名专家参加ISO/TC 270/WG3橡胶塑料机械夹具系统工作组的工作。

全国橡胶塑料机械标准化技术委员会于2016年7月4—6日在太原市组织召开了EUROMAP技术标准分析及转化工作研讨会议。会议对EUROMAP（欧洲橡胶和塑料机械制造商协会）发布的52项技术标准进行了分析，海天塑机集团、泰瑞机器股份有限公司、阿博格机械（上海）有限公司等企业代表分别就生产实际中运用EUROMAP技术标准的经验进行了介绍。经全体代表对EUROMAP技术标准的逐项研究与讨论，全国橡胶塑料机械标准化技术委员会决定对EUROMAP技术标准中一些企业比较急需、技术水平比较先进的标准进行转化立项制定；对EUROMAP技术标准中一些在我国国家标准和行业标准中也有涉及的标准，在进行标准修订时参考整合。

5.配合全国橡胶塑料机械标准化技术委员会完成能耗标准的起草

随着能源问题日益受到重视，尤其是我国循环经济理念的提出，节约能源变得越来越重要。在挤出类产品的成本构成中，电费占据相当的比例，设计与制造新一代“节能型”橡胶塑料挤出机，就成为迫切需要关注和解决的问题。要推进“节能型挤出机”的研发、制造和推广，首先应在业内统一橡胶塑料挤出机能耗的检测方法，对橡胶塑料挤出机的能耗进行有依据的检测。国家推荐性标准GB/T 33580—2017《橡胶塑料挤出机能耗检测方法》已批准发布实施，这是继国家推荐性标准《橡胶塑料注射成型机能耗检测方法》发布后第二项橡胶塑料机械产品节能标准。为了进一步满足橡胶塑料机械行业的实际需求，全国橡胶塑料机械标准化技术委员会及分委会要求橡胶塑料挤出机生产企业认真执行该项标准。

三、2017—2018年塑料机械行业标准化工作目标与重点任务

1.进一步加强标准化工作，做好技术支撑，引领行业发展

下一步塑料机械行业标准化工作要贯彻落实好党的“十八大”精神，有效支撑发展方式转变，满足经济转型升级需要，服务好塑料机械行业“调结构、转方式”战略布局，为此要加强标准制修订工作管理，稳步推进标准体系建设，不断调整优化标准结构，做好标准体系的统筹规划，不断完善标准体系，加大产品标准的覆盖面，加强上下游标准间的协调配合，确保国家标准与行业标准之间衔接统一，兼顾标准制定的科学性、前瞻性和适用性。

2.加快重点领域标准研制，满足行业转型发展需要

分委会将组织开展行业调研和标准需求分析，明确标准支撑产业结构战略性调整的着力点，突出加强战略性新兴产业、节能降耗、安全环保、资源节约与综合利用等重点领域标准制定工作。应重点做好行业标准中的安全标准，涉及环保要求的标准，基础标准，国家有关重大工程项目并与主攻课题相配套的标准，市场急需制定的、技术先进并有发展潜力的产品标准；组织开展《塑料挤出机械用换网器》《塑料挤出同步拉伸拉幅膜辅机》《高强高模PE纤维拉丝机》等标准的研究制定及《塑料挤出双壁波纹管辅机》《塑料排气挤出机》等标准的修订工作。还要加快标准对节能、环保新产品、新技术科研成果的转化，及时制定出实用性强的技术标准。目前，虽已完成了量大面广产品的标准制定工作，但很多塑料制品类加工设备还有待于加速相应标准的制定，因此，还要及时进行标准计划项目的申报。

3.深化国际标准化工作

进一步加强国际标准化战略研究，健全参与国际标准化活动的工作机制，要组织开展重点领域国内外标准分析比对，积极推动我国标准上升为国际标准，或者争取让我国技术融入国际标准，

推动我国自主创新技术“走出去”，提升产业国际竞争力。加强对同行业国际标准及国外先进标准的研究，加强对外交流，通过对国外先进标准的转化和技术接轨，促进我国产品整体水平的提高。继续积极参与 ISO/TC 270 塑料和橡胶机械技术委员会的工作，选派塑料机械行业龙头企业参与国际标准的起草。

4. 着力夯实标准化工作基础

不断优化分委会的委员构成，充实标准化工作专家队伍。确保标准制修订过程信息公开、工作透明，标准利益相关方能够广泛参与。完善标准化与科技紧密结合和相互支撑机制，充分吸收和利用各方科研资源，通过标准加快研究成果产业化、规模化。加大标准化工作宣传力度，重要标准要及时组织宣传培训，提升全行业的标准化意识。全面复审已实施 5 年或 5 年以上的标准，提出继续有效、修订和废止的结论，保证现行标准技术内容的先进性和适应性。对不适应市场发展需要，标准内容或标准级别需做较大调整的现行标准，应及时进行修订；对已淘汰产品或技术落后的产品，其标准一定要进行废止；继续拓宽业务范围，为企业做好标准化咨询服务工作，使塑料机械行业标准化工作更加充满活力。标准化工作的重要主体之一是产品生产企业，要加强企业对标准实施的重视度，为切实提高标准实施的准确性、有效性提供保障。

5. 跟踪国外先进的技术和标准发展动态

密切关注国际标准化组织、欧洲标准化技术委员会等国际与先进国家和地区的标准化技术组织的标准动态。加大采标力度，着重在安全标准、能耗标准等方面与国际和国外先进标准接轨。

6. 评选表彰优秀委员

继续按照总会优秀委员评选办法，评选并表彰优秀委员，以激励委员更好地发挥作用，为塑料机械行业做出更大的贡献。

〔供稿单位：全国橡胶塑料机械标准化技术委员会塑料机械分技术委员会〕

塑料机械行业标准目录

序号	标准编号	标准名称	标准类别	采标情况	备注
1	GB/T 12783—2000	橡胶塑料机械产品型号编制方法	基础		代替 GB/T 12783—1991
2	GB/T 9707—2010	密闭式炼胶机炼塑机	产品		代替 GB/T 9707—2000
3	GB/T 12784—2017	橡胶塑料加压式捏炼机	产品		代替 GB/T 12784—1991，2017.12.1 实施
4	GB/T 13577—2006	开放式炼胶机炼塑机	产品		代替 GB/T 13577—1992
5	GB/T 13578—2010	橡胶塑料压延机	产品		代替 GB/T 13578—1992
6	GB/T 25156—2010	橡胶塑料注射成型机通用技术条件	产品		首次起草，代替 JB/T 7267—2004
7	GB/T 25157—2010	橡胶塑料注射成型机检测方法	方法		首次起草
8	GB/T 25941—2010	塑料真空成型机	产品		首次起草，代替 JB/T 5292—1991

（续）

序号	标准编号	标准名称	标准类别	采标情况	备注
9	GB 20055—2006	开放式炼胶机炼塑机安全要求	安全	非等效 BSEN 1417:1997	首次起草
10	GB 22530—2008	橡胶塑料注射成型机安全要求	安全	非等效 EN 201:1997+A1:2000+A2:2005	首次起草
11	GB 25431.1—2010	橡胶塑料挤出机和挤出生产线　第 1 部分：挤出机的安全要求	安全	等同 EN 1114-1:1996	首次起草
12	GB 25431.2—2010	橡胶塑料挤出机和挤出生产线　第 2 部分：模面切粒机的安全要求	安全	等同 EN 1114-2:1998	首次起草
13	GB 25431.3—2010	橡胶塑料挤出机和挤出生产线第 3 部分：牵引装置的安全要求	安全	等同 EN 1114-3:2001	首次起草
14	GB 25433—2010	密闭式炼胶机炼塑机安全要求	安全	修改 EN 12013:2000	首次起草
15	GB 25434—2010	橡胶塑料压延机安全要求	安全	修改 EN 12301:2000	首次起草
16	GB 25936.1—2012	橡胶塑料粉碎机械　第 1 部分：刀片式破碎机安全要求	安全	等同 EN 12012-1:2000	首次起草
17	GB 25936.2—2012	橡胶塑料粉碎机械　第 2 部分：拉条式切粒机安全要求	安全	等同 EN 12012-2:2001+A2：2008	首次起草
18	GB 25936.3—2012	橡胶塑料粉碎机械　第 3 部分：切碎机安全要求	安全	等同 EN N12012-3:2001	首次起草
19	GB 25936.4—2010	橡胶塑料粉碎机械　第 4 部分：团粒机安全要求	安全	等同 EN 12012-4:2006	首次起草
20	GB/T 30200—2013	橡胶塑料注射成型机能耗检测方法	方法		首次起草
21	GB/T 33580—2017	橡胶塑料挤出机能耗检测方法	方法		首次起草，2017.12.1 实施
22	HG/T 2148—2009	密闭式炼胶机炼塑机检测方法	方法		代替 HG/T 2148—1991
23	HG/T 2149—2004	开放式炼胶机炼塑机检测方法	方法		代替 HG/T 2149—1991
24	HG/T 2150—2009	橡胶塑料压延机检测方法	方法		代替 HG/T 2150—1991
25	HG/T 3108—2012	冷硬铸铁辊筒	产品		代替 HG/T 2400—1992、HG/T 3108—1998、HG/T 3118—1998
26	HG/T 3120—1998	橡胶塑料机械外观通用技术条件	通用		代替 HG5-1541—1983
27	HG/T 3228—2001	橡胶塑料机械涂漆通用技术条件	通用		代替 HG/T 3228—1988、HG/T 3225—1986
28	JB/T 2627—2008	塑料挤出硬管辅机	产品		代替 JB/T 2627—1991
29	JB/T 5289—2004	鞋用转盘注射成型机	产品		代替 JB/T 5289—1991
30	JB/T 5290—2008	塑料圆织机	产品		代替 JB/T 5290—2000
31	JB/T 5291—2007	塑料破碎机	产品		代替 JB/T 5291—1991
32	JB/T 5293—2013	可发性聚苯乙烯泡沫塑料 自动成型机	产品		代替 JB/T 5293—1991
33	JB/T 5416—2005	塑料挤出干法热切造粒辅机	产品		代替 JB/T 5416—1991
34	JB/T 5417—2007	塑料排气挤出机	产品		代替 JB/T 5417—1991
35	JB/T 5418—2015	聚丙烯不织布机	产品		代替 JB/T 5418—1991

（续）

序号	标准编号	标准名称	标准类别	采标情况	备注
36	JB/T 5419—2008	塑料挤出平膜扁丝辅机	产品		代替 JB/T 5419—2000
37	JB/T 5420—2014	同向双螺杆塑料挤出机	产品		代替 JB/T 5420—2001
38	JB/T 5421—2013	塑料薄膜回收挤出造粒机组	产品		代替 JB/T 5421—1991
39	JB/T 5438—2008	塑料机械　术语	基础		代替 JB/T 5438—1991
40	JB/T 6489—2014	塑料捏合机	产品		代替 JB/T 6489—1999
41	JB/T 6490—2015	塑料压力成型机	产品		代替 JB/T 6490—1992
42	JB/T 6491—2015	异向双螺杆塑料挤出机	产品		代替 JB/T 6491—2001
43	JB/T 6492—2014	锥形异向双螺杆塑料挤出机	产品		代替 JB/T 6492—2001
44	JB/T 6493—2015	塑料薄膜制袋机	产品		代替 JB/T 6493—1992
45	JB/T 6494—2014	料斗式塑料干燥机	产品		代替 JB/T 6494—2002
46	JB/T 6928—2014	塑料挤出苄辅机	产品		代替 JB/T 6928—1993
47	JB/T 6929—2015	塑料挤出转盘制鞋机	产品		代替 JB/T 6929—1993
48	JB/T 7251—2014	塑料挤出拉丝辅机	产品		代替 JB/T 7251—1994
49	JB/T 7669—2004	塑料混合机	产品		代替 JB/T 7669—1995
50	JB/T 8061—2011	单螺杆塑料挤出机	产品		代替 JB/T 8061—1996
51	JB/T 8538—2011	塑料机械用螺杆、机筒	产品		代替 JB/T 8538—1997
52	JB/T 8539—2013	塑料挤出吹塑中空成型机	产品		代替 JB/T 8539—1997
53	JB/T 8698—1998	热固性塑料注射成型机	产品		代替 JB/T 8698—1998
54	JB/T 8703—2015	塑料挤出吹塑薄膜辅机	产品		代替 JB/T 8703—1998
55	JB/T 8943—2015	全塑鞋用注射机	产品		代替 JB/T 8943—1999
56	JB/T 10342—2014	塑料挤出异型材辅机	产品		代替 JB/T 10342—2002
57	JB/T 10464—2004	拉条式塑料切粒机	产品		首次起草
58	JB/T 10898—2008	塑料挤出复合膜辅机	产品		首次起草
59	JB/T 10899—2008	塑料挤出双壁波纹管辅机	产品		首次起草
60	JB/T 11343—2013	锥形同向双螺杆塑料挤出机	产品		首次起草
61	JB/T 11344—2013	PVC 塑料配混系统	产品		首次起草
62	JB/T 11345—2013	可发性聚苯乙烯泡沫塑料　板材成型机	产品		首次起草
63	JB/T 11346—2013	可发性聚苯乙烯泡沫塑料　板材切割机	产品		首次起草
64	JB/T 11347—2013	可发性聚苯乙烯泡沫塑料预发机	产品		首次起草
65	JB/T 11348—2013	塑料挤出流延薄膜辅机	产品		首次起草
66	JB/T 11509—2013	聚氨酯发泡设备通用技术条件	产品		首次起草
67	JB/T 12787—2016	塑料成型模具温度控制机	产品		首次起草
68	JB/T 12788—2016	塑料成型模具用冷水机	产品		首次起草
69	JB/T 12789—2016	转轮式塑料干燥机	产品		首次起草
70	JB/T 13022—2017	塑料挤出吹塑土工膜辅机	产品		首次起草，2017.7.1 实施

（续）

序号	标准编号	标准名称	标准类别	采标情况	备注
71	JB/T 50018—1999	塑料注射成型机　产品质量分等	分等		企业内控标准
72	JB/T 53028—1999	锥型双螺杆塑料挤出机　产品质量分等	分等		企业内控标准
73	JB/T 53029—1999	料斗式塑料干燥机　产品质量分等	分等		企业内控标准
74	JB/T 53030—1999	异向双螺杆塑料挤出机　产品质量分等	分等		企业内控标准
75	JB/T 53031—1999	塑料真空成型机 产品质量分等	分等		企业内控标准
76	JB/T 53032—1999	塑料制袋机 产品质量分等	分等		企业内控标准
77	JB/T 53079—1999	塑料挤出带辅机　产品质量分等	分等		企业内控标准
78	JB/T 53080—1999	塑料挤出转盘制鞋机 产品质量分等	分等		企业内控标准
79	JB/T 53109—1998	单螺杆塑料挤出机　产品质量分等	分等		企业内控标准
80	JB/T 53111—1999	塑料挤出吹塑薄膜辅机　产品质量分等	分等		企业内控标准
81	JB/T 53112—1999	密闭式炼塑机　产品质量分等	分等		企业内控标准
82	JB/T 53113—1999	开放式炼塑机　产品质量分等	分等		企业内控标准
83	JB/T 53114—1999	塑料压延机　产品质量分等	分等		企业内控标准
84	JB/T 53115—1999	塑料挤出吹塑中空成型机　产品质量分等	分等		企业内控标准
85	JB/T 53116—1999	塑料混合机　产品质量分等	分等		企业内控标准
86	JB/T 53117—1999	热固性塑料注射成型机　产品质量分等	分等		企业内控标准
87	JB/T 53118—1999	橡胶塑料加压式捏炼机　产品质量分等	分等		企业内控标准
88	JB/T 53119—1999	塑料压力成型机　产品质量分等	分等		企业内控标准
89	JB/T 53120—1999	塑料捏合机　产品质量分等	分等		企业内控标准
90	JB/T 53121—1999	鞋用转盘注射成型机　产品质量分等	分等		企业内控标准
91	JB/T 53122—1999	塑料挤出硬管辅机　产品质量分等	分等		企业内控标准
92	JB/T 53123—2000	塑料圆织机　产品质量分等	分等		企业内控标准
93	JB/T 53124—1999	可发性聚苯乙烯泡沫塑料成型机　产品质量分等	分等		企业内控标准
94	JB/T 53127—1999	塑料破碎机　产品质量分等	分等		企业内控标准
95	JB/T 53129—2000	塑料挤出平膜扁丝辅机　产品质量分等	分等		企业内控标准

〔供稿单位：全国橡胶塑料机械标准化技术委员会塑料机械分技术委员会〕

2016 年塑料机械行业获得授权的发明专利

拉杆可抽出的二板式注塑机

授权公告号：CN103660142B

授权公告日：2016.01.13

申请号：2013104207637

申请日：2013.09.16

专利权人：海天塑机集团有限公司

发明人：高世权、吴俊、郑海伟、胡绘国、陈星欣

分类号：B29C45/17（2006.01）I、B29C45/67（2006.01）I

摘要：拉杆可抽出的二板式注塑机包括固定模板、移动模板、拉杆。固定模板与移动模板间用上拉杆和下拉杆连接，上拉杆和下拉杆在移动模板的伸出端设置抱闸机构，上拉杆和下拉杆的尾端设置锁模液压缸。上拉杆为可抽出拉杆，固定模板上设置支架，锁模液压缸上固定支承板，支承板与支架底面设置导向机构，还设置往复驱动机构，往复驱动机构连接在支架与支承板间，往复驱动机构向一方向驱动时，带动支承板及可抽出拉杆离开移动模板；往复驱动机构向相反方向驱动时，带动支承板及可抽出拉杆接近移动模板，可抽出拉杆复位。该发明能够降低对厂房和吊装设备的要求，更换模具十分方便，节省成本，可更好地适应安装环境。

开车阀切料装置

授权公告号：CN103121223B

授权公告日：2016.01.13

申请号：2013100279602

申请日：2013.01.25

专利权人：大连橡胶塑料机械股份有限公司

发明人：梁超、孙凤萍、吕剑锐、董春香

分类号：B26D1/06（2006.01）I

摘要：该发明包括液压缸、切刀、切刀背、切刀滑道、推拉板、切料底座、斜滑槽和导轨。液压缸和切刀滑道固定在液压缸底座上，切刀安装在推拉板的凹槽内，推拉板连接在液压缸的端部，切刀背固定在切刀滑道的前后两侧，液压缸底座和导轨固定在切料底座上，斜滑槽设置在切刀的正下方。该发明具有结构简单、省时省力、切料效率高的特点，尤为适用大中型挤压造粒场合。

全自动砂轮脱模机

授权公告号：CN103170925B

授权公告日：2016.01.20

申请号：2013100786861

申请日：2013.03.12

专利权人：东华机械有限公司

发明人：朱国林、郭国宏、李高峰

分类号：B24D18/00（2006.01）I

摘要：该发明在机架上设有脱模主机，侧边分别设有模具输出机构和升降式模料中转机构，升降式模料中转机构的侧边分别设有供料机构和砂轮输出机构，在供料机构上方设有双层推杆机构。双层推杆机构推出时，可将未脱模砂轮输送至脱模主机中心或将脱模后的模具推至模具输出机构输出；双层推杆机构缩回时，可将脱模后的砂轮拉至模料中转机构上，通过模料中转机构输送至砂轮输出机构上输出。该发明旨在提供一种结构紧凑、使用方便且效果良好的全自动砂轮脱模机，用于重负荷砂轮自动化生产线中的砂轮脱模。

聚乙烯硅烷交联物理发泡挤出成型方法

授权公告号：CN103448225B

授权公告日：2016.01.20

申请号：2013104015904

申请日：2013.09.06

专利权人：山东通佳机械有限公司

发明人：张建群、李勇、孟凡敏

分类号：B29C47/00（2006.01）I、B29C44/00（2006.01）I

摘要：首先，以低密度聚乙烯为基本原材料，在挤出机螺杆的加料段注入硅烷交联剂，在熔融挤出的过程中，分别注入单硬脂肪酸甘油酯和丁烷发泡剂，由挤出机进行物料的塑化混合，在挤出机内发生硅烷交联剂与聚乙烯的接枝反应，接枝后的聚乙烯熔体在口模处发泡成型为一种表面有珍珠光泽而内部泡孔结构均匀的聚乙烯泡沫制品。该发明具有成型线速度高、工艺简单、生产稳定可靠的特点，生产的发泡材料具有良好的隔热性能，吸音隔音效果好，耐热性能和二次加工性能良好，尺寸稳定性可靠。

用于注塑机、挤出机等的塑化单元和为此设置的液体输入装置

授权公告号：CN103052484B

授权公告日：2016.01.20

申请号：2011800380382

申请日：2011.08.08

专利权人：住友（SHI）德马格塑料机械有限公司

发明人：A. 吕克、R. 赫齐格尔

分类号：B29C45/18（2006.01）I、B29C47/10（2006.01）I

摘要：该发明涉及一种用于注塑机、挤出机等的塑化单元，包括：外壳缸体；在外壳缸体中可旋转驱动的塑化螺杆；外壳缸体的出口侧端部前的液体输入装置，用于向在塑化单元中塑化的塑料原料加入液体；液体连接部－适配插入件，在其中设置有液体输入通道；安置在缸壁中、通过接入孔通到螺杆室中、用于液体连接部－适配插入件的接纳部；安装在液体连接部－适配插入件上的阀结构，利用其可封闭适配插入件部位中的液体输入通道；液体供给装置，具有液体泵连同液体储罐，并连接在阀结构的液体连接管路上。

用于连续过滤材料混合物的装置

授权公告号：CN103260850B

授权公告日：2016.01.20

申请号：2011800609921

申请日：2011.12.01

专利权人：埃特林格塑料机械有限公司

发明人：R. 埃特林格

分类号：B29C47/68（2006.01）I、B29C47/08（2006.01）I、B01D33/46（2006.01）I

摘要：该发明涉及一种用于连续过滤材料混合物、特别是用于从塑料熔体中分离杂质的装置，具有可转动地设置在壳体的过滤器空间中的过滤器，至少一个用于刮除杂质的刮擦器和用于将杂质从壳体中运走的排放装置。排放装置包括可转动地设置在壳体中的排放轴，排放轴具有至少一个连续的开口，开口带有至少一个可在其中移动的活塞。

透明硅酮胶往复式双阶混炼挤出机组成套设备

授权公告号：CN103624955B

授权公告日：2016.02.10

申请号：2013106378086

申请日：2013.12.03

专利权人：江苏诚盟装备股份有限公司

发明人：马宏、房宾、孙德超

分类号：B29C47/10（2006.01）I、B29C47/60（2006.01）I、B29C47/66（2006.01）I、B29C47/76（2006.01）I、B29C47/92（2006.01）I、B29C47/88（2006.01）I、B29C31/06（2006.01）I、B29C31/10（2006.01）I

摘要：液体原料和助剂在第一阶双螺杆挤出机组的机筒中通过螺杆进行搅拌和混合均匀，流入 1 号管列式冷却装置中冷却；经冷却后的第一混合胶体喂入螺杆混合输送装置，螺杆混合输送

装置与二氧化硅超细粉体供给计量系统相连接，对称重计量后的二氧化硅与第一混合胶体进行预混合，并喂入至第二阶往复式单螺杆挤出机制备成第二混合胶体；通过熔体计量泵增压后进入2号管列式冷却装置进行冷却之后流入全自动定量分装打包装箱系统，制成独立包装的密封胶成品。

塑料管件模具产品外顶出机构

授权公告号：CN103707472B

授权公告日：2016.02.10

申请号：2013106472976

申请日：2013.12.06

专利权人：台州市黄岩炜大塑料机械有限公司

发明人：张欢庆

分类号：B29C45/40（2006.01）I

摘要：塑料管件模具产品外顶出机构包括模具上复板和下复板。上复板下安装定模板，定模板中安装定模镶块，下复板上安装两块模脚，两模脚上安装动模底板，动模底板上安装动模板，动模板中安装动模镶块，动模镶块与定模镶块之间设有型腔，型腔中设有管件内壁型芯，两模脚之间设置上顶板和下顶板，上顶板上连接顶针。型腔包括管件本体型腔和管件扩口型腔，在管件扩口型腔一侧的动模镶块上设置顶料型腔，顶料型腔经连接流道连通扩口型腔，顶针穿过动模底板、动模板和动模镶块与顶料型腔相配合。由此加工成型的塑料管件上下表面没有顶痕，产品光滑、美观，质量好，档次高。

一种螺旋密炼机

授权公告号：CN103286876B

授权公告日：2016.02.17

申请号：2013101641094

申请日：2013.05.07

专利权人：杭州泰能塑料机械厂

发明人：魏海明

分类号：B29B7/42（2006.01）I

摘要：螺旋密炼机的机架上安置有带进料斗的机筒，机筒外包覆有带加热装置的保温罩壳；机筒内轴向布置有至少一根螺杆，螺杆的进料端通过减速器组件与电动机相连，螺杆的另一端延伸至机筒的出料端部，且在机筒的出料端部设置带有切刀组件的机头；机筒卧置于机架上，保温罩壳由外壳体和内置的保温材料组成，紧贴于机筒的外壁上设置有电加热器组成的加热装置；机筒的进料斗侧安装有与螺杆相连的、由减速器和扭力保护装置构成的减速器组件，减速器组件通过带轮传动机构与电动机相连。该发明具有结构合理、紧凑，使用方便、可靠，适合各种混合原料的混合搅拌，降低使用成本，提高设备使用寿命等特点。

一种菱形连杆双线丝杠传动的注塑机合模机构

授权公告号：CN103692628B

授权公告日：2016.02.24

申请号：2013106915048

申请日：2013.12.17

专利权人：浙江大学、浙江申达机器制造股份有限公司

发明人：张树有、张鹏

分类号：B29C45/66（2006.01）I

摘要：该发明的四根拉杆依次穿过后模板、移动模板和前模板各自的拉杆孔后，一端与前模板固定连接，另一端与后模板固定连接。前模板固定在注塑机机架上；第一左连杆和第二左连杆的一端分别与后模板铰接，第一右连杆和第二右连杆的一端分别与移动模板铰接；伺服电动机支承在注塑机机架的短导轨中心水平槽内，通过联轴器与双线丝杠连接；后模板和移动模板的端面经各自滚轮组安装在注塑机机架长导轨上。菱形连杆机构驱动移动模板做往复运动，具有结构简单、运动周期短、锁模力稳定性及可靠性高、移动模板变形小的特点。该发明适用于精密注射的中小型注塑机合模机构。

用于注塑机中的注塑装置

授权公告号：CN103386750B

授权公告日：2016.03.02

申请号：2013103364895

申请日：2013.07.30

专利权人：浙江华业塑料机械有限公司

发明人：夏增富

分类号：B29C45/54（2006.01）I、B29C45/58（2006.01）I

摘要：该发明的塑化部与注射部为分离结构。注射部包括注射筒体、注射管、注射活塞。注射活塞置于注射筒体的内腔中，并通过连杆与驱动部相连接；注射管设置于注射筒体的前部，且注射管中的出料通道与注射筒体的内腔相连通；注射筒体的内腔通过通孔与塑化部的出料孔相连通。其优点为：熔胶螺杆三段参数不受轴向移动影响，熔胶压力曲线稳定，保证实现稳定下料，不出现吃料量波动和下空料现象，同时满足产量与速度的线性关系；熔胶螺杆与机筒保持轴线位置固定，保证机筒外部加热效率和稳定性，测温与加热的变化性和滞后影响降到最低。

一种能实现高速和高精度注射的注塑机微注射装置

授权公告号：CN103692625B

授权公告日：2016.03.30

申请号：2013107002338

申请日：2013.12.19

专利权人：北京化工大学常州先进材料研究院、宁波力劲机械有限公司

发明人：庄俭、李哲、周刚、徐年生、张亚军、马秀清、杨于光、董力群、金志明、郝俊娇

分类号：B29C45/54（2006.01）I、B29C45/76（2006.01）I

摘要：该发明分为五个部分，即塑化单元、注射单元、加料单元、射台移动单元和其他单元。塑化单元采用螺杆塑化，用伺服电动机驱动，以提高塑化质量和塑化精度；注射单元采用柱塞注射，用配有蓄能器的液压缸驱动，提高了注射精度和注射速度。注射装置的塑化兼止逆传动装置，能够间歇性地阻断和打开塑化腔与注射腔之间的连接通道，使塑化腔与注射腔之间的流道无死角，能有效减少熔料滞留。该系统带有能够检测螺杆头磨损量的测试装置，为注塑机检修和正常使用提供了保障。

啮合型转子的冷却流道

授权公告号：CN102935669B

授权公告日：2016.04.06

申请号：2012103993426

申请日：2012.10.19

专利权人：大连橡胶塑料机械股份有限公司

发明人：刘丽、纪宇博、李国胜、曲常文

分类号：B29B7/82（2006.01）I

摘要：冷却流道由不封闭的C形环流道串联而成，C形环流道的环与环之间由小角度螺旋槽流道过渡，确保流道没有大的转折，无流动死角。该发明减少了水流的冲击，也减小了冷却水的流动阻力，转子棱内腔被分割为若干腔室与C形环流道融合在一起，避免了原有转子内腔容积过大造成的棱内腔水流速度过慢、换热效率低的缺点。

平行异向双螺杆挤出机

授权公告号：CN103895209B

授权公告日：2016.04.06

申请号：2014100807059

申请日：2014.03.06

专利权人：东莞市三优塑料机械制造有限公司

发明人：何沛江

分类号：B29C47/40（2006.01）I、B29C47/58（2006.01）I、B29B9/06（2006.01）I

摘要：该发明输出负荷均衡，包括电动机、减速箱及螺杆组。减速箱包括输入轴、一级传动轴、二级传动轴、中间传动轴、分流驱动轴、上传动轴、下传动轴、第一输出轴、第二输出轴；还包括安装在输入轴上的输入齿轮、安装在一级传动轴上的第一传动齿轮及第二传动齿轮、安装在二级传动轴上的第三传动齿轮及第四传动齿轮、安装在

中间传动轴上的第一中间齿轮及第二中间齿轮、安装在分流驱动轴上的第一驱动齿轮及第二驱动齿轮、安装在上传动轴前后两端的二上传动齿轮及、安装在下传动轴前后两端的二下传动齿轮及安装在第一输出轴上的输出齿轮，第二输出轴与中间传动轴同轴连接。该发明上传动轴、下传动轴上下夹设第一输出轴的设置，抵销了第一输出轴的径向力，避免了负荷不平衡的情况出现；另外，通过第一螺杆、第二螺杆的贯穿孔及导液管的设计，有效地散发了软质 PVC 塑料在高效挤压时产生的热量，保证了软质 PVC 塑料的质量。

一种注吹机塑化收料结构

授权公告号：CN104015341B

授权公告日：2016.04.06

申请号：2014102719264

申请日：2014.06.18

专利权人：张家港市联鑫塑料机械有限公司

发明人：何志斌、倪爱明、任巧安

分类号：B29C49/06（2006.01）I、B29C49/28（2006.01）I、B29C49/42（2006.01）I

摘要：该发明的机架上设有注射部分，旁边设有成型部分。注射部分包括塑化螺杆、塑化螺杆外部的外壳以及驱动塑化螺杆转动的驱动装置，注射部分下方设有移动装置，在成型部分出口处设有用于自动转移产品的旋转装置。采用上述结构后，通过改进的驱动装置以及伺服电动机的使用，能够保证塑化部位的平稳送料；采用移动装置能够将塑化部分平稳推动；采用旋转装置能够保证实现自动送料，可提高工作效率，节省人力资源，减少磨损，降低安全事故的发生。

高强度发泡板挤出成型方法

授权公告号：CN103434076B

授权公告日：2016.04.06

申请号：2013104016019

申请日：2013.09.06

专利权人：山东通佳机械有限公司

发明人：张建群、沙燕、孟凡敏

分类号：B29C44/50（2006.01）I

摘要：首先将聚对苯二甲酸乙二醇酯原料、成核剂、色母料经过混合机混合均匀，经上料机自动送入一级挤出机料斗中，经高压螺杆将树脂均匀地熔融塑化，同时，在挤出过程中高压注入发泡剂，使之与熔融树脂充分混合，并在二级挤出机中混炼、加压、冷却，经板材模具挤出释压发泡成板材。通过冷却成型装置冷却成型，进入一级牵引，并送入辊式输送机中，在冷却过程中送入二级牵引，通过边角切割装置切除余边，完成纵向切割，再按照设定的宽度完成横向切割。该发明生产工艺简单，操作方便，劳动强度小，生产成本较低，且产品质量稳定，泡孔细密均匀，保温性能优良。

一种多功能可调式双螺杆挤出机组

授权公告号：CN103707486B

授权公告日：2016.04.13

申请号：2013107427408

申请日：2013.12.30

专利权人：江苏诚盟装备股份有限公司

发明人：马宏、房宾、孙德超

分类号：B29C47/38（2006.01）I、B29C47/10（2006.01）I、B29C31/06（2006.01）I、B29B9/06（2006.01）I

摘要：该机组包括混合上料系统、计量喂料系统、双螺杆挤出机组及辅机生产线以及成品输送系统。混合上料系统与计量喂料系统分别与双螺杆挤出机组连通，辅助生产线包括水拉条造粒辅机生产线、水环造粒辅机生产线、水下切粒辅机生产线。该发明具备多套造粒辅机生产线，配有多种喂料机，机筒长径比可调，混料和计量喂料可根据材料工艺要求进行切换。

瓶胚取出及冷却系统

授权公告号：CN103817882B

授权公告日：2016.04.20

申请号：2014100796336

申请日：2014.03.05

专利权人：广东伊之密高速包装系统有限公司

发明人：梁继洪、张元海、方忠宝、种明、钟远城、陈胜全

分类号：B29C45/42（2006.01）I、B29C45/72（2006.01）I

摘要：该发明包括设置在注塑机上的定模和动模以及位于定模与动模之间的瓶坯，还包括取坯冷却装置。取坯冷却装置包括固定座、第一滚珠直线导轨、滑块座、含冷却装置的取出治具和伺服电动机带传动机构。其中，固定座与注塑机的头板相接，固定座的一端朝向定模与动模之间，伺服电动机带传动机构设置在固定座上，第一滚珠直线导轨设置在固定座上，第一滚珠直线导轨上滑设有第一滑块，滑块座设置在第一滑块上，在伺服电动机带传动机构的驱动下在固定座上直线往返运动；具有冷却瓶坯和真空吸出瓶坯作用的取出治具安装在滑块座前端。该发明具有操作灵活、运行速度高、驱动功率低、控制难度小、运行稳定的特点。

水箱升降上牵引旋转 PVC 热收缩膜装置

授权公告号：CN103496160B

授权公告日：2016.04.27

申请号：2013104764768

申请日：2013.10.12

专利权人：武汉新中德塑料机械有限公司

发明人：刘颜嘉、谢国祥、向友生、陈卫兵、严明武

分 类 号：B29C55/28（2006.01）I、B29K27/06（2006.01）N

摘要：该装置包括机架、挤出机、模头、冷却风环、牵引夹辊和牵引人字夹板。机架内设置有水箱升降装置，其上设置水箱，水箱内设置二牵引夹辊，水箱上设置冷却水套，机架顶部设置与冷却水套对应的三牵引人字夹板，三牵引人字夹板上方设置三牵引夹辊；机架顶部设置第一次平台，其上设置旋转平台，旋转平台的四边与机架之间设置多个动环，旋转平台一端设置收卷机。该发明消除了 PVC 热收缩膜生产过程中仅模头旋转产生的“爆筋”，提高了膜的品质，延长了贮存时间，可生产宽度 1200mm 的膜，宽于传统设备生产的最宽膜 780mm。

多孔板

授权公告号：CN103298592B

授权公告日：2016.05.04

申请号：2011800644111

申请日：2011.11.21

专利权人：自动化塑料机械有限责任公司

发明人：林哈特－卡斯滕·穆布、汉斯－沃尔特·海夫纳

分类号：B29B9/06（2006.01）I

摘要：该发明涉及用于热塑性塑料材料制粒装置的多孔板，具有喷嘴口，其中多孔板至少一个侧面在至少一个区域中具有功能层，功能层由瓷釉涂层构成，与多孔板的基底材料相比是热绝缘的，并且更耐磨损。

吹瓶机模具快速更换装置

授权公告号：CN103660085B

授权公告日：2016.05.18

申请号：2012103228665

申请日：2012.09.04

专利权人：广东乐善机械有限公司

发明人：郭锡南、高世凡、孔育麟、彭忠仁

分 类 号：B29C33/30（2006.01）I、B29C49/48（2006.01）I、C03B9/30（2006.01）I、B29L22/00（2006.01）N

摘要：该装置的背板通过若干固定螺栓与模具连接，背板上设有定位销及两条横向且相互平行设置的半燕尾槽；锁模板通过若干固定螺栓安装在机台上，其上设有可与定位销配合的 U 型槽，还设有两条横向且相互平行设置的可与背板上半燕尾槽挂扣的半燕尾定位条。锁模板上设有定位

槽，半燕尾定位条通过固定螺栓安装在该定位槽内。该发明结构简单、生产成本低，利用模具安装背板后直接挂扣定位在锁模板上，能实现快速定位安装，大幅提高工作效率。

注塑机的拉杆机构

授权公告号：CN103057065B

授权公告日：2016.05.18

申请号：2012105018784

申请日：2012.11.30

专利权人：海天塑机集团有限公司

发明人：吴章成、史天瑜、童佰努、叶盛

分类号：B29C45/64（2006.01）I

摘要：注塑机的拉杆机构设置卡套，卡套内设置光滑内圆锥面，拉杆上相应设置与卡套光滑内圆锥面相配合的相同圆锥面，卡套对称剖切开成两对半，拉杆和拉杆套进定模板拉杆孔，固定在定模板上。通过拉杆组件中的卡套和拉杆间的斜度膨胀从而产生极大摩擦握裹力来固定拉杆，由头板拉杆孔内表面和拉杆卡套外表面的摩擦力来承担拉伸载荷，消解了螺纹段应力集中问题，极大地提高了拉杆的抗疲劳性能，延长了拉杆的使用寿命。

环保高效再生塑料造粒机双重四层过滤式烟气处理装置

授权公告号：CN104740940B

授权公告日：2016.05.18

申请号：2015100920287

申请日：2015.02.28

专利权人：安徽省坤璞塑料机械有限公司

发明人：王坤、吕清兰、姜家勇

分 类 号：B01D46/00（2006.01）I、B01D53/04（2006.01）I、B01D53/26（2006.01）I、B01D53/00（2006.01）I

摘要：环保高效再生塑料造粒机双重四层过滤式烟气处理装置包括烟气归集箱、三层过滤器、冷却净化罐、过滤器及真空泵。烟气归集箱底部通过法兰连接在造粒机的排烟口，烟气归集箱上部出烟口通过钢丝软管连接至三层过滤器的进口管路上，三层过滤器的出口管路经钢丝软管连接至冷却净化罐，冷却净化罐上部连接有循环管路，循环管路一端连接在冷却净化罐上，另一端穿过真空泵和过滤器连接至冷却净化罐，冷却净化罐底部一侧通过钢丝软管连接至真空泵上的排烟管。与安装大型排烟管道相比，该装置烟雾过滤一体化，安装简捷，移动灵活，可用于产生烟气的各种生产加工环节。

一种表征废旧热固性塑料再生效果的方法

授权公告号：CN103616395B

授权公告日：2016.05.25

申请号：2013106523959

申请日：2013.12.06

专利权人：合肥工业大学

发明人：吴仲伟、宋守许、刘志峰、潘绍波

分类号：G01N24/08（2006.01）I

摘要：该方法如下：将热固性塑料粉碎再生获得再生料，将热固性塑料的原材料与不同粒度的再生料分为各粉料组；测试各粉料组的交联密度；记录交联密度最小值；将各粉料组中的各组再生料分别按设定的质量比与热塑性树脂混合，并加入化学助剂热压成型，制得再生塑料制品；将再生塑料制品制成样品，进行机械强度测试，确定再生系数 γ；确定再生效果的定量指标，并判断再生粉体是否达到该指标。该发明提出一种定量表征废旧热固性塑料机械物理法回收过程中再生料的再生效果的方法，克服了回收过程中的不确定性因素。

双刀塑料破碎机

授权公告号：CN103657806B

授权公告日：2016.06.29

申请号：2012103227677

申请日：2012.09.04

专利权人：广东乐善机械有限公司

发明人：郭锡南、高世凡、孔育麟、彭忠仁

分类号：B02C18/14（2006.01）I、B02C18/24（2006.01）I、B02C18/18（2006.01）I

摘要：双刀塑料破碎机于机架上设有粉碎腔和进料斗，粉碎腔内安装有两级破碎设备，首级为剪切破碎，次级为粉碎破碎，剪切破碎位于粉碎破碎之上，剪切的破碎速率比粉碎的破碎速率低。粉碎腔内安装有通过减速机构联动的主动轴和从动轴。主动轴与电动机连接，其上安装高速刀，从动轴上安装低速刀；粉碎腔内设有可与高速刀和低速刀配合的高速定刀和低速定刀。由于低速刀转速低，扭矩大，因此较大的物料容易被切片剪切后再跌入下方的高速刀破碎范围，从而具有无物料冲击回弹、运作平稳、噪声小、安全快捷等优点。

密炼机转子密封装置中动、静环的研磨方法及研磨辅助装置

授权公告号：CN104191349B

授权公告日：2016.06.29

申请号：2014104140646

申请日：2014.08.21

专利权人：益阳橡胶塑料机械集团有限公司

发明人：郭鹏涛、卜亚平、彭志勇

分类号：B24B37/02（2012.01）I、B24B37/34（2012.01）I

摘要：该方法包括装夹、研磨准备、粗加工、精加工、研磨完成等步骤。研磨辅助装置的静环固定座，一面设有与静环的内孔间隙配合的凸台，另一面中心设有固定方杆；静环固定座圆周方向上设有与静环螺孔对应的阶梯孔，阶梯孔内设有两端伸出阶梯孔外的连接轴，连接轴两端均设有可固定静环的螺母，两螺母之间的连接轴上设有安装在阶梯孔内的弹簧。该发明方法可行，工作过程中可以自动调节动静环结合面的受力力度，能快速装夹及研磨，提高了工作效率，保证了加工精度，使动、静环合金面的粗糙度达到设计要求。

一种注塑机合模装置

授权公告号：CN104260296B

授权公告日：2016.07.06

申请号：2014104067833

申请日：2014.08.18

专利权人：宁波通用塑料机械制造有限公司

发明人：张允升、项福保、杜严庆、徐定俊

分类号：B29C45/68（2006.01）I

摘要：该发明解决了现有合模装置中模具加压响应时间较慢、模具受压不均匀的技术问题，装置包括多根拉杆、动模板与前模板。前模板上开设有多个与拉杆一一对应的通孔且拉杆穿过通孔，动模板设置于拉杆上且能在拉杆上轴向移动或固定于拉杆上；在动模板与前模板之间设置有模具，每根拉杆的前端设置有承压螺母，在每根拉杆上套设有环状的油囊且油囊位于前模板与承压螺母之间，油囊内侧设置有与其相通的进油管，当模具两端分别抵在动模板与前模板上时，油囊使前模板移动并对模具加压；四个油囊同时注油，填充速度较快，模具加压时响应速度较快，受压较均衡，密封性较好。

超大注射量的注射机构及超大型塑料制品的挤注成型工艺

授权公告号：CN102275274B

授权公告日：2016.08.03

申请号：2011101251732

申请日：2011.05.15

专利权人：东华机械有限公司

发明人：李向东、张春林、董鹏举、陈志雄、梁展升

分类号：B29C45/46（2006.01）I、B29C45/54（2006.01）I、B29C45/77（2006.01）I

摘要：超大注射量的注射机构由塑化机构和注射机构构成。注射机构的储料缸设有带液压封嘴的注射嘴与模具的注射孔，可紧密接触配合并导通。塑化机构的熔胶筒通过管路导通的注射机构的储料缸将熔融胶料经注射嘴直接挤入型腔，

模具的注射孔中设有型腔压力传感器。该发明应用于超大型塑料注射成型机中，单一塑化机构和单一注射机构实现超大注射量的超大型塑料制品的注射成型。

一种电动注塑机的双电机并行注射控制方法

授权公告号：CN103624946B

授权公告日：2016.08.17

申请号：2013105581177

申请日：2013.11.11

专利权人：宁波长飞亚塑料机械制造有限公司

发明人：傅南红、朱宁迪、朱淦

分类号：B29C45/77（2006.01）I

摘要：控制器通过解读设定的工艺参数建立运动模型，将速度和扭矩参数指令分别下达给主驱动器和从驱动器，两个驱动器分别跟随控制器指令输出频率和电流，驱动伺服电动机执行动作。控制器通过控制两个驱动器，平衡两台伺服电动机的输出转矩并使其叠加。同时，通过控制主驱动器的速度以及两台伺服电动机之间的同步带驱动，系统达到速度同步，降低了成本和伺服电动机惯量。

注塑机测试用模具及注塑机测试装置

授权公告号：CN103240851B

授权公告日：2016.08.17

申请号：2013101272070

申请日：2013.04.12

专利权人：海天塑机集团有限公司

发明人：史天瑜、吴章成

分类号：B29C45/67（2006.01）I、B29C45/26（2006.01）I

摘要：注塑机测试用模具主体内两侧分别设置小油腔和大油腔。大油腔内设置推模液压缸，小油腔内设置顶杆液压缸，顶杆液压缸的顶杆活塞与螺杆头部对接，推模液压缸与顶杆液压缸由通道相连通并与进油通道相连，进油通道上设置单向阀。注塑机测试装置包括注射机构的模具和螺杆，模具为前述的注塑机测试用模具，顶杆液压缸的顶杆活塞与螺杆头部对接，注塑机测试用模具的进油通道与注塑机原有油液系统相连。该发明可以模拟极端条件下锁模机构特别是模板和拉杆的应变情况，能准确方便测试出模板和拉杆的抗疲劳性能。

电容管件模具注塑成型机构

授权公告号：CN103692610B

授权公告日：2016.08.17

申请号：2013106603192

申请日：2013.12.10

专利权人：台州市黄岩炜大塑料机械有限公司

发明人：张欢庆

分类号：B29C45/14（2006.01）I、B29C45/36（2006.01）I

摘要：现有技术生产电容管件一般先由塑料模具将管件注射成型后，再将电容嵌入管件。在此过程中，需要在管件中开孔，然后将电容安装到孔中，再由密封胶密封。该发明克服已有技术的缺点，提供了一种电容与管件一体注射成型的电容管件模具注射成型机构。当熔融的塑料原料注入管件本体型腔和管脚型腔后，形成管件本体和管件的管脚，管件本体将铜脚和电热丝包覆在内，一体注射保压成型，然后模具开模。抽芯型芯连同产品一起顶出动模板后，放到另外的抽芯架中，将抽芯型芯从产品中抽出，直接将插入插孔中的铜脚上头拉断，产品抽出。留在插孔中的铜脚断头由人工取出，再插入下一个铜脚，然后将抽芯型芯装回模具，模具合模，进入下一道生产工序。铜脚与管件本体一体注射成型，无须另外钻孔、装配，减少工序，降低成本，节省费用，同时产品质量好、档次高。

一种注塑成型机的合模机构

授权公告号：CN104512014B

授权公告日：2016.08.31

申请号：2014107803171

申请日：2014.12.17

专利权人：富强鑫（宁波）机器制造有限公司

发明人：王俊杰、陈晓周

分类号：B29C45/64（2006.01）I、B29C45/73（2006.01）I

摘要：该发明包括活动壁和与活动壁盖合的活动壁垫板。其中，活动壁内装配有通过花键配合的直线运动轴和旋转运动轴，旋转运动轴与伺服电动机传动连接，直线运动轴的一端与模具转芯配合连接，其另一端与转轴连接杆配合连接，转轴连接杆外设置有水套，水套的后端与由拖模气缸组控制的拖模活塞杆前部的转接座相配合；水套上设置有进水口和出水口，进水口经环形进水槽、转轴连接杆上的进水连接孔与直线运动轴上的进水通路相通，出水口经环形出水槽、转轴连接杆上的出水连接孔与直线运动轴上的出水通路相通，进水通路和出水通路与模具转芯相连通。该发明的优点在于：结构合理、紧凑，冷却效果好，加工效率高。

一种微喷带制造机

授权公告号：CN103978518B

授权公告日：2016.08.31

申请号：2014102188250

申请日：2014.05.23

专利权人：瑞安市开泰塑料机械厂

发明人：章国富

分类号：B26F1/24（2006.01）I、B29C49/00（2006.01）I

摘要：该发明包括吹膜机构和收卷机构，还包括打孔机构。打孔针板在机架上可左右移动和上下移动，上下移动完成打孔，适合连续操作。吹膜机构完成微喷带的带体（或称带管）制作，打孔机构完成打孔，收卷机构完成成品带收卷。三个机构相互承接无分割，仅需一次收卷，减少生产环节，提高生产效率，打孔更加均匀。

一种插入内衬薄膜袋的复合袋制袋机

授权公告号：CN104097348B

授权公告日：2016.08.31

申请号：2014103485216

申请日：2014.07.21

专利权人：常州市恒成塑料机械有限公司

发明人：阚顺源、胡国辉

分类号：B31B1/00（2006.01）I、B31B1/74（2006.01）I

摘要：该发明包括一个至少具有内衬袋套入工位、编织袋套入工位和卸袋整理工位三个工位的转台，转台上对应于各工位固定了可插入袋子内部的套袋模芯，转台配合围绕其周向布置的三个工位做间隙旋转运动；内衬袋套入工位设置内衬袋套入机构，将内衬袋套入对应于该工位的固定在转台上的套袋芯模上；外袋套入工位设置外袋套入机构，将外袋套入对应于该工位的套袋芯模上；卸袋整理工位设置卸袋机构，将套袋的复合袋从套袋模芯上取下。

玻璃钢PE复合管及连续缠绕生产工艺

授权公告号：CN104455790B

授权公告日：2016.09.07

申请号：2014106315715

申请日：2014.11.12

申请公布日：2015.03.25

专利权人：浙江双林塑料机械有限公司

发明人：陈剑飞、施经东

分类号：F16L9/16（2006.01）I、B29C53/56（2006.01）I、B29L23/00（2006.01）N

摘要：该发明解决了现有复合玻璃钢管无法直接用于饮给水工程以及管道接口的制造工艺问题。其在玻璃钢层内壁设有内增强层，内增强层内壁设有PE层；玻璃钢层外表面从内向外依次设有外加强层、外保护层；PE层从管道体内表沿管道体两端向外翻转，并与外保护层贴合一段翻边长度。通过缠绕、固化、切割、封口等工艺完成。把玻璃钢管的机械强度特性和PE卫生环保特性有效地结合在一起，获得压力、刚度、卫生指标多重技术效果，管道成型过程连续不间断，效率高，制造成本较低，工艺过程稳定，环境卫生状况佳，产品规格覆盖范围大。

电动调抱闸螺母式合模机构

授权公告号：CN102463659B

授权公告日：2016.09.14

申请号：2010105422425

申请日：2010.11.14

申请公布日：2012.05.23

专利权人：海天塑机集团有限公司

发明人：阮剑波

分类号：B29C45/68（2006.01）I

摘要：该发明所要解决的技术问题是克服现有技术不足，提供控制精确的合模机构。其技术方案是：电动调抱闸螺母式合模机构包括拉杆支承板、拉杆、抱闸螺母机构、动模板、定模板、高压锁模液压缸、快速液压缸。抱闸螺母机构包括：抱闸螺母、抱合螺母导向板、连接板、伺服电动机、抱闸螺母垫板、丝杠副丝杠、丝杠副丝母，伺服电动机固定在连接板上，驱动丝杠副丝杠，配套的丝杠副丝母固定在动模板上，抱闸螺母固定在抱闸螺母垫板上，抱闸螺母垫板连接在连接板上。其结构简单，控制精确。

10—35kV 交联绝缘电缆料动态吸附生产设备

授权公告号：CN104200931B

授权公告日：2016.09.28

申请号：2014104388054

申请日：2014.08.29

申请公布日：2014.12.10

专利权人：江苏诚盟装备股份有限公司

发明人：马宏、房宾、孙德超、马宇嘉

分类号：H01B13/06（2006.01）I

摘要：该设备包括依次管道连接的加热送料系统、过渡保温料仓、定量称重罐、摇滚机、深度吸附料仓、冷却输送系统、成品料仓、包装称重系统，摇滚机连接有 DCP 液体计量系统、液体抗氧剂计量系统；还包括与上述部件连锁的成套设备 PLC 电气控制系统。通过新型过氧化物动态吸附设备和生产工艺，将引发剂和抗氧剂添加到 LDPE 树脂内部。该新型生产工艺无须熔融混炼过程，避免了传统工艺中的预交联和分散问题，提高了产品品质和生产的稳定性。

用于确定容器产品的预定特性存在的方法和实施该方法的设备

授权公告号：CN103827649B

授权公告日：2016.10.12

申请号：2012800432502

申请日：2012.08.28

申请公布日：2014.05.28

专利权人：科赫尔塑料机械制造有限公司

发明人：J. L. 普赖斯

分类号：G01L5/00（2006.01）I、B29C49/78（2006.01）I、B29C51/44（2006.01）I、B65B3/02（2006.01）I、B65B1/04（2006.01）I、G01N35/00（2006.01）I、B29C51/46（2006.01）I、B29C49/04（2006.01）I、G01N35/02（2006.01）I、G01N33/00（2006.01）I

摘要：该发明涉及一种用于确定容器产品的预定特性存在的方法。该容器产品由塑料材料制成，其中在检验设备的至少一个检验站中自动测定至少一个预定特性的实际值，并且将该实际值与该特性的额定值进行比较。

一种合模机构

授权公告号：CN104210078B

授权公告日：2016.10.12

申请号：201410403620X

申请日：2014.08.15

申请公布日：2014.12.17

专利权人：宁波通用塑料机械制造有限公司

发明人：张允升、项福保、杜严庆、徐定俊

分类号：B29C45/68（2006.01）I

摘要：该发明解决了现有合模机构结构复杂、加工难度高、成本高的问题。该合模机构包括定模板、后模板和拉杆，拉杆上还滑设有动模板，动模板与定模板之间安装有模具。在后模板的一侧安装有动力机构，后模板上开设有贯穿孔，其上穿设有顶杆且顶杆连接至动力机构；在顶杆的外周面上开设有若干列卡齿，在后模板的另一侧安装有锁紧机构，顶杆穿过锁紧机构并抵靠在动模板上，锁紧机构能锁紧卡齿，顶杆上套设有油囊，油囊安装在锁紧机构与后模板之间，当油囊注入液压油后，能推动锁紧机构使顶杆抵紧动模板。该发明具有结构简单、成本低、反应速度快的优点。

一种高透膜生产线及其生产工艺

授权公告号：CN103707528B

授权公告日：2016.11.16

申请号：2013107477591

申请日：2013.12.31

申请公布日：2014.04.09

专利权人：青岛顺德塑料机械有限公司

发明人：赵桂旭、赵烨

分类号：B29D7/01（2006.01）I

摘要：该发明用于生产高透膜制品，包括依次设置的双螺杆挤出机、三辊压光机、牵引机、九辊预热装置、纵向拉伸机、冷却牵引机、横向拉伸机、横拉牵引机、卷取机。其中横向拉伸机包括横向烤箱、横向传动、热风风机，横向传动设置在横向烤箱内部且在横向烤箱的宽度方向上伸出横向烤箱。高透膜生产工艺包括配料、挤出、纵向拉伸、横向拉伸、厚度监控、电晕处理、牵引收卷在线分切、废料回收等步骤。该发明可用于生产高质量的高透膜制品，制品透明度和强度参数高，试机过程产生的废品率低。

用于生产可降解地膜的塑料挤出机

申请公布号：CN106113457A

申请公布日：2016.11.16

申请号：2016104644149

申请日：2016.06.24

申请人：广东金明精机股份有限公司

发明人：关文强、马佳圳、陈俊鸿、叶镇波

分类号：B29C47/60（2006.01）I

摘要：用于生产可降解地膜的塑料挤出机包括机筒和螺杆。在螺杆屏障段的圆形杆体表面形成多段次级反向螺旋凹槽，相对圆形杆体的圆周表面向内凹入，与螺棱的螺旋方向相反。每段次级反向螺旋凹槽与螺棱有且仅有一个相交点，且螺棱在该相交点处断开形成螺棱缺口，且每个螺棱缺口的宽度由前到后逐渐缩小，而次级反向螺旋凹槽则在相交点处连续延伸并越过该螺棱缺口。该发明能使流体的各部分在屏障段得到充分的搅拌，流体各部分温度均匀，且能促进未熔融的小颗粒状物料进一步融化。

一种通过水冷却的注塑模具装置合模开模设备

授权公告号：CN104526999B

授权公告日：2016.11.16

申请号：2014106691855

申请日：2014.11.21

申请公布日：2015.04.22

专利权人：江门申强塑料机械有限公司

发明人：卫保龙

分类号：B29C45/66（2006.01）I、B29C45/72（2006.01）I、B29C45/04（2006.01）I

摘要：该发明包括合模开模装置、滑行轨道以及至少两个注塑模具装置组，至少两个注塑模具装置组沿着滑行轨道的延伸方向分布，并且每个均包括四个注塑模具装置。这四个注塑模具装置排列成正方形，每个注塑模具装置占据正方形布局的一个顶点；合模开模装置包括可升降支撑架体，可升降支撑架体包括升降电机，升降电机的转轴与升降丝杆连接。

油泵测试系统及其测试方法

授权公告号：CN104260302B

授权公告日：2016.11.23

申请号：2014104033964

申请日：2014.08.16

申请公布日：2015.01.07

专利权人：佛山市顺德区震德塑料机械有限公司

发明人：蒋志坚、张贤宝、胡军、廖伟阳、陈伟

分类号：B29C45/76（2006.01）I

摘要：该系统包括主控制器、用于驱动被测油泵的伺服电动机、用于控制伺服电动机的伺服控制组件、比例溢流阀、第二溢流阀以及与被测油泵输出口连接的主油路；还包括用于模拟油泵在注塑机中工作的主测试油路，主测试油路由插装阀 A、插装阀 B、插装阀 C、方向阀、进油管道和回油管道构成。插装阀 C 和第二溢流阀共同构成主油路的主安全压力控制器。第二溢流阀的出油端通过回油管道连接油箱。测试的油泵所供的油需经过插装阀回油箱完成测试，比例溢流阀控制回油的压力，从而完成对油泵的压力脉动测试、高速高压性能测试、保压性能测试、噪声测试、疲劳测试和内泄漏测试。

一种太阳能背板背膜生产设备及方法

授权公告号：CN103862687B

授权公告日：2016.12.07

申请号：2014101161994

申请日：2014.03.26

申请公布日：2014.06.18

专利权人：青岛顺德塑料机械有限公司

发明人：赵桂旭

分类号：B29D7/01（2006.01）I、H01L31/18（2006.01）I

摘要：该发明用于生产高质量的太阳能背板背膜制品。太阳能背板背膜生产设备包括依次设置的配料装置、挤出机、三辊压光机、牵引机、九辊预热装置、纵向拉伸机、冷却牵引机、横向拉伸机、横拉牵引机、卷取机。其中配料装置包括用于对库存破碎料进行配料的原料配料部分、用于对制品废边进行配料的破碎料配料部分，具体包括破碎机、集尘器、罗茨风机、正压料斗、失重称、储料仓、旋风分离器、负压料斗、静态混合器、主机料斗。太阳能背板背膜生产包括配料、挤出、压光、纵向拉伸、在线涂附、横向拉伸、厚度监控、牵引收卷等工序。

介绍我国塑料机械主要出口市场情况及意大利塑料机械工业的概况

附录

中国塑料机械主要出口市场分析（一）

——土耳其

一、土耳其塑料市场

土耳其地处欧亚非三大洲的连接点，辐射周边15亿人口，与周边国家保持着密切的经贸关系，在积极申请加入欧盟的同时，土耳其也从未间断加强与其东部邻国的贸易关系。近年来，土耳其经济保持了较高的经济增长率，贸易额在发展中国家中也是较高的，成为中国和印度之外世界经济的又一个亮点。

土耳其塑料市场极具吸引力，该行业在全球市场具有相当大的竞争优势，约占土耳其工业的3.41%，为该国新兴工业中发展最快的产业之一，产量年增长率曾高达13.5%。这主要是由于塑料在土耳其是一个年轻而充满活力的工业，拥有旺盛的需求。

土耳其塑料工业基金会（PAGEV）2016年8月的市场报告显示，在2016年的前6个月，土耳其塑料的产量同比增长8%，至460万t。报告称，塑料行业在这段时间的总产出估值为178亿美元，与2015年上半年相比，增长8.5%。土耳其在2016年前6个月的塑料产量中，包装产品占主要地位，总计达185万t。另外，102万t塑料用于建筑行业。

为了扩大土耳其当地输出的产能并使机械更加现代化，土耳其塑料业在2016年上半年共计投资了4.43亿美元。据预测，到年底塑料行业企业将总投资8.86亿美元，以提高产能。2016年上半年，土耳其塑料最大出口市场是伊拉克，对其出口89 000t；德国和英国分别位列第二和第三，出口数量分别为49 000t和40 000t。

塑料制品需求的旺盛，也带动了塑料机械行业的火爆。目前土耳其主要从中国、意大利、澳大利亚、韩国等国家和地区进口塑料机械，其塑料机械产品主要出口到俄罗斯、伊朗、罗马尼亚、保加利亚、乌克兰、阿塞拜疆和阿联酋等国家。不过，由于塑料机械市场发展较快，土耳其塑料机械市场正在被大量廉价产品以及二手产品充塞，使得该国的塑料机械生产商面临巨大的竞争压力。

此外，再生塑料成为土耳其塑料业发展的一大问题。土耳其政府于2015年年初出台限制措施，限制部分再生塑料材料的进口。而供应欧洲汽车业的土耳其模塑商有时候被要求供应含有一定比例再生含量的零部件，这可能给依赖再加工材料的当地塑料加工企业带来危机。土耳其塑料工业协会专员表示，塑料业必须扭转人们认为再生材料有害或危险的认知。

土耳其国际塑料工业展创办于1990年，每年举办一次，是土耳其当地唯一的一个塑料行业的专业性展览会。具有UFI认证，在当地已形成很大的规模，在塑料工业具有一定的影响力。2015年第二十五届土耳其国际塑料展参展面积逾10万m^2，有来自全世界55个国家的1 134家参展商。参展企业中塑料机械设备展商占47%，塑料成品及产品原材料展商占28.6%。参观商中土耳其客商占90.77%，展会已经成为国内企业进军土耳其市场的重要平台。

二、土耳其概况

土耳其地理位置和地缘政治战略意义极为重要，是连接欧亚的十字路口。海岸线长7 200km，陆地边境线长2 648km。

20世纪80年代实行对外开放政策以来，土耳其由经济基础较为落后的传统农业国向现代化工业国快速转变。2002年以来，土耳其加大基础设施建设投入，不断改善投资环境以吸引外资，大力发展对外贸易，经济建设取得较大成就。

2003—2015年土耳其经济总量从3 049亿美元增长至7 200亿美元，人均国民收入从4 559美元增至9 261美元。

【货币】土耳其里拉。1里拉≈2.26元（2016年9月9日数据）。

【资源】矿产资源丰富，主要有天然石、大理石、硼矿、铬、钍和煤等，总值超过2万亿美元。其中，天然石和大理石储量占世界40%，品种数量均居世界第一。石油、天然气资源匮乏，需大量进口。水资源短缺，人均拥水量只有1 430m^3。

【工业】工业基础好，主要有食品加工、纺织、汽车、采矿、钢铁、石油、建筑、木材和造纸等产业。

【农业】农业基础较好，主要农产品有烟草、棉花、稻谷、橄榄、甜菜、柑橘、牲畜等。近年来，农业机械化程度提高，机耕面积不断扩大。木材加工业发达。森林面积22万km^2。

【旅游业】旅游业是土耳其外汇收入重要来源之一。2015年外国游客总数达3 559万人次，旅游收入315亿美元。主要旅游城市有伊斯坦布尔、伊兹密尔、安塔利亚、布尔萨等。特洛伊、埃菲斯等古城遗址和卡帕多西亚、棉花堡是主要风景名胜地。

【财政金融】土耳其金融市场虽受欧债危机冲击，但得益于实体经济快速增长，金融市场总体保持稳定。

【对外贸易】随着国民经济的快速发展，对外贸易总值和数量不断增加。主要进口商品为原油、天然气、化工产品、机械设备、钢铁等，主要出口产品是农产品、食品、纺织品、服装、金属产品、车辆及零配件等。近年来，钢铁、汽车、家电及机械产品等逐步进入国际市场。2015年外贸总额3 511亿美元，其中进口2 072亿美元、出口1 439亿美元。

三、投资优势与问题

1. 优势

地缘格局上，土耳其是一个地跨欧亚的国家，独特的区位优势使其成为沟通东西方经济与文明的桥梁。

经济上，土耳其虽然现在面临经济增速缓慢的挑战，但经济与社会发展取得了长足进步，全球经济实力排名第十六位。土耳其有7 800万人口，平均年龄不到30岁，市场潜力很大。

政治上，土耳其是一个较为稳定的民主制国家。1946年以来，土耳其进行政治体制改革，向多党民主制过渡，其政治制度和体制相对稳定和成熟。

教育上，体制和资源发达且丰富，国民素质很高。土耳其的高等教育水平比较高，绝大部分优秀高校都已经实现了英文教学，也是以西方的模式和标准来办学，土耳其也承认中国的高考成绩。此外，土耳其的宗教教育也很发达，有丰富的“去极端化”经验。

2. 问题

土耳其处于特别复杂的地区环境与格局中，受到中东地区存在的各种长期的动荡和冲突影响。

经济上，土耳其当前增长缓慢、动力不足，面临中等收入陷阱。

中国塑料机械主要出口市场分析（二）

——巴西

一、巴西塑料市场

巴西是世界上第七大塑料消费市场。Brazilian Plastics数据显示，巴西绝大多数树脂业务被巴西大型国有集团Braskem掌控，其他巴西树脂生产商还有Unigel以及Videolar-Innova。大型跨国公司，比如陶氏化学、沙特基础工业公司、巴斯夫、索尔维以及罗地亚等都在巴西有业务开展。

巴西人均塑料消费量仅有35kg，较发达国家的 100kg 有较大差距，这意味着巴西塑料消费有着巨大的增长潜力。巴西塑料的主要应用领域为：建筑行业（16%）、食品饮料（16%）、汽车及零部件（15%）、造纸印刷行业（6%）、机械（5%）、农业（5%）、家具（5%）以及电子产品（3%）。

塑料原料消费比例中，约有 27% 的聚丙烯、14.9% 的 PVC、13.1% 的高密度聚乙烯、20.9% 的低密度聚乙烯（LDPE 以及 LLDPE）、7.1% 的 PET、5.9% 的聚苯乙烯以及 11.8% 的工程树脂。

约 57.7% 的原材料由挤出机加工，32.4% 的原材料由注塑机加工，5.1% 的原材料通过挤出吹塑成型、1.9% 的原材料通过真空成型、1.3% 的原材料滚塑成型，1.5% 的原材料通过发泡加工。

全巴西约有 1.15 万家塑料加工企业，但这些企业大部分是小型企业，产能有限，仅能满足当地需求。全国约 700 家大型塑料加工企业，主导行业的发展以及技术进步。同时，这些大型企业也是国际塑料市场的积极参与者，其产品也达到了国际质量要求。

2014 年，巴西塑料行业总从业人数 35.2 万人，总共加工了 671t 树脂。当年，塑料加工领域实现销售 170 亿美元（当时汇率：1 美元 =3.5 雷亚尔）。

巴西国际塑料展 FEIPLASTIC 是南美洲地区的塑料加工展会，每两年一届。2015 年第 14 届巴西国际塑料展览会面积 76 000m^2，共有来自 30 多个国家的 1 300 多家企业参展，其中来自国际参展商的数量达到了 511 家，展会吸引了 60 多个国家的 6 万多名专业观众前来洽谈采购。该展会是进入巴西塑料市场的一个重要平台。

二、巴西概况

巴西位于南美洲东部，国土面积 851.49 万 km^2，其中 80% 位于热带地区。官方语言为葡萄牙语。64.6% 的居民信奉天主教。

巴西经济实力居拉美首位。农牧业发达，是多种农产品主要生产国和出口国。工业基础雄厚，门类齐全，石化、矿业、钢铁、汽车工业等较发达，民用支线飞机制造业和生物燃料产业居世界领先水平。服务业产值占国内生产总值近六成，金融业较发达。近年来，为应对国际金融危机，巴西政府采取系列财政金融政策，维护宏观经济稳定，但经济增速逐步放缓。2015 年国内生产总值 5.9 万亿雷亚尔（1 雷亚尔 ≈ 2.02 元，2016 年 11 月汇率），比 2014 年下降 3.8%；人均国内生产总值 28 876 雷亚尔，比 2014 年下降 4.6%；通货膨胀率 10.67%；失业率 8.5%，比 2014 年增长 28.4%。2011—2015 年，国内生产总值分别增长 2.7%、1%、2.3%、0.1% 和 -3.8%。当前，巴西本币贬值、财政、通胀等压力持续加大，经济出现负增长。

【资源】矿产、土地、森林和水力资源十分丰富。铌、锰、钛、铝矾土、铅、锡、铁、铀等 29 种矿物储量位居世界前列。石油探明储量 153 亿桶，居世界第 15 位，南美地区第二位（仅次于委内瑞拉）。

【工业】20 世纪 70 年代即建成比较完整的工业体系，工业基础较雄厚。巴西国家地理统计局数据显示，受投资消费意愿下降、主要宏观经济数据表现欠佳和贪腐案调查等因素影响，2015 年巴西工业生产同比下滑 8.3%，其中汽车产量同比下降 25.9%，对整体工业生产的冲击最大。2016 年 6 月巴西工业产值环比增长 1.1%，汽车生产、服装、冶金、个人护理用品、建筑设备、医药化工、塑料制品等 18 个行业实现增长。2016 年上半年巴西工业产值同比下降 9.1%，9 月巴西工业产值环比增长 0.5%，显示巴西经济开始微弱复苏。

【服务业】服务业对巴西经济发展举足轻重，它不仅是产值最高的产业，也是创造就业机会最多的行业。主要包括不动产、租赁、旅游业、金融、保险、信息、广告、咨询和技术服务等。

【交通运输】交通基础设施总量不足。近年来，巴西政府先后推出两期“物流投资计划”，并通过加大投资力度、完善机制体制、改善投资环境等一系列举措，大力推动交通基础设施建设。

铁路：运力居拉美首位，目前铁路网总长度约为 30 374 万 km，主要分布在巴西南部、东南部和东北部，其中 35% 以上建于 60 年前。除零星旅游线路外，大多为运输铁矿石、农产品等的货运线路。

公路：总长 175 万 km，承担全国逾 2/3 的货物运输量，但仅有 21.9 万 km 柏油路、1 万 km 高速公路。

水运：全国共有港口 37 座，年吞吐量 7 亿 t，桑托斯港为巴西最大港口，吞吐量占全国 1/3。位于亚马孙河中游的马瑙斯港为最大内河港口，可停泊万吨级货轮。

空运：全国共有 2 498 个飞机起降点，居世界第二，其中国际机场 34 个，与世界主要地区有定期航班。圣保罗国际机场是全国航空枢纽，年运送乘客 3 500 万人次。

【财政金融】2015 年，受雷亚尔贬值约 50% 和经济大幅衰退的影响，巴西经常账户赤字由 2014 年的 1 040.76 亿美元大幅降至 589.42 亿美元，占 2015 年 GDP 总额的 3.32%。

巴西银行成立于 1808 年，是巴西最大的国家银行，在 21 个国家设有代表处。2004 年 10 月在上海开设代表处，2014 年升格为分行。巴西国家经济社会发展银行成立于 1952 年，主要职责是为巴西大型基础设施和工程提供资金帮助。

【对外贸易】近年来，巴西政府积极采取措施鼓励出口，实现贸易多样化。主要进口机械设备、电子设备、药品、石油、汽车及零配件、小麦等，出口汽车及零部件、飞机、钢材、大豆、药品、矿产品（主要是铁矿砂）等。2010—2015 年巴西进出口情况见表 1。2015 年巴西对主要贸易伙伴进出口情况见表 2。

表 1　2010—2015 年巴西进出口情况　　（单位：亿美元）

项目名称	2010 年	2011 年	2012 年	2013 年	2014 年	2015 年
进口额	1 816	2 262.5	2 231.42	2 396	2 290	1 714.53
出口额	2 019	2 560.4	2 425.8	2 422	2 251	1 911.34
贸易顺差	203	297.9	194.38	26	−39	196.81

注：资料来源于巴西发展、工业和外贸部。

表 2　2015 年巴西对主要贸易伙伴进出口情况

（单位：亿美元）

项目名称	中国	美国	阿根廷
进口额	307.2	264.7	102.8
出口额	356.1	240.8	128.0
进出口总额	663.3	505.5	230.8

注：资料来源于巴西发展、工业和外贸部。

【外国资本】目前巴西共有 11 400 家外资企业，雇员 170 万人。这些企业主要投资汽车、能源、通信、金融、冶金、化工、交通运输和机械等。2015 年，巴西的国际直接投资额为 646 亿美元，低于 2014 年的 731 亿美元。在瑞士信贷银行（CreditSuisse）2016 年 8 月公布的 2015 年国际投资吸引力排名中，巴西下降 4 位至第 71 位，排名下降的原因是外资对于中期内巴西 GDP 发展的预期恶化。主要投资国是美国、中国、卢森堡、荷兰、日本、西班牙、法国、澳大利亚、德国等。

三、投资优惠与问题

1. 有利条件

巴西政府积极鼓励外国企业到巴西进行投资，其措施主要有以下几条：

（1）给予外国投资者国民待遇。

（2）进一步开放市场。1995 年巴西政府通过修宪，逐步放开石油、天然气和矿产开采等领域，并对电信、电力业实行私营化（根据规定，外资通过参与巴西企业私有化进入巴西市场，至少 6 年之后才能撤资）。另外，巴西已允许外国企业参与新闻媒体、海关保税仓库、近海航运、高速公路等领域的融资和服务。

（3）外资企业在巴西境内生产的产品如向第三国出口，可向政府申请出口信贷和保险。如产品增值到一定幅度，可获原产地证，出口时就可享受巴西与其他国家间的贸易优惠待遇。

（4）为吸引外国投资、增加就业机会，中央政府可给予外国投资者税收以及土地优惠，优惠视外国投资对巴西贡献而异。此外，巴西各州、市均有不同的税收优惠措施。例如，以优惠条件提供生产所需基础设施（土地、厂房）、水、电、燃料，减免商品流通服务税，提供低息贷款等。

（5）为鼓励开发巴西北部和东北部地区，巴西联邦政府和地方政府对外国投资（必须是合资形式，而且巴西方面投资要占大股）免征 10 年企业所得税，从第 11 年起的 5 年内减征 50%；免征或减征进口税及工业制成品税；免征或减征商品流通服务税等地方税。马瑙斯自由区、亚马孙发展总署以及不同市政府都提供了相应的优惠政策。

（6）为保障外国投资者的利益，巴西已经与多国（包括中国）签订了避免双重征税的协定。

（7）行业鼓励政策。免征部分资本产品以及软件产品等的工业产品税，涉及皮革制品制作机器、冶金、炼焦、铸造机械等 14 类。

2. 不利条件

近两年，巴西政治经济社会形势不容乐观，政治上也出现一些乱象。经济上，滞胀局面持续存在，出现财政和经常账户“双赤字”状况，甚至雷亚尔还出现了“断崖”式下跌，这些均对投资巴西造成不利影响。

巴西基础设施不完善，交通运输成本大；当地居民受教育程度较低，生产效率低；法制不完善，社会治安差，出现过针对中国人的打砸抢事件。

另外，巴西税种多、税率高，法令法规也繁多，还会经常颁布一些临时措施以及贸易保护政策，影响了外国企业投资巴西的积极性。

中国塑料机械主要出口市场分析（三）

——俄罗斯

一、俄罗斯塑料机械市场

俄罗斯是中国塑料机械出口的重点市场之一。俄罗斯对日用生活塑料制品和工业用塑料制品都具有强烈的市场需求，因而对加工这些制品的塑料机械需求较旺。但由于俄罗斯塑料机械厂商不多，塑料机械设备进口比重不断上升。近五年来，中国出口俄罗斯的塑料机械数量和金额总体呈上升趋势。

2010 年至 2015 年 11 月，中国向俄罗斯出口注塑机、挤出机、吹塑机等主要塑料机械产品合计 16 649 台，约占此期间中国塑料机械出口总量的 1.8%；出口金额近 3.7 亿美元，约占此期间中国塑料机械出口金额的 3.87%。其中，2010—2012 年，中国塑料机械出口至俄罗斯的金额分别以 95%、40%、19% 的速度高速增长，2013 年放缓至 1.93%；2014 年以来，受复杂多变的国际形势影响，中国出口至俄罗斯的金额同比分别下降 17%、39%。

2010 年至 2015 年 11 月，出口到俄罗斯的中国塑料机械产品中，注塑机数量和金额分别占 29.35%、43.42%；挤出机的数量和金额则分别占 30.64%、38.84%。2010 年至 2015 年 11 月中国塑料机械出口俄罗斯总量统计见表 1。2010 年至 2015 年 11 月不同种类塑料机械出口俄罗斯情况见表 2。

表 1　2010 年至 2015 年 11 月中国塑料机械出口俄罗斯总量统计

年份	数量（台）	金额（万美元）	平均单价（万美元 / 台）	占当年塑料机械总出口量比例（%）	占当年塑料机械总出口额比例（%）	数量同比增长（%）	金额同比增长（%）
2010	1 661	4 633	2.79	3.73	4.06	75.40	95.09
2011	2 172	6 466	2.98	4.20	4.41	30.76	39.55
2012	3 986	7 704	1.93	5.72	4.76	83.52	19.14
2013	2 960	7 852	2.65	2.19	4.55	−25.74	1.93
2014	2 683	6 543	2.44	1.16	3.55	−9.36	−16.67
2015 年 1—11 月	3 187	3 516	1.10	0.82	2.07	50.26	−39.11
合计	16 649	36 714	2.21	1.80	3.87	–	–

注：数据来源于中国海关。

表 2　2010 年至 2015 年 11 月不同种类塑料机械出口俄罗斯情况

产品类别	出口量（台）	出口额（万美元）	出口量占比（%）	出口额占比（%）
注塑机	4 886	15 941	29.35	43.42
其他注射机	88	470	0.53	1.28
塑料造粒机	1 126	2 660	6.76	7.25
其他挤出机	3 975	11 598	23.88	31.59
吹塑机	1 434	2 668	8.61	7.27
塑料中空成型机	144	810	0.86	2.21
塑料压延成型机	272	256	1.63	0.70
其他真空模塑料机械及其他热成型机器	1 210	1 023	7.27	2.79
其他模塑或成型机器	3 514	1 287	21.11	3.51

注：数据来源于中国海关。

资料显示，俄罗斯进口的塑料机械偏单价低的小型塑料机械。就机种而言，主要进口注射成型机、中空成型机、真空成型机、塑料挤出机及塑料回收机等。从进口方式来看，通常分为三类：购买整厂设备、更新设备升级、为现行生产线补充设备。我国已经是俄罗斯塑料机械的重要进口来源之一，国内的塑料机械企业可利用优势扩大中国塑料加工机械在俄罗斯的市场占有量。

俄罗斯塑料工业展 INTER PLASTICA 是独联体国家中最具影响力的塑料行业展会之一。该展会由德国杜塞尔多夫展览公司主办，得到俄联邦政府工业及能源部、俄联邦政府教育与科学部、莫斯科市政府、俄罗斯化工协会的全力支持。2016 年展会净展出面积超过 11 500m^2，共有来自 35 个国家和地区的 616 家企业参展，专业参展观众达 20 900 人。

二、俄罗斯概况

俄罗斯横跨欧亚大陆，东西最长 9 000km，南北最宽 4 000km，海岸线长 33 807km。大部分地区处于北温带，以大陆性气候为主，温差普遍较大，1 月气温平均为 -5 ～ -40℃，7 月气温平均为 11 ～ 27℃。年降水量平均为 150 ～ 1 000mm。

2015 年，受国际原油价格下跌和西方制裁影响，俄经济继续呈下滑趋势，全年国内生产总值约合 1.02 万亿美元，同比下降 3.7%，以美元计算的外贸额下降 34.3%。预算赤字约占国内生产总值的 4%，通胀率 12.9%，卢布兑美元汇率下降 24%。

俄罗斯政府出台了反危机计划，实施进口替代政策，2016 年起将 3 年预算编制期改为 1 年，大幅削减当年预算开支。2016 年 1—4 月，俄罗斯国内生产总值同比下降 1.1%。截至 2016 年 7 月 1 日，外汇储备约 3 927 亿美元。

【人口】1.46 亿人，民族 194 个，其中俄罗斯族占 77.7%。俄语是俄罗斯联邦全境内的官方语言，各共和国有权规定自己的国语，并在该共和国境内与俄语一起使用。主要宗教为东正教，其次为伊斯兰教。

【货币】卢布，1 元 =9.3 卢布（2016 年 12 月）。近两年，俄罗斯卢布曾出现自由落体式暴跌。

【资源】俄自然资源十分丰富，种类多、储量大、自给程度高。森林覆盖面积 880 万 km^2，占国土面积的 51%，居世界第一位。木材蓄积量 821 亿 m^3。天然气已探明蕴藏量为 48 万亿 m^3，占世界探明储量的 35%，居世界第一位。石油探明储量 109 亿 t，占世界探明储量的 13%。煤蕴藏量 2 016 亿 t，居世界第二位。铁蕴藏量 556 亿 t，居世界第一位，约占 30%。铝蕴藏量 4 亿 t，居世界第二位。铀蕴藏量占世界探明储量的 14%。黄金储量 1.42 万 t，居世界第四至第五位。

【工业】俄罗斯工业基础雄厚，部门全，以机械、钢铁、冶金、石油、天然气、煤炭、森林工业及化工等为主，木材和木材加工业也较发达。但工业结构不合理，重工业发达，轻工业发展缓慢，民用工业落后状况尚未根本改变。2015 年工业产值为 479 690 亿卢布，同比下降 3.4%。其中矿业开采 113 590 亿卢布、加工业 319 640 亿卢布、电气水生产分配 46 460 亿卢布。俄罗斯联邦统计局数据显示，2016 年 1—10 月，俄罗斯工业产值同比增长 0.3%；矿产开采业同比增长 2.2%；加工业同比下滑 0.9%；电、气、水生产同比增长 0.7%。其中，10 月俄罗斯工业产值同比下降 0.2%，排除季节性因素环比增长 0.3%，实际增长 5.8%。

【农牧业】俄罗斯农牧业并重，主要农作物有小麦、大麦、燕麦、玉米、水稻和豆类。经济作物以亚麻、向日葵和甜菜为主。畜牧业主要为养牛、养羊、养猪业。2015 年农牧业总产值达 50 372 亿卢布。

【交通运输】2015 年，俄罗斯货物总吞吐量达到了 74.67 亿 t，较 2014 年下降 6.7%。其中，铁路运输 12.18 亿 t、公路运输 50.41 亿 t、管道 10.71 亿 t、海运 1 800 万 t、内水 1.18 亿 t、空运 120 万 t。

2015 年，俄罗斯境内铁路总里程达 8.6 万 km，公路里程 148 万 km，管道运输里程 24.9 万 km，内河航运里程 10.2 万 km。

【财政金融】2015 年俄罗斯财政赤字为 1.95 万亿卢布（约合 250 亿美元），占当年俄罗斯国内生产总值（GDP）的 2.6%。俄财政部数据显示，2015 年俄罗斯财政收入为 13.66 万亿卢布（约合 1 748 亿美元），比当年俄罗斯财政预算中设定的财政收入高 3%；财政支出为 15.6 万亿卢布（约合 1 997 亿美元），比预算支出高 1.2%。截至 2016 年 1 月 1 日，俄罗斯储备基金共计 3.64 万亿卢布（约合 466 亿美元），国家福利基金共计 5.23 万亿卢布（约合 669 亿美元）。

2014 年以来受油价下跌和西方制裁影响，俄罗斯经济下行压力不断加大，俄银行业发展也受到很大影响。受经济衰退、卢布贬值、坏账增加等不利因素影响，2015 年俄罗斯银行业利润大幅缩水约 67%。根据报告，2014 年俄罗斯银行业利润约为 5 890 亿卢布（约合 73 亿美元），2015 年利润仅为 1 920 亿卢布（约合 24 亿美元）。2015 年俄央行向商业银行发放的贷款达到 44 万亿卢布（约合 5 466 亿美元），比上年增长 7.6%。截至 2016 年 1 月，俄罗斯银行业总资产共计 83 万亿卢布（约合 1.03 万亿美元）。

俄罗斯主要银行有：俄罗斯储蓄银行、俄罗斯外贸银行、工商银行、首都储蓄一农工银行、国际工业银行、天然气工业银行。

【对外贸易】2015 年俄罗斯对外贸易顺差 1 614 亿美元，较 2014 年减少 489 亿美元，下降幅度达到 23.2%。2015 年俄罗斯对外贸易总额 5 304 亿美元，同比下降 33.2%。其中，出口

3 459 亿美元，同比下降 31.1%；进口 1 845 亿美元，同比下降 36.7%。据中国海关统计，2015 年中俄进出口贸易额 680.6 亿美元，同比下降 28.6%。在中国的主要贸易伙伴中，俄罗斯从 2014 年的第 9 位下降至 2015 年的第 16 位；中俄进出口贸易总额在中国进出口贸易总额中的占比从 2014 年的 2.21% 下降至 2015 年的 1.67%。

【外国资本】2015 年俄罗斯从国外引进 201 个投资项目，较上年的 125 个增长 61%，在俄罗斯投资数量最多的国家是德国。但据俄罗斯央行的数据，2015 年俄罗斯外国直接投资下降 78%。

【教育】俄罗斯是教育大国，自然科学和基础研究方面，高等教育的水平居世界领先地位，航空航天、军事工业等工程技术领域亦属世界一流。在人文和社会科学拥有优秀传统和鲜明风格。主要大学有国立莫斯科罗蒙诺索夫大学、圣彼得堡国立大学等。

三、投资优惠与问题

1. 有利条件

（1）优惠政策框架。根据《俄罗斯联邦外国投资法》规定，外国投资者对俄罗斯联邦政府确定的优先投资项目（主要涉及生产领域、交通设施建设和基础设施建设项目）进行投资，且投资总额不少于 10 亿卢布，将根据《俄罗斯联邦海关法典》和《俄罗斯联邦税法典》的规定给予相应的进口关税和税收优惠。

（2）行业鼓励政策。俄罗斯政府鼓励外商直接投资领域大多是传统产业，如石油、天然气、煤炭、木材加工、建材、建筑、交通和通信设备、食品加工、纺织、汽车制造等行业。2011 年，俄罗斯对《俄罗斯联邦外国投资法》进行了修改，旨在降低外资进入门槛，涉及简化外资进入食品、医疗、银行及地下资源使用等行业的手续。

（3）地区鼓励政策。俄罗斯各地区、州、边疆区、共和国根据本地区的不同情况，分别制定地方法律和法规，对外国投资实行不同的减免税的优惠政策，以吸引外国投资者对本地区的投资。

2. 不利条件

在复杂的国际环境下，俄罗斯经济发展情况曲折不稳定。国内产业结构严重畸形，重工业畸重、轻工业畸轻、农业发展滞后、原材料产业膨胀的产业结构，经过十几年的改革调整未见改善。人口危机不断加深，出生率低、死亡率高，近 13 年死亡人口比出生人口多 1 120 万人。男人的平均寿命只有 59 岁。

中国塑料机械主要出口市场分析（四）

——韩国

一、韩国塑料市场

韩国目前有 4 000 多个塑料橡胶企业，年市场规模达 50 亿美元，每年保持持续的上升势头。随着汽车、家电等行业出口量大大增加，各行业正致力于减少人力资源费用、提高技术含量、实现生产自动化，从而加强国际竞争力。韩国知名的化学公司有 OCI 公司（先前的 DC 化学公司）、SK 全球化学公司、LG 化学公司等，韩国塑料机械品牌有：宇进、LG、东信等。

韩国市场属于技术高端型，因为消费电子和汽车行业跨国公司的要求很高，比如三星、LG、现代和起亚等。近几年，中国的塑料机械行业崛起，质量品质大大提升，目前，中国与韩国塑料机械领域合作密切，双边贸易额增长迅速，中韩两国在塑料机械市场上互相加大了投资。国内塑料机械企业正在大力开拓韩国市场，主要企业——海天、博创、伊之密等都在积极扩大韩国市场份额。奥地利恩格尔也在韩国设有工厂。2016 年 1—8 月中国对韩国塑料机械进出口情况见表 1。

表 1 2016 年 1—8 月中国对韩国塑料机械进出口情况

项目名称	数量（台）	金额（万美元）	平均单价（万美元 / 台）	数量占比（%）	金额占比（%）
进口	663	3 879	6	0.55	4.20
出口	2 405	4 955	2.1	0.67	3.88

韩国国际塑料橡胶工业展（KOPLAS2017）是了解韩国塑料机械市场的重要途径，每两年一届。主办方统计数据显示，2015 年展会共吸引来自 24 个国家和地区超过 400 家企业参展，展览面积达到 2 万 m^2，观众人数逾 23 000 人。同期举办韩国国际模具及相关设备展（INTERMOLDKOREA2017）和韩国国际空调制冷展 (HARFKO)。

二、韩国概况

韩国位于亚洲大陆东北部朝鲜半岛南半部，国土面积约 10 万 km^2。属温带季风气候，年均气温 13 ～ 14℃，年均降水量约 1 300 ～ 1 500mm。

20 世纪 60 年代，韩国经济开始起步。70 年代以来，持续高速增长，人均国民生产总值从 1962 年的 87 美元增至 1996 年的 10 548 美元，创造了“汉江奇迹”。1997 年，亚洲金融危机后，韩国经济进入中速增长期。2015 年实际国内生产总值（GDP）1.38 万亿美元，比上年增长 2.6%，增速较上年的 3.3% 下滑 0.7 个百分点，创 2012 年（2.3%）以来的最低水平。人均国民收入 2.72 万美元。产业以制造业和服务业为主，造船、汽车、电子、钢铁、纺织等产业产量均进入世界前 10 名。大企业集团在韩国经济中占有十分重要的地位，主要大企业集团有三星、现代汽车、SK、LG 和 KT（韩国电信）等。

【资源】矿产资源较少，已发现的矿物有 280 多种，其中有经济价值的 50 多种。有开采利用价值的矿物有铁、无烟煤、铅、锌、钨等，但储量不大。由于自然资源匮乏，主要工业原料均依赖进口。

【工业】工矿业产值占 GDP 的 30%，半导体销售额居世界第 1 位，粗钢产量居世界第 6 位。

【农业】现有耕地面积 175.9hm^2，主要分布在西部和南部平原、丘陵地区。农业人口约占总人口的 6.8%。农业产值（含渔业和林业）占 GDP 的 2.6%。

【交通运输】陆、海、空交通运输均较发达。全国已建成铁路网和高速公路网。铁路总长 7 889km，其中干线 5 636km。公路总长约 10.2 万 km，其中高速公路 3 447km。水运以海运为主。主要港口有：釜山、浦项、仁川、群山、木浦、济州、丽水等。开通国际航线 339 条（其中外国航空公司航线 156 条），可飞往 30 多个国家、90 多个城市。现有 8 个国际机场：仁川、金浦、济州、金海、清州、大邱、襄阳、光州。

【财政金融】截至 2015 年年底，韩国外汇储备为 3 680 亿美元。2011—2015 年韩国财政收支情况见表 2。

表 2　2011—2015 年韩国财政收支情况

（单位：万亿韩元）

项目名称	2011 年	2012 年	2013 年	2014 年	2015 年
收入	270.5	311.5	314.4	298.7	328.1
支出	258.9	293.0	300.2	299.5	319.4
收入 - 支出	11.6	18.5	14.2	-0.8	8.7

注：数据来源于韩国企划财政部。

【对外贸易】2015 年韩国累计外贸额同比下降 12%。其中，进口 4 365 亿美元，同比下降 16.9%；出口 5 269 亿美元，同比下降 8%。实现贸易顺差 904 亿美元。和世界上 180 多个国家和地区有经贸关系，其中中国、美国、日本是韩国三大主要贸易伙伴国。2012—2015 年韩国进出口情况见表 3。

表 3　2012—2015 年韩国进出口情况

（单位：亿美元）

项目名称	2012 年	2013 年	2014 年	2015 年
进口额	5 195.8	5 155	5 257	4 365
出口额	5 480.8	5 597	5 731	5 296
贸易顺差	285	442	474	904

2016 年 1—9 月，韩国累计外贸额为 6 584 亿美元，同比下降 9.5%。其中，进口 2 953 亿美元，同比下降 10.6%；出口 3 631 亿美元，同比下降 8.5%。贸易顺差 678 亿美元。

主要进口产品有原油、半导体、天然气、石油制品、半导体零部件、钢板、煤炭、通信器材、电缆等。主要出口产品有汽车及零部件、半导体、有线无线通信器材、船舶、石油制品、平板液晶显示器、个人计算机、影视器材等。

【外国资本】20 世纪 60 年代和 70 年代，外国直接投资仅占资本流入的一小部分，80 年代起韩国逐步放宽外商投资限制。1997 年金融危机后，加大引进外资力度。

【经济团体】主要有：大韩商工会议所、韩国贸易协会、全国经济人联合会、中小企业中央会。

三、投资优惠与问题

1. 有利条件

韩国投资环境的吸引力包括软环境和硬环境两个方面。从投资软环境看，近年来韩国的经济发展态势较好，市场消费潜力较大，政府积极鼓励利用外资并出台了一系列有利于外商投资的政策与措施；从投资硬环境看，韩国地理位置优越，交通运输便捷，通信设施世界一流。

韩国实施了一系列投资促进政策，包括税收减免，国有、公有土地租赁费减免，雇佣支持（招聘人数达到要求，可获得奖励）甚至是现金支持（塑料行业如果达到要求，可享受现金支持）。

在韩中资企业目前融资的主要渠道是银行贷款。一般的银行贷款韩国银行均可办理，规模较小的中小企业可以向韩国信用保证基金（以扶持中小企业发展为宗旨的韩国全国性信用保证机构）申请贷款，或通过韩国贸易保险公社（KSure，由韩国政府经营，提供进出口保险产品，旨在促进韩国的国际贸易）进行增信。但韩国商业银行对于风险管控严格，对于信用等级评级较低的外资企业往往要求其提供相应的固定资产担保或保函，贷款门槛较高，贷款利息也较高。

2. 注意事项及不利条件

韩国也存在一定的投资壁垒，如在一些行业中限制外商持股比例（一般 50% 以下），政府对外资的优惠政策（税收、土地价格等）仅限于高技术产业及入驻保税区、出口加工区和经济自由区等特定区域的企业，且设定门槛。以“资质”等限制外国企业进入韩国市场及相关领域。规定外企工程技术人员的资格证书须经当地相关部门考核认证，除许可渠道外不许雇用外国工人，外资企业和中国公司设立代表处获得工作签证较难。

韩国政府对外籍劳工来韩国工作控制十分严格，采用配额管理制度，每年由政府根据就业形势和企业需求情况确定配额。这项制度给对韩投资的劳动密集型企业带来较大影响。

要重视韩国工会的作用。韩国工会是劳资谈判中劳方的代表，代表劳方向资方争取工资、福利和劳动条件等，能在很大程度上左右企业的决策。

韩国《反垄断和公平交易法》等法律对于垄断性商业行为（如价格同盟）、内部交易、对特定关系人的照顾等不公正贸易行为惩罚严厉，需要引起中资企业的重视。韩国法律对于商业贿赂查处严格，中资企业应严格遵守相关规定。

韩国的关税和非关税贸易壁垒。为了保护本国市场，韩国政府采取了一些限制其他国家商品进入本国市场的措施。许多中国商品因高关税很难向韩国出口。在中韩自贸协定签署后，非关税壁垒将成为贸易的主要障碍，主要反映在检验检疫、招标程序、技术标准等方面。

近期，半岛局势不稳定，对投资有不利影响。

中国塑料机械主要出口市场分析（五）

——马来西亚

一、马来西亚塑料市场

马来西亚是新兴工业化国家，自然资源丰富，橡胶产量居世界首位，是目前世界上第三大橡胶出口国以及第一大医疗塑胶手套、第一大导尿管出口国。由于全球橡胶医疗用品需求大增，马来西亚的橡胶及塑料工业充满机遇。马来西亚的塑料制品，以塑料袋、塑料薄膜、家庭用品以及其他包装材料为主，其中一半出口到主要的国际市场，如美国、欧盟、澳大利亚与日本。

马来西亚塑料协会 2016 年 4 月数据显示，电子电器、汽车、家用、包装以及出口是马来西亚塑料行业的主要应用领域。

电子电器行业：2015 年，马来西亚电视机产量较 2014 年下降 31.2%，从 1 250 万台降至 860 万台，电视机生产商从马来西亚转移至泰国、印尼以及越南。空调产量下降 14.8%，从 2014 年的 291 万台降至 2015 年的 248 万台，产能亦被转移至周边国家。

汽车行业：当地汽车生产商、组装厂的乘用车总产量达到了 56.4 万辆，较 2014 年增长 3.5%；但乘用车销售量仅增长 0.5%，达到 59.1 万辆。对汽车征收消费税可能影响了消费者购车欲望；林吉特走弱、国际原油价格的下跌使得民众忧心经济增长率，现行利率较低但有增长趋势；马来西亚国家银行收紧了信用评级，放贷更严格，都将影响汽车行业的发展。

家用塑料制品：家用塑料餐具、厨具等产品的出口在 2015 年达到 3.69 亿林吉特，较 2014 年增长 3.7%；塑料袋出口额增长 6.5%，达到 42.5 亿林吉特；塑料薄膜及片材出口额增长 5.5%，达到 48.3 亿林吉特。主要出口市场美国及日本由于经济复苏需求稳定。

整体而言，马来西亚塑料行业 2015 年的营业额达到 247.7 亿林吉特，较 2014 年增长 27.3%。但马来西亚塑料协会指出，这种巨大增长可能是由于统计方式的变更导致的，实际的增长率可能是 5% ～ 6%。塑料行业的总出口额增长 8.5%，从 2014 年的 119.4 亿林吉特上涨至 2015 年的 129.6 亿林吉特。马来西亚塑料行业主要数据见表 1。2001—2015 年马来西亚出口走势图见图 1。

表 1　马来西亚塑料行业主要数据

项目名称	单位	2011 年	2012 年	2013 年	2014 年	2015 年
GDP 增长率	%	5.1	5.6	4.7	6.0	5.0
塑料加工商数量	家	1 400	1 350	1 350	1 300	1 300
雇员数量	人	74 000	74 500	78 000	82 000	80 000
营业额	亿林吉特	162.5	171.6	179.4	193.7	247.7
营业额同比增长	%	2.1	6.5	4.5	7.3	27.3
出口额	亿林吉特	101.5	100.5	106.9	119.4	129.6
出口额同比增长	%	6.0	−1.0	6.4	11.5	8.5
出口占营业额比率	%	62.5	58.5	59.6	61.6	52.3
人均消费量	kg	68	69	70	70	71

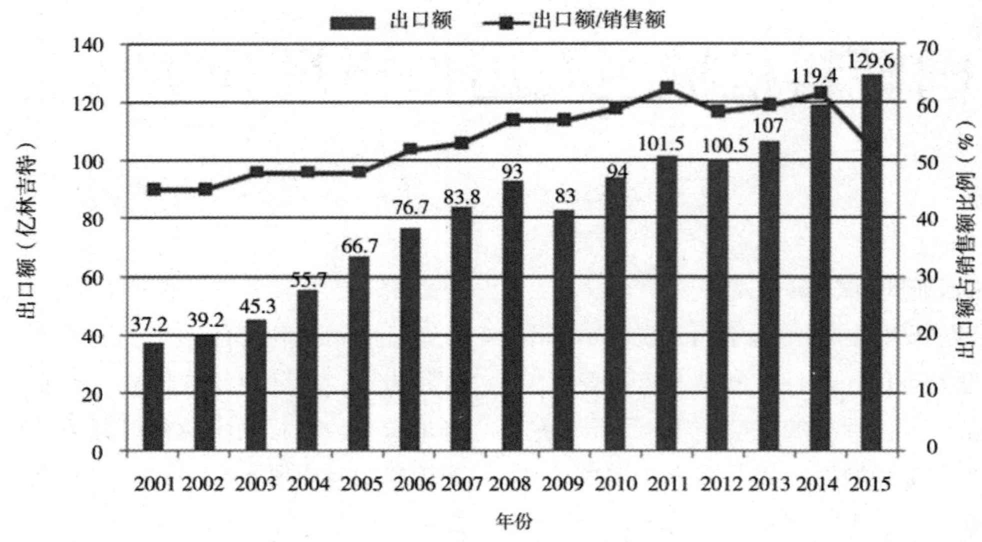

图 1 2001—2015 年马来西亚出口走势图

马来西亚国际橡塑胶机械暨模具工业技术展览会是目前马来西亚国内规模最大、影响最广、专业性最强的地区性国际塑料机械展览盛会，已得到马来西亚外贸发展联合部认可标志。展会每年一届，2017 年在吉隆坡举办了第 28 届。

2015 年展出规模近 2 万 m^2，十多个国家和地区的 300 多家企业参展，其中外商参展比例高达 70%。展会期间共接待来自马来西亚、东南亚各国和中东地区的专业贸易观众 3 万余人次，是我国企业了解马来西亚塑料市场，辐射东南亚的重要交流平台。

二、马来西亚概况

马来西亚位于东南亚，国土面积约 33 万 km^2，全国海岸线总长 4 192km。属热带雨林气候。内地山区年均气温 22 ～ 28℃，沿海平原平均气温 25 ～ 30℃。

20 世纪 70 年代前，马来西亚经济以农业为主，依赖初级产品出口。70 年代以来不断调整产业结构，大力推行出口导向型经济，电子业、制造业、建筑业和服务业发展迅速。1987 年起，经济连续 10 年保持 8% 以上的高速增长。1998 年受亚洲金融危机的冲击，经济出现负增长。政府实施稳定汇率、重组银行企业债务、扩大内需和出口等政策，经济逐步恢复并保持中速增长。2008 年下半年以来，受国际金融危机影响，经济增长放缓，出口下降。目前，马来西亚经济逐步摆脱了金融危机影响，企稳回升势头明显。

2015 年马来西亚国内生产总值（GDP）11 568.81 亿林吉特（1 林吉特≈ 1.56 元，2016 年 12 月），增长 5%，人均国内生产总值 37 324 林吉特。

【资源】自然资源丰富。橡胶、棕榈油、胡椒的产量和出口量居世界前列。曾是世界产锡大国，近年来产量逐年减少。马来西亚石油储量丰富，此外还有铁、金、钨、煤、铝土、锰等矿产。盛产热带硬木。

【工业】政府鼓励以本国原料为主的加工工业，重点发展电子、汽车、钢铁、石油化工和纺织品等。

【矿业】以锡、石油和天然气开采为主。据马来西亚能源、绿色科技与水务部统计，该国原油储量为 52.5 亿桶，可供开采 19 年。天然气储量为 24 889.85 亿 m^3，可供开采 33 年。马来西亚石油产量为 2.3 亿桶，液化天然气产量为 2 436.3 万 t。

【农林渔业】耕地面积约 485 万 hm^2。农业以经济作物为主，主要有油棕、橡胶、热带水果等。粮食自给率约为 70%。盛产热带林木。渔业以近海捕捞为主，近年来深海捕捞和养殖业有所发展。

【服务业】范围广泛，包括水、电、交通、通信、批发、零售、饭店、餐馆、金融、保险、不动产及政府部门提供的服务等。70 年代以来，马来西亚政府不断调整产业结构，服务业迅速发展，成为国民经济发展的支柱性行业之一。就业人数约535.36万人，占全国就业人口的50.76%。

【旅游业】国家第三大经济支柱，第二大外汇收入来源。

【交通运输】全国有良好的公路网，公路和铁路主要干线贯穿马来半岛南北，航空业发达。内河运输不发达，海运80%以上依赖外航。近年来大力发展远洋运输和港口建设，主要航运公司为马来西亚国际船务公司，主要港口有巴生、槟城、关丹、新山、古晋和纳闽等。

【财政金融】2012—2015年马来西亚财政收支情况见表2。

表2 2012—2015年马来西亚财政收支情况 （单位：亿林吉特）

项目名称	2012年	2013年	2014年	2015年
收入	2 079	2 134	2 251	2 190.9
支出	2 499	2 520	2 624	2 577.7
赤字	420	386	373	386.8

注：资料来源于马来西亚统计局。

【对外贸易】据马来西亚统计局统计，2015年马来西亚货物进出口总额为3 759.4亿美元，比上年同期下降15.2%。其中，出口1 999.6亿美元，同比下降14.6%；进口1 759.8亿美元，同比下降15.8%。贸易顺差239.8亿美元，同比增长6.4%。2015年马来西亚对其主要贸易伙伴出口均出现不同程度下降。

主要出口商品有：机电产品、矿物燃料、机械设备、植物油、塑料及制品等。2015年，上述五大类商品的出口总额达1 347.2亿美元，合计占马来西亚出口贸易总额的67.4%；其他出口商品还有橡胶制品、光学仪器产品、化工品、木材及木制品、钢铁制品、珠宝首饰和家具等。

主要进口商品有：机电产品、矿物燃料、机械设备、塑料及制品、运输设备。2015年，这五类商品的进口额分别为470.6亿美元、217.9亿美元、198.6亿美元、67.5亿美元和60.8亿美元，合计占马来西亚进口总额的57.7%。

【外国资本】马来西亚大力引进外资，主要外资来源地为日本、欧盟、新加坡、中国、韩国和美国。马来西亚投资发展局（MIDA）报告显示，马来西亚2015年总投资额1 867亿林吉特，比2014年的2 359亿林吉特下滑了20.8%。其中，本地投资额（DDI）1 506亿林吉特（占比80.7%），外国直接投资额（FDI）361亿林吉特（占比19.3%）。制造业领域最大的外资来源地是美国，投资额达41.5亿林吉特；其次是日本，投资额40.1亿林吉特。

三、投资优惠与问题

1. 有利条件

马来西亚位于东南亚核心地带，地理位置优越，可成为进入东盟市场和前往中东、澳新的桥梁；人力资源素质较高，工资成本较低；经济基础稳固，经济增长前景较好；原材料资源丰富；民族关系融洽，三大种族和谐相处，政治动荡风险低。

近年来，马来西亚政府一直致力于改善投资环境、完善投资法律、加强投资激励，以吸引外资进入。马来西亚对投资的鼓励政策和优惠措施主要是以税务减免或补贴的形式出现，分为直接税激励和间接税激励两种。直接税激励是指对一定时期内的所得税进行部分或全部减免；间接税激励则以免除进口税、销售税或国内税的形式出现。

由于马来西亚投资法律体系完备、与国际通行标准接轨、各行业操作流程较为规范，马来西亚的劳动力成本、社会福利成本和消费税都比中国低，加之其临近马六甲海峡，辐射东盟、印度、中东市场等独特的地缘优势，吸引了众多中国企业前来投资经营。

中马钦州产业园区与马中关丹产业园是首个中国政府支持的以姊妹工业园形式开展双边经贸合作的项目，是中国—东盟经贸合作的示范项目。2012 年 4 月 1 日，中马钦州产业园区正式开园；2013 年 2 月 5 日，马中关丹产业园举行了启动仪式。这两个姊妹园区可有效利用中马双方的资源、资金、技术和市场等互补优势，提升区域发展水平，促进中国与东盟国家间的互联互通。

2. 不利因素及注意事项

处理好与政府、议会以及工会的关系。中国企业要在马来西亚建立良好和谐的公共关系，首先要与马来西亚联邦政府主管部门和各州政府建立良好关系，其次要注意通过适当方式建立与当地国会议员和州议员的联系，反映和表达中国企业的愿望和诉求。日常的生产经营中要与雇员和工会保持必要的沟通，了解雇员的思想动态，进行必要的疏导，发现问题苗头及时采取有效措施解决。

密切与当地居民的关系，尊重当地的民俗民风。

依法保护生态环境。马来西亚注重环境保护，中国企业在马来西亚开展投资合作，要遵守当地环保法律法规，依法保护当地生态环境，以免引起环保纠纷。

南海问题可能会影响两国关系，另外，当地针对华人的抗议或波及中资企业。

中国塑料机械主要出口市场分析（六）

——伊朗

一、伊朗塑料市场

2014 年，中国是伊朗塑胶机械市场的最大受益者，目前，不少国外企业都加大了对伊朗塑料市场的投资。随着市场进一步开放，更多竞争者的涌入，2015 年我国塑料机械出口伊朗 2 617 台，较 2014 年下降 21.36%；出口金额 8 085 万美元，同比下降 18.04%。

伊朗发展石化工业有极其有利的条件，丰富而廉价的资源、重要的地理位置、完备的港口及公用设施、国家税收方面的优惠政策、富有竞争力的人力资源等。但目前伊朗聚合物产量较少，塑料制品的加工能力也较弱。随着未来几年大规模石化装置的陆续投产，正在起步阶段的伊朗塑料加工业将步入一个高速增长的时期。

距德黑兰 40km 的卡拉季市是伊朗重要的塑料基地，拥有吸引外国投资的良好条件 —— 优越的地理区位优势以及良好的软硬件设施。伊朗驻中国商务参赞希望中国塑料机械企业能够加快走入伊朗的步伐，在出口高性价比塑料机械至伊朗的同时，积极到伊朗投资，将技术转移至伊方。同时，伊朗企业表示希望与中国企业签署诚信协议，以更好地进行外贸合作。

伊朗国际塑料橡胶工业展得到了伊朗石油部的大力支持，在塑料和橡胶工业上具有一定的影响力，是伊朗当地最有影响力的塑胶行业的专业性展览会。展会每两年举办一次，是中国塑料机械企业进入伊朗的重要平台。

二、伊朗概况

伊朗面积 164.5 万 km^2，位于亚洲西南部，素有“欧亚陆桥”和“东西方空中走廊”之称。海岸线长 2 700km。境内多高原，东部为盆地和沙漠。属大陆性气候，冬冷夏热，大部分地区干燥少雨。

伊朗盛产石油，石油产业是其经济支柱和外

汇收入的主要来源之一，石油收入占外汇总收入的一半以上。近年，伊朗经济总体保持低速增长。2014/2015 财年（伊朗财年从伊朗历新年 3 月 21 日起），伊国内生产总值 4 153 亿美元，人均国内生产总值 5 293 美元。数据显示，2014/2015 财年伊朗消费总量约为 2 581 亿美元，其中家庭消费 2 130 亿美元，政府消费 451 亿美元。

2015/2016 财年，伊朗除油气产业以外的经济增长率为 0.9%，农业领域 5.4% 的增长抵消了工业领域的收缩。服务业增长缓慢，同比增长仅 0.2%。伊朗工矿贸易部表示，2016/2017 财年伊朗工业增长率预计为 7% ～ 8%。

伊朗是中东的第二大经济体。现阶段，尽管伊朗正在寻求经济多样化，其经济仍依赖于石油和天然气行业。除此之外，伊朗的重点产业还有农业、工矿业、交通、仓储及通信行业、旅游及酒店业、金融服务业。在 2016 年出台的第六个“五年（2016—2021）社会经济发展计划”中，伊朗准备了一揽子经济刺激计划来促进经济增长，尤其加大对油气领域的项目投资力度。

【货币】伊朗里亚尔（Riyal）。1 元 =5 000 里亚尔（2016 年 11 月数据）

【资源】石油、天然气和煤炭蕴藏丰富。据英国石油公司 2014 年 6 月发布的统计数据，伊朗探明石油储量达 1 570 亿桶，居世界第四位，石油年产量 1.75 亿 t，居世界第五位。天然气储量 33.8 万亿 m^3，居世界第一位。天然气年产量 1 666 亿 m^3，居世界第三位。

其他矿物资源也十分丰富，可采量巨大。其中，铁矿储量 47 亿 t；铜矿储量 30 亿 t，约占世界总储量的 5%，居世界第三位；锌矿、铬矿、金矿丰富。此外，还有大量的锰、锑、铅、硼、重晶石、大理石等矿产资源。

【工业】以石油开采业为主，另外还有炼油、钢铁、电力、纺织、汽车制造、机械制造、食品加工、建材、地毯、家用电器、化工、冶金、造纸、水泥和制糖等，但基础相对薄弱，大部分工业原材料和零配件依赖进口。

【农林牧副渔业】农业在国民经济中占有重要地位。伊朗农耕资源丰富，全国可耕地面积超过 5 200 万 hm^2，占其国土面积的 30% 以上。农业人口占总人口的 43%，农民人均耕地 5.1 hm^2。农业机械化程度较低。近年来，伊政府高度重视、大力发展农业，目前粮食生产已实现 90% 自给自足。

【对外贸易】伊朗主要出口商品为油气、金属矿石、皮革、地毯、水果、干果及鱼子酱等，主要进口产品有粮油食品、药品、运输工具、机械设备、牲畜、化工原料、饮料及烟草等。2015 年，伊朗进出口总额约 1 496.2 亿美元，其中出口额 789.9 亿美元，进口额 706.3 亿美元。

三、投资优惠与问题

伊朗地处亚洲西部心腹地带，是贯穿“一带一路”的枢纽。伊朗是亚洲主要经济体之一，幅员辽阔，石油、天然气及铜、锌、锰、锑等资源的蕴藏量丰富，钢铁、汽车等制造业发达。

1. 有利条件

两国关系友好，中国是以合作者、建设者与和平推动者的身份同伊朗交往，伊朗从政府到民间都与中国保持友好关系。

除了给外国投资者提供国民待遇、对各领域的外国投资不设金额限制外，还提供了外国直接投资、合同条款范围的投资以及石油工业领域投资的特殊优惠。除此之外，特殊经济区域内的投资者还可享有落户时起 20 年免税、免签证并发放外籍员工居住证等优惠。

伊朗在铁路电气化改造、高铁建设、高速公路、水利工程、清洁能源、高科技农业和旅游业等领域大力吸引外资投入并促进技术转让。石化工业是伊朗的支柱性产业，伊朗鼓励国内企业开展国际合作。

2. 注意事项及不利因素

要对伊朗做好充分的市场调查和分析。不能仅看宣传资料、搜索网上信息、进行简单的表面走访，而盲目下结论。在伊朗设立公司，要注意从申请注册到开办需要的程序批准时间。

尊重所在国风俗习惯，避免引起不必要的矛盾产生。伊朗是禁酒国家。

不要轻信承诺，一定要按原则办事。

伊朗所处的国际环境可能会发生变化，如果贸易制裁、禁运等情况再次发生时，结算以及货物进出口会遇到困难。

中国塑料机械主要出口市场分析（七）

——墨西哥

一、墨西哥塑料市场

墨西哥是世界上最开放的经济体之一，也是外资云集的主要国家之一，优越的地理位置是其独特的优势。墨西哥是北美三个自由贸易区之一，彼此之间的零关税政策为墨西哥的发展奠定了良好的基础。目前，墨西哥已然发展成为拉美国家第二大塑料消费市场，塑料机械进口也呈现增长趋势。

数据显示，墨西哥是全世界第 12 大塑料消费市场，年均消费塑料 623.5 万 t。墨西哥目前约有 5 500 家塑料公司（其中 85% 属于小型或微型公司），雇用 18.5 万人，每年可加工 500 万 t 塑料产品。在未来数年里每年可望增长 9% ～ 10%。其塑料产品中约 53% 用于制造瓶子或包装用途，其他产品则大量用于包装、建筑、家具、玩具及农业。

由于墨西哥的低成本优势，很多塑料加工企业迁入了该国，对其塑料工业的增长起到了推动作用，同时带动了塑料制品行业对塑料机械的需求。近两年，中国对墨西哥出口量以及出口额增长迅猛。2015—2016 年中国塑料机械对墨西哥出口情况见表 1。

表 1　2015—2016 年中国塑料机械对墨西哥出口情况

时间	出口量（台）	出口额（万美元）	平均单价（万美元 / 台）	数量占比（%）	同比增长（%）	金额占比（%）	同比增长（%）
2015 年	1 334	6 410	4.8	0.28	24.21	3.39	39.95
2016 年 1-10 月	1 572	7 430	4.7	0.31	44.75	4.64	38.73

近几年，中国塑料机械对墨西哥的出口一直保持高速增长，连年开创新高。2015 年，墨西哥列我国塑料机械出口市场第 9 名，但在所有国家中，墨西哥的增长速度最快，2016 年前 10 个月进出口数量以及金额已经超过 2015 年全年水平。2016 年前 10 个月，墨西哥市场表现优异，已经成功超越韩国和伊朗市场，排名第 7。

与此同时，墨西哥的塑料制品结构也相应发生了很大变化，高附加值产品不断增多，对设备的需求也发生了变化。需求以小型设备居多，注塑机以全电动占优，智能、编程、自动、高速机型较受欢迎，用于医疗、消费品和硅材料的专用设备销路很好。

汽车产量的增长也为墨西哥塑料工业，尤其是注塑机行业的发展带来不可估量的市场前景。截至 2020 年，墨西哥每年将生产 500 万辆汽车，预计将有 20% 的塑料公司获得丰厚的利润。

墨西哥国际塑料展览会是中国企业了解墨西哥市场的重要平台。2016 年共有来自 21 个国家和地区超过 1 000 家塑料行业的企业参展，参展面积达 36 000m^2。其中，中国共有 100 多家企业参加，参展面积达 1 078 m^2。来自世界 35 个国家的 60 000 名专业观众参观。

二、墨西哥概况

墨西哥位于北美洲南部，海岸线长 11 122km。大部分地区分旱（10～4 月）、雨（5～9 月）两季，雨季集中了全年 75% 的降水量。

墨西哥是拉美经济大国，北美自由贸易区成员，世界最开放的经济体之一，同 46 个国家签署了自贸协定。工业门类齐全，石化、电力、矿业、冶金和制造业较发达。2015 年国内生产总值达到 1.38 万亿美元，较 2014 年增长 2.5%，通胀率 2.13%，失业率 3.96%。据墨西哥财政和公共信贷部统计数据，2015 年财政赤字总额达 6 376.29 亿比索（约合 352 亿美元），比上年增长 14.3%，占国内生产总值的比例为 3.5%，创 30 年来新高。

【货币】比索，汇率：1 元 =2.96 比索（2016 年 12 月数据）

【资源】墨西哥主要的能源矿产资源有石油、天然气、铀和煤等，金属矿产有铁、锰、铜、铅、锌、金、银、锑、汞、钨、钼、钒等，非金属矿产有硫、石墨、硅灰石、天然碱和萤石等。

【工业】工矿业门类比较齐全，但发展不平衡。制造业占重要地位，原先不景气的建筑、纺织、服装业开始恢复，运输设备、水泥、化工、电力等持续增长。

石油产业：产量继续保持世界领先。墨西哥化工产业除原油提炼、沥青产品制造、润滑油、润滑脂及其他煤炭和精炼石油衍生产品的生产外，还包括基础化学品，树脂和合成橡胶、纤维，化肥、农药及其他农用化学品，医药产品，油漆、涂料和粘合剂，肥皂和清洁剂，印刷油墨，炸药，塑料和橡胶等。产业对制造业 GDP 的贡献率为 8.6%，创造就业 16 万个，占制造业就业总人数的 4.8%。

汽车产业：汽车业是墨西哥最大的制造业子类和最活跃的支柱产业之一，目前墨西哥是全球第七大汽车生产商和第四大出口商。出口市场主要是美国，在拉美地区所占份额也逐年增大。此外，家电产业、电子电气以及矿业等也是墨西哥的支柱产业。

【农业】全国有可耕地面积 3 560 万 hm^2，已耕地面积 2 300 万 hm^2。主要农作物有玉米、小麦、高粱、大豆、水稻、棉花、咖啡、可可等。粮食大量依赖进口。

【旅游业】墨西哥旅游部统计，2016 年上半年赴墨外国游客 1 700 万人次，同比增长 8.6%，旅游外汇收入 100.63 亿美元，增长 8%。

【交通运输】公路运输在墨西哥占据着极为重要的作用，承载了国内 59% 的货物运输量、13% 的国际货物运输量、99% 的国内旅客运输和 92% 的国际旅客运输。墨西哥拥有拉美地区涵盖最广的公路网络，境内绝大部分地区之间都有公路相连。境内主要公路干线包括 14 条线路（大多数都是收费公路），可以连接各州的首府、边境城市以及各个海港。境内公路分为泛美公路系统和国内公路系统。

水上运输，特别是海运方式承担了墨西哥部分货物、国内货物和出入境旅客运输的任务。

【对外贸易】墨西哥主要出口原油、工业制成品、石油产品、服装、农产品等，主要出口对象为美国、加拿大、欧盟、中美洲、中国等；主要进口食品、医药制品、通信器材等，主要进口来源地为美国、中国、德国、日本、韩国等。2015 年外贸总额 7 760 亿美元，其中出口 3 807.7 亿美元，进口 3 952.3 亿美元，同比分别下降 2.7%、4.1% 和 1.2%。

【外国资本】2015 年墨西哥吸引外国直接投资 302.85 亿美元，同比增长 18%，其中利润再投资连续两年下降（占总额的 30%），公司间贷款增长迅速，跨国合并和收购显著。美国仍是墨西哥第一大外国直接投资来源国，占其外国直接投资流入的 52%；其次是西班牙（占 10%）和日本（占 5%）；因国际矿产品价格下跌，加拿大对墨投资降至 12 亿美元；巴西投资 9.93 亿美元，是拉美第一大对墨西哥投资国。制造业是墨西哥吸收外国直接投资最多的领域，约占总额的 50%，其中汽车制造业占 43%。

三、投资优惠与问题

墨西哥对出口制造加工和服务行业推行优惠政策，还启动了进口税退还、外贸公司以及高额出口公司优惠政策，提供税收等方面的优惠。

墨西哥重视发展与中国的关系，两国在政治、经贸、司法、旅游、运输、科学技术、文化教育等领域均签订有许多合作协定。墨西哥在能源、基础设施、汽车、消费等方面潜力巨大，越来越多的中国企业开始赴墨西哥投资。但由于双方政治制度和社会文化差异巨大，中资企业在墨西哥进行投资时，需密切关注其社会治安、经济稳定性和企业经营风险。

1. 政局稳定，但社会治安形势十分严峻

经济形势不佳，社会治安问题十分严峻。长期以来，墨西哥凶杀、绑架、抢劫等各种犯罪活动频繁，毒品走私和非法移民活动相当猖獗。根据《2015 年全球和平指数》，墨西哥和平指数在全球 162 个国家和地区中排名第 144 位。普华永道的《2016 年度经济犯罪调查》显示，墨西哥 1/3 的组织机构成为物资被盗、人员信息被盗、现金被盗、腐败或贿赂等经济犯罪的受害人。投资者应给予足够重视。

2. 经济增长乏力，短期金融风险有所上升

作为出口导向型经济体，墨西哥对国际资本和美国市场高度依赖，经济脆弱性较为突出。尽管墨西哥政府采取了很多措施来拓宽吸引外资的渠道，但其对美国资本的依赖仍然较高。同时，石油出口是墨西哥外部收入的主要来源，其财政平衡受国际市场油价波动影响较大。

经济增长缓慢，公共债务高企，但财政支出紧缩趋势明显。2015—2016 年，墨西哥开始实行财政紧缩政策，预算减少将导致约 1.5 万名政府职员下岗，给市场就业造成一定压力。

外汇市场波动性大，金融风险较高。墨西哥实行盯住美元的汇率制度，在经常项目下和资本项目下同时实施货币自由兑换。因为石油价格的下降，加之美联储实行紧缩货币政策，墨西哥比索贬值明显超过了其长期均衡价值。2016 年年初，墨西哥央行决定停止在外汇市场买卖硬通货，而开始使用利率作为工具控制资本流动。2016 年 2 月，墨西哥央行宣布加息后，比索汇率又大幅上涨。为了维持货币稳定，墨西哥央行不断抛售美元，结果外汇储备大幅减少。

对外贸易萎缩，企业信心下降。墨西哥的出口产品以制造业产品为主，约占 80%；石油约占 15%，其他还有农产品等。由于国际外部需求疲软、石油及大宗商品价格持续低迷，2015 年墨进出口总额同比下降 2.6%。外部贸易的萎缩和脆弱的经济增长预期使得墨西哥企业对建筑业、制造业、商业等领域的经济形势及企业业务信心普遍下降，制造业信心指数同比下降 2.1%，商业领域同比下降 2.6%。

3. 营商环境排名高，但需注意司法与课税制度

墨西哥司法机构实行“双轨制”，联邦和各州有独立的司法系统，法令繁多且司法系统执法效率低下。在投资过程中，中国企业应关注《外国投资法》《反洗钱法》《税收法》《移民法》《联邦劳工法》《海关法》《环境法》《劳动程序法》《社会保险法》《劳动仲裁法》，以及《最低工资条例法规》《劳动安全与健康条例》和《职员培训条例》等法律法规。

税法烦琐，税负较重。墨西哥实行两级课税制度，即联邦政府、州（市）政府均有权征税，但只有联邦政府享有征收企业所得税的权力。另外，联邦税收中还包括一些针对矿产资源和特殊商品及服务而课征的税种，例如对酒精饮料、烟草、汽油、电信服务和汽车征收的消费税。根据世界银行《2016 年营商环境报告》，墨西哥在 189 个参与排名的经济体中位居第 38 位，整体排名靠前，但在缴纳税款方面排名第 92 位。这表明，相对整体营商环境来讲，墨西哥的税收环境排名靠后，税收负担较重。

中资企业在墨西哥进行投资时，应特别关注守法经营，避免卷入当地政府的贪腐案件中，以降低企业和项目运营风险。

中国塑料机械主要出口市场分析（八）

——印度

一、印度塑料市场

印度塑料市场有着旺盛的需求。全印度塑料生产商协会（AIPMA）数据显示，目前，印度塑料市场产品消费地区差异较大，印度西部地区占47%，北印占23%，南印占21%，而东印仅占9%。当前印度人均塑料消费量仅有11kg，计划到2020年达到人均30kg。目前印度已经开始采取多举措，比如建立塑料工业园区，促进塑料工业的发展。

随着印度国内塑料制品人均消费量的不断上涨，预计未来五年，印度塑料消费量将直线攀升。由于印度存在着巨大的塑料机械缺口，而塑料产品的消费又极其旺盛，印度塑料市场将迎来前所未有的机遇。

未来几年，包装、汽车、家用电器、农用塑料以及基础设施建设将继续推动印度塑料行业的发展。包装行业，聚合物使用量将从2011年的520万t增长至2020年的1 000万t，主要应用领域是食品加工、快速消费品以及化妆品等；汽车行业，印度汽车市场快速增长，而汽车轻量化将为塑料带来新发展机遇，目前印度乘用车塑料使用量约为70kg。未来，汽车轻量化、人均收入水平以及中产阶级的崛起将推动印度汽车市场的发展，进而带动塑料消费的增长。

印度家用电器行业增长率高达15%，其中半自动洗衣机塑料使用量最多，约15kg。购买力的增强，农村地区的开发，家用电器产品生命周期的快速循环，都将推动印度塑料消耗的快速增长。

农用塑料是印度近几年新兴的领域，农民使用农用塑料意识的提高有利于增加塑料消耗，主要使用方向是塑料大棚、农作物及水果的覆盖、滴灌等。

基础设施方面，到2020年，印度聚合物消费预计将达到500万t，建筑、高速公路以及农村电气化项目将推动塑料市场快速发展。电子商务在印度方兴未艾，这都将是印度塑料市场快速发展的利好因素。

印度是中国塑料机械重要的出口市场，尽管自2009年印度对华注塑机征收高额反倾销税以来，中国对印度的注塑机出口明显下降，但从行业总体来看，中国对印度的塑料机械出口总量基本保持平稳。2008—2016年我国塑料机械对印度出口情况见表1。

表1　2008—2016年我国塑料机械对印度出口情况

年份	塑料机械出口量（台）	塑料机械出口额（万美元）	注塑机出口量（台）	注塑机出口额（万美元）
2008	2 363	7 002	1 414	4 197
2009	1 284	4 196	498	1 594
2010	2 018	6 005	584	1 589
2011	2 229	8 141	568	2 149
2012	2 158	7 065	457	2 229
2013	2 454	7 412	433	1 228
2014	2 396	6 948	455	2 204
2015	2 620	7 631	567	2 007
2016年1—10月	3 357	8 055	662	1 815

印度孟买国际塑料工业博览会是全球十大塑料专业性展览之一，在国际上保持着超高的知名度与深远的影响力。该展会由 AIPMA 主办，2017 年展馆面积逾 90 000m^2。

二、印度概况

印度是南亚次大陆最大的国家，在独立后经济有较大发展，农业由严重缺粮到基本自给，工业形成较为完整的体系，自给能力较强。20 世纪 90 年代以来，服务业发展迅速，占 GDP 比重逐年上升。印度已成为全球软件、金融等服务业重要出口国。2008 年以来，受国际金融危机影响，经济增长速度放缓。2015/2016 财年（印度财年截至每年 3 月 31 日），印度国内生产总值 105.52 万亿卢比，同比增长 7.6%；国民总收入 135.67 万亿卢比，人均国民收入 93 231 卢比。汇率：1 元 =9.77 卢比（2016 年 12 月数值）。

【资源】印度资源丰富，有矿藏近 100 种。云母产量世界第一，煤和重晶石产量居世界第三。森林 67.83 万 km^2，覆盖率为 20.64%。

【工业】主要工业包括纺织、食品加工、化工、制药、钢铁、水泥、采矿、石油和机械等。汽车、电子产品制造、航空和空间等新兴工业近年来发展迅速。印度各行业增速变化趋势见图 1。

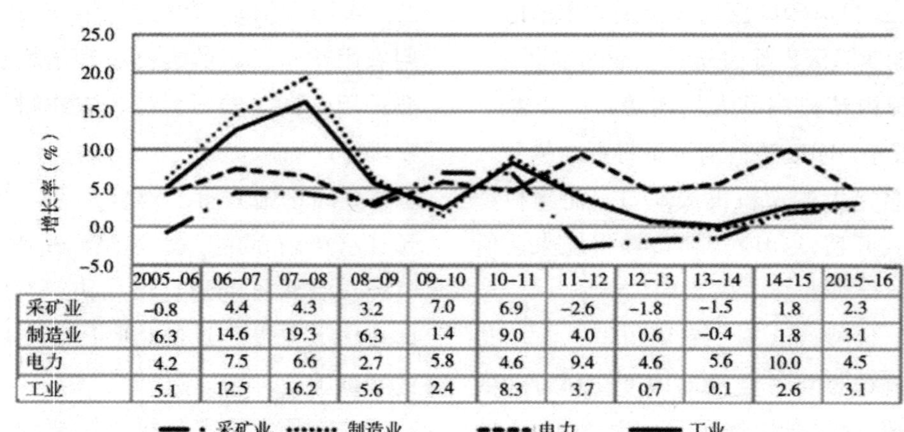

	2005–06	06–07	07–08	08–09	09–10	10–11	11–12	12–13	13–14	14–15	2015–16
采矿业	−0.8	4.4	4.3	3.2	7.0	6.9	−2.6	−1.8	−1.5	1.8	2.3
制造业	6.3	14.6	19.3	6.3	1.4	9.0	4.0	0.6	−0.4	1.8	3.1
电力	4.2	7.5	6.6	2.7	5.8	4.6	9.4	4.6	5.6	10.0	4.5
工业	5.1	12.5	16.2	5.6	2.4	8.3	3.7	0.7	0.1	2.6	3.1

图 1　印度各行业增速变化趋势

【农业】印度拥有世界 1/10 的可耕地，面积约 1.6 亿 hm^2，人均 0.17 hm^2，是世界上最大的粮食生产国之一。农村人口占总人口 72%。由于投资乏力、化肥使用不合理等因素，近年来农业发展缓慢。

【服务业】近年来，印度服务业实现较快发展。2016 年服务业对国民总增加值的贡献率为 66.1%，成为印度创造就业、创汇和吸引外资的主要部门。

【旅游业】旅游业是印度政府重点发展的产业。2015 年印度入境旅游人数约为 800 万人次，同比增长 3.8%，创造外汇收入 197 亿美元，同比增长 0.2%。

【交通运输】铁路为最大国营部门，拥有世界第四大铁路网。公路运输发展较快，拥有世界第二大公路网。海运能力居世界第 18 位。经营定期航班的航空公司共 14 家，专营非定期航班的空运企业 65 家，共有机场 345 个，其中国际机场 5 个，分别位于德里、孟买、加尔各答、金奈和特里凡特琅。

【财政金融】印度中央和地方财政分立，预算有联邦和邦两级。截至 2015 年 12 月，印度外汇储备为 3 503.81 亿美元。截至 2015 年 9 月，印度财政赤字为 37 856 亿卢比（约合 553 亿美元），政府总支出为 91 054 亿卢比（约合 1 329 亿美元）。

【对外贸易】近年来，受世界经济形势、卢比贬值等因素影响，印度对外贸易增长缓慢，进口增速大于出口，贸易赤字扩大。印度进出口贸易情况见表 2。

表 2　印度进出口贸易情况　　（单位：亿美元）

项目名称	2012/2013 年	2013/2014 年	2014/2015 年	2015/2016 年
进出口总额	7 911.38	7 626.78	7 583.71	6 405.36
进口额	4 907.37	4 500.68	4 480.33	3 791.99
出口额	3 004.01	3 126.10	3 103.38	2 613.37
出口额 - 进口额	−1 903.36	−1 374.58	−1 376.95	−1 178.62

【外国资本】1991 年起印度积极引进外资。截至 2015 年 11 月，印度吸引外国直接投资约 248 亿美元，主要投资领域为计算机、服务业、贸易等。美国、中国、日本、法国、韩国以及阿拉伯联合酋长国在印度均有较大投资。根据美印双边投资协议，未来 2～3 年，美国将在印度投资 420 亿美元。中国将于未来五年投资 200 亿美元用于基础设施建设。日本将投资 350 亿美元用于印度基础设施建设，45 亿美元用于德里 - 孟买工业走廊建设。法国以及韩国也将进行基础设施、智能城市方面的投资。

三、投资优惠与问题

1. 投资优势

经济快速增长。2016 年 12 月 22 日，《福布斯》杂志发表报道称，2016 年印度 GDP 为 153 万亿印度卢比，约合 2.3 万亿美元。100 多年以来，印度经济总量首次超越英国，成为继美国、中国、日本和德国后，GDP 全球排名第 5 位的国家。根据 IMF 预测，印度 2016 年 GDP 增速为 7.6%，良好的宏观经济表现彰显了印度庞大的经济实力。

得天独厚的发展优势。印度是世界上发展最快的经济体之一，目前印度占世界总人口的 17%，有着巨大的劳动力以及消费群体优势；是全球最大的摩托车制造商、第五大乘用车市场；是世界第四大能源消费国以及石油提炼国；拥有世界第二大纺织制造能力，还是世界第二大食品生产国；印度通用英语，具有语言优势。

政府规划。为了再次创造印度发展奇迹，印度政府已经开启了四项运动，分别为“智能城市”“清洁印度运动”“保障性住房”以及“数字印度计划”。印度政府打算建造 100 个智能城市，到 2020 年城镇人口的比例将达到 35%（2014 年为 32%）；到 2022 年，建造 6 500 万套新住房；交通运输领域方面，到 2020 年，政府计划投资 1 500 亿美元用于高速公路以及水路运输领域、1 400 亿美元用于铁路运输，并成为世界第三大航空市场。

产业园区投资政策。莫迪政府力推 25 个重点发展行业，包括汽车、化学、信息技术、医药、纺织、港口、航空、皮革、旅游、铁路等。这些行业的优惠政策比较多。印度政府还在简化行政审批手续。

2. 不利因素

基础设施及其配套很不完善。印度的基础设施建设，包括机场、公路、水电建设、市政管理等还很薄弱。印度的交通运输网络对其投资环境是一个巨大的制约因素。基础设施等问题是投资印度面临的首要难题。

法律税务体系复杂。有三个制约中国企业在印投资的根本性问题——土地法改革、税法改革、劳工法改革。在印度投资的隐性成本比较高，大约占企业生产成本的 5% 左右，包含各种手续审批、评估、征地以及使整个项目运作起来的各种非显性开支。印度是联邦制国家，除了中央税 (CST) 外，各邦还有形式各异的地方税 (LST)，运营中可能会被重复计税，需聘用独立的会计师。此外，印度企业的综合税负较高，出口退税的税率却很低。

印度是土地私有化国家，征地非常困难。

劳资关系难处理。招工难、用工难、留工难，工作签证申请难。印度工人工作态度和责任心与中国工人有很大差距。另外，在印度有一个不成文的规定，就是薪水每年都要随着通货膨胀率上涨，无疑增加了企业经营成本。

文化背景与思维方式差异大，领土争端以及宗教、政治、军事方面的竞争成为投资不可回避的问题。

反倾销严重。印度是对中国发起反倾销调查最多的国家，而且反倾销税很高。针对锁模力400～10 000kN的注塑机（不包括吹塑机、立式注塑机、各种电动注塑机、双色双料注塑机），印度征收29%的反倾销税，极大地限制了中国塑料机械企业对印度的出口。

意大利塑料机械行业概貌

意大利塑料橡胶加工机械制造商和模具制造商协会（Assocomaplast）创立于1960年，拥有160个会员，涵盖意大利塑料橡胶设备和辅机模具领域最重要的生产厂商。Assocomaplast还是意大利工业联合会以及欧洲塑料和橡胶工业机械制造商协会（EUROMAP）的成员单位。

塑料污染已经是全球范围内的一大难题，Assocomaplast工作的一大任务就是提高人们对于塑料产品的认识。Assocomaplast将致力于塑料回收方面的工作，在提高人们环保意识的同时，为塑料回收提供更好的解决方案。

从技术层面上讲，意大利塑料行业将主要进行以下两方面的科技创新：减轻塑料产品的厚度及重量，并在产品设计时综合考虑回收因素；生产低能耗的塑料机械产品。

2013—2015年意大利塑料橡胶机械整体情况见表1。2013—2015年意大利塑料橡胶机械出口目的地占比情况见表2。2013—2015年意大利塑料橡胶机械出口国别数据见表3。

表1　2013—2015年意大利塑料橡胶机械整体情况

指标名称	单位	2013年	2014年	2015年
产值	亿欧元	39	40	41.50
年增长率	%	−2.50	2.60	3.80
进口额	亿欧元	5.90	6.40	7.50
年增长率	%	−5.60	8.50	17.20
出口额	亿欧元	25.55	26.85	29.00
年增长率	%	−1.00	4.90	8.00
国内市场	亿欧元	19.35	19.55	20.00
年增长率	%	−5.40	1.30	2.30
贸易顺差	亿欧元	19.65	20.45	21.50
年增长率	%	0.50	3.80	5.1

表 2　2013—201 年意大利塑料橡胶机械出口目的地占比情况

（%）

出口目的地	2013 年	2014 年	2015 年
欧洲	58.8	60.2	60.2
其中：欧盟	46.4	48.7	49.7
北美 /NAFTA	9.8	10.8	13.7
中南美洲	9.0	7.3	6.0
非洲	5.8	5.1	4.5
亚洲及大洋洲	16.6	16.6	15.6

表 3　2013—2015 年意大利塑料橡胶机械出口国别数据

排名	2013 年	占比（%）	2014 年	占比（%）	2015 年	占比（%）
1	德国	14.3	德国	12.9	德国	13.6
2	法国	5.7	美国	6.5	美国	8.9
3	美国	5.6	波兰	5.0	波兰	5.0
4	波兰	4.9	法国	4.9	法国	4.5
5	中国	4.7	中国	4.8	中国	4.2
6	俄罗斯	4.7	西班牙	4.2	西班牙	4.0
7	英国	3.6	英国	4.2	英国	3.9
8	西班牙	3.4	俄罗斯	3.9	墨西哥	3.5
9	土耳其	3.1	捷克	3.8	捷克	3.3
10	墨西哥	3.1	土耳其	3.5	土耳其	3.3

注：2016 年 1—9 月，意大利对印度塑机出口 4200 万欧元，其中很大一部分是挤出生产线。

对意大利塑料橡胶机械的出口，有以下几点推断：

（1）2016 年意大利塑料橡胶机械产值以及出口较 2015 年将有小幅增长。

（2）2016 年对美国市场的出口变缓。

（3）对墨西哥的出口量激增，但目前特朗普提出的边境税的效果还未显现。

（4）巴西市场依旧低迷，但其他中南美市场，如阿根廷、哥伦比亚表现依旧良好。

（5）在欧洲范围内，欧盟市场发展态势良好，但俄罗斯市场依旧不尽人意。

（6）非洲各国表现不一，有喜有忧。

（7）中东市场整体表现可以，伊朗制裁被解除后的市场反应有待观察。

（8）亚洲市场整体良性发展，中国市场非常稳定，印度市场有望增长，但对意大利制造商而言依旧是很难开拓的市场。

〔供稿单位：中国塑料机械工业协会〕

中国塑料机械工业协会
2016—2017 活动掠影

走访张家港市塑饮机协会及企业

走访青岛胶州

中国塑料机械工业协会

2016 中国塑料机械行业优势企业颁奖

参观 K 展合影

到访奥地利恩格尔总部合影

到访宝马兰茨胡特工厂合影

到访布鲁克纳总部合影

到访德国科倍隆总部合影

到访亚琛工业大学

Chinaplas 2016

2017 新产品新技术交流会

2017 年参加国际塑料行业组织负责人委员会年会